新文科 · 数字经济系列教材

数字经济概论

孙延明　张少华　编著

中国教育出版传媒集团
高等教育出版社 · 北京

内容简介

本书以目前国内公认的数字经济基本框架和国家统计局公布的《数字经济及其核心产业统计分类（2021）》为出发点，用历史观和经管类话语体系系统阐述了数字经济的产生与发展、基本要素与特征，数字技术赋能数字经济的基本情况，以及数字产业化、产业数字化、数据价值化和数字化治理的基本内容。

本书融合数字技术、经济与管理学科不同话语体系，并对知识的难度、广度和深度等方面精心设计，以案例导入，结合概念阐述和论证，有较强的可读性，同时配套测试习题，深化学生对知识的掌握。

本书适合经济学类与管理学类专业、数字经济相关专业的本科生和研究生使用，也可供数字经济领域相关的工程技术人员、政府及企事业单位研究学者及行业从业管理人员、研究应用方面的人员参阅。同时，本书具有科普性图书的特点，也适合感兴趣的其他读者阅读。

图书在版编目（CIP）数据

数字经济概论 / 孙延明，张少华编著．--北京：高等教育出版社，2024.10（2025.8重印）．--ISBN 978-7-04-063103-6

Ⅰ．F49

中国国家版本馆 CIP 数据核字第 2024K812C3 号

Shuzi Jingji Gailun

策划编辑	付雅楠	责任编辑	付雅楠	封面设计	姜　磊	版式设计	李彩丽
责任绘图	杨伟露	责任校对	张　薇	责任印制	张益豪		

出版发行	高等教育出版社	网　　址	http://www.hep.edu.cn
社　　址	北京市西城区德外大街4号		http://www.hep.com.cn
邮政编码	100120	网上订购	http://www.hepmall.com.cn
印　　刷	三河市宏图印务有限公司		http://www.hepmall.com
开　　本	787 mm × 1092 mm　1/16		http://www.hepmall.cn
印　　张	20.75		
字　　数	440千字	版　　次	2024年10月第1版
购书热线	010-58581118	印　　次	2025年8月第3次印刷
咨询电话	400-810-0598	定　　价	57.00元

本书如有缺页、倒页、脱页等质量问题，请到所购图书销售部门联系调换

物 料 号　63103-00

前 言

数字经济是继农业经济、工业经济后的新的经济形态，它以大数据、云计算、人工智能、物联网、区块链等新一代信息技术为驱动力，以指数级态势快速增长。党的十八大以来，我国高度重视发展数字经济，将数字经济上升为国家战略。党的二十大报告强调，加快发展数字经济，促进数字经济和实体经济深度融合，打造具有国际竞争力的数字产业集群。习近平总书记指出，“我们要站在统筹中华民族伟大复兴战略全局和世界百年未有之大变局的高度，统筹国内国际两个大局、发展安全两件大事，充分发挥海量数据和丰富应用场景优势，促进数字技术和实体经济深度融合，赋能传统产业转型升级，催生新产业新业态新模式，不断做强做优做大我国数字经济”①。党的二十届三中全会进一步提出，健全促进实体经济和数字经济深度融合制度。

根据中国信息通信研究院（简称“中国信通院”）《中国数字经济发展研究报告（2023 年）》，2022 年，中国数字经济占 GDP 比重已经相当于第二产业占国民经济的比重。由于数字经济学科具有交叉性、内容覆盖范围广、产业颠覆性创新等特点，学术界普遍认同当前数字经济的社会实践先于理论，还没有形成像工业经济时代若干成熟公认的理论体系。当前，国内高校陆续开设了数字经济本科专业，高校的学生和社会各界人士都想了解和掌握有关数字经济的发展概况、基本知识。因此，编写一本紧跟时代和紧扣产业脉搏的数字经济教材具有十分重要的意义。

最近两三年有关数字经济导论及数字经济概论的教材、书籍也出版了不少，由于没有公认的框架，很多学者结合自身的研究视角及认知进行撰写。特别是管理领域的偏重管理实践写，经济领域的偏重经济原理写。从学生学习视角，特别是本科生学习的角度看，现有教材存在的不足主要有：知识结构、主线不够清晰；知识体系整体性、逻辑性、全面性和系统性不足；数字经济

---

① 习近平．习近平著作选读．第二卷[M]．北京：人民出版社，2023.

的新理论、新特征、新知识等反映不够突出；等等。当然，当前研究进展与社会实践背景下，出一本完美的《数字经济概论》教材本身也是一件十分困难的事。

本教材作者团队由产业经济学、管理科学与工程及信息技术等交叉学科具有多年教学经验的教师组成。在原有教学、研究和社会实践基础上，作者团队广泛收集国内外相关案例，针对当前数字经济发展状况和不同学科背景读者的现实需求，从产业经济视角入手，融合工业和 IT 领域的相关技术，通过大量的行业案例描述其中的技术问题和经济管理问题，努力处理好理论、技术与科普知识的关系，体现数字经济的学科交叉属性，提高教材的可读性，力争给读者带来阅读愉悦感的同时使其收获新的知识、领悟新的理念和新的思想。

在框架设计方面，本教材以由中国信通院率先提出、目前国内公认的数字产业化、产业数字化、数据价值化和数字化治理的数字经济基本框架，以及 2021 年 5 月国家统计局公布的《数字经济及其核心产业统计分类（2021）》为出发点，用历史观、经管类话语体系系统阐述了数字经济的基本知识及其产业发展情况。第一章数字经济的产生与发展，由孙延明撰写、张少华做了大量修改，阐述了数字经济的概念与内涵、发展与展望，以及数字经济的理论构建。第二章数字经济要素与特征，由聂鹏和何洁撰写，阐述了生产要素的变革、数字生产力与生产关系，以及数字经济的发展规律与特征。第三章数字技术发展与经济赋能，由胡勇军和何洁撰写，结合典型案例讲述了人工智能、大数据、互联网、云计算和区块链的形态、特点、技术演进，以及对数字经济的赋能原理。第四章数字产业化，由曹彦君撰写，讲述了数字产业化的发展概况，介绍了数字经济核心产业，以及数字化产业特征与发展趋势。第五章产业数字化，由宋丹霞和赵燕撰写，讲述了产业数字化的基本情况，并对中观产业数字化的新业态及微观企业数字化的新态势做了详细的描述。第六章数据价值化，由陈钟秀和陈俊松撰写，系统归纳了数据价值化的基本内涵与演化过程，阐述数据价值化的实现机理，分析数据价值化的动因、障碍及产生的影响，展望数据价值化发展方向。第七章数字化治理，由唐绅峰和朱慧撰写，系统阐述了数字化治理的内涵与发展、模型、体系和现状，以及数字化治理的主要内容。

特别要提到的是，张少华始终参与组织、修改与统稿，傅元海、李正辉和叶祥松等提出了很多宝贵的意见和建议，还有不少研究生参与其中。另外，要使本教材具有内容的新颖性、广泛性等特点，单靠课题组成员自身的知识积累是根本不能实现的，我们所参考的多位学者和专家的研究成果是支撑本教材的重要力量。还有高等教育出版社对本教材出版工作的大力支持。在此，对上述相关人员一并表示衷心感谢！

由于本教材涉及的学科领域多，编者的水平和学识有限，书中难免存有缺点和不足之处，特别是由于数字经济本身理论发展不够成熟，书中很多观点和内容有待商榷，希望得到读者的谅解，也衷心期待读者的批评指正。

孙延明

2024 年 8 月于广州大学城

目录

第一章

数字经济的产生与发展

【课程导入】

"萝卜快跑"跑出了数字经济的加速度

"萝卜快跑"是百度旗下自动驾驶出行服务平台。百度于2013年开始布局自动驾驶。2022年7月，"萝卜快跑"首批25辆北汽极狐无人化车辆在北京获准开展常态化付费出行服务。目前，"萝卜快跑"已经在北京、上海、广州、深圳、重庆、武汉、成都、长沙、合肥、阳泉、乌镇等地"开跑"，并且在北京、武汉、重庆、深圳、上海开展全无人自动驾驶出行服务测试。截至2024年4月19日，"萝卜快跑"的自动驾驶出行服务订单已超过600万单，"萝卜快跑"下单量最多的用户已打过2 000单，里程最多的一单超过95公里。

"萝卜快跑"真正实现了人类无人驾驶的梦想！代表了交通行业的新业态正式落地，人们的出行生活多了一种新选择！

2021年被称为元宇宙元年，2022年年底ChatGPT问世，加上无人驾驶车辆的正式运行等，人们切身感受到了数字经济智能时代的来临！

资料来源：萝卜快跑官网。

第一节　数字经济的概念与内涵

数字经济（Digital Economy）是继农业经济、工业经济之后产生的一种新经济形态。人类经济形态已经由农、林、牧、渔为代表的几千年农耕文明，发展到18世纪末开启的工业经济形态，当下发展到了数字经济阶段，数字经济是人类历史上经济社会发展的一个重要里程碑。

一、数字经济概念的理解

从目前可以查到的具有权威性的资料来看，有关数字经济最早的说法出现在

1996 年唐·泰普斯科特（Don Tapscott）的著作《数字经济：网络智能时代的前景和风险》（*The Digital Economy*：*Promise and Peril in the Age of Networked Intelligence*）中。1997 年，日本部分地区率先开始引用数字经济的相关概念。在这之后不久，美国商务部发布了《浮现中的数字经济》，该文件首次将数字经济与新经济等效，表明新经济本质是取代传统的农业经济和工业经济，将会对人类社会产生重大影响。

（一）数字经济的概念

目前，国际社会对数字经济还没有统一的定义，但现阶段的普遍共识为：数字经济是经济发展以及 IT 进步过程当中产生的、在经济全球化的背景之下以全球信息网络发展为支撑的新型经济发展形式。国内最初普遍认同的数字经济概念是 2016 年 9 月 G20 杭州峰会上的定义：以使用数字化的知识和信息作为关键生产要素、以现代信息网络作为重要载体、以信息通信技术的有效使用作为效率提升和经济结构优化的重要推动力的一系列经济活动。在《中国数字经济发展白皮书（2017 年）》中，中国信通院将数字经济定义为：以数字化的知识和信息为关键生产要素，以数字技术创新为核心驱动力，以现代信息网络为重要载体，通过数字技术与实体经济深度融合，不断提高传统产业数字化、智能化水平，加速重构经济发展与政府治理模式的新型经济形态。该定义强调了数字技术在改变政府治理模式中的作用。国家统计局 2021 年 5 月公布的《数字经济及其核心产业统计分类（2021）》中，将数字经济定义为："以数据资源作为关键生产要素、以现代信息网络作为重要载体、以信息通信技术的有效使用作为效率提升和经济结构优化的重要推动力的一系列经济活动。"从不同的概念界定中可以看出数字经济与工业经济有着显著的区别，包括以数据、信息和知识为生产要素，是大数据、物联网和人工智能等新一代信息技术驱动的新的经济形态，信息技术高度渗透到经济活动中，经济属性与技术属性相互交叉融合，基础背景是数字化社会的来临。

（二）数字经济内涵的演变

数字经济内涵的演变见图 1-1。中国信通院是工业和信息化部直属科研事业单位，是国家高端专业智库，在数字经济领域具有权威性和代表性。中国信通院早期从生产力角度提出了数字经济"两化"框架，即数字经济包括数字产业化和产业数字化两大部分。数字产业化也称数字经济基础部分，即信息产业，具体业态包括电子信息制造业、信息通信业、软件服务业等。该产业的兴起可以追溯到 20 世纪 60 年代，计算机和微处理器的普遍使用带动了产业的发展，并且形成了一定的规模。产业数字化可以追溯到 20 世纪 80 年代，是使用数字技术和数据资源并带来产出增加和效率提升，也称数字经济融合部分，包括传统产业由于应用数字技术所带来的生产数量和生产效率提升，其新增产出构成数字经济的重要组成部分。

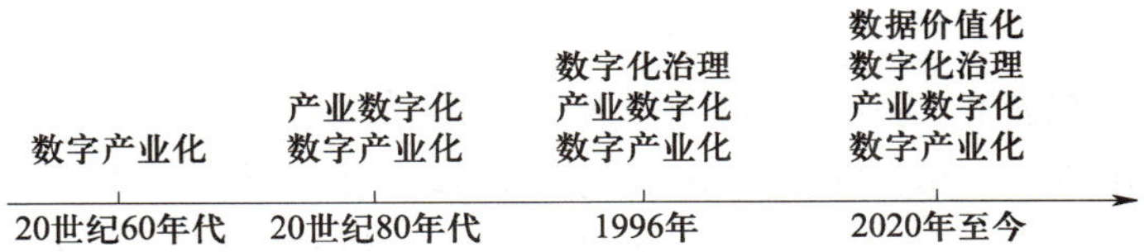

数字产业化 | 产业数字化
数字产业化 | 数字化治理
产业数字化
数字产业化 | 数据价值化
数字化治理
产业数字化
数字产业化

20世纪60年代 20世纪80年代 1996年 2020年至今

图 1-1 数字经济内涵的演变

在《中国数字经济发展与就业白皮书（2019 年）》中，中国信通院考虑到组织和社会形态的显著变迁，又从生产力和生产关系的角度提出了数字经济“三化”框架，即数字产业化、产业数字化和数字化治理，认为数字经济蓬勃发展，不仅推动经济发展质量变革、效率变革、动力变革，更带来政府、组织、企业等治理模式的深刻变化，体现生产力和生产关系的辩证统一。但早在 1996 年西方学者就提出了数字化治理理论，一般也叫数字治理，包括治理模式创新，利用数字技术完善治理体系、提升综合治理能力等。所以，这二十多年数字化治理逐步纳入了数字经济范畴，被人们接受和重视。中国在 2023 年 10 月成立了国家数据局，有了专门的数字化治理部门，各地近些年也纷纷成立了大数据处等类似的数字化治理政府部门。

在《中国数字经济发展白皮书（2020 年）》中，中国信通院认为，当前以数据驱动为特征的数字化、网络化和智能化深入推进，数据化的知识和信息作为关键生产要素在推动生产力发展和生产关系变革中的作用更加凸显，经济社会实现从生产要素到生产力，再到生产关系的全面系统变革，为此将数字经济修正为“四化”框架，即数字产业化、产业数字化、数字化治理和数据价值化。数据价值化包括但不限于数据采集、数据标准、数据标注、数据流转、数据确权、数据定价、数据交易、数据保护等。数字产业化和产业数字化重塑生产力，是数字经济发展的核心。数字化治理引领生产关系深刻变革，是数字经济发展的保障。数据价值化重构生产要素体系，是数字经济发展的基础。目前国内基本认同的数字经济内涵主要包括图 1-1 所示的四个基本方面。

虽然已有研究成果对数字经济的定义、内涵和特征没有形成共识，但是可以将数字经济分层进行诠释，这是认识数字经济的另一种视角。布克特和希克斯（2018）将数字经济定义为完全或主要来自数字技术的经济产出部分，其商业模式基于数字商品或服务。该定义将数字技术和数字商业模式创新结合起来，既包括核心数字部门，也包括更广泛的经济活动，将数字经济分为三个圈层，但并未声称所有数字化活动都是数字经济。综上，可以认为产业数字化和数字产业化是数字经济的内核，数据要素市场体系、数字化公共服务和数字经济治理体系是数字经济发展的外部环境，这三个方面本身也可以发展成产业，可以看作数字经济的“外延”。

二、数字经济的统计分类

全球主要经济体都在探索数字经济的内涵和规模测算，也将数字经济进行分层。比如，美国商务部经济分析局把数字经济分成基础设施、电子商务和收费数字服务三个大类及十个小类。

我国国家统计局发布《数字经济及其核心产业统计分类（2021）》，将数字经济产业范围确定为：01 数字产品制造业、02 数字产品服务业、03 数字技术应用业、04 数字要素驱动业、05 数字化效率提升业五个大类。其中，数字产品制造业包括计算机制造、通讯及雷达设备制造、数字媒体设备制造、智能设备制造、电子元器件及设备制造以及其他数字产品制造业。数字产品服务业包括数字产品批发、零售、租赁、维修及其他数字产品服务业。数字技术应用业包括软件开发，电信、广播电视和卫星传输服务，互联网相关服务、信息技术服务以及其他数字技术应用业。数字要素驱动业包括互联网平台、互联网批发零售、互联网金融、数字内容与媒体、信息基础设施建设、数据资源与产权交易及其他数字要素驱动业。数字化效率提升业包括智慧农业、智能制造、智能交通、智慧物流、数字金融、数字商贸、数字社会、数字政府及其他数字化效率提升业。

数字经济核心产业是指为产业数字化发展提供数字技术、产品、服务、基础设施和解决方案，以及完全依赖于数字技术、数据要素的各类经济活动。分类中 01～04 大类为数字经济核心产业。

分类采用线分类法和分层次编码方法，将数字经济活动划分为三层，分别用阿拉伯数字编码表示。第一层为大类，用 2 位数字表示，共有 5 个大类。第二层为中类，用 4 位数字表示，共有 32 个中类。第三层为小类，用 6 位数字表示，共有 156 个小类。分类中生产要素组合为数据、技术、资本、劳动力和土地，其中数据作为核心要素起到关键变革作用。目前更普遍的说法是数据是核心要素。

三、数字经济的全息画像

随着新一轮信息技术的发展及其与经济运行方式深化融合，数字经济已成为“技术–经济”范式下的新经济形态和全球经济增长的新引擎，并取得了广泛共识，在各国经济发展战略中占据重要地位。目前，多个国家、相关国际组织及研究机构对数字经济的话题讨论如火如荼。但是，关于数字经济的界定没有形成国际共识，对其内涵的理解也不尽相同，严重影响了对数字经济的统一认识及后续测算。中国社会科学院的李海舰和张璟龙（2021）从宏观、中观、微观三个层面对数字经济的内涵提出了一个新的界定框架，认为数据价值化和数字化治理是宏观层面，中观层面包括数字产业化和产业数字化，微观层面包括数字化产品和数字化企业。本书在文献基础上构建的基本逻辑框架如图 1–2 所示。

（一）宏观层面认识

1. 数据价值化

数据价值化首先是数据要素化，是数字经济发展的宏观目标。数字经济时代，数字化、智能化工具是物质和精神产品生产的主要工具之一，传统工业化生产工具也都会被数字化和智能化。人们对生产要素的认识经历了从土地、劳动力、资本到知识、技术、数据等逐步深化的过程。数据本身不能产生价值，但数据要素可以通过价值倍增、资源优化、投入替代等机制来创造价值。数据要素和劳动力、资本和技术等要素融合，不仅能提高单一要素的价值，而且能够优化配置传统生产要素。数据要素有时候具有资源投入少、财富和服务产生多的特点，在某种程度上是对传统生产要素的一种优化替代。所以，数字经济时代的数据要素核心是与其他生产要素的融合。例如，当下 UGC（用户自生成）内容的增多使得各类信息平台捕捉了海量数据，这些聚合性的用户数据包含很高的商业价值，构成了数据价值链。原始数据只是原生态、未加工、低价值、有待开发利用的数据资源。对原始数据采集并结构化整合后就形成了有价值的数据或信息。再对数据和信息进一步分析和挖掘便产生了知识，服务于智能化决策和商业化应用，可以衍生出智慧。数据的采集、分析、决策和应用过程也是数据、信息、知识和智慧的形成过程，是数据从资源化向资产化、资本化转变的过程，是数据价值化生成的过程。但是，在数字经济的实践中，数据价值化并不完全按照“资源化-资产化-资本化”的演化顺序进行，而是表现为同时并进、相互演化、互相融合的状态。数据经过资源化、资产化和资本化的三阶段转化、蜕变、增值，凸显通用性、流通性和价值性，才能够真正实现数据价值化。

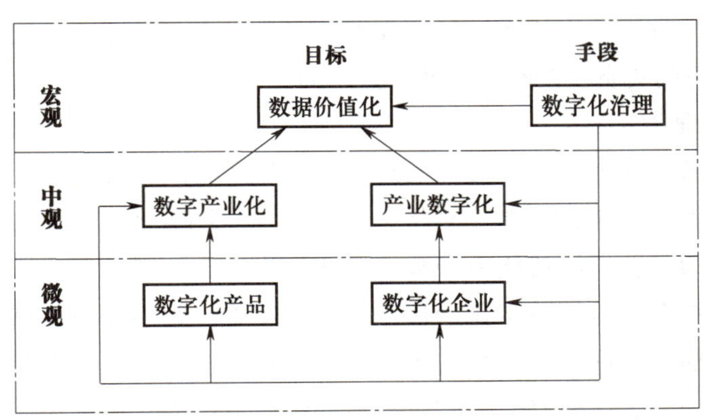

图 1-2 数字经济基本逻辑框架

数据价值化还表现在数据使用的共享性。数字经济时代，数据可以被不同主体同时使用，而且被其他额外用户使用，并不会降低数据原使用人和拥有者的数据价值，也不会使其他使用者利益受损，具有共享性特征。数据属于隐性资源，与传统生产要素相比具有虚拟性，可以共享使用，而且用一次多一次，越用越多，具有无限性重复使用和使用累计增加性等特征。因此，对数据的持续使用和开发挖掘更有利于发挥数据的价值化功能，数据是活资产，具有变化性。当然，数据也跟世界万物一样具有生命周期性，有报废（死亡）阶段。数据的共享性前置条件是数据的开放共享，只有开放共享才能使数据具有价值并实现价值最大化。某种程度上，数据资源具有经济学上公共品的属性，最好是能够完全开放共享。但是，事实上，由于各种因素作用普遍存在人为对数据的使用、流通、挖掘、共享限制形成的排他权，数据资源常常会从无限资源变为有限资源，阻碍数据价值化的实现，常常会出现数据资源利用不足的“反公共地悲剧”[①]。如目前经济学者非常希望通过大众消费数据做些统计研究，但由于数据的不开放性而无法实现，封闭的数据资源也无法实现普遍意义的价值化。与此同时，由于数据的稀缺性，在不正当的渠道中出现数据的非法买卖关系，数据产生了不正当的价值。

零边际成本是数据价值化的一个非常显著的特征。数字经济时代，赚钱和免费的和谐统一关系，显著区别于工业经济时代的两者矛盾对立。区别于“交叉补贴”“三方市场”“版本区分”等模式的变相收费，数字经济时代既免费又赚钱，通过免费来赚钱，而且免费成为常态。因为数据具有复制性强、无限供给、快速迭代的显著特点，数字化产品有时可以以免费的形式提供给用户。数据采集、存储等固定成本虽然在前期较高，但边际成本低，数据的再分享、再生产常常只需要在电子终端复制、粘贴，所需成本几乎为零。例如，百度地图、微信等的下载使用目前为止均是免费的。数字经济时代，人人都是“产消者”，人人产生数据、消费数据。消费者在获得数字化产品价值的同时，间接生产了“使用痕迹”，即数据。数据服务成为数字经济时代价值链上最有价值、利润最高的环节。数据被多个主体免费共享，数字经济发展突破了传统生产要素的稀缺性限制，数据的零边际成本构成数字经济时代产品或服务的重要成本基础。所以，实际上，按照数据要素基本逻辑和特征，“天下没有免费的午餐”的基本经济规律没有发生根本性改变，用户的免费也是利益平衡和分配的一种形式。

2. 数字化治理

数字化治理已经成为社会中的普遍需求，是数字经济发展的重要手段，涵盖面非常广，如图 1-2 所示，渗透到数字经济的方方面面。随着数字技术和数字经济不断发展，企业技术能力、行业渗透能力和数据采集能力不断加强，诞生了与经济社会发展密切相关的海量数据，也给数字化治理带来很大困难。数字经济更新迭代速度快，能够在很短时间内催生出网约车、移动支付、网络外卖等新事物。面对这些新的治理对象，传统的立法先行、严格监管等政府治理手段已不适应。通常情况下，政府也不具备对新技术的治理能力。特别是平台经济的兴起打破了传统的政府管制框架和现有制度，如分享住房的平台经济模式突破了对建筑物用途的管制、旅馆业经营许可的管制等。

同时，随着数字经济的发展，安全威胁也日益增多。研究显示，每年各种网络攻击对全球经济造成的损失高达 4 000 亿美元。安全问题的存在也一定程度上阻碍了数字经济的发展进程。确保网络和信息安全逐渐成为数字经济治理面临的新挑战和新要求。目

---

① 反公共地悲剧（tragedy of the anticommons）概念最早由美国密执根大学的黑勒（Michael Heller）于 1998 年在《哈佛法学评论》中提出：“反公共地”作为一项资源或财产有许多拥有者，但他们中的每一个都有正式的或非正式的权力阻止其他人使用稀缺资源，最终没有人拥有有效的、实质性的使用权。如政府数据属于“公共地数据”，假如政府各部门由于各种顾虑及其他因素导致“公共地数据”没有得到充分的利用就是反公共地悲剧现象，在当今的数字经济中该现象大量存在。

前，在数据安全防护方面存在许多问题。一是数据确权与使用问题不明确。例如，现在有一些 App 收集个人信息时出现的违规情况、获取用户数据时采用的不良方式、数据壁垒、数据滥用和平台之间的数据纠纷等问题。由于存在这样的问题，数字经济的优化治理会受到较大阻力，对形成良好的竞争秩序不利。二是泄露数据的问题比较严重，保护隐私的力度不够，过度收集数据等问题、“大数据杀熟”① 等现象越来越突出。尤其是数据安全问题，给制造、金融、交通和能源等重要领域带来了网络威胁。三是数据监管问题，数据的交易流通随意、粗放、不规范，而且对其监管有限。

此外，数字经济在发展过程中还面临数字鸿沟等问题。目前，数字鸿沟是全球普遍性问题，既包括不同区域数字经济基础设施层面的鸿沟，也包括公民数字素养方面的差异。在基础设施方面，至今全球仍有 40 亿人不能上网，超过了总人口的一半，且大部分位于发展中国家和欠发达地区。即使在一个国家内部，由于经济发展等原因，仍然有很大的差距，如我国东西部、城乡之间、山区和非山区等在网络接入方面就存在明显的数字基础能力的差异。在数字素养方面，很多国家也存在数字技能不足的情况。例如，欧盟 2014 年的有关数据显示，高达 47%的欧盟人口缺乏足够的“数字能力”，成为欧洲数字化发展的最大障碍。该方面的差异不仅存在于国家之间，社会不同阶层、不同区域和不同年龄段的人差异亦普遍存在。

当然，还有平台垄断、数据销毁等众多数字化治理问题。当前，数字化治理的研究处于起步阶段，还没有一个世界公认的成熟的理论框架、理论体系。在治理的实践方面，也是因为涉及国家之间的主权竞争的国际治理，国家层面的社会治理、法律治理、行业自律、技术治理等多个方面，是个复杂的系统工程，已经远远超出单一政府能够治理的能力范畴，多主体参与的协同治理是基本方向。

数字化治理主体是政府、企业、高校、科研机构以及服务机构等多个部门，是各类产业数字化转型中数据的拥有者和提供者。数字经济时代，数据的互联、互通、互用是体现数据价值的最有力表现，也是数据治理的重要目标。运用区块链、量子通信等新一代信息技术参与数据治理，可以在去中心化、分布式环境中实现数据在不同节点间高速流转，便于各部门间进行跨区域、跨时空的数据协同、治理协同。治理微观客体或对象就是数字经济时代各行各业产生的多源异构数据，如政务数据、交通数据、金融数据以及公共卫生安全数据等。数字化治理的核心是数据治理，数据治理的过程实际上就是对数据全生命周期进行管理、控制和决策。从数据全生命周期视角看数据治理包括：第一阶段，数据采集的治理，数据采集也称数据获取，是通过不同手段和装置，如摄像头、物联网传感器、网络爬虫等，对经济社会各行各业的数据进行收集。数据采集中的治理问题涉及采集手段的合法性、数据收集的合理性等。第二阶段，数据处理的治理。数据处理阶段主要是对通过物联网等手段采集到的数据进行预处理和分级分类管理，便于后

---

① 大数据杀熟是指同样的商品或服务，不同的客户看到的价格不同的现象，经常发生老顾客比新顾客价格高的现象。

续的存储。数据处理的技术性很强，特别是大数据时代数据的类型、量级等跟传统数据库时代结构化数据相比处理难度显著增大，其包括数据的分类、标准化、标识等治理内容。第三阶段，数据存储治理。经过分类分级数据处理后的数据存储到服务器中供使用。数据存储涉及存储地址选择的经济性、绿色环保与低碳、安全性等治理问题和内容。第四阶段，数据利用。数据利用是前几个阶段的目的，涉及的治理问题相对也更多，包括数据确权、价值和利益归属，隐私保护与数据脱敏、公开与共享，数据流通、交易规则等。第五阶段，数据销毁的治理。即随着时间的推移、新数据的更新等，数据使用价值远远低于存储价值，从服务器中删除的治理。数据销毁不是一个简单的计算机操作那么简单，涉及是否要备份、如何备份，以及如何进行价值评判、如何与数据攸关方达成共识等系列问题。

（二）中观层面认识

1. 数字产业化

数字产业化和产业数字化是实现数据价值化的产业载体。传统数字产业化是指信息通信产业，是数字经济发展的基础性、先导性产业，为数字经济发展提供技术、产品、服务和解决方案。随着数字经济的概念被广泛应用，数字产业化的概念逐渐从数字经济中被分化出来。一些学者认为数字产业化应该包括数字技术产业、数字商务产业和数字民生产业等。而且，应该重点发展“大智移云物链”① 等新兴产业。中国信通院将互联网、电子信息制造、软件服务等行业以及“大智移云物链”等数字技术纳入数字产业化范畴。随着现代技术的发展和创新，未来数字产业化的内容和外延也将继续拓展。将数字化的信息和知识转化为生产要素，加速数字技术的成果转化，信息技术驱动产业变革，成为推动经济发展和社会进步的生产力，进而形成数字产业链和产业集群，扩大数字产业化的规模。一般来讲，新兴技术具有的强渗透性、技术密集性和战略先导性等特征，是加速数字产业化形成、持续和健康发展的内生动力。

（1）强渗透性特点。数字技术的通用性和开放性，使其具有强渗透性特点，能够应用各传统产业，提高产业全要素生产率（蔡跃洲，2018）。以“大智移云物链”为代表的数字技术，不仅能够有效提升产业关联度，而且能通过连接、计算和应用等方式全面推进传统产业结构优化升级，运作模式变革，发生全面系统性变化。一是提升产业关联度。随着科技进步和发展，与数字技术密切相关的软件、信息技术服务业和数字产品制造业等不断拓展，产业链条不断拉长或产生新的产业链，现代产业体系中往往利用数字技术连通了前后向产业单元，并且催生了一大批与之相关的新技术产业和新型基础设施建设，提升了产业关联度。同理，数字产业化的发展和技术渗透也提高了传统产业的关联度，带动产业链的转型和全面升级。二是驱动产业结构升级。一方面，以“大智移云物链”为核心的数字技术产业具有通用性强、生产率高和溢出效果显著等特征，在产

① 即：大数据、人工智能、移动通信、云计算、物联网和区块链。

业中的广泛应用带来了产业结构的变化。数字化技术的创新成果转化和市场应用能够通过正向反馈机制倒逼以新一代信息技术为主的高新技术产业结构本身进行调整、优化和升级。另一方面，数字产业化在渗透、改造传统产业，促进新旧产业协同发展。数字产业化对传统产业、业态、模式等形成重大冲击，衍生了新产业、新业态、新模式。例如，数字时代基于手机的移动支付（支付3.0）和生物识别的刷脸支付（支付4.0）等颠覆性数字技术改造传统金融产业，数字技术产业和传统产业相互融合渗透、协同发展，共同打造新的产业体系。

（2）技术密集性特点。工业经济时代，信息网络主要是单纯以数字内容传输为目的的网络体系。数字经济时代，消费者需求多样化、数据量指数级增长和计算能力显著增长等，各行业对算法、算力等数字化服务要求不断提高，对传感器、芯片等数字化产品制造需求不断扩大，信息网络已经演变为集感知、传输、计算、交互于一体的数字化基础设施，也就是目前所讲的新基建。数字经济时代的数字技术、软件和信息服务等是产业数字化的发展基础，为产业数字化提供基础性支撑。以数字技术为主要驱动力的数字产业化与传统产业不同，能够有效搜寻、整合、匹配市场供求信息，掌握新时代消费者大规模、多元化、个性化的需求，实时对接市场供求关系，实现成本最小化、效益最大化，整个过程信息技术紧密渗透。此外，数字产业化的技术密集性往往带来明显的数字创新成果，数字经济价值产生倍增效应。“大智移云物链”等技术广泛应用于商业、金融、医疗、农业、交通等领域，造就了一大批“独角兽”企业，企业成长价值呈指数级上升。数字产业化离不开数字技术的支撑，数字技术应用具有广泛性的同时，密集性特征也很明显。另外，目前社会对相关人才需求旺盛，对其数字素养的要求也显著提高。

（3）战略先导性特点。数字产业化是数字经济的基础产业，也是驱动社会生产变革、改变社会生活方式的战略性、先导性、前瞻性产业。数字技术引致全新的产业革命，带来新的技术经济范式的变革。由5G、光纤通信、智能宽带等新一代网络技术，VR（虚拟现实）、AR（增强现实）、数字孪生等新一代计算机仿真技术，智能机器人等新一代制造技术，集成电路、量子通信等新一代高尖端技术组成的高新技术产业变革正在进行。数字产业化的蓬勃发展拓展了智能化生产方式的应用场景，加速平台化产业新业态的形成，丰富了数字经济创新的内涵。数字产业化是数字技术快速发展，并应用于社会场景中，由需求驱动产生的新兴产业，它的发展会广泛带动产业数字化、社会数字化等变革，是各国产业战略布局的焦点，具有明显的战略先导性特点。

2. 产业数字化

产业数字化范畴很广，本书以农业数字化、制造业数字化和服务业数字化代表三产数字化进行阐述，从中可以洞察到产业数字化的基本概况。

（1）农业数字化。农业数字化场景很多，例如，依靠大数据分析和预判功能掌握市场需求，建立自动化、智能化生产基地，有效克服传统小农经营的若干弊端。如产前阶段应用数据挖掘、数字建模、物联网技术获得种植产区大数据信息，根据产区灌溉用水、土壤成分等预测农作物未来产量，对未来市场需求等进行科学分析和研判，科学选择农作物品种，能够避免因盲目生产造成产销失衡、资源浪费。传统农业生产“靠天吃饭”造成农产品质量参差不齐，农户和中小企业往往不具备科学化管理、标准化生产条件，从产品到消费者中间环节增加导致产品质量和价格不对称，影响了农业高质量发展。数字经济时代，技术赋能农业生产管理，可以运用数据监控、环境监测和大数据分析搭建全流程精准农业管理系统、质量监控与评价系统。例如，在农作物成长期，利用传感技术掌握光照、温度、水分、肥力等农业要素信息，实时查看、跟踪、管理，以便优化农资投入，推进标准化作业，精细化管理，以保证农产品质量。遥感技术能够精准定时和定位，追踪农作物苗情，农业机械将农药、化肥准时送达准确位置。在农作物收获期，能够利用数字技术精确收割，实现规模化、规范化、高效化生产。在产后阶段，可以进行农产品全过程管理，实现全程可追溯。数字经济时代，可以利用自动识别、区块链等技术打造供应链追溯体系，对农产品生产、加工、质检、仓储和配送等全流程认证，强化过程监督、保障产品质量。消费者扫码即可获知农产品的来源地、采摘时间、采摘者、农业投入品等全程信息。传统农业销售模式，农民、批发商、零售商、消费者间信息不对称、交易成本高。当前，农产品营销方式在数字技术的支持下已经变得多样化了。数字技术赋能传统农业催生了以农产品营销为内容的农村电商、直播带货等新业态、新模式。现代网络技术让农民置身全球消费网络空间，直接与全球消费者“点对点”交易。农产品直播带货，将购物与娱乐融为一体，消费者不仅可以选择购买何种农产品，而且可以选择谁来向自己推销，极大丰富了消费者的体验。网络营销带来了网络聚集效应，形成了正反馈机制，营造了集体购物的网络场景，提升营销价值。当前，很多农产品物流系统已经智慧化了，依托人工智能遗传算法多目标路径优化数学模型等建立农村智慧物流信息平台，打造省、市、县、乡、镇、村多架构供求信息链，智能优化配送路径，节约成本，提升效率已经是很普遍的现象。

（2）制造业数字化。制造业是工业的主体，其数字化可以基本表征工业数字化。网络化协同制造是制造业数字化的典型特征。数字经济时代，信息通信技术（Information and Communication Technology，ICT）赋能工业互联网，实现从研发、设计到制造、生产全流程协同，克服企业自身制造资源不足等约束，加速多产业、多组织协同。例如，复杂产品大型商用飞机研制是一项多领域迭代耦合的系统，大型商用飞机具有生产工期长、制造工艺复杂、性能要求高、涉及学科广、开发难度大等特点，其研制往往需要跨学科、多部门、多个研发单位、多个专家团队等共同参与完成。中国 C919 客机制造就是多主体参与、集约全球化资源，实现网络协同创新的经典案例。随着信息通信技术的进步和发展，网络化协同制造正在从简单的线上异地协同（1.0 阶段），迈向研发、生产组织模式并行的一体化组织单元（2.0 阶段），并朝着基于信息物理系统（CPS）的新型网络化协同制造（3.0 阶段）方向演进。从制造模式角度看，当前普遍认同的基于 CPS 智能车间属于工业 4.0 阶段，与网络化协同 3.0 阶段并不冲突，欧洲又提出来了工业 5.0 发展阶段，它们都是一脉相承的。

制造业数字化现阶段已经逐步向智能制造模式发展。其本质在于以数据的自动流动化解复杂制造系统的不确定性，智能控制与决策，优化制造资源配置效率。数字经济时代，车间传统生产技术、数控硬件设施和工业集成软件通过大数据、人工智能等技术的赋能实现云空间和实体空间信息交互，从而应对生产制造中的复杂性和不确定性，为智能制造提供关键技术支撑，打造智能工厂，并形成“机在干，云在看，数在算”的新型制造模式。智能生产不仅能够通过数字孪生、模拟择优和大数据分析的方法形成基于数据驱动的价值制造范式，还能根据市场需求的多样化从大批量、规模化转向个性化、定制化等新型生产范式。未来，随着人工智能芯片、边缘计算、强 AI、3D 打印等技术的加持，智能制造将更加适应环境的不确定性、多样性和复杂性，满足“即想即得”的消费需求，即时生产能力将得到极大的释放。

制造业数字化使制造业转型为服务型制造。打造服务型制造模式，提升产品附加值，是数字经济与传统制造深化融合的重要内容。从制造企业实践看，传统制造属于低端环节、短期交易和产品导向，处于价值链底端，产品附加值低，与设计研发、销售服务等环节相比效益偏低。实现传统制造向高端环节延伸、长期交易和服务导向是其发展方向。从产业理论视角看，服务型制造是从以产品为中心到以客户为中心的制造模式转变的必然结果。数字经济背景下，“大智移云物链”等数字技术促使了制造业的服务化转型，如定制化生产、C2M、产品生命周期管理等方面应用广泛，丰富了数字技术改造传统制造的内涵，促进服务型制造的发展。

（3）服务业数字化。数字商业是服务业数字化的典型代表。随着云、社交网络，以及 5G 网络普及应用，数字商业把人、信息、产品或服务元素在数字空间以价值交换为纽带进行有效连接。移动互联时代，每个人都是流量的拥有者，将个人流量和企业需求完美匹配是数字商业的内在逻辑。例如，网络社群的兴起相当于为传统商业安装“流量发动机”，一方面依靠内容服务吸引巨大流量，带动相关产品或服务销售；另一方面依靠个性化的价值观打造“个人帝国”，聚集粉丝和具有相同特征的群体，形成强大的市场能量场，实现从传统商业向数字商业的转型。

数字金融是金融服务业数字化的产物。数字技术融合改造传统金融，催生新模式、新业态，渗透到日常生活的方方面面。例如，目前数字金融在支付结算、金融监管、供应链金融等多方面有着突破性创新。人们的常规金融活动已经从银行的柜台转移到了计算机，当下又转移到了手机上，移动支付的安全和便捷效用已经惠及大众，并降低了金融交易成本。区块链、大数据、人工智能等技术加持下的沙盒监管能有效筛选诚信企业，降低金融风险。供应链金融更加注重区块链技术的使用，对供应链上的参与者进行有效交叉验证，去中心化，建立诚信体系，降低道德风险，提高金融服务效率。

数字教育是教育信息化、数字化、智慧化的新生事物，也可以匡算进服务业数字化范畴。数字技术改变传统教学模式、教学工具、学习方式等，开启数字教育新模式。传统物理课堂教学变为在线云教学，传统实体书本变为包含视频、动画、文字等多内容的电子文本，学习时间不再受传统课堂教学限制，实时云学习和点播学习相结合，教学资源还可以多方共享。人工智能等技术还可以根据学生学习内容，智能化制定复习计划，根据教师教学情况提供实时互动测评。VR、AR 等技术支撑情境化、沉浸式学习，提升教学效果。ChatGPT 的应用点燃了人工智能在社会领域颠覆式变革的导火索，未来智慧教育会发生天翻地覆的变化，教育服务也会再思考、再出发。

数字医疗是医疗服务业的发展趋势。数字技术深度融合传统医疗服务业，重塑医疗健康新生态。积极推进数字医疗技术的研发，推进药品创新和临床应用，以利于疑难杂症的研究和治疗。云医院、云药房、云诊室不断涌现，甚至 5G 远程手术得以实现。数字技术在医疗资源共享、诊疗流程优化、健康管理服务提升等多方面作用显著，同时带动医疗相关的产业发展，数字医疗产业链正在形成。数字医疗会带动大健康产业的蓬勃发展，人们健康社会网络的形成会颠覆性改变目前医疗健康产业生态和运行模式，未来人们很多时候可以足不出户享受一些基本的医疗健康服务。

数字交通、智慧交通已经成为日常生活的重要依赖。其本质是实现数据驱动管理，利用数字技术对传统交通精细化控制满足人们出行的多样化需求。在公共交通方面，北斗定位、智能电子公交站牌、车辆智能识别系统等都是数字交通的实践工具。同时，大众化的出行软件也在数字交通领域积极探索。例如，在私家车出行方面，未来无人驾驶的智能网联汽车将增多。在现代通信技术与数字技术加持下，车联网与智能车有机联合，搭载先进的车载传感器、控制器、执行器等装置，实现车与人、路、后台等智能信息交换共享，实现安全、舒适、节能、高效行驶。

数字旅游是元宇宙时代提供的新型旅游服务。5G 通信、物联网、VR、云计算和数字化终端设备等数字技术能够深度挖掘旅游信息资源，带给游客旅游全过程的消费新体验。例如，博物馆通过 VR 技术全景虚拟再现实现在线参观文物，让游客在家实现身临其境的旅游新体验，提升了旅游服务的价值。另外，文旅融合的旅游数字化正在加快。例如，“玩转故宫”“口袋工匠”和“智游龙门石窟”等数字化游戏小程序，让游客感知数字旅游的便捷性、娱乐性、趣味性，为传统旅游增添新活力、新范式、新模式。

（三）微观层面认识

1. 数字化产品

数字化产品是支撑数字产业化的微观具体体现，表现为产品形态去物质化。数字经济时代，企业生产的最终载体是产品，数字化使大量产品形态从有形变无形，功能从单一变多元。产品从“1+1”（单一产品功能+单一物质载体）、“X+1”（多个产品功能+单一物质载体）向“X+0”（多个产品功能+无物质载体）模式转变，逐渐去物质化。例如，纸质书被电子书代替，非智能手机被智能手机代替，物理形态的相片被数码相机的数字相片代替，这种例子在数字经济时代数不胜数。数字经济时代的很多产品都在最大限度地被去物质化，通过软件化和数字化形成无物质产品。

智能化是数字化产品常见的一种属性。产品智能化是指产品属性不再是单纯承载基本功能、满足使用价值的物理件，而是具有数据收集、传输、连接、沟通和自决策的智能化“生命体”。数字技术使产品从满足消费者使用价值的理念向“智能+内容”的体验式服务新理念转变。① 从单一产品变成了网络部件。例如，智能家居产品不再是独立的物理实体，实现了几乎所有家用电器、生活用品的连接，而且能实时和用户交互信息，主动为用户提供服务，说句话就可以让家居设备按照自己意图执行其功能，一部智能手机就可以完成对所有联网家电的实时跟踪、调节使用状态、查看运行时间等。智能冰箱能告诉用户温度过高，并能自动切换温度模式。冰箱和空调的网络连接，实时感知室内温度变化，及时提醒。冰箱内食物不多时，能主动提醒用户，并能根据最近蔬菜使用情况，推荐美食菜谱，注重消费者的营养健康搭配等，使人类生活得更加舒适和科学。② 从简单功能件变成过程记录仪。产品不但实现与消费者连接，而且实现与网络云连接，分享知识、交互信息。例如，兼具拍照功能的微波炉备受广大家庭主妇的喜爱。它不但实现食物烘焙，而且记录食物烘焙加工的整个过程，可以实时分享到朋友圈、抖音等客户端，实现与网络云端信息交互，传统煮饭变成了技艺表演，填饱肚子的同时满足了一定的价值追求。③ 从干杂活上升为客户的守护神。例如，在传感识别和数字技术的支持下，智能洗衣机能判断衣物的款式与搭配，从而为主人提供智能的选衣推荐。

数字化产品表现为产品全生命周期过程数字化。数字经济时代，产品的研发、制造、营销等整个过程都在被数字化。① 研发数字化。数字经济时代，单纯依靠企业在实体空间的研发已经被消费者参与的虚拟空间云端研发替代。研发者也不局限于企业内部员工，“云研发”打破了传统时空约束，低成本、高效率完成各种研发讨论、会议交流。通过云计算平台开放源代码和技术，并组建研发微信群、微课堂、话题讨论组等调研需求，邀请开发者、消费者、技术交流者等不同主体参与，献计献策，在不断反馈中迭代更新产品。另外，“数字孪生”等技术的应用，使传统产品实验、小试、中试等必要的环节被大大简化甚至取消，数据在虚拟空间模拟和物理空间一致的场景完成虚拟建模设计，极大减少实物成本投入，缩短了产品研发和上市周期，提高了研发效率。② 制造数字化。数字经济时代，产品的生产制造过程普遍数字化，实现了由实体工厂到实体空间和虚拟空间融合的制造，能跨时空、跨地域地进行网络化协同方式组织。普遍采用模块化生产，在“云端”开源设计，在全球组织资源，形成分包、众包甚至“皮包”的生产格局，最后在通用界面规则连接下完成通用模块和个性模块的集成和组装，实现“云制造”。③ 营销数字化。利用数字化技术对传统营销方式的改造和创新是数字经济时代营销的新特点。依靠数字技术，企业能够对自有触点（官网、商城等）和企业社交媒体平台的访客群体进行大数据智能分析，深度挖掘用户的需求和信息，构建潜在消费者 360°画像，将其作为粉丝或忠实客户资源进行沉淀，实现精准营销、粉丝消费。在数字经济时代，网络直播、在线合作、智能推送等新的营销方式丰富了传统营销的渠道。低成本、高效率的数字化营销取代了传统的高成本、低效率的经销商分销模式。④ 营运数字化。过去，依靠传统的包括仓储、物流、供应链在内的非数字化体系企业营运成本居高不下，营运效率低下。现在，数字化的营运体系逐渐形成，每个营运环节都将“上云、用数、赋智”，数据驱动替代流程驱动，软件功能替代职能，高效驱动决策，智慧物流使产品可以低成本、短时间异地流动，显著提升人们的生活质量。

2. 数字化企业

上述的产品全生命周期数字化是数字化企业追求的目标和重要表现形式之一，是数字技术融合改造传统企业的必然结果，其本质是网络化连接企业内外资源，利用数据的自驱动机制，实现传统企业向数智化方向发展（戚聿东和刘欢欢，2020）。同时，数字化企业是在微观企业层面产业数字化的主要形态。数字经济时代，传统企业应不断挖掘自身潜能构建数字化体系，将自身打造成数字化企业、互联网企业，实现数字化转型。一般来讲，数字化企业能够精准匹配企业生产和用户需求，建立基于云和物联网的网络生态，降低生产成本，提高运营效率，最大化边际效益。在数字化企业成长范式方面，企业常规都是采取从局部单元的数字化（设备、车间、部门、工厂等）到整体的数字化和系统的数字化，在数字化过程中，企业提供智能产品和智能服务。最终，通过数字化、网络化和智能化与企业本身业务的融合实现数字化全面转型，这一过程客观上激发了数字经济的多种创新效应。

（1）规模经济效应。工业经济社会，企业生产规模无法无限制性扩大。依照传统工业经济理论，企业受资产存量和交易成本的局限，将生产规模调整至长期平均成本水平，追求规模经济，但会导致平均生产成本先降后升。数字经济社会，数字化企业成本结构发生了巨大变化：高固定成本+低边际成本（或零边际成本）。这种高固定成本主要来源于数字化基础设施和数字化技术研发以及初期建设等投入。当边际成本极低甚至为零时，企业可以无限扩大生产规模，摊薄固定成本，发挥数字化企业规模经济效应。不仅如此，数字化技术的使用能降低消费者的边际消费成本，促进生产者和消费者的良性互动，这就是数字经济的蒲公英效应。

（2）范围经济效应。传统企业往往依靠技术的关联性，生产多种相关产品，用多元化经营实现范围经济效应。产品相关度越高，范围经济效应就越强。数字化企业实现的范围经济建立在规模经济基础上，海量用户和市场占有率成为范围经济的基础。数字化平台企业还可以拓宽生产范围，进行个性化定制生产，通过网络聚集效应衍生出“长尾经济”。另外，数字化企业突破了对于产品相关度的限制，拓宽了范围经济的应用。例如，数字化产品广告植入，可以和产品本身没有相关性。这些都是传统经济模式无法比拟的优势。在规模定制下实现差异化，创新了同质化的批量生产方式。

（3）网络经济效应。外部性是网络经济一个突出的特征。网络外部性是指连接到一个网络的价值取决于已经连接到该网络的其他人的数量。通俗地说，就是每个用户从使用某产品中得到的效用与用户的总数量有关。用户人数越多，每个用户得到的效用就越高，网络中每个人的价值与网络中其他人的数量成正比。随着企业数字化、网络化、智能化的实现，网络正外部性和正反馈机制的效应凸显，网络价值呈现爆发式态势。例如，工业互联网构建完成后，随着生产者不断加入，生产信息的交互和共享愈发充分，网络价值不断提升，吸引更多未加入的厂商进入。同时，网络经济作为一种平台经济，大大降低了空间距离形成的较高交易成本。通过在虚拟空间聚合交易信息和交易双方，节约了买卖双方的交易时间。在交易平台对买卖双方进行交易匹配，节约了买卖双方收集交易信息的时间和搜寻资源的成本。进一步，网络经济效应改变了数字化企业的产品成本定价模式，边际成本归零，边际效益递增。网络联动效应带来相关产业链的发展，降低交易成本、节约资源，成为促进数字化企业成长的新动力，所以，平台经济成为数字经济时代的宠儿。此外，网络经济催生的新产业和新业态伴生着更多新的商业模式和服务方式，为广大民众的创新和创业提供了新机会。

（4）速度经济效应。数字经济背景下，数字化平台和指数型组织不断涌现，企业价值呈高速化指数级增长。相对传统企业的成长，这种进化速度已经形成“赢家通吃，强者愈强”的竞争壁垒，先发优势明显。例如，“花小猪”打车推出后 5 个月，日单量就突破了 160 万单，远超同行企业发展速度。随着“花小猪”在全国跨城市的运营布局和业务内容的丰富，发展前景不可限量。这种速度经济效应源于：① 共享模式。共享模式让平台企业能够摆脱重资产运营，轻装上阵，加速开拓市场空间。“花小猪”平台能够通过大数据技术自动计算乘客出行的最优路径，并且在最优路径中途随时派单给司机，真正实现“共享式打车”。这种共享模式带来的价值将最终惠及乘客和司机双方。② 数字化经营及数字化产品属性。在数字技术加持下，企业数字化经营的复制成本趋于零，成长速度骤增。例如“花小猪”打车平台司机可以自由选择进入或退出，乘客可以零成本下载使用 App，使其业务地域从城市到农村快速遍及全国甚至全球，使用人群从年轻白领一族快速遍及各类人群。

第二节 数字经济的发展与展望

数字经济的发展虽然目前有很多种说法，但是，从人类经济社会发展历史来看，从计算机、智能手机以及网络技术的普及开始，数字经济就已经存在，一般可以分成信息/知识经济、网络经济和数字经济三个阶段。

一、数字经济的发展历程

（一）信息/知识经济

1. 信息经济的诞生及含义

最早提出“信息经济”概念的是美国学者马克卢普（F. Mahchlup）教授。1962 年他在《美国的知识生产与分配》中首次提出了“知识产业”。他认为知识产业包括教育、科学研究与开发、通信媒介、信息设施和信息活动五个方面；他还测算出“知识产业”（信息产业）在美国国民经济中的比例。

信息经济一般被认为时间跨度在20世纪40—80年代，是信息技术驱动产生的新经济。颠覆性技术首先是1946年发明的计算机，人们也常把1946年作为信息经济的始点。当然，信息技术不是1946年才有的，之前很多年就有了信息技术的发明和应用，如电报、电话等，只是1946年冯·诺依曼发明的计算机对人类经济社会的影响远远超出了更早发明的微处理器等信息技术。计算机的发明是工业革命以来最重要的颠覆性技术创新之一，所以，以1946年为信息经济开始的时间点得到广泛共识，意味着人类开始进入信息社会，信息经济诞生。1968年诞生的阿帕网被公认为最早的互联网，最初的互联网只是在军事和科研领域应用，卖给商业形成广泛影响是后来发生的事情了。也就是说信息经济时代就有了互联网，只是互联网的经济作用没有达到社会化的广度和深度，还没有开始网络经济时代。由于知识是信息加工得来的，所以，也有人称这段时间为知识经济时代。在20世纪80年代“信息经济”“知识经济”成为社会时尚名词，引起了广泛的社会反响。实际上，当时的信息产业已经开始形成。

信息经济是以计算机为核心工具，基于信息技术向经济、社会、生活各领域渗透形成的，以信息产业为主导，以信息产品生产和信息服务为主体的新经济模式。信息经济又称资讯经济、IT经济。作为信息革命在经济领域的伟大成果的信息经济，是通过产业信息化和信息产业化两个相互联系和彼此促进的途径不断发展起来的。

2. 信息经济的特点

如果说在工业经济中，钢铁、汽车、石油化工、轻纺工业、能源、交通运输等传统产业部门扮演着重要的角色，那么，在信息经济中居重要地位的则是芯片、集成电路、计算机的硬件和软件、光纤光缆、卫星通信、数据传输、信息网络与信息服务等新兴产业。虽然，信息经济的发展，使不可触摸的信息经济取代可以触摸的物质型经济并在整个经济中逐步居于主导地位，但是，不仅不会否定农业经济、工业经济、服务经济的存在，相反会促进这三种经济通过信息化后的相互融合和快速发展。

信息经济是在新一代信息技术高速发展新形势下掀起的一种高科技革命。尽管高科技除信息科技外，还有生物、新材料、新能源、航空航天等其他类型，但是20世纪60年代至今，信息科技是其中最成熟、发展最迅速的高科技。与其他高科技相比，它有两个显著特点：一是极强的渗透性以及由此而带来的十分广泛的应用，几乎是“水银泻地——无孔不入”。二是能与信息资源的开发和利用结合，从而全面扩展和加强人类利用信息工具的能力，特别是辅助管理和决策功能的发挥。信息革命既是科技革命又是产业革命，它正在深刻地改变着人类的生产、生活、工作、学习和思维的方式。

信息经济既具有与其他经济一样的特征，也具有一系列它所特有的结构特征。随着信息技术进一步发展，尤其是微电子技术迅速发展和广泛应用，近些年来，世界信息经济的结构正在发生引人注目的变化。信息经济的结构特征越来越明显，主要体现在以下方面：

（1）企业结构向知识和技术密集型转型。传统的企业结构都是劳动密集型、设备密集型或资本密集型，而新兴信息经济企业结构都是知识和技术密集型，大多属于轻资产类型。不但投资少、效率高，最终还将把人类从繁重的体力劳动中解放出来，得到全面发展。

（2）劳动力结构向智力劳动型转变。企业结构决定着劳动力结构，新兴信息经济的企业结构是知识和技术密集型，因此劳动力结构发生了根本性变化，脑力劳动者替代体力劳动者，传统体力劳动者必须经过再教育成为新的脑力劳动者。虽然那个时期由于中国大量接受了西方发达国家的产业转移，工业主体是劳动密集型和设备密集型，但不能掩盖信息经济劳动力需求结构改变的事实。当今数字经济时代，该特征在自动化工厂、高科技产业愈发明显。

（3）产业结构向低耗高效型转变。这些以新兴科学知识和高技术为基础的尖端信息产业群具有高效率、高增长、高效益和低污染、低能耗、低消耗的新特点。在传统产业日益衰落的过程中，专业化、小型化的新兴产业却在迅速发展。这种产业结构及其技术结构的变化将会使劳动生产率获得较大提升。

（4）体制结构向小型化和分散化转变。小型分散化的水平网络式的管理体制将代替集中、庞大而又互相牵制的传统金字塔形的体制结构，小公司、小工厂等横向组织将代替大公司、大工厂等纵向组织。信息经济的体制结构向小型化和分散化转变，绝不意味着生产社会化程度降低，而恰恰相反，通过信息化生产在更广泛、更深入的程度上社会化了。

（5）消费结构向多样化转变。传统工业生产是大规模的集中性生产，产品单一、规范化，虽然成套生产，但是品种少、规模单调，不能及时满足多种多样的社会需要。由于信息经济的生产机动灵活、分散化，它所提供的消耗品更加丰富多彩，更符合人们的实际生活需要，定制、小规模化产品普及并替代传统产品。

（6）能源结构向再生型转变。传统经济的能源结构是非再生型的，如煤炭、石油等，消耗一点，就少一点，不能再生，而且浪费大、效率低、污染严重。信息经济以硅为主要原材料、以电为主要动力资源的能源结构主体上是再生型的，如太阳能、生物能和海洋能等，它们不仅可以再生，取之不尽，用之不竭，而且绿色环保，效率高。

3. 信息经济与知识经济的联系

知识经济最早是由联合国研究机构在 1990 年提出来的。1996 年，经济合作与发展组织在其国际组织文件中首次正式使用了“以知识为基础的经济”概念，强调知识经济以现代科学技术为基础，是一种基于最新科技和人类知识精华的经济形态，是在工业经济和信息经济基础上发展起来的，建立在知识和信息的生产、存储、使用和消费之上的经济。在知识经济时代，一个最典型和最基本的特征是知识作为生产要素的地位空前提高，知识广泛地渗透到一切经济部门中去，而且知识本身也成为一种更加市场化的产品，如图书、出版业等。

从信息经济与知识经济的相关概念看，由于知识是由信息处理形成的，所以，二者是紧密相连、不可分割的。知识经济脱胎于信息经济，信息经济提出在前，知识经济提出在后。一方面，知识经济被人们提出和认识，反映了当今世界发达国家对于后工业时代或信息社会快速发展进程的普遍接受和认可。另一方面，要发展知识经济没有高度发达的信息经济做基础是不行的。因为信息经济的发展和壮大是知识经济产生与发展的前提条件，知识经济的建立和发展离不开信息科学技术，也就是离不开以它为基础的信息经济。

虽然信息经济与知识经济的区别和界限划分不那么严格，但两者还是有所区别，概括为以下三点：① 信息经济主要是以信息科学技术为基础的经济，而知识经济是以整个科学技术为基础的经济。② 信息经济与知识经济都是知识密集型经济，但后者中知识所含的内容更加广泛，不仅包括信息业，而且包括现代工业、现代农业和现代服务业。③ 信息、知识、信息经济、知识经济等相关概念还存在层次上的差异性。在信息经济已经产生但尚未充分发展的情况下，用知识经济的理论观点来促进信息经济的发展是必要的，但不能用它来代替信息经济。

4. 信息经济时代的判别

对于信息经济的确立，也可以根据马克思政治经济学原理来加以明确：区别一个经济时代，不是看它生产什么，而是看它怎样生产，用什么劳动资料生产。以此为衡量标准，判断信息经济是否能够成为一个经济时代主要观测以下三个方面的比重：① 信息部门所占比重大于物质部门所占比重。② 信息部门所创造的产值在 GDP 中所占比重大小。③ 信息劳动者在总就业人口中所占比重大小。

如果这三个指标都达到 30%左右，一般可以视为信息经济占主导地位，就可以判断信息经济时代的来临。当时那个年代之所以普遍认为人类开启和进入了信息经济时代，是因为相较于工业经济时代，信息经济的上述衡量标准已经达到了。比如，美国商务部在其 1999 年 4 月发布的报告中称，美国约 1/4 强的经济增长率来自信息产业，也就意味着信息经济已经全面渗透经济社会了。

当今，发达国家中有 1/2 以上的从业人员从事以信息为主的工作。据预测，在未来十年人类的全部工作中将有 4/5 与信息有关。换句话说，越来越多的人将从事把数据转化成信息和知识的工作。在信息经济时代，世界范围的计算机联网将使不同组织和领域之间数据流通顺畅，原来的生产将更大程度演变成服务，随着处理信息的需求指数式增长，工业劳动演变成信息劳动。信息经济和目前的数字经济新特征包括：信息产品往往不需要离开它的原始占有者就能够被买卖和交换。这一产品能够通过计算机网络大量复制和分配而不需要额外增加费用。产品的主要形式是软件，价值增加是通过知识而不是工作来实现的。随着信息化进程不断推进，工业社会劳动文化的两大基本支柱即时间和固定工作岗位将退居次要地位。传统的人生成功条件，如文凭和学位重要性在降低，标准化和固定模式的职业培训已经跟不上时代发展的需要。工作仍然存在，但不再有稳定的“工作岗位”。

（二）网络经济

1. 网络经济的发展

网络经济是一种建立在计算机网络基础之上，以现代信息技术为核心的新经济形态。其表现为经济主体的生产、交换、分配、消费等经济活动越来越多地依赖信息网络。部门和个人不仅会从网络上获取大量经济信息，依靠网络进行预测和决策，而且许多交易行为直接在信息网络上进行。网络经济是以网络的连接为基础、网络的信息流为要素、网络为媒介、网络的应用创新为核心的经济活动。在网络经济形态下，以知识为核心，以网络信息为依托，采用最直接的方式拉近服务提供者与服务目标的距离。传统经济行为的网络化趋势日益明显，网络成为企业价值链上各环节的主要媒介和实现场所。网络经济是一种在传统经济基础上产生的、经过以计算机为核心的现代信息技术提升的高级经济发展形态。基础是计算机与计算机网络，特别是国际互联网络——因特网（Internet）。

一般认为网络经济的发展时期是20世纪90年代至21世纪10年代初期。在美国把军事和科研用的阿帕网卖给商业公司后，加上20世纪90年代欧洲的万维网诞生并迅速在全球兴起，网络经济逐步形成。由于网络经济高投入、高回报特点，20世纪90年代末之后10年左右的时间，全球进入互联网投资热潮期，许多互联网公司诞生。但是，由于这些公司缺乏实际的商业模式和盈利能力，特别是脱离实体经济现象严重，导致了大多数公司在金融资本挥霍完后无法进入正常经营轨道而倒闭，也导致了许多投资者的损失，互联网泡沫经济的出现使网络经济一度陷入发展的低谷。在2000年3月10日之后的一年内，美国纳斯达克指数下跌了63%，许多互联网公司破产，数百万人失业，数百亿美元的财富消失殆尽，那些过度投资的公司和那些虚高的市场估值都瞬间消失了。2000年至2010年社交媒体和移动设备的崛起使网络经济重新回到正常的轨道。该阶段使得互联网变得更加便捷，人们可以随时随地访问互联网，社交媒体成为了人们交流的主要渠道。Facebook（脸书，现改名Meta）、腾讯、苹果、阿里巴巴、亚马逊等一大批网络公司和相关产业在泡沫破灭后冉冉升起，Uber、美团和Airbnb等共享经济企业诞生并迅速发展壮大，支撑起了互联网经济的蓝天。

2. 网络经济的基本特征

网络经济是信息经济、知识经济的一种形态，这种新的经济形态正以极快的速度影响着社会经济与人们的生活。与传统经济形态相比，网络经济具有以下七个显著的特征：实时性、高渗透性、自我膨胀性、边际效益递增性、外部经济性、可持续性和直接性。

（1）实时性。消除时空差距是互联网使世界发生的根本性变化之一。互联网突破了传统的区域界限，它使整个世界紧密联系起来，把地球变成一个“村庄”。信息网突破了时间的约束，使人们的信息传输、经济往来可以在更小的时间跨度上进行，网上经济活动很少受到时间因素制约。网络经济是一种速度型经济。现代信息网络可用光速传输信息，网络经济以接近于实时的速度收集、处理和应用信息，节奏大大加快了。因此，网络经济的发展趋势应是对市场变化发展高度灵敏的“即时经济”或“实时运作经济”。

（2）高渗透性。迅速发展的信息技术、网络技术具有极强的渗透性功能，使得信息服务业迅速地向第一、第二产业扩张，使三大产业之间的界限模糊，出现了第一、第二和第三产业相互融合的趋势，工业经济时代传统三大产业分类方法也受到了挑战。为此，学术界提出了“第四产业”的概念，用以涵盖广义的信息产业。当今，信息产业已经广泛渗透到传统产业中去了。对于银行、造纸、轻工、煤炭等传统产业来说，迅速利用信息技术、网络技术实现产业内部的升级改造，以迎接网络经济带来的机遇和挑战是一种必然选择。不仅如此，信息技术的高渗透性还催生了一些新兴的“边缘产业”，如光学电子产业、医疗电子器械产业、航空电子产业、汽车电子产业等。在网络信息技术的推动下，产业间相互结合，发展新产业的速度大大提高。

（3）自我膨胀性。依照梅特卡夫定律（Metcalfe’s Law），网络经济的价值等于网络节点数的平方，这说明网络产生和带来的效益将随着网络用户的增加而呈指数级增长。在网络经济中，由于人们的心理反应和行为惯性，在一定条件下，优势或劣势一旦出现并达到一定程度，就会导致不断加剧而自行强化，出现“强者更强，弱者更弱”的垄断局面。据美国激进的技术理论家乔治·吉尔德预测：在可预见的未来，如未来十年，通信系统的总带宽将以每年 3 倍的速度增长。随着通信能力不断提高，每比特传输价格朝着免费的方向下跌，价格点无限接近于零。

（4）边际效益递增性。边际效益是指随着生产规模的扩大会显现出不同的增减趋势。在工业社会物质产品生产过程中，边际效益递减是普遍规律，因为传统的生产要素——土地、资本、劳动力都具有边际成本递增和边际效益递减的特征。与此相反，网络经济却显现出明显的边际效益递增性。

网络经济边际成本递减。信息网络成本主要由三部分构成：网络建设成本、信息传输成本和信息收集、处理和制作成本。由于信息网络可以长期使用，并且其建设费用与信息传输成本及入网人数无太大关联，所以前两部分的边际成本几乎为零，平均成本都有明显递减趋势。只有第三种成本与入网人数相关，即入网人数越多，所需信息收集、处理、制作的信息也就越多，这部分成本就会随之增大，但其平均成本和边际成本都呈下降趋势。因此，信息网络的平均成本随着入网人数的增加而明显递减，其边际成本则随之缓慢递减，但网络的收益却随入网人数的增加而同比例增加。网络规模越大，总收益和边际收益就越大。

网络经济具有累积增值性。在网络经济中，对信息的投资不仅可以获得一般的投资报酬，还可以获得信息累积的增值报酬。这是由于信息网络能够发挥特殊功能，把零散而无序的大量资料、数据、信息按照使用者的要求进行加工、处理、分析、综合，从而形成有序的高质量的信息资源，为人类决策提供科学依据。同时，信息使用具有传递效应，会带来不断增加的报酬。

（5）外部经济性。一般的市场交易是买卖双方根据各自独立的决策缔结的一种契约，这种契约只对缔约双方有约束力而并不涉及或影响其他市场主体的利益。但在某些情况下，契约履行产生的后果往往会影响到缔约双方以外的第三方（个体或群体）。这些与契约无关的却又受到影响的经济主体可统称为外部，它们所受到的影响就被称为外部效应。契约履行所产生的外部效应可好可坏，分别称为外部经济性和外部非经济性。通常情况下，工业经济带来的主要是外部非经济性，如工业“三废”，而网络经济则主要表现为外部经济性。网络形成的是自我增强的良性循环，增加了成员就增加了价值，反过来又吸引更多的成员，形成螺旋形上升优势。该特征第二章有更详细的论述。

（6）可持续性。可持续性主要指绿色环保可持续发展特性。网络经济属于一种特定信息经济，它与信息经济有着密切关系，是特殊与一般、局部与整体的关系。从这种意义上讲，网络经济是信息经济的一种具体形态，知识、信息同样是支撑网络经济的主要资源。信息与知识具有可分享性，这一特点与实物显然不同。一般实物商品交易后，出售者就失去了实物，而信息、知识交易后，出售信息的人并没有失去信息，而是形成出售者和购买者共享信息与知识的局面。网络经济在很大程度上能有效杜绝传统工业生产对有形资源、能源的过度消耗，造成环境污染、生态恶化等危害，是一种社会经济可持续发展的经济形态。

（7）直接性。由于网络的发展，经济组织结构趋向扁平化，处于网络端点的生产者与消费者可直接联系，降低了传统的中间商层次存在的必要性，从而显著降低了交易成本，提高了经济效益。为解释网络经济带来的诸多传统经济理论不能解释的经济现象，中国社科院的姜奇平教授提出了直接经济理论。他认为，如果说物物交换是最原始的直接经济，那么，当今的新经济则是建立在网络上的更高层次的直接经济，从经济发展的历史来看，它是经济形态的一次回归，即农业经济（直接经济）——工业经济（迂回经济）——网络经济（直接经济）。直接经济理论主张网络经济应将工业经济中迂回曲折的各种路径重新拉直，缩短中间环节。信息网络化在发展过程中会不断突破传统流程模式，逐步完成对经济存量的重新分割和增量分配原则的构建，并对信息流、物流、资本流之间的关系进行历史性重构，压缩甚至取消不必要的中间环节。

3. 网络经济与其他经济的比较

网络经济是以计算机网络为核心的信息技术产业，属于高新技术产业，也包括网络技术推广和运用所带动转型的传统产业。因此，不能把网络经济理解为一种独立于传统经济之外、与传统经济完全对立的纯粹的虚拟经济，网络的虚拟性某种程度上使人觉得网络经济也是虚拟的。网络经济实际上是一种在传统经济基础上产生的、经过以计算机网络为核心的现代信息技术提升的高级经济发展形态。

网络经济不同于以往的农业经济和工业经济。在网络经济时代，信息产业以及以计算机网络为基础的各种服务行业将成为经济发展的主导产业。在网络经济产业空前发展的基础上，世界经济全球化将进一步增强，国际贸易、国际投资，跨国生产、跨国经营活动等更加活跃，经济运行的机制、方式和规则等也发生了深刻的变化。比如网络时代电子商务应运而生并且快速增长，网络经济逐步渗透到社会经济的各个环节，对传统企业生产方式、组织形式、管理模式、经营策略、贸易渠道和营销观念等多方面提出了有力的挑战。一家企业要想抢占市场先机、赢得市场竞争的主动权，必须充分利用计算机网络建立起快速、机动、灵活、高效的生产组织系统和经营管理系统。

众所周知，信息经济、知识经济是以计算机、卫星通信、光缆通信、数据信息处理等数字技术为标志的现代信息技术和全球信息网络“爆炸性”发展带动发展起来的。在知识经济条件下，现实经济运行主要表现为信息化和全球化两大趋势。这两种趋势的出现无不与信息技术和信息网络的发展密切相关。现代信息技术的发展大大提高了人们处理信息的能力和利用信息的效率，加速了科技开发与创新的步伐，加快了科技成果向现实生产力转化的速度，从而使知识在经济增长中的贡献程度显著提高。全球信息网络的出现和发展进一步加快了信息在全球范围内的传播和扩散，使世界经济发展呈现出明显的全球化趋势。因此，信息经济和知识经济实质上是一种以现代信息技术为核心的全球网络经济，三者密不可分，只是不同阶段经济形态表现出的重点或特征不同而已。

（三）数字经济

1. 数字经济时代的来临

数字经济概念形成以后，在各国数字经济战略、数字议程的强力推动下，数字经济高速增长、快速创新，并广泛应用于其他传统产业，成为驱动全球经济发展日益重要的新动能、新风向标。其中，数字经济战略的重点发展领域包括通信基础设施、ICT、电子政府、电子贸易等，重点关注卫生医疗、交通运输及教育部门，提升民众数字素养，加强数字身份、隐私和安全，解决诸如网络监管、气候变化等方面的全球挑战。数字金融、数字货币等成为数字经济时代的新产物、新特征。

数字经济是一种新的技术经济范式，是数字技术迅速发展并逐步推动产业和制度变革的结果呈现。有关数字经济的年代划分有不同的说法。本书认为，广义上讲，数字经济包括前面所述的信息经济、网络经济阶段；从狭义上讲数字经济真正成为主流经济形态，人类经济由工业经济时代正式进入数字经济时代是2010年以后的数字化转型时代。随着数字技术和产业进一步发展，数字经济将进入成熟期。数字经济成熟期的主要特征是数字技术簇群成为社会主导技术群，数据成为关键生产要素，基于数字技术的新产业体系形成，生产方式、产业组织形态、产业竞争范式等发生系统性变革，以数字产业化和产业数字化为核心内容的数字经济占据经济系统的主要地位等。目前数字经济还没有进入成熟期，只能算是发展初期。

进入21世纪，移动通信和互联网技术相融合，移动互联网进入萌芽发展期，但2G和3G时代（1990年至2012年），受限于信息传输速度，移动互联网普及较慢。2013年之后，随着4G等移动通信技术的投入使用，智能手机的普及，移动互联网时代到来，各项衍生的新一代信息技术也快速发展。云计算从2016年开始进入全面爆发期，云服务应用已经深入各行各业。大数据技术也渗透到多个领域，物联网从碎片化、孤立化应用为主迈入规模化、融合化、集成化阶段，从消费互联网阶段转变成工业互联网（Industrial Internet，国内也有人翻译成产业互联网）与之并驾齐驱的双网共生阶段。人工智能从感知、记忆和存储进一步向认知、自主学习、决策与执行发展。5G移动通信技术孕育兴起，将提供前所未有的用户消费体验和物联网连接能力。该阶段数字技术实现群体性创新，成为渗透到经济系统的重要使能技术。

随着数字技术的广泛应用，众多的新兴业态产生，并且通过快速的纵向和横向的产业分化，形成庞大的业态群落，数字相关产业快速发展。PC互联网阶段，微软、思科、英特尔等企业引领发展，亚马逊、雅虎、网景等互联网新星出现，我国诞生了搜狐、新浪和网易等门户网站。此时段，计算机硬件和软件产业、解决信息需求的综合信息服务业快速发展，如众多的搜索引擎等。移动互联网阶段，移动应用场景极大丰富，新兴业态不断涌现，尤其集中在智能终端、电子商务、社交网络、共享经济、数字内容等领域。智能终端领域，苹果、华为、小米等成为行业龙头。电子商务领域，阿里巴巴、京东爆发式发展。社交网络领域，Facebook、Twitter、腾讯等将世界连接。共享经济领域，Airbnb、Uber、滴滴等快速崛起。数字内容领域，抖音等网络视频、网络直播、VR/AR及元宇宙等新业态频现。数字产业从解决信息需求向解决娱乐、商务和社交需求延伸，直接进入了人们的生活中。此外，数字技术不断向物流、金融、汽车、装备制造、生物等其他行业渗透。数字产业不是作为单一产业形态推进，在革新大众信息渠道和内容载体的同时，企业从研发设计、加工制造、运输、销售等各方面加快重构传统产业的生产链条和服务链条。数据开始成为重要的生产要素作用于经济系统，降低交易成本、提高生产效率、扩大经济活动范围和提升边际收益，数字经济成为经济系统的重要组成部分。

从产业规模看，2000年全球数字产业增加值占GDP的3.4%，2015年达到22%。2002年我国数字经济规模为1.22万亿元，占GDP的10.3%；2015年达到18.6万亿元，占GDP的27.5%；2019年已达35.8万亿元，占GDP的36.2%。从产业体系看，集成电路、大数据等动力产业，智能终端、软件与信息服务、电子商务、社交网络、数字内容等先导产业快速发展。IPv6网络、IDC、物联网、卫星通信网络、工业互联网等基础设施产业也蓬勃兴起，人类进入数字经济时代。

2. 中国数字经济发展历程

中国数字经济早期发展得益于人口红利的先天优势，巨大的消费市场、网民规模的高速增长为互联网行业的崛起提供了天然的优质土壤。2012年以后，网民增速趋于平缓，移动端时代到来，促使中国数字经济进入快速发展期。总体而言，中国数字经济的主要商业模式经历了一段较长时间的演变，从信息传播到电子商务，从网络服务到智能决策，新模式和新业态不断涌现，商业模式重心向用户端倾斜，技术成为产业发展的核心驱动力，但争夺流量和积累用户规模仍然是商业模式成功的关键要素。

1994 年，中国正式接入国际互联网，进入互联网时代。以互联网行业崛起为显著特征，伴随互联网用户数量的高速增长，一大批业内的先锋企业相继成立。三大门户网站新浪、搜狐、网易先后创立，阿里巴巴、京东等电子商务网站进入初创阶段，百度、腾讯等搜索引擎和社交媒体得到空前发展。不难发现，中国互联网行业的龙头企业绝大多数是在萌芽期成立的。这一阶段，中国数字经济的商业模式仍较为单一，以新闻门户、邮箱业务、搜索引擎为代表的业态，增值服务以信息的传播和获取为中心。萌芽期初创企业模仿国外成功商业模式的现象极为普遍，技术创新尚未得到足够重视，流量争夺和用户积累是竞争的核心内容。2000 年前后，以科技股为代表的纳斯达克股市崩盘，全球互联网泡沫破灭，国内互联网产业也未能幸免，经历了 2~3 年的低迷阶段。期间，网易在纳斯达克的美股股价曾连续 9 个月跌破 1 美元，导致 2002 年被停牌。该阶段主要还是属于上述的信息经济发展阶段。

经历短暂的低迷阶段后，中国数字经济于 2003 年至 2012 年间步入高速发展期。随着互联网用户数量持续保持两位数增长，以网络零售为代表的电子商务首先发力，带动数字经济由萌芽期进入新的发展阶段。2003 年上半年，阿里巴巴推出个人电子商务网站“淘宝网”，以成功的本土化商业模式迫使 eBay 退出中国市场，并在此后发展为全球最大的 C2C 电子商务平台。2003 年下半年，阿里巴巴推出的支付宝业务，逐渐成为第三方支付领域的龙头。2006 年中国网络零售额突破 1 000 亿元大关，2012 年突破 1 万亿元大关，期间增速一直保持在 50% 以上。2007 年，国家发布的《电子商务发展“十一五”规划》将电子商务服务业确定为国家重要的新兴产业。

在国家战略的支持下，新兴业态不断涌现，博客、微博等自媒体的出现使网民个体能够对社会经济产生前所未有的深刻影响，不同区域、阶层的陌生人可以通过网络直接交流。社交网络服务（Social Networking Site，SNS）的普及使人际联络方式发生重大变革，社交网络使社交关系变得更加紧密。2005 年，博客的兴起成为互联网最具革命意义的变化之一，网民得以以个人姿态深度参与到互联网中，社会参与度和存在感显著增强。美国《时代》周刊曾评论称，社会正从机构向个人过渡，个人正在成为“新数字时代民主社会”的公民。同年，腾讯注册用户（QQ 用户）过亿，即时聊天工具可爱的小企鹅 QQ 成为网民标配。2009 年，以社交网站为基础的虚拟社区游戏迅速升温，开心网、腾讯开心农场等成为大众时尚。同年，微博正式上线，这种单帖字数限制在 140 字符以内的微型博客，通过即时分享的强大优势迅速传播，产生了极大的影响力。

自手机网民数量规模化以来，互联网行业迎来移动互联时代，中国数字经济的基本格局已经形成，并迈入成熟期。以信息互通为基础，智能手机全面连接起网民线上和线下生活，并且产生了深远的双向影响，人类进入数字经济时代。基于互联网的模式创新不断涌现。以摩拜、ofo 为代表的共享出行业态突破了原有共享单车的“有桩”模式，通过以模式创新为核心的方式为中国数字经济注入了新的活力。同时，网络直播模式的崛起也具有一定代表性，特别是2016年淘宝直播上线之后，网络直播模式与网购和海淘的进一步融合，使直播经济真正成为一种强有力的变现模式。

目前，中国数字经济各行业所处的阶段不尽相同，工业4.0、新零售等行业仍处于萌芽期，在线视频、网络营销、网络购物等行业已经步入成熟期。不可否认，互联网行业仍然是数字经济最为重要的组成部分，对传统产业转型升级的推动力虽然已经显现，但仍任重而道远。就互联网行业而言，百度、阿里巴巴、腾讯，即俗称的BAT三寡头主导的格局已经形成，但是抖音、拼多多等新的数字经济巨头发展势头也非常迅猛。现阶段世界各国逐步加强关于数字经济的互联互通工作，在此背景下，数字经济的跨境合作正成为发展的一个重要趋势。在中国，数字经济由于其重要性以及特殊性已经上升为国家战略层面。中国针对数字转型战略积极制定相关政策与措施，努力在数字经济新时代的背景下成为世界“领头羊”。因此，中国数字经济进入了全面发展时期。

二、数字经济的发展展望

数字经济并不局限于制造业、农业、零售业、金融业、通信、社交及媒体，在教育、交通、医疗、公共事业、政府等也都充满机会。目前对数字经济的发展进行展望是件很难做到的事情，因为数字经济的发展有太多的不确定性，覆盖范围又广。本书试着从以下几个视角窥探数字经济的未来发展。

（一）社会发展视角

从发展方向看，万物互联与全面智能化相互叠加是目标。人们将很快从消费互联网升级到工业互联网、物联网时代，在可预见时间内进入全面互联互通的时代，人、机器、设备、数据将全面联通，并实现人机实时交流互动，社会进入网络泛在连接与全面深度智能化双重叠加的高级信息化时代。

从发展进程看，经济社会从单纯网络化向全面数字化、人工智能大规模应用迈进。随着网络进一步多功能化，价值网络化、制造智能化广泛应用，云计算等网络服务逐步普及，大数据更具开发利用价值，数字经济业态在经济中的比重上升。人工智能通过多学科交叉融合增强科学发现能力，通过强化语音识别、计算机视觉等扩展外界认知能力，通过与生产生活场景结合，能够逐步满足人们的更高期待。

从发展任务看，当前需要重点做好数字经济基础设施建设及工业互联网建设推广工作。数字经济基础设施建设是经济发展的基础性工作，可以为数字经济发展提供基础条件，带动产业孵化、成长。类似于20世纪90年代美国铺设的网络号称“信息高速公路”，互联网、云计算中心等基础设施建好了，产业自然而然会衍生出来。数字化带来产业融合、生产方式融合，网上定制、柔性制造、远程操控将成为主流生产方式。与此相适应，需要做好工业互联网的建设和普及工作，通过它们重塑生产主体、生产工具、生产对象和生产方式，即大力发展新质生产力中的数字生产力和数字化生产关系，在虚拟时空中拉近生产、服务、消费的距离，以尽快提高经济社会效益，实现从传统经济向数字经济的动力变革。

从发展要求看，不同层级主体的难题就是数字经济技术的突破口。在中国，对国家来说，关键是做到数字技术领先、信息安全有保证。对省、市、区来说，关键是加深"两化融合"（数字化与工业化融合），提高数字经济比重。对市、县来说，关键是加快数字技术应用，提高经济社会效益。对企业来说，需要突破关键技术，所有核心技术都能自主可控。对社会来说，要求数字技术应用更全面、生活更方便。例如，合肥市数据资源局征集意见列出了车位少停车难、看病耗时长、卡多烦恼等 100 个生产生活难题，针对这些难点利用数字技术创新应用就能取得突破和进展。数字经济的发展是个社会问题，要求社会全员参与。

从发展影响看，数字经济引发的社会问题和法律问题需要引起关注。数字经济影响最直接、当下最紧迫的是就业。随着大量工厂智能化生产，"机器换人"成为常态。与此相联系，大量工人、服务人员等收入增长减缓，甚至失去收入来源。由于数字经济总体趋向于垄断，收入差距会逐步扩大，社会财富将进一步集中。同时，网络化带来的技术风险、隐私与安全等问题增多，需要建立新的规则体系。ChatGPT 的出现标志着人工智能自然语言理解和自动生成能力进入新阶段，数字经济新时代人、机、物三元融合协同工作新方式、新模式会随之而来，传统的人才培养方式、职业规划路径会受到强大的冲击，人机竞争的局面会很快来临，职业重组、失业等社会新问题凸显。

从发展格局看，数字经济技术发展不平衡呈加剧趋势。从全球看，美、中、日、英、德、韩、俄、法等少数国家依靠数字技术抢占竞争制高点，多数发展中国家数字技术落后，国际数字经济发展差距扩大，因此，中国引领的"一带一路"数字经济国际合作受到普遍欢迎。在中国，数字技术创新集中在少数发达省份，比如"独角兽"企业主要集中在"北、上、广、深、杭"，促进落后地区数字经济发展也是努力方向。填补数字鸿沟是未来各国数字经济发展的重要方向之一，包括不同国家、不同区域、城乡之间的数字经济发展不平衡及不同水平造成的数字鸿沟，也包括不同年龄阶段、不同工作性质人群之间数字素养差别造成的数字消费、数字红利等方面的鸿沟。

（二）产业发展视角

从产业发展视角看，各个国家的发展方向和重点不同。在中国，今后数字经济发展主要领域和方向是国家统计局统计的数字产品制造业、数字产品服务业、数字技术应用业、数字要素驱动业和数字化效率提升业，各地也相继出台了数字经济促进条例，去落实和布局这五类产业的发展。前面四个数字经济核心产业的发展展望在不同层级的产业规划中有明确的方向和做法，这里不做赘述。对于数字化效率提升业，涉及经济领域宽泛，本书以下内容只以制造业、智慧城市、数字“三农”和数字文旅、文创为代表进行阐释。

1. 制造业

制造业是工业的主体和重要组成部分，是我国重要的工业基础和重点发展领域，也是我国的优势产业。

（1）企业内部。产业是由企业构成的，在一定程度上，微观企业的行为可以表征中观或宏观产业的发展规律。一般制造业企业内部的主要活动可以划分为产品研发、生产、销售及售后服务，以及全生命周期过程管理几个环节。数字化、网络化、自动化、智能化是企业内部数字化效率提升的发展方向，数字孪生系统会被普遍使用，实体产品同时会影随一个以数字形式存在的虚拟产品，使得企业相关预决策更加科学和智能、智慧。大量工业机器人的使用使无人工厂、少人工厂成为常态和发展方向，数字化素养、对数字技术知识和技能的掌握等是对今后工厂一线员工的基本要求。数据驱动、模型驱动的业务处理模式会代替或优化传统的流程管理方法，成为企业管理的基本方式。企业内部的组织架构也会从传统自上而下的科层制转变为自下而上、趋于扁平化的阿米巴模式，以及一些互联网公司中创新使用的网络结构。数据变成生产要素后，伴随着创新驱动的动能转换，中国制造业会从劳动密集型、资源密集型转向知识密集型。

（2）企业外部。数字经济时代企业边界变得模糊，经营企业在某种程度上是在经营平台、经营生态，平台的中间作用使制造方和客户直接相连，客户直连制造（Customer to Manufacturer，C2M）将成为主要制造模式，客户参与制造全过程。二产、三产融合的服务型制造是发展的主流方向，通过云模式把传统单一工厂、企业完成的制造割裂成不同组织合作的新型云制造也会逐渐成为一种普及类型。因此，产业生态中的产业链协同，特别是数据价值链的维系，全球化研发设计网络的形成和通过虚拟企业、动态联盟方式形成的跨组织研发设计，网络化协同制造、平台化销售服务等新制造模式会成为新业态、未来发展趋势和潮流。

2. 智慧城市

未来智慧城市的新基建是空天一体化的数字经济基础设施，包括地下光纤互联网、地表移动蜂窝互联网和遥感通信卫星的星际互联网，临空浮空飞行器群、基站和微机站等，通过空天技术提供“无缝”的地球时空大数据，具有无处不在的高精度定位、随时随地的无延迟连接和无缝覆盖的高分辨感知能力，实现自动化、智能化和实时化地获取“4W”信息，即何时（When）、何地（Where）、何目标（WhatObject）及发生了何种变化（WhatChange），提供“4A”服务，即随时（Anytime）、随地（Anywhere）服务到每个人（Anyone）、每件事（Anything），通过城市大脑、数字孪生系统支撑数字政府、智慧交通、智慧医疗、智慧教育、智能环境监测、智慧应急管理等场景应用，无人驾驶、飞行汽车将在不远的将来成为社会交通领域的常客。

3. 数字“三农”

民以食为天。农业是实现现代化强国的根基。我国推进农业现代化是实现高质量发展的必然要求，数字经济在农村、农业和农民（“三农”）的应用普及是今后我国乡村振兴、共同富裕的重要发展方向之一。智慧农业包括直播带货等农产品电商的繁荣昌盛，基于农机现代化、应用工业领域的质量控制、动态智能监控与预测等精准农业的产业转型升级，以及基于区块链等技术的农产品溯源等领域。数字乡村包括乡村数字化治理，远程医疗、远程教育等内容。数字“农民”包括农民数字素养提升，解决数字鸿沟问题，让农民享受数字消费、数字经济红利等。

4. 数字文旅、文创

数字经济时代的文创已经从静态走向“活态”，从实物走向数字化。近几年，数字藏品在文创领域的火爆已经不是个例，而是“群像”。中国国家博物馆、湖南省博物馆、金沙遗址博物馆、湖北省博物馆、河南省博物院的“镇馆之宝”数字藏品纷纷上线，每次在支付宝小程序“鲸探”上架均“秒空”。元宇宙的到来更是打开了数字文旅、文创产业的新大门。全世界都在争相追赶元宇宙风潮，从数据上网到积极主动参与构建元宇宙，推动文化产业新业态形成。线上演播、云展览、数字艺术、创意设计、沉浸式体验等新型文化业态，推动5G、人工智能、物联网、大数据、云计算等在旅游、数字文创等领域应用，在提升文化品牌的同时，带动文化产业、旅游产业繁荣发展。

第三节 数字经济的理论构建

生产要素指进行社会生产经营活动时所需要的各种社会资源，是维系国民经济运行以及市场主体生产经营过程中所必须具备的基本因素。1890年，马歇尔在《经济学原理》一书中提出了生产要素四元论——土地、劳动、资本和企业家才能。这一理论概括了西方经济学生产理论和分配理论的中心，在长达一个世纪的时间里被人们普遍接受。现在，数据成为新的生产要素，纳入数字经济学的基本范畴，突破了生产要素的四元论，可称之为五元论。随着科技的发展和知识产权制度的建立，数字技术也作为相对独立的要素投入生产。这些生产要素进行市场交换，形成各种各样的生产要素价格及其体系。数字技术成为数字经济中的重要技术要素。预计未来数据所有者将成为一个新的社会群体，成为参与生产分配过程中的生产要素，即数字经济包括人的要素、物的要素及其结合因素。目前数字经济尚处于起步阶段，还未形成国际公认的理论体系。但是数字经济实践对传统经济学形成重大冲击，显示出与传统经济的理论差异。本书目前还只能阐述数字经济理论构建中与传统工业经济的差异，以及一些新的理论特征和发展方向等，我们相信数字经济理论体系很快会在建立和发展中逐步成熟起来。

一、产业发展规律差异

由于数字经济的特殊性，与传统农业经济和工业经济在发展规律方面存在较大差异，主要体现在以下六个方面（陈万钦，2020）。

（一）规划侧重不同

传统经济中，政府对产业的规划原则是优化和平衡，一般是选择若干重点产业、关键技术给予支持，支持方式以要素保障为主。由于数字经济的可复制特性，具有蒲公英效应，数字经济中的所有行业都应该发展，需要重点规划能突破、可示范的领域。例如，在中国，广东省侧重构建适应数字经济发展模式的“管运分离的管理架构、整体协同的业务架构、集约共享的技术架构”，贵州省根据优势确定了创建全国数字经济融合示范区、惠民示范区、创新新高地的定位，福建省则侧重打造让群众“不跑腿”或“少跑腿”的网络服务平台；在具体措施上，几个数字经济大省都注重建设试点和示范工程，无论是大数据、物联网、云计算、智能制造等数字产业项目，还是智慧城市、智慧医疗、智慧停车、智慧井盖等数字技术应用项目，只要试点成功，就可以低成本大规模推广，这也是与传统经济的不同点。

（二）布局规律不同

传统产业按照经济地理学进行布局，讲究区位因子，把原料、燃料、劳动力、市场等区位因子作为布局考虑的主要因素，同时在空间布局上注重发挥聚集效益。数字经济按照新空间经济学进行布局，虽然同样考虑区位因子，只不过它的区位因子主要是人才，不受地理空间和传统生产要素制约。所以，数字企业一般选择在人才比较集中的地方进行布局。数字经济不太追求物理空间上的集中，而是讲求虚拟空间集中。即使是智能制造，也是在分散与集中相结合、虚拟和现实相结合、人机相结合的网络空间中进行。因此，追求物理空间与虚拟空间集中结合是数字经济布局的特殊规律。

（三）建设规律不同

传统经济条件下，政府要为企业创造良好的环境，包括建设“九通一平”的基础设施及学校、医院等公共配套设施，建设地点基本上是本地化的。数字经济条件下，社会既需要建设为企业服务的产业互联网、数据中心和企业云等专业信息基础设施，也需要建设为群众服务的电子证照系统、社会信用平台、数据共享平台以及政务云等公共服务平台。这些信息基础公共设施可以是本地化的，也可以借助其他区域资源，如我国的“西算东数”，就是利用西部气候、资源等优势布局算力中心，供给东部发达地区的主要使用区域，区域内数字经济新基建布局可以考虑区域外的资源供给问题。所以，比传统基础公共设施更需要讲究科学性、专业性、统一性以及操作便利性。在决策时需要做到各种信息设施标准对接、便于提供服务，同时成本和价格又具有竞争力，这对数字经济公共设施建设提出了不同于传统产业基础设施的要求。

（四）技术发展规律不同

传统经济和数字经济都非常注重关键核心技术，强调自主知识产权的重要性。但传统经济的主要构成是硬科技，而数字经济多是硬科技和软创意的有机结合。数字技术可以由架构师把技术分为若干单元，安排全球最有优势的人才群体进行开发，然后集成为一项新技术。一小段程序并没有价值，或者开发者不知其实用价值有多大，只有系统集成后才具有相应的价值，具有“1+1>2”的基本属性。例如，华为公司在德国、俄罗斯、印度等多个国家设立了研究所，把不同技术单元安排在不同地区开发。也就是说，先利用网状人才组织技术开发再进行系统集成是数字经济技术研发的特征，它为数字技术在更大范围内整合资源、柔性研发提供了可能。

（五）企业培育规律不同

传统企业发展瓶颈通常是资金、技术、人才、场地等，政府通过给有市场前景的企业以帮助，促其快速做大做强。数字经济软科技企业的产生多来源于信息硬科技基础上的一种独特创意，发展得益于对经营模式的创新，或者说，数字企业的产生得益于企业家的相互启发、切磋，如杭州在出现了阿里巴巴后，又出现了蚂蚁金服、点我达、数梦工场等 20 多家数字“独角兽”企业。企业能否成长壮大，关键看它的创意和模式是否能够挖掘社会的潜在需求，是否能够组建有竞争力的团队迅速铺开市场，与地方政府传统帮扶企业的方式有显著的差异，营商环境变得更为重要，为创意者提供创造和相互启发的环境会更有效帮扶企业。

（六）市场监管规律不同

在传统市场经济中，只有生产者和消费者两方的情况下，政府只需要加强对生产方的监管就可以，监管内容包括产品质量、能耗排放、纳税、信用等方面。监管的主要对象是微观的企业和中观的行业、产业，除了政府职能机构部门，也设有不同的行业协会、学会等社会组织。数字经济条件下常规市场增加了平台方，无论是电商平台，还是工业互联网平台、云计算平台等，第三方、第四方平台的介入成为数字经济的一个显著特点。平台的汇聚作用往往会形成垄断局面，网络平台的虚拟性、隐蔽性等特征也会为商家投机取巧、兜售假冒伪劣产品等提供温床，给政府和行业协会等部门、组织开展有效市场监管提出更大的挑战。平台往往具有半企业、半公共机构性质。因此，需要增加政府监管平台、平台监管企业、政府与平台合作监管企业三种新模式。政府对平台的监管侧重于对公平、安全、债务、权益等方面的监管，以使平台更好发挥公共服务作用、商业中介作用等。

二、相关经济理论差异

数字经济是在传统经济基础上发展起来的，多数西方经济学理论仍然适用于数字经济，如“经济人”假设、产权理论、契约理论、分配理论等。但是数字经济也给传统经济学带来了改变。有些是对传统经济理论的补充和拓展，如网络理论在过去分工基础上更加强调协作，作为重要技术分支的数字技术，通过数字化赋能改变其他资源要素组合的禀赋，形成内生增长机制等。有些则是对传统经济理论的突破，甚至形成质变，如市场理论、边际理论、垄断理论、企业边界理论等。具体差异如下（陈万钦，2020；裴长洪和倪江飞，2018）：

（一）与经济增长理论不同

经济增长问题历来是西方经济学各学派研究的重要问题，虽然他们在如何实现经济增长问题上争论不断，但总体上认为投资是主要渠道，传统经济学的投资是指固定资本投资，增长的投资需求是指“固定资本形成”。例如，亚当·斯密在《国富论》中强调基础设施投资对经济增长的重要性，认为对桥梁、港口以及道路等基础设施的投资能够使得整个社会受益。凯恩斯认为，由“三大心理规律”引起有效需求不足导致经济萧条，政府应当加大公共投资力度，通过“乘数效应”实现产出的若干倍增加。哈罗德—多马模型认为，要实现经济增长，需要提高储蓄率并将储蓄转化为投资，在一定的储蓄和投资水平下，实际经济增长率由投资的生产率决定。发展经济学认为，政府投资是促进发展中国家经济增长的重要动力，将投资分为基础设施投资和直接生产性投资。因此，西方经济学认为，投资能够促进经济增长，主要侧重物质资本存量的增加，进而刺激经济增长。然而固定资本具有竞用性特征，当对该项固定资本的需求增加时，唯一的途径就是增加投资，但由于受到资本边际收益递减规律约束，企业固定资本的投资规模无法无限制扩大，从而制约了固定资本创造价值的能力。无形资本具有非竞争性和边际收益递增的属性，增强了其价值创造能力。近年来，无形资本投入不断增大，形成投资热潮。近年来，各国的无形资产投资强度在不断提升。虽然无形资产投资的统计标准还未在全球范围内确立，但已有不少学者利用直接支出法测算出一些国家的无形资产投资规模。无论以现价还是不变价计算，无形资产投资增长率均大大超过固定资产投资。近年来，中国的风投行业发展快速，大部分流向人工智能、大数据、3D 打印、虚拟现实等数字科技行业。大规模的无形资本投入驱动数字经济快速发展。所以，主要依靠不断增长的无形资本投入来驱动经济增长将对传统经济学带来严峻挑战。无形资本投入不断增长的现实正在颠覆传统经济增长理论，需要统计学家和经济学家重新研究资本投入的概念和经济增长的逻辑。

（二）与市场调控理论不同

传统经济中市场主体只有自发调节而没有主动调控功能。数字经济条件下，市场主体在过去的生产者和消费者两方基础上，又增加了网络平台第三方。网络平台具有“看不见的手”“看得见的手”两种功能。在这里“看得见的手”的主体不再完全是政府，或者说政府的调控职能部分让渡给平台。作为“看得见的手”，平台掌握市场供求等资源配置的信息，能够通过大数据对市场进行准确分析和预测，用大数据结果引导社会生产，增进全社会资源配置的科学性。平台也具有资源配置手段，既可以通过开辟新领域和强化资源定向配置，也能通过如算法和排序等技术手段引导资源配置方向，从而使平台具有部分宏观调控功能。

数字经济“看得见的手”配置资源的能力显著增强。西方经济学认为，市场经济存在一只“看不见的手”，引导着资源流向最有效率的地方，这只“看不见的手”就是市场机制。在价格机制、供求机制以及竞争机制的作用下，生产者和消费者做出对各自有利的决策。然而由于信息不完全，生产者和消费者根据自己掌握的有限信息进行“理性决策”，往往导致市场资源错配，造成资源浪费，“市场失灵”现象频发。由于信息不对称，生产者无法及时捕捉到消费者偏好的变化，导致社会存在大量的无效供给。但是，在数字经济时代，“看得见的手”发挥了配置资源的基础作用。平台企业掌握着供求双方大量数据，通过平台将生产者和消费者进行在线匹配、直接对话，解决了生产者和消费者信息不完全、不对称问题，实现了资源利用效率的提升和社会福利的增加。具体措施包括通过大数据分析，生产者能够准确及时了解消费者需求，尤其是个性化需求，实现有效供给，进而实现商品价值的跃升，消费者效用因自身的个性化需求得到满足而得以提高。一些平台企业可以成功地将社会、个人的闲置资源供需匹配，实现闲置资源的再利用，创造更多的价值。

（三）与边际理论不同

传统经济由于边际成本先减后增、边际收益先增后减，综合成本呈现前后两端高、中间低的 U 形曲线。数字经济中固定成本虽然较高但比较稳定，边际成本较低并且始终是下降的，当达到一定规模时几乎为零。如从网络上下载软件、电影、歌曲等数字产品，基本不需要新增加成本，但企业边际收益和社会总收益却是上升的。

传统边际收益递减规律无法用于分析数字信息产品。在非数字经济时代，边际收益递减是一个普遍存在的规律，即在技术水平不变的前提下，任何物质产品生产所投入的固定要素和可变要素之间存在一个最优的投入比例，当可变要素投入超过某一临界点时，则新增加的每一单位可变要素所获得的报酬是递减的。另外，整个西方经济学建立在资源稀缺假设之上，资源稀缺性特征引发竞争，竞争的后果使得单位报酬递减，直到到达边际收益等于边际成本的均衡状态。然而，数字信息产品并不存在边际收益递减现象。相反，数字信息产品具有边际成本递减特征。数字信息产品生产需要高科技投入，如软件产品，存在较高的固定研发成本，但一旦该产品生产成功便可以非常低甚至为零的成本进行复制，即额外生产一单位该产品的成本几乎为零。同时，数字信息产品具有网络外部性。数字信息产品的存在形式、传播载体及成本特性决定了自身鲜明的网络外部性特征。随着用户数量的增长，额外增加一单位产品的收益是递增的。

（四）与供求理论不同

传统经济中，市场价格由供需双方形成，产品因稀缺而增值，产品越多越贬值。而大数据产业则相反，数据作为重要的资产可以进行交易和分配，单一的数据并不值钱，数据越多越有价值，数据的个体和总量都是越多越增值。再如，与传统产业经济不同，平台经济中，供需不能面对面协商形成均衡价格。数字平台中一部分产品由供方根据供需调整价格，这与传统经济相似。还有一部分产品不根据供需调整价格，甚至宁肯赠送也不调整价格，如一些专家的网络慕课。它既不能根据供需判断价格，也无法随时调整价格，因为它不像传统经济产品那样可以讨价还价和一对一降价，如果在信息公开状态下调整价格会引起纠纷，因而数字经济与传统经济价格形成机制是不同的，两者的供求理论产生了较大的差异。

（五）与交换理论不同

在传统经济中，商品生产者出让使用价值才能获取价值，商品购买者支付价值才会拥有使用价值，所有权与使用权总是统一的。但作为数字经济新业态的共享经济中所有权与使用权基本是分离的。共享经济也不同于类似的租赁经济，区别在于租赁者虽然没有物品所有权，但有使用权和控制权。共享经济中缴纳租金和押金后仅获得了使用权，而没有所有权与控制权。以共享单车为例，使用者通过交押金和租金获得了使用权，但使用过程是在所有者控制之中，一旦超出边界其使用权就会受到限制，该案例可以说明交换理论显著不同。

（六）与企业价值理论不同

传统经济下企业价值的表现形式是办公楼、厂房、设备、技术，而数字经济企业价值除体现在技术方面外，很大程度体现在资本市场对其成长性的预估，如科大讯飞。由于其庞大的用户量，尽管营利方式在人们的传统观念中不那么“高大上”，但科大讯飞的市值一直是国内同行业的翘楚。虽然科大讯飞实际营利情况并不乐观，但它是中国人工智能研究机构孵化的企业代表，出于对其技术市场前景的预判，资本市场对其估值一直比较高。传统产业不具备高成长特性，虽然可能有较高市值，但往往因不具备高成长性而没有更高的估值。

（七）与商业模式理论不同

传统经济的盈利点在于核心产品和主营业务，而数字经济中主要产品、主营业务相当一部分是免费的，从附带产品、附加业务中赚钱，盈利点是产品和服务收入来源之外的伴生利润。用户可以免费享受互联网企业提供的产品和服务，而网络企业的利润来自广告业务，其利润大小通常由网络企业服务人群的数量来决定，就是网络上流行的说法：互联网时代“羊毛出在猪身上，狗埋单”。此外，传统经济赢利不分先后，而数字经济的服务平台都是先引起足够客户关注，然后再利用客户规模盈利。有些平台甚至倒贴资金吸引注意，客户达到一定规模才能盈利，也就是数字经济初期大家讲的“烧钱”，如起步阶段的滴滴出行等让利客户以便占有市场。

（八）与竞争理论不同

竞争理论是经济学和管理学的核心理论，经历了漫长的发展演变过程。无论是古典竞争理论还是现代竞争理论，“竞争主体”至少是清晰和对等的，或者是企业的对等竞争，或者是商品的对等竞争，或者是环境、政策的竞争。但在数字经济中，“竞争主体”不一定是参与竞争的主体，如“跟谁学”与“钉钉课堂”两个慕课平台的竞争，人们优先考虑的不是慕课本身的功能，而是捆绑软件的附带功能，即“非竞争主体”功能。不少学校正是因为看重“钉钉”软件的钉盘、钉邮、打卡、通讯录、电话会议等“非主体功能”而确定选择“钉钉课堂”这一“主体功能”。因此，在数字产品竞争中，数字产品生态体系往往成为优先选择，而主体功能倒降为其次。传统经济中买椟还珠、主次不分的笑话在部分数字经济中竟成为常识。

（九）与垄断理论不同

传统经济下的垄断相对容易认定。而在数字经济中垄断往往是平台经济的存在形式。由于创新，先入市场者自动获得50%以上的份额和市场支配地位，并且优势一旦出现就会不断自我强化，形成“赢家通吃”的局面。由于平台经济的特性，后出现的竞争者往往与先进入市场者共同形成寡头垄断局面。传统经济中市场一家独大或寡占时会降低资源配置效率，而平台经济的寡头现象是网络效应下规模经济的客观要求。因为平台越大，资源配置概率越高，对社会越有价值，而不会出现传统产业中寡头垄断造成资源浪费等损害市场的现象，所以，数字经济时代的垄断需要重新认识和治理。

（十）与企业边界理论不同

企业规模大小往往就是边界。按照传统经济学原理，企业规模取决于内部管理费用与外部市场交易费用的平衡，外部成本大于内部成本时企业规模就能扩大，内部成本大于外部成本时企业就需要拆分。数字经济一般会用网络平台，由于外部交易成本小，反而使企业始终处于扩张状态，数字平台控制的最优边界是“全域”。由于网络技术的发展，外部交易成本无限降低，管理幅度可以无限增大，直到信息和服务覆盖的“全域”边界。这种现象从阿里巴巴、华为的成长过程可以得到验证，短短三十几年时间，华为从交换机、路由器产品，逐步成为手机的巨头。后来的电视、当下的汽车等领域都是由于企业信息系统优势而多元化经营，这在传统工业经济时代是不可想象的。

（十一）与货币理论不同

货币是所有者之间关于交换权的契约，传统经济的货币虽然与贵金属脱钩，但仍由发行机构进行信用背书。比特币等数字货币在货币职能方面与传统货币相同，但数字货币过去发行不依赖任何央行和政府，没有资产作支撑，也没有任何机构组织作信用担保。中国正在创新设计以人民币为支撑的数字货币，它兼顾了传统货币与数字货币的优点，未来发行后将在国际数字货币体系中占据重要位置。比特币、数字货币等与传统货币理论相比有很大不同，不仅在形式方面，而且在功能、作用域等方面都有较大差异。

（十二）与信用理论不同

尽管数字经济信息不对称性较弱，但数字经济与传统经济都存在信息不对称的状况，因此都注重加强社会信用建设。但传统社会信用主要来自权威机构，信用注重中心化、中介化，即信用是超大型机构建立的，需要中介服务行业在使用中强化信用。而数字经济的信用系统有去中心化、去中介化特征，特别是区块链技术的应用，可以实现分散化信用支撑。或者说，数字社会更信任机器算法，如果算法的公正性出现问题，则会丧失社会信用基础，所以，当下出现了算法滥用的信用问题。有的学者认为数字经济条件下的信用关系降低了交易摩擦系数，反而实现了更高效率的资源配置。

三、传统经济理论拓展

数字经济对理论经济、应用经济的影响是广泛而深远的，虽然传统农业经济、工业经济的理论很多仍然适用于数字经济，但同时，也有很多理论不适用解释数字经济现象，指导产业发展。目前，普遍认为数字经济理论研究远远落后于数字产业发展实践，缺乏成熟的理论体系。数字经济理论中生产要素、生产力和生产关系都发生了颠覆式变化，数字经济对传统农业、工业经济的现有理论提出了巨大挑战。同时，我们也要看到，数字经济理论并非对过去理论的重复，而是基于过去理论形成新的思想和创新（陈晓红等，2022）。

（一）数据纳入生产要素：宏观经济增长理论的演进

工业经济时代，宏观经济增长的价值基础来自工业标准化生产，并以此为事实基础诞生了经济增长理论。从经典索洛模型到内生增长理论，经济增长理论演变的核心是将技术进步视作外生向内生转变动因。外生性在假定规模报酬不变的前提下，用产出、资本、劳动以及知识或劳动的有效性四个要素解释经济增长。内生性则认为技术进步引起资本和劳动边际报酬稳定增长，规模报酬不变的假设逐渐放松为规模报酬递增。数字经济时代，价值创造的基础发生了变革。数据作为新的经济增长要素被纳入生产函数，进一步拓展了经济增长理论中规模报酬递增的假设和传统经济增长理论的边界。首先，相比于工业经济中标准化生产创造的价值，新一代信息技术通过需求发现和开拓新的商业模式使服务这一非生产性活动创造出更高的附加值，并且这一部分价值在数字经济时代逐渐占据主导。这意味着“生产”的概念得到拓宽，既包含标准化加工的价值，也包含非标准化服务创造的价值。数字经济时代的技术革新使工业经济的加工价值论演进为数字技术创新价值论（姜奇平，2020）。其次，数据可复制、共享以及反复使用的特性突破了传统生产要素的稀缺性和排他性限制，进一步强化了规模报酬递增的前提条件。数据要素与传统生产要素深入融合使各要素的边际报酬增长速率比内生增长理论中的更高，对经济增长产生放大、叠加和倍增效应，从而改变投入产出关系。例如，数据只有与劳动要素相结合才能成为生产要素。同时，如前面有所论述的数据也有助于改善劳动、知识、管理、资本和技术要素的质量和效率。

（二）突破地理空间界限：中观产业组织理论的拓展

传统产业组织理论将“产业”定义为生产同类或有密切替代关系产品、服务的企业集合，其研究经历了从 SCP（结构—行为—绩效）分析框架到强调信息不完全下厂商之间博弈策略和行为的博弈论研究范式，研究方法从静态分析逐渐向推理演绎变革，双方简单博弈演化为以平台为中介的多方动态、智能博弈。就产业集聚形态而言，产业内上下游企业在地理空间上集聚而呈现出的产业组织垂直一体化是主要特点和研究着力点。然而，数字经济时代已逐渐形成以数字技术为基础的新型产业模式，促使传统产业逐步采用借助新技术创造新价值的转型路径，从而为传统产业组织理论中产业的界定、产业集聚的形态、理论假设条件以及两代产业组织理论的研究等提供了新的探索空间。通过数字技术的深度融合实现传统产业升级已成为经济数字化转型的基本模式，其背后的理论支撑值得深入探讨。第一，互联网、区块链等技术在生产领域的应用改变了各产业的空间范围，打破了传统产业内涵边界。传统产业通过生产要素重组、生产环节重构等实现产业的“跨界经营”，从而实现全新的价值增值和价值创造。第二，数字技术的发展削弱了企业之间以空间关系为联系纽带的作用，以物联网为载体的产业数字化转型加强了产业协同效应，催生产业组织的网络化协同发展，生态组织理论逐步得到重视。第三，大数据、人工智能和云计算等技术为经济学家提供了获取完全信息的可能，这些信息不仅包含可准确度量的结构化信息，还包含声音、图像、视频等非结构化信息。信息的准确性、多样性向产业组织理论的不完全信息假设提出挑战。从研究范式来看，数字经济结合了传统产业组织理论中静态分析与推理演绎的研究方法。基于 SCP 分析框架的第一代产业组织理论认为特定的产业结构决定产业的竞争状态，进而对企业行为进行静态截面观察，再与企业绩效进行联系。第二代产业组织理论认为这种实证分析方法缺乏理论依据和分析模型，只适用于短期静态分析，并不能解释这种特定的市场结构是如何形成的以及其未来发展趋势。因此，他们将研究重点从市场结构转向企业行为，引入博弈论的研究方法，通过逻辑推理对企业行为做出预测。但这种推理演绎法在促进理论发展的同时也表现出明显的不足，即数据获取较为困难致使研究结论难以得到有效证实。随着数据挖掘和大数据分析技术进一步发展，海量信息能够便捷获取，数据精度和跨度大大提升，上述不足将得到有效缓解。此外，消费者和企业行为大数据在实证研究中的应用有效改善了过去抽象运用博弈论讨论定价问题的方法局限。传统产业组织理论实证分析与推理演绎的研究范式在数字经济时代形成了前所未有的融合，以往因果研究为主的范式在大数据支撑下转变为内在逻辑关系研究为主。

（三）市场主体行为变化：微观经济理论的挑战

数字经济对微观经济理论发展的影响主要体现在数据支撑、开放共享等数字化特征使传统消费者行为理论和厂商理论面临新的革新。

1. 大数据思维、网络外部性及长尾效应：消费者行为理论的创新

数字化消费的突出特征是供需之间的交互性大大增强，消费者需求被精准识别和满足，从而颠覆性地改变了消费者行为和预期，拓展消费者行为理论。具体体现在以下三个方面。

首先，数字经济扩展了现有消费者选择理论中消费者选择行为的分析基础。传统理论认为消费者选择行为的本质是消费者在预算约束内选择一个消费组合来最大化自己的总效用，功能需求为主。而数字经济时代迅速发展的机器学习方法可以有效挖掘消费者行为数据之间的内在联系，预测消费者的决策行为。消费者的传统决策模式被互联网大数据和算法推荐代替或影响，并且这种基于分析和预测的决策效率随着人工智能等技术发展越来越高。因此，大数据思维正逐渐支配消费者原有的主观判断，使消费者基于主观判断的偏好与大数据决策下的偏好呈现“趋同化”。

其次，数字经济发展进一步强化了网络经济形态，使得社会网络呈现出明显的网络外部性。这意味着消费者的购买行为不仅取决于自身偏好，还受其他消费者购买行为的影响。网络外部性根本上源于网络自身的系统性和内部的交互性，如果数字经济的正网络外部性占支配地位，会以“马太效应”触发网络系统的正反馈，带来消费规模的自我扩张，产生“需求方的规模经济”。

如图 1-3 所示，对正网络外部性明显的市场而言，消费规模成为需求曲线的内生变量。在消费者偏好一致且能够准确预期用户规模的假设下，消费者需求会随消费规模的增加而增加，当消费规模达到一定程度 C^* 后，负网络外部性开始发挥作用，使需求量随消费规模的增加而减小。从消费者效用来看，网络外部性意味着消费者对产品消费越多获得的效用越高，呈现边际效用递增的趋势，打破了传统经济理论中的边际效用递减规律。

最后，数字经济时代丰富的产品品种和低搜索成本等因素逐渐满足越来越多的小众、个性化需求，从而激发更强的“长尾效应”。从人们需求的角度来看，大多数的需求会集中在头部，这部分可以称之为流行。分布在尾部的需求是个性化的、零散的、小量的需求。这部分差异化的、少量的需求会在需求曲线上面形成一条长长的“尾巴”。长尾效应发挥作用的前提是有一个坚强有力的头部，且头部与尾部之间形成有效联系。随着数字技术进一步发展，头部与尾部的联系也会发生变化。

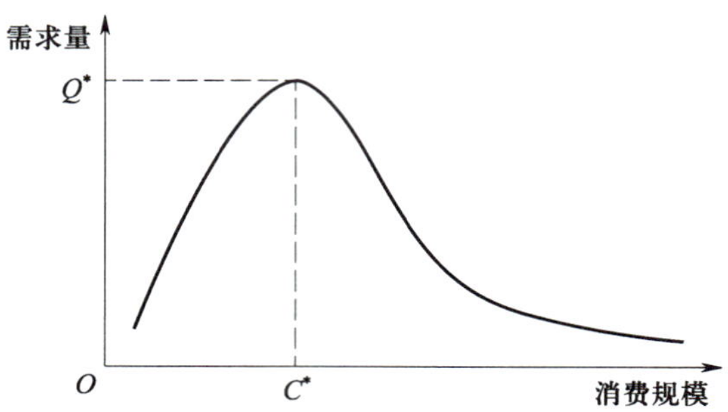

图 1-3 网络外部性产品的消费规模—需求量曲线

如图 1-4 所示，在品种—需求量曲线中，曲线头部表示品种较少的大众畅销品市场，品种较多且需求量较低的部位形成了长尾市场。随着技术水平不断提高，这一市场中消费者的个性化需求被不断满足，使曲线趋于平缓，更多的品种能够进入大众市场，更长的尾部需求得到满足，更加体现“需求方的规模经济”，从而使微观消费者行为理论得到新的发展。长尾市场的形成客观上得益于消费网络发达、信息传递效率高而由小众消费群体聚集形成的规模效应，打破了传统只有头部产品才能形成规模经济的“二八定律”。

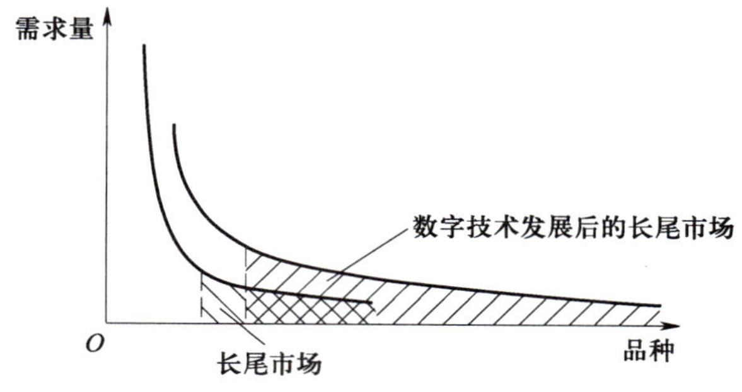

图 1-4 需求曲线中的长尾市场

2. 垄断与竞争：厂商理论的拓展

数字经济时代市场垄断与竞争问题已成为厂商理论研究的焦点。反垄断政策制定所依据的经济学理论基础是完全竞争模型。在完全竞争条件下，企业面临图 1-3 网络外部性产品的消费规模—需求量曲线以及图 1-4 需求曲线中的长尾市场，一条水平的需求曲线，最大利润产量在价格与边际成本相等时达到。按照传统经济学的逻辑，完全竞争的市场结构能够实现帕累托最优，任何偏离完全竞争的市场结构都会形成不同程度的垄断。而数字技术引发的新一轮生产力革命为这一结论作出了新的诠释。信息的便捷获取及分析处理、产品的快速迭代和低成本复制等数字经济的显著特征使经典完全竞争理论受到冲击。首先，数字技术进一步强化了已在不完全竞争市场中明确的产品差异化的前提假设，为数字经济反垄断中市场势力的测度带来了新挑战。企业数字化提高运营效率的同时，使大规模定制、个性化定制服务成为可能。大数据技术催生出精准敏捷的产品或服务供应生产模式，驱动产品设计迭代更新。其次，厂商规模问题成为理论变革的关键。产品快速迭代是数字经济的重要表现，产品与服务的更新周期成为企业竞争关键要素。而完全竞争市场中所假设的规模较小的生产者因其利润空间有限，难以大力投入资本进行创新产品的市场调研、产品研发以及营销推广，规模较大的生产者则在创新上更具优势的理论被长尾理论拓展，数字金融的理论也与之不同。另外，数字经济下企业成本呈现出低边际成本特征，产品几乎可以零成本无限复制，企业可以通过不断扩大生产规模来持续降低长期平均成本，实现规模报酬递增，使大企业效率明显高于小企业，迫使小企业退出市场，完全竞争变为不可能。与此相关，由范围经济所带来的市场界定问题也日益凸显。在传统意义上，企业生产与主营产品相关联的产品时，可共用设备、人力、销售渠道等资源，从而降低产品单位成本形成范围经济。产品间的关联性越强，范围经济的效果越明显。随着数字经济的发展，企业能够依靠某一主营业务获得的大量用户开展多样化但相关性不强的产品经营，从而拥有由企业规模扩张所附加的范围经济价值。例如，腾讯公司以其社交领域的强大优势积累了大量用户，使其在涉足金融、交通、电商等诸多其他领域时能够以较低的成本迅速占领市场。最后，迅速发展的数字技术使经济理论需要运用一种动态的分析范式。主流经济学把市场看作是静态的，产品按边际成本定价为最优，但忽略了产品创造的过程，而这一创造过程便是各企业不断创新竞争的结果。正如哈耶克指出，竞争是一种动态过程。因此，运用静态均衡理论分析动态市场就会出现问题，在数字技术日新月异的市场环境下尤为严重。完全竞争模型在数字经济时代未能反映竞争的过程性和动态性，进而为反垄断规制的理论根基带来挑战。

（四）产权与成本的新探索：新制度经济学理论的变革

1. 平台化与低交易成本：交易成本理论的拓展

交易成本理论的前提是市场运行中存在较高的交易费用，这暗含几个假设条件：参与者具有有限理性心理，容易产生投机行为；交易环境的不确定性与复杂性，信息不对称；市场角色数目较少，垄断竞争下需要较高的搜寻成本、合同执行成本等。在此基础上，以企业为单位的交易形式展示出其优越性，能够通过内部协调管理替代市场协调并降低个体交易的摩擦成本。因此，传统交易成本理论明确了企业协调替代市场协调并降低交易过程中成本费用是经济运行的必然演变结果。然而，数字化技术发展极大克服了市场交易主体之间的信息不对称问题，同时借由个体去中介化交易模式降低信息搜寻成本和交易执行成本，重塑交易成本内涵。随着区块链等数字新技术的发展，交易成本理论的核心内容逐渐发生变化。一方面，数字技术发展弱化了信息不对称假设。传统理论默认信息不对称影响下的交易成本始终存在，而区块链技术通过智能合约重构使消除交易成本存在可能。区块链技术能够将信息多点记录和共享，即分布式记账，以此确保数据存储和交易过程公开透明、不被篡改。所以，智能合约通过建立信任机制有效解决了交易双方信用评级、交易风险评估、交易事后执行中的信息不对称问题，如企业治理中以分布式记账替代中心记账能有效规避管理者的舞弊行为。另一方面，以网络平台为基础的个体去中介化交易取代传统交易模式成为最佳方案。传统理论认为企业是降低交易成本的唯一交易渠道，但忽略了企业运作所需要的成本。网络平台成为交易个体进行资源分配的虚拟信息集散中心，使供需双方能够以最低成本获取所需信息，节省了为寻找客户或搜索供应商的信息搜寻和处理成本。同时，个体借助网络平台进行去中介化，直接签订数字化合约，点对点的交易形式既简化过程也降低交易执行成本。例如，Airbnb平台的数字化信息集成满足了租房需求者的需求，降低了信息搜寻成本。线上打车平台提供的在线支付功能优化了打车消费者支付金额的执行成本。因此，基于网络数字化平台的个体交易模式成为降低交易成本的最优解。

2. 公有资源价值：现代产权理论的改变

现代产权理论的前提条件有两点：收益权依附于所有权并集成于一体，以及市场经济普遍存在“外部性”问题。现代产权理论认为，公有产权下对资源的所属和使用界定不明确，因此收益和成本的归属比较模糊，导致个体都想“不劳而获”。私有产权清晰地划定了资源所有者，保证其通过投入成本得到收益并享有剩余利润占有权，形成了有效驱使所有者创造更多效益的激励机制。因此，产权理论明确了产权私有制的优势。而在数字经济下，数据资源的开放与共享成为突破产权私有制的要因，大数据的集成和公有克服了公共资源外部性问题，并通过提高资源配置效率创造更多价值。在以数据要素作为关键资源的数字经济体系中，现代产权理论的内容构成有所变化。首先，数字经济冲击了产权理论的前提条件，所有权不再是收益分配的唯一依据，资源的使用权成为关键。尽管数据所有者是单一个体或特定集体，但数据使用者并不限定于所有者。得益于数据在虚拟平台的易传输和可复制性，数据资源的私有产权被逐渐淡化，数据资源的开放与共享成为数字经济运行的核心。例如，在考虑个人隐私和数据安全的前提下，企业通过对消费者需求的大数据分析，开展自身产品的精准定位。其次，数字经济改变了产权的运作形式。不同于传统理论支持的私有产权能够创造更多效益，如大数据集成后形成公有产权的使用有助于实现更大价值。给定数据使用非竞争性的特征，数据共享几乎不存在外部性问题。同时，由于个体偏差及外部环境因素干扰，对单个数据的处理几乎无法得到任何有效信息，只有通过大数据的分析才能排除诸多干扰因素，得到反映客观现象的规律并应用于实践，如将大数据用于疾病潜在来源识别和临床医学的疾病诊断，以及预防犯罪和促进智慧城市治理等。

（五）数字创新：创新管理的变革

数字化的兴起使学术界对创新管理及其相关理论的解释能力提出质疑。一般创新管理理论有三个关键假设，即创新产品是有界的、创新主体是集中的、创新过程和创新结果是两种截然不同的现象，并提出数字创新对传统创新管理的新挑战。产品的数字化发展影响创新结果，数字技术的应用淡化了创新主体边界，使创新过程和结果相互作用形成非线性创新模式。具体来说，首先，数字产品改变了以往创新结果的规模和范围。数字产品创新具有三个显著特征：一是可以在虚拟空间无限更新迭代；二是较容易重新整合满足个性化需求；三是对数字基础设施依赖程度高。这就决定了数字产品的范围、特性、价值有更便捷和更广阔的发展空间。即使是已经推出或实施的创新，也可以在较短时间内实现对产品的优化升级，抑或是通过更多创新主体的参与扩大创新产品的应用范围。例如，微信程序中红包功能的开发使其迅速占领电子支付平台市场。其次，数字创新的主体更加多元化、复杂化，即主体定义的边界在逐渐消失。数字技术通过更低的搜索和分享成本使各创新主体能够有效地获取知识与合作，形成分布式创新机构，更多地强调创新环境的营造而不是以往某一固定群体的创新。例如，在建筑项目中使用3D技术使多个跨行业公司产生不同创新。此外，去边界化的创新主体具有高度灵活性，当他们的行为与集体目标不一致或需要补充具有新业务能力的主体成员时可以选择自由进出。最后，数字创新表现出非线性创新模式，创新过程和结果相互作用，两者之间的分界点变得越来越不明晰。数字技术增加了创新的不可预测性，除了创新过程产生创新结果这一传统逻辑，越来越多的创新结果反过来促进创新过程的实施，模糊了创新过程的起止时间，使创新过程与创新结果重叠。例如，在药物研发过程中，数字化作为一种创新结果创造了一种新知识形式，为复杂创新提供了必要的补充性见解。

思考题

1. 什么是数字经济？如何全面理解？
2. 数字经济在不同发展阶段的特点是什么？
3. 从产业特征视角看，如何理解数字经济与工业经济的差异？
4. 与传统工业经济相比，数字经济在理论解释方面有哪些不同？
5. 请谈谈自己对数字经济发展趋势的看法。

即测即评

主要参考文献

[1] 李海舰，张璟龙．关于数字经济界定的若干认识［J］．企业经济，2021，40（7）：13-22+2.

[2] 蔡跃洲．数字经济的增加值及贡献度测算：历史沿革、理论基础与方法框架［J］．求是学刊，2018，45（5）：65-71.

[3] 戚聿东，刘欢欢．数字经济下数据的生产要素属性及其市场化配置机制研究［J］．经济纵横，2020（11）：63-76+2.

[4] 陈万钦．数字经济理论和政策体系研究［J］．经济与管理，2020，34（6）：6-13.

[5] 裴长洪，倪江飞，李越．数字经济的政治经济学分析［J］．财贸经济，2018，39（9）：5-22.

[6] 陈晓红，李杨扬，宋丽洁，等．数字经济理论体系与研究展望［J］．管理世界，2022，38（2）：208-224+13-16.

[7] 姜奇平．数字经济学的基本问题与定性、定量两种分析框架［J］．财经问题研究，2020（11）：13-21.

第二章

数字经济要素与特征

【课程导入】

数据为生产要素之一

2020年3月30日《中共中央 国务院关于构建更加完善的要素市场化配置体制机制的意见》正式公布，这是中央第一份关于要素市场化配置的文件。它分类提出了土地、劳动力、资本、技术、数据五个要素领域改革的方向，明确了完善要素市场化配置的具体举措。数据作为一种新型生产要素首次正式出现在官方文件中，这或将是加速数据确权、流通、交易，促进数据资源对经济新动能提升的重要信号。

就数据要素部分的政策阐述主要是加快培育数据要素市场，具体包括：(1) 推进政府数据开放共享。优化经济治理基础数据库，加快推动各地区、各部门间数据共享交换，制定出台新一批数据共享责任清单。研究建立促进企业登记、交通运输、气象等公共数据开放和数据资源有效流动的制度规范。(2) 提升社会数据资源价值。培育数字经济新产业、新业态和新模式，支持构建农业、工业、交通、教育、安防、城市管理、公共资源交易等领域规范化数据开发利用的场景。发挥行业协会商会作用，推动人工智能、可穿戴设备、车联网、物联网等领域数据采集标准化。(3) 加强数据资源整合和安全保护。探索建立统一规范的数据管理制度，提高数据质量和规范性，丰富数据产品。研究根据数据性质完善产权性质。制定数据隐私保护制度和安全审查制度。推动完善适用于大数据环境的数据分类分级安全保护制度，加强对政务数据、企业商业秘密和个人数据的保护。

资料来源：中国政府网。

马克思主义生产力与生产关系理论认为，经济发展是生产力和生产关系共同作用的过程，其动力来自生产力和生产关系的矛盾运动，生产力和生产关系是经济体系的两大组成部分。生产力发展水平决定了生产资料和直接生产者的结合方式，决定了生产资料所有制，从而决定了劳动产品的分配、交换和消费等一系列关系。生产关系是适应生产力发展的要求建立起来的，是生产力的发展形式，必须适应生产力的发展状况。生产力的发展决定生产关系的发展和变革。生产力是生产方式中最活跃、最革命的因素，经常处于变化和发展之中。同时，生产力由多种因素构成，而且随着时代发展动态变化。根据2021年5月国家统计局公布的《数字经济及其核心产业统计分类（2021）》及本书第一章有关数字经济的定义，数字经济的生产力的基本构成要素可以总结为数字产业化和产业数字化两个方面。

广义上来讲，数字经济的生产关系是指数字经济中劳动者在生产过程中所结成的相互关系，包括生产资料的所有关系、生产过程的组织与分工关系、产品的分配关系三个方面。狭义上来讲，是指数字化治理体系，包括数据的治理和基于数据的治理。

第一节 数字经济生产要素

从核心生产要素看，农业经济以劳动力、土地为核心生产要素。工业经济以资源、技术和资本为核心生产要素。服务经济以知识、服务为核心生产要素。而数字经济以数据和数字技术为核心生产要素。

在数字经济中，数字不仅是人们头脑中的阿拉伯数字，通常指的是数字技术和信息技术的应用，以及经济活动中数字化的程度。数字技术和信息技术包括计算机科学、人工智能、大数据分析、云计算、物联网等技术，其应用使得经济活动更加高效、智能化和创新。数字还涉及大量的数据生成、传输和分析。数字经济中，数据是一种宝贵的资源，通过对数据的有效收集和分析，企业和组织可以获取洞察数据、做出更明智的决策，并提供更个性化、定制化的产品和服务。总的来说，数字在数字经济中代表了数字技术、信息技术和数字化程度的提高，这使得经济活动更具创新性、高效性和智能化。数字经济强调了数字技术在各个经济领域的应用，从而推动了社会和经济的数字化转型。

一、数据要素变革的背景

随着信息技术和人类生活交汇融合，万物互联化、数据泛在化的大趋势日益凸显，全球数据呈现出爆发式增长、海量聚集的特点，对经济发展、社会治理、国家管理、人民生活都产生了重要影响。数据赋能已成为国家、地区和机构的核心竞争力，数据也成了堪比石油和贵金属的战略资源。近年来，中国数字经济高速发展，数字化改革实践不断深入，并呈现新的特征与规律。数据作为关键生产要素推动既有生产要素重新配置、生产方式数字化转型，进而推动产业体系的结构适应性变革。数字化创新引领和支撑经济结构的根本性变革。下面从几个侧面描述数据要素变革的背景。

（一）数据要素演变过程

在农业经济时期，劳动和土地是主要生产要素。这一时期的生产依赖于人工劳动和土地资源，而生产效率和产量主要受到劳动者数量和土地质量的制约。随着第一次工业革命（也称为第一次科技革命）的到来，资本逐渐成为生产过程中不可或缺的要素。工厂建设、机器购置等需要大量资本投入，资本的作用逐渐凸显。20 世纪初，企业所有权与经营权的分离、新技术的涌现，使得管理、技术和知识逐渐成为生产的重要组成部分。有效的管理层、技术创新和专业知识对于提高生产效率和维持竞争力至关重要。随着数字经济时代的到来，数据被形象地描述为新型的石油。在当今商业运作中，数据扮演着至关重要的角色，类似于过去石油在工业时代的地位。数据的采集、分析和应用对企业的决策、创新和市场竞争起到关键性作用。综合而言，将数据视为一种生产要素是适应时代发展的趋势。企业和经济体系需要善用现代技术工具，充分发挥数据潜力，以推动生产和经济持续发展。

随着经济活动的数字化转型加速，如图 2-1 所示，可以清晰地看到生产要素的演进过程：从第一次科技革命总结出来的土地、劳动和资本三大生产要素，到第二次科技革命人们认识到的技术和管理这两大生产要素，再到第三次科技革命所肯定的知识要素对生产的重要性，这一切都形成了一个生产要素扩展方向。在这个演变过程中，数据的影响力越来越大，数据要素已经成为标志这个时代最显著的新生产要素。人们通过对数据的分析应用，显著提升了资源配置效率和生产力水平。当前人类正处于信息技术时代向人工智能时代的交替期，而这次科技革命正是以数据应用为核心的革命。ChatGPT 等人工智能应用的横空出世，证明了数据的应用前景。

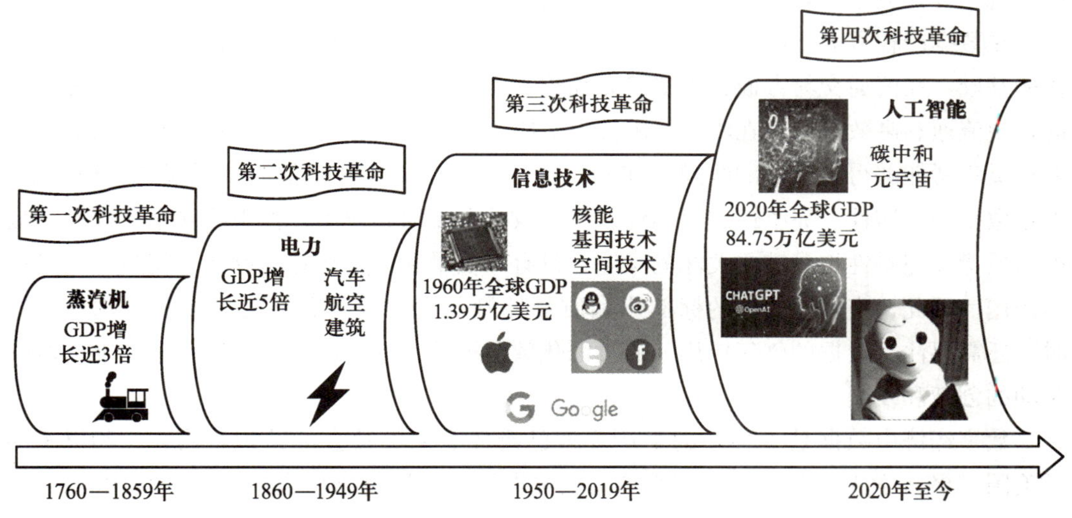

图 2-1　人类科技革命历程

数据作为新型生产要素是数字经济相较于工业经济的主要区别。数字经济的实现机制依赖于数据这一关键要素，涉及如何将数据从潜在的生产要素转化为实际的生产要素，以及数据要素的市场配置方式。数据的市场配置将推动供给侧的结构性改革。通常情况下，供给侧包括劳动、土地、资本等生产要素。供给侧结构性改革的目的是通过经济结构的调整来实现生产要素的最优配置，从而提高经济增长的质量和速度。数字经济发展推动供给侧结构性改革的内在机制变革必然包括大数据驱动的产品或服务的适应性创新等问题，进而形成数字经济供给侧的适应性创新。

（二）数据变成要素面临的挑战

数据是数字记录，用于反映现实世界的状态变化。人们对数据的理解经历了一个变化的过程：最初，人们将数据视为信息资源，看作静态数据库。随后，逐渐认识到大数据的重要价值，认识到其庞大规模、多样化的数据结构、迅猛的增长速度，以及具有的高经济价值。现在，数据被视为一种新型的生产要素。

每种生产要素在其发展过程中都展现出独特的特性。在实践中，数据也根据其主体、分类和管理方式进行了多样化的划分。这些要素在配置资源、流动性、交易市场和交易方式等方面都存在显著的差异。

当前对数据要素的使用还需要解决一系列问题，包括数据所有权和使用权的明确、数据价值的准确定义、数据资源的有效整合，以及对数据控制权的合理分配。此外，还需要建立高效的数据流通和交易制度。数据作为生产要素正迅速演变，需要在技术、市场和制度等多个层面进行进一步改进。需要推动建设有关数据产权、流通交易、收益分配和安全治理等方面的制度，但同时，也必须充分利用大量数据和各种应用场景的优势，真正发挥数据要素在经济中的关键作用。

在数据产权方面，需要明确和保护数据的所有权和使用权，这是数据生产要素市场化的基础。在流通交易方面，需要研究和建立数据交易市场，打破数据孤岛，实现数据的合规流通和高效利用。在收益分配方面，应合理确定数据的价值，并确保数据的生产者和贡献者能够得到应有的收益。在安全治理方面，要建立完备的数据安全防护体系，加强数据的保密性、完整性和可用性，保障数据在流通和使用过程中的安全。此外，数据的质量和完整性也是需要关注的问题，只有高质量和完整性好的数据才能更好地发挥其作用。因此，应建立数据的标准化和质量控制制度，提高数据的质量和可用性。同时，还需要注重数据的创新应用，通过深化数据挖掘，挖掘数据背后的价值，推动数据驱动的创新和发展。

数字经济中数据是一种新的生产要素已经成了人类社会的共识。比如，2017 年 5 月英国《经济学人》封面文章《世界上最宝贵的资源》就指出数据是数据时代的石油。美国政府也认为，大数据是未来的新石油、数字经济中的“货币”，是陆权、海权、空权之外的另一种国家核心资产。但是，在什么条件下，数据是一种生产要素？它与其他的生产要素存在什么区别？其定价基础是什么？其价值又如何实现？这些都是数字经济所面临的重大理论和实践问题（易宪容等，2019）。

二、数据要素的特征与作用

在经济学中，生产要素是人们用来生产商品和劳务所必备的基本资源。数字经济时代，伴随而来的是生产要素的变化，数据作为新的生产要素的重要性体现在其信息和知识属性方面，海量数据被不断提取出信息，通过信息解读转化为创造性的知识，从而支撑经济主体实现高质量发展。1996 年唐·泰普斯科特在《数据时代的经济学：对网络智能时代机遇和风险的再思考》中提出全社会各环节的海量数据已不再是传统数据处理程序的累赘，而是新的资产。随着数字技术与经济活动不断融合，数据逐渐从辅助性资源中独立出来，演化为推动经济高质量发展的关键生产要素。

在数字经济时代，数据成为推动经济运行的核心生产要素。要让数据发挥作为生产要素的作用，首先需要将数据转化为信息，然后实现信息向价值的转换。数据的数字化程度取决于一个国家的数字处理能力、国民的数字素养以及数据开放和共享程度。在数字经济中，数据的开放、免费使用以及作为公共资源的共享成为主要的产权形式。财产所有权的弱化是一个全面的趋势，数据所有权正在更多地转移到个人手中。

数字经济中信用关系的本质是通过大数据、数字化、智能化和生物技术等手段建立起来的，实现信用关系的技术化。这一趋势降低了经济交易成本，提高了资源配置效率。但需要注意的是，信用关系的前置性预设也成为经济和金融风险的一个重要来源。这些问题都是数字经济领域所面临的重要理论挑战。

（一）数据要素的特征

数据（Data）一词来源于拉丁语（Datum），基本意思是对信息进行存储和传播的载体。在我国的信息学科，数据的定义是所有非随机可鉴别的符号，包括数字、图像、各种文件、报表等有价值的记载，不包括无价值的随机性产生的记载。一般人看来，数据的作用只不过是帮助人们保存一段记忆，其价值更多是文化方面，而不是经济方面。但是随着计算机技术、通信技术迅速发展和各种统计方法的涌现，人们渐渐掌握了通过挖掘数据来获取信息、指导实践的能力，数据从此成为一种重要的生产要素。数据作为一种生产要素，一般是指来自人类各类社会活动，由平台企业、政府部门或商业机构统计和收集的大数据。随着人们对数据的开发利用，数据的规模（Volume）越来越庞大，数据的多样化（Variety）程度越来越高，数据的更新速度（Velocity）越来越快，而人们从数据中获得的价值（Value）也越来越丰厚。在商业界，人们习惯将具备这“4 个 V”特征的数据称为大数据（Big Data）。

作为数字经济时代的关键生产要素，数据具有以下特征。

1. 很强的非竞争性

从使用环节看，数据具有很强的非竞争性。非竞争性通常表示一个人的使用对其他人的使用并没有负面影响。同一组数据，多家企业或个人可以同时使用，多一个使用者不会减少其他已经在使用数据的人的收益。它不像竞争性商品，比如石油，你消费了别人就无法消费，因此，数据具有非竞争性。在这个意义上，数据可能更像太阳能，因为阳光是非竞争性的。因为数据具有非竞争性，所以任意数量的企业、个人或机器学习算法都能够同时使用同一组数据，而不会对其他用户的数据可用性造成损害。该特性决定了数据的高效使用和潜在的巨大经济价值。

2. 很强的非排他性

从生产环节看，数据具有很强的非排他性。数据作为一种生产要素，其产权制度在安排上与其他生产要素有显著不同。通常情况下，其他生产要素的产权边界清晰，使用和消费具有完全的排他性，并且基本上按照用户支付费用的原则运作。然而，由于数据产品存在于以 0 和 1 字符表示的二进制代码形式中，不具有实体性，只是其信息基础设施的投入成本较高。与其他生产要素不同的是，数据使用具有很强的非排他性，即一个消费者使用某种数据并不会妨碍其他消费者的使用。换句话说，数据信息在物理上可以被共享，多个用户可以反复使用，这是与其他生产要素显著的区别。但在同一时间，不同的数据平台可能在对同一个人的相同信息进行收集，彼此互不干扰，也不会相互排斥。

3. 很强的可再生性

与一些传统的生产要素不同，数据并不会因为使用而耗竭，反而会随着使用不断地被生产出来。这既表现为数据如空气与水一样无所不在，表现为数据载体上的多栖性、数据格式的多样性，包括所有格式的办公文档、XML、HTML、各类报表、图片和音频、视频信息等，也表现为数据只有经过数字化处理转化为信息后才能成为可利用的生产要素，而不是如土地及劳动那样具有唯一性及可直接投入生产领域。

4. 很强的规模报酬递增效应

在当前技术条件下，如果数据规模太小或者数据的维度太有限，进行分析是没有意义的。从企业的角度来看，拥有的数据可以供每一位员工使用。因此，数据的规模越大、种类越丰富，所产生的信息和知识就越丰富，这导致了规模报酬递增的趋势，即数据规模的增大将带来更多的收益。如果数据对于整个行业乃至经济体的参与者开放，数据规模扩大带来的经济价值就将更为可观。

5. 较强的可替代性

一方面，数据消费者为了实现同样目的总是能够找到多个数据源。另一方面，传统的资源之间虽然也有可替代性，但其替代率是较低的，如劳动从理论上可以替代资本，但在实际操作当中是比较难的。而对于数据来说，可替代性较强，为了达到同样的分析目的，可以采用非常不同的数据。例如，要知道一个人住在哪儿，并不一定需要知道他确切的住址数据，只要掌握了其交通轨迹数据，或者邮寄地址数据，也可以得出类似的结论。相反，数据与其他要素之间没有这种替代关系。数据作为生产要素，因为不同数据持有者在收集、使用和开发数据方面存在差异，所以同一份数据的利用价值也会有很大差异。与其他生产要素不同，数据并不能互相替代。举例来说，土地和劳动因自然条件不同而差异显著。一些国家拥有丰富的土地资源，导致土地价格较低，而劳动力却稀缺且成本较高。另一些国家土地稀少，土地价格高，而劳动力多且工资水平低。这完全可以通过自由贸易，用土地代替劳动力，实现要素的价格均衡。

6. 高渗透性

数据要素不仅自身具有较高价值，而且对土地、劳动力和资本等传统要素具有较强的渗透性。由于数据要素具备高度的流动性和无限供给的特性，影响能够扩散到各个生产部门，并与传统的生产要素进行融合。由于可以借助互联网技术实现万物互联和跨境融合，数据要素突破了原有的经济边界，与其他传统要素相互作用和互补。这种互动与补充的方式实现了生产要素的高效整合和优化配置，从而提高了传统生产要素的质量和利用效率，为推动高质量发展提供了有力支持。

7. 产权不确定性

数据要素具有生产和消费统一性特征。数据产权模糊使消费者或数据使用者成为要素价值的重要决定者，数字技术则支持生产者和消费者自由转换身份，因此数字化生产与消费之间呈现出明显的自激励和自协同等特征。但是，数据要素产权的模糊也产生了数据产权的不确定性，尤其是物联网的产生使得数据更难确权，这将在一定程度上不利于数据要素的生产和流通。从现代产权理论的角度来看，数据作为一种资源具有不同的产权属性，可分布于整个光谱的不同范围。这个光谱的一端是纯粹的公共品，另一端则是私人品，而两者之间存在一些具备准公共品属性的情况。例如，现代数字基础设施通常由政府建设，为了促进数字经济的发展，政府有责任建立数据共享平台，这些数据因此具有公共品的性质。相反，一些企业设立的工业互联网平台所收集的大数据完全是为了实现企业的生产和服务目标，因此对这些大数据的使用需要付费，而且这些大数据的使用是完全排他性的，具有私人品的性质。而欧美正兴起的开放银行大潮，则是通过法律制度的安排，个人在银行的数据在自己允许条件下可以让科技公司等第三方使用，这类数据又具有准公共品的性质等。

8. 要素依赖性

作为一种生产要素，数据的定价基础和价格运行机制与其他生产要素存在显著区别。对于其他生产要素，由于自然禀赋的差异和要素价格的不确定性，要素资源的拥有者通常具有操纵价格的强烈动机，这可能影响市场竞争，导致对要素价格的垄断现象。然而，在大数据时代，由于网络的外部性效应和网络规模效应，即同类群体更倾向于聚集在同一网络，网络中聚集的人越多，其服务质量可能越高。这种网络规模通常是通过外部网络效应实现的。因此，用户在使用各种网络服务时，往往倾向于选择涌入少数平台。这也容易造成数字市场“自然垄断”的现象，并形成“赢家通吃”的逻辑。但这些现象与传统市场竞争措施背后的逻辑及定价机制有很大不同。

生产要素不仅需要有潜在的价值创造能力，还必须在生产过程中与生产资料结合以实现或增加价值。对于数据来说，它本身并不会自动产生价值。只有当大数据具备低噪声、准确分布和广泛应用的特性时，企业才能利用大数据分析工具发现商业机会，并将数据转化为知识用于决策。例如，企业可以利用从与消费者互动中获得的大数据进行产品研发，这展现了大数据从潜在的生产要素向真正发挥作用的生产要素的转变过程。简而言之，数据资源本身无法成为实际生产要素，这在企业层面表现为数据资源本身并不能直接影响企业绩效。生产要素作为商业实体实现价值创造的基本单位和条件，其核心特性在于它们不仅能够提升企业运营系统中原有要素的价值转换效率，还可以通过内部处理过程直接实现自身的价值创造，并且这一过程以显著提升原有价值为基础。在互联网环境下，数据像劳动、土地、资本和技术等一样，表现出了生产要素的关键特性。然而，要使数据从潜在的生产要素转变为实际的生产要素，必须将其与劳动等要素结合起来。因此，数据如何从可能的生产要素发展为真正的生产要素构成了数据作为生产要素的核心理论内容之一。

实践案例：贵州数据宝

总而言之，生产要素是商业实体实现价值创造的基础和条件。在这个背景下，生产要素的本质属性是可以提高企业运行系统中现有要素的价值转化效率，同时也可以通过内部处理过程直接实现其自身的价值创造、基于原有价值的大幅提升。在互联网环境下，数据与传统的劳动、土地、资本、技术等生产要素同等重要。然而，只有当数据与其他生产要素（如劳动）结合时，数据才能从潜在的生产要素转变为实际的生产要素。

（二）数据要素的作用

数据要素的作用主要体现在数据与数字技术结合实现生产力的变革，以及数据通过要素升级促进产业转型升级。数据要素和数字技术的结合带来了生产方式的变革、商业模式的变革、管理模式的变革、思维模式的变革，改变了旧业态，创造了新生态。在数据要素和数字技术的驱动下，数字化产业飞速发展，同时也促进了传统生产要素的数字化变革，推动产业数字化转型发展。数据是数字经济的核心关键要素，是数字经济的血液。数据促进了要素的升级，使土地、劳动、资本、技术这些传统生产要素迎来了数字化变革。一方面是传统生产要素本身的数字化。例如，同样的一个农场，加上一个摄像头，就成为一个可直播的数字农场，除了地里的农作物产出，还有更可观的粉丝经济等价值分享收益。同样的一台计算机，以前只为你一个人服务，现在却可以分享算力给其他人。另一方面在数字空间里产生的“新劳动”“新资本”“新土地”“新技术”等，传统生产要素在数字空间里的新形式必将带来新价值，也必须为之制定新规则、采用新模式。

数据要素的巨大价值和潜能可分为三个层次：第一个层次，数据是“新资源”。第二个层次，数据是“新资产”。第三个层次，数据是“新资本”。在每一个层次上又体现为两个层面，即分别在物理空间和数字空间中的体现。“新资源”“新资产”“新资本”三个层次既可以单独发挥作用，也可以叠加在一起发挥更大作用（杨波和杨亚西，2023）。

数据本身无法独立创造价值，而是需要与人类的智力劳动相结合，通过经历“数据-信息-知识”的转化过程形成精神生产力。这一过程中，基于数据积累的正反馈机制产生了“数据-信息-知识-数据”的价值增值闭环。在人类不断积累知识的过程中，当面临从数据提取信息和知识的时候，创造性甚至天才性的解读和分析可能涌现，带来许多原先无法形成的商业洞见。通过这种价值增值闭环，数据不断提升人类的智力水平，有效提高精神生产力的效能，进而推动物质生产力的高级发展。这形成了物质需求和精神需求的不断增长态势。

随着数字技术的进步，数据的采集、存储、加工、流通、分析与应用快速发展。例如，区块链技术推动数据要素实现跨部门安全共享，隐私保护计算技术在充分保护数据和隐私安全的前提下可以实现“数据可用不可见、使用可控可计量”，大数据技术极大地扩展了数据分析处理的应用空间。数字技术让越来越多的消费者和企业能够接触和使用大数据。当数字技术融入生产、流通和消费环节成为基本的管理工具时，越来越多的企业开始从管理者主导的经验型决策转向高度依赖数据分析结果的科学决策模式，即“数据驱动型决策”。

在数据要素化阶段，数字技术和数据要素共同驱动数字经济发展，数据要素成为关键生产要素。随着数字化平台的发展，数据可以自动化、模型化、持续不断地实时在线获取，实现数据流动自动化，而且数据复制和传递的边际成本几乎为零。数据规模越大、种类越丰富，产生的信息和知识就越多，呈现规模报酬递增的特点。数据要素不仅推动传统生产要素革命性聚变与裂变进而产生倍增效应，而且提高了传统要素的配置效率，驱动经济加快创新发展。因此，在数字技术的支撑下，数据要素具备了关键生产要素的典型特征，最终，数据要素成为数字经济繁荣的核心引擎。

（三）数据的价值开发

数据生产的价值链包括以下环节：数据生成→数据采集→数据储存→数据处理→数据挖掘→数据应用。

因而，结合数据生产价值链与生产主体，在数字经济时代，数据要素供给与开发利用的过程包括：第一阶段，各主体日常活动生成留存于纸面、互联网或其他设备中的大量原始数据。第二阶段，各主体本身或其他主体出于某种目的，利用数字技术广泛采集并有选择性地存储原始数据。第三阶段，主体采用数据处理工具及处理手段对数据进行特殊处理及深度挖掘，使之部分或全部转换成为对某种生产活动（如商务管理、生产控制、市场分析、工程设计、科学探索或社会治理等）有用的信息和知识。第四阶段，主体将该类信息、知识具体应用于某种生产活动中，发挥数据价值，产生经济效益或社会效益。

在上述过程中，各数据要素的供给与开发利用主体是否有意识、有能力根据自身需求广泛采集原始数据，存储、处理和挖掘数据以提取有用信息和知识，针对信息和知识快速反应以应用于生产活动？各主体间是否有意识、有能力进行密切的沟通与合作，形成互补互通的数据采集和存储链条、专业分工的数据处理和挖掘模式、开放共享的信息知识和应用平台？这些对能否发挥数据要素的最大价值显得尤为重要，也成为现阶段在数据要素供给与开发利用过程中亟待思考的问题。

在大数据时代，将数据作为一种生产要素并非取决于数据量的多少，而是取决于对数据收集、存储、计算、分析、开发利用以及智能化处理的能力。关键在于如何将海量数据转化为可用于决策判断和预测分析的信息。否则，即使数据量再庞大，也不能被视为资源，反而可能成为负担，因为储存这些数据需要昂贵的成本。德国工业 4.0 倡导的 CPS（Cyber-Physical System）和美国推动的工业互联网旨在建立智能化的工业大数据分析系统，实现数据向信息、信息向价值的转化。由于数据具有公共品的性质，数据成为一种生产要素需要考虑数据的开放程度。因此，各国政府正在推动数据 FAIR 的目标，即确保数据更易于查找（Findable）、更易于获取（Accessible）、具有互通性（Interoperable）和可重复利用性（Reusable）。

以此为目标，纯粹公共品性质的数据没有消费上的竞争，边际分配成本为零，不具排他性，无法分割出售，具有大量外部效应。纯粹私人品性质是用者自付、完全排他性、可以分割出售、外部效应不明显。而准公共品数据则介于这两者之间。物品的不同属性，其产权安排也不同。英国开放知识基金会编制了《全球开放数据指数》用来评估世界各地数据开放程度。发达国家开始制定相应法律来保证数据的公开与共享，如新加坡公布的《数码政府蓝图》规划政府将建立一个公开易用的信息平台。

实现数据要素市场化配置必须建立多层次数据要素市场，在市场机制的作用下，市场主体能够探索更灵活的数据交易模式，提升数据交易流通的效率。不断完善相关市场机制，有助于发挥数据要素的叠加倍增效应、激发数据要素的价值潜力。另外，也要更好发挥政府作用：政府出台相关政策，鼓励和支持多层次数据要素市场建设。重组原有的数据交易所，吸收大型互联网公司、大型 IT 厂商、垂直数据服务商、金融机构等主体参与，建设区域性数据市场。形成全国性市场与区域性市场、一级市场与二级市场、综合市场与专业市场共同发展的多层次数据要素市场体系。

提升一个国家数字经济的竞争力在于培养国民的数字素养，也在于提升一个国家数字收集、储存、分析与开发利用能力，让数据转化为信息，让信息转化为价值。要做到这点，数据共享及数据的开放程度成了一个国家最为重要的一环。所以，数据如何成为一种生产要素是一个重大的理论问题。只有在理论上讨论清楚了，数字经济才可以真正发展。

三、数字技术要素特征与创新发展路径

数字经济起源于数字技术的发展和广泛应用。在早期的技术化阶段，数字经济的发展主要依赖于数字技术的进步。随着计算机的发明和普及，数字化经历了两个阶段的高速发展：在 20 世纪 80 年代之后，随着个人计算机广泛应用，人类迎来了以个人计算机

为主要特征的第一次大规模数字化。而在 20 世纪 90 年代中期之后，随着互联网大规模的商业应用，以互联网应用为主要特征的网络化引发了第二次数字化浪潮。

数字经济的迅猛发展主要归功于计算机和互联网这两项关键技术。这两项技术的进步和广泛应用对经济社会产生了三个主要方面的影响：首先，第三次科技革命以来，信息处理技术的崛起，特别是计算机的出现和算力的增强，使得数据的采集、存储、处理和加工变得更加便利。其次，自 20 世纪 90 年代以来，互联网技术的兴起深刻地改变了人类的生产和生活方式，推动了数据的大规模产生、交换和流通，而移动互联网的普及更是推动了全球数据的爆发性增长和海量集聚。最后，近年来计算机和互联网的综合应用产生了大数据、云计算、人工智能、物联网、区块链等新技术，数字技术逐渐成为通用技术，为数据的要素化转化和应用提供了高效可靠的技术支持。

数据成为生产要素进入经济系统也得益于数字技术的广泛应用。信息通信技术推动了电子商务、社交媒体、即时通信等新经济模式的发展。数字技术被实体产业广泛应用，技术从助力社会经济发展的辅助工具向引领社会经济发展的重要生产要素转变。作为一种独立的生产要素，数据逐步融入实体经济，促进产出增加和效率提升，进而催生出一种新的经济范式，即数字经济。依托数字技术，长期积累和储备的数据资源得以转化和应用，从而为数字经济的发展奠定坚实基础。作为数字经济支撑的主流核心数字技术的具体描述详见第三章。

（一）数字技术的要素特征

数字技术的要素特征有三种效应。一是替代效应。基于摩尔定律，新一代信息技术产品价格持续下降，对其他投入品产生了显著的替代效应。二是渗透效应。作为一种通用目的技术，数字技术几乎能够渗透到经济社会运行的每一个环节。三是协同效应。ICT 与其他要素相结合能够增强要素的协同效应，进而创造价值的放大效应和倍增效应。由此，下文将从替代效应、渗透效应和协同效应的角度深入分析数字技术对资源配置的赋能机制。

1. 替代效应

数字技术的替代效应通常是指 ICT 作为一种资本要素对其他非 ICT 资本要素不断替代的事实。该现象出现的根本原因在于以芯片为代表的 ICT 硬件多年来一直遵循摩尔定律，呈现出实际价格持续下降的趋势。ICT 相关要素能够使数字化要素直接替代传统生产要素，最明显的例子便是 ICT 对劳动、土地等传统生产要素的替代。一方面，人工智能等数字技术能够直接对劳动要素形成替代，导致某些职位和岗位逐渐消失，同时创造一批全新的职位空缺。另一方面，网络、大数据与现代信息技术构建了庞大的数字世界，虚拟空间打破了传统物理实体空间的束缚，形成了虚拟产业集群、虚拟科技园区等新型经济关系，产、供、销业务“虚拟化”。由此可以创造脱离土地发展的新模式——数据要素与网络、通信技术等融合，创造线上、无地化的新发展空间，减少对土地的依赖，对冲、解决土地资源的紧张，这是数据要素对土地要素的替代。

2. 渗透效应

渗透效应是指某项技术能与社会生产、流通、分配、消费等环节广泛融合，并对生产和再生产环节带来运行方式的改变。渗透效应是通用目的技术（GPT）最基本的技术—经济特征，也是通用目的技术领域出现激进式创新后能够引发技术革命、带来技术—经济范式转换的技术基础。当前，数字技术已经深入经济社会生产、生活各行业并与其相互融合，带来经济运行方式的改变，越来越多的行业开始拥抱数字技术，以期从中获取有用的价值。比如，在公共管理领域，数字技术助力电子政务、电子治理，在政策技术层面、政府能力层面、国家治理层面和社会价值层面产生重要影响；在产业领域，金融、医疗、现代物流、电子商务、现代制造等产业乃至整个产业链条在数字技术的赋能下焕发出新的活力。

3. 协同效应

协同效应更多是指生产过程中 ICT 的应用能够提升其他要素间衔接配合的契合度，降低摩擦成本，从而提高运行效率。数字技术具备重复编程、数据均值性等特征，能够协同其他技术，基于数据流通和共享推动不同经济主体之间的协作。协同作用建立在更多社会角色参与的网络效应基础之上，是生产、交易、流通等环节大规模实时协作化的组织方式。尤其是大数据、云计算等数字技术的协同，改变了僵化、垂直、等级的组织模式，取而代之的是网络化、扁平化、去中心化的柔性组织方式。以供应链为例，传统企业产品研发、制造、销售、售后服务等基本上是相互割裂的，线性沟通指令化合作，协同网络的存在使传统的供应链上的各个角色快速有效整合，形成供应链平台，对传统的供应链形成降维打击，传统企业割裂的职能被有机融合。

（二）数字技术要素创新发展路径

如果将新旧动能转换看作产业结构的变化，那么新旧动能转换主要有三种形成机制：一是新产业的形成，通俗地说就是“无中生有”。一项技术通过工程化、商业化开发形成新的产品（或服务、业态、商业模式），如果新产品的市场反响好，需求不断扩大，那么就会有大量生产企业和配套企业涌入，最终形成一个新的产业。二是传统产业的改造升级，通俗地说就是“有中出新”。虽然产品的基本结构、功能没有发生根本性的转变，但是通过新技术的使用，现有产业的技术水平获得提升、产品功能更加丰富或增强、生产工艺更加优化，能够扩大市场销量或者降低生产经营成本，从而使产业获得较快的发展。习近平总书记曾指出，要“注重用新技术新业态改造提升传统产业，促进新动能发展壮大、传统动能焕发生机”①。三是落后产业的淘汰。在新动能不断发展壮大的过程中，那些缺乏竞争力的企业会退出市场，如果退出成为行业的普遍行为，整个行业就会萎缩甚至消亡，旧动能会被淘汰。

---

① 习近平谈治国理政．第二卷［M］. 北京：外文出版社，2017.

以云计算、大数据、人工智能、区块链为代表的新一代数字技术是当前技术创新和商业投资最活跃的领域，数字技术成为新旧动能转换的重要机遇和动力。具体来说，数字技术推动新动能的形成主要有三条路径：第一，新技术成为新产业。随着一些新的数字技术逐步成熟、成本持续降低，市场需求会不断被激发，而市场需求的扩大会吸引大量的企业进入，并为企业提供发展壮大的空间。当新技术的产业化形成一定规模后，新产业就会形成。云计算、大数据等产业都经历了从无到有、从小到大的发展壮大过程。第二，新技术催生新模式，新模式成为新产业。有时不是新技术本身发展成为新产业，而是在新技术的推动下形成新的商业模式或产业业态。这些新模式、新业态往往是新技术与既有产品或服务相结合的产物，但是由于解决了用户痛点、迎合了新的需求而获得快速发展。例如，电商降低了实体店铺的成本，极大地扩展了销售范围，使“长尾”产品的价值被发现。网约车提高了车辆与乘客之间的匹配效率，减少了车辆的空驶率，缩短了乘客等车的时间。第三，新技术赋能传统产业。数字技术是通用目的技术，也是重要的赋能技术，能够帮助传统产业驱动产业效率提升、推动产业跨界融合、重构产业组织的竞争模式以及赋能产业升级，通过降本、提效、创新路径实现传统产业业绩提升目标。面对新一轮科技革命和产业变革带来的历史机遇，要推动产业数字化，利用互联网新技术、新应用对传统产业进行全方位、全角度、全链条的改造，提高全要素生产率，释放数字技术对经济发展的放大、叠加、倍增作用。

新旧动能转换要坚持“增量崛起”与“存量变革”并举。作为新动能的主要组成部分，数字经济的培育壮大与其他产业既具有共性，又具有自身的特性。数字经济新动能的形成机制如图 2-2 所示。

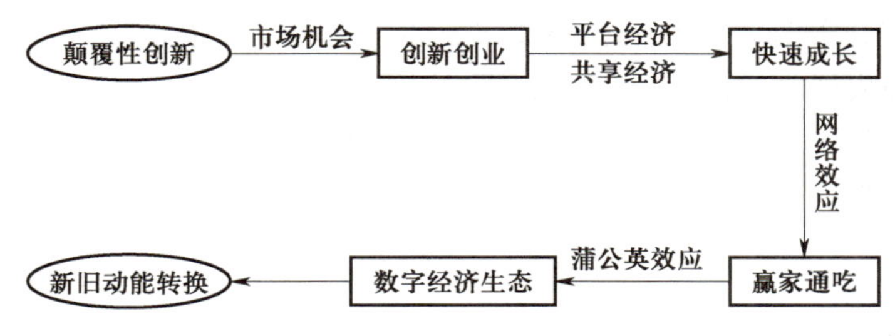

图 2-2 数字经济新动能的形成机制

（1）数字经济领域不断有颠覆性创新涌现，意味着不断有新的市场机会，这些市场机会吸引在位企业和新的创业者推动数字技术的产业化，开发新产品、新服务、新模式和新业态。如果说 20 世纪 90 年代互联网起步阶段的颠覆性创新多集中于新模式且服务对象以终端消费者为主，那么云计算、大数据、物联网、移动互联网、人工智能等数字技术的成熟则将互联网推入产业互联网时代，颠覆性创新不仅包括新模式，而且包括新产品和新服务。不仅面向终端消费者，而且服务于实体经济和企业用户。不仅催生新的细分产业，而且会为传统产业赋能，使之在技术、质量、效率、效益等方面发生巨大改变。

（2）当新技术与市场需求相契合，颠覆性创新进入商业化、产业化阶段后，企业可以通过建立数字化平台，发挥平台经济、分享经济、零工经济和开源经济等模式的优势，吸引并充分利用企业外部丰富的资源提供产品和服务，打破自身资源和能力的限制，实现超速成长。特别是要重视发展“产销合一”模式，将平台广大的消费者变为产消者，实现外部资源利用范围的最大化。近年来发展迅速的微信、微博、抖音等都是消费者直接参与内容生产的典型。用户的直接参与不但丰富了平台的内容，而且增加了平台对用户的黏性。

（3）由于网络效应的存在，巨大的人口规模构成我国数字经济发展的基础，这也是我国相对于大多数国家的数字经济发展优势。一旦一种数字技术获得成熟走向商业化，就会获得足够多的用户基础，引发正反馈机制而发展壮大。但是也要看到，互联网无论在供给方还是需求方都打破了地域空间的限制。从企业的角度来看，将会面对来自全国甚至更广泛范围内的激烈竞争，很难像传统产业一样偏安一隅而生存。因此，企业在推出一项新技术、新产品、新模式、新业态后，要尽可能快速地扩大用户基础，形成相对于竞争对手的网络价值优势。这也是数字经济领域一项新业务在起步初期采取免费甚至补贴策略、价格战比传统产业更为激烈的重要原因。从中央或地方政府的角度来说，如果能够给数字经济初创企业提供一定的市场支持，就能够加快企业发展，帮助其成为市场中的头部赢家。

（4）当一家初创的数字经济企业发展成为行业领先企业特别是平台企业后，蒲公英效应会开始发挥作用。全国性和全球性的平台将会为作为平台供应商的中小企业创造更好的发展条件、提供更好的市场机会。对于一个地区来说，更重要的是该企业培养的技术和管理人才、实现财务自由的高管团队、带来的外部资金和人脉将会促进更多的数字经济初创企业发展，使该地区成为数字经济的集聚地，甚至会在数字经济的某些细分领域成为全国的领先地区。在我国互联网领域，以 BAT 为代表的互联网公司衍生出一大批创业公司，深圳、杭州等城市成为互联网创业的热土和互联网重镇就是一个典型例子。

第二节 数字生产力与生产关系

一、数字生产力

（一）数字生产力的概念[①]

数字生产力（Digital Productive Force）是新兴生产力，是通过数字技术融合其他生产要素，创造满足社会需要的物质产品和精神产品，带动国民经济增长的能力。数字生

---

① 何玉，长王伟．数字生产力的性质与应用［J］．学术月刊，2021，53(7)：55-66.

产力是生产力要素即劳动者、劳动资料和劳动对象的数字化，其应用就是数字技术与生产力三要素融合，实施数字化劳动的过程。

数字生产力的主体要素是掌握数字技术、具有数字技能的数字劳动者。数字劳动者具有数字技术知识素养和应用技能，能进行数字技术和设备研发，实际操作、控制、维护数字技术和设备，在数字化生产经营平台和网络系统上从事数字产品和服务的创造和交易活动。数字劳动者的这种技能来源于专业学习和职业培训，这些学习和培训的费用构成劳动力价值的一部分。

数字生产力的客体要素是数字化生产劳动的手段和对象。具体包括两个方面：一方面是数字技术设备和工具，即生产力中的劳动资料。包括互联网、物联网、基站等基础设施，云计算和现代计算中心，电子信息设备设施和各种通信工具，机器人和数控机器设备等。这是数字生产力和数字技术的重要载体，体现数字生产力和数字经济的发展水平。当然，数字技术尚处在不断创新和升级过程中。另一方面是数据、商业软件和生产劳动作用其上的自然物，即生产力中的劳动对象。数据成为新的生产要素，成为产业链条上的基础产品或中间产品，属生产成本的一部分。而劳动对象的其他自然物与传统劳动对象无本质差别，只是数字技术的应用使劳动对象的广度和深度大大提高，人类掌控和应用劳动对象的规模大大拓展。

数字生产力是数字化生产要素的有机融合，是数字技术应用所产生的生产能力。其基本要素是数字劳动者、数字技术和由数字技术物化的生产设备和工具，并且不是三要素的简单相加，不是存在于生产力三要素之外的独立要素，而是融入生产力三要素中并带来生产力升级的融入要素。

（二）数字生产力的特征①

数字生产力的产业应用实际就是数字技术赋能产业。与传统生产力相比，数字生产力具有鲜明的特征，主要表现在以下几个方面。

1. 专用性与通用性

① 专用性。数字生产力由各种数字技术构成，在数字技术基础上开发的各种商业软件、工具与硬件设施，具有不同的应用功能，适用于不同领域和不同行业，体现专用性特点。② 通用性。由于数字技术具有一般基础性功能，属于通用技术，如大数据、互联网、物联网等可普遍应用于各产业，云计算、人工智能等也融入各产业和生产劳动全过程，体现通用性特点。

2. 虚拟化和平台化

互联网技术的应用、生产组织的网络化使得生产组织虚拟化和平台化。由于数据要素的虚拟状态，经济运行于网络平台，使得数字生产力表现为看不见、摸不着的线上虚拟形式。但数字生产力本质上是服务线下实体经济的，为实体经济生产提供数字技术服

---

① 何玉，长王伟．数字生产力的性质与应用［J］．学术月刊，2021，53(7)：55-66.

务，为居民生活消费提供数字化、智能化服务。网络化、数字化虚拟平台是数字资源配置平台和交易渠道。

3. 资源共享性和分享性

数字技术应用于经济活动，提高了资源配置效率。一方面，依托互联网和数字物流的作用将分散的生产要素快捷、有效集聚起来，实现供需快速匹配，实现数字资源使用的开放和共享。另一方面，依托大数据和互联网的作用，为满足社会各方面需要，在完善数据要素产权界定基础上，实现数字资源的有效分享，创新分享经济的新模式、新业态。无论是数字资源的共享还是数字技术服务的分享，都会带来总体生产成本的节约和经济效益的提升。

4. 赋能性与节能性

数字生产力融合于劳动者、劳动资料和劳动对象，也就是数字技术赋能人类劳动过程。数字生产力融合国民经济产业，也就是赋能产业运行过程。数字生产力通过赋能使劳动资料效能释放，数字经济时代工厂运行依然依赖动力机、传送机、工作机组成的机器体系，但数字赋能于传统制造业，使传统机器体系实现数字化升级。这种机器体系的数字化升级，不仅带来效率提高和经济效益提升，数字化、智能化机械操作也更加节约能源，节约人力和运输成本，减少碳排放和物质消耗，有利于清洁生产，产生环保效益。

5. 预测性与精准性

大数据和互联网的应用，快速、高效处理海量数据，经数据分析处理可真实反映经济运行状况、预测经济活动趋势，为新产品开发、生产规划、市场交易、供需对接等决策提供可靠依据。大数据分析、云计算和人工智能应用于决策管理，有助于国家从宏观上决策国民经济发展战略、实施产业发展规划，有助于企业从微观上实施生产经营、工艺优化和全过程管理。

（三）数字生产力的作用

数字生产力是数字化工业时代的新兴生产力，支撑数字经济深刻改变人类经济生活，具有重要作用。

1. 节约生产成本和提高劳动效率

数字生产力应用于生产劳动，带来生产成本节约和劳动效率提高。尤其是大数据分析用于市场分析，合理规划定制化生产，实现产销对接。人工智能技术应用于企业生产劳动管理，将有利于优化生产工艺流程，强化生产过程质量控制，完善产品售后服务和使用维护。平台化管理有利于分散资源集中共享和分享，从而有利于节约生产成本和提高资源配置效率。数字技术的外溢性、数据资源的可复制性、数据使用的共享性、大数据的分享性有利于资源优化配置和资源使用上的节约，数字化劳动大大降低生产成本和交易成本。如大数据应用降低了信息搜寻成本，物联网应用降低了物流运输成本，人工智能应用降低了生产监督成本等。尤其是数字资源的重复使用带来的生产规模扩大，使其边际成本大大节约，甚至边际成本趋于零。

2. 赋予劳动者数字化劳动技能

数字生产力融入生产劳动者，赋予劳动者数字化劳动技能。劳动者是最基础的生产力要素，数字技术为劳动者所掌握，将大大提升劳动者的生产劳动技能。没有数字劳动者对其他生产要素的主动结合，其他生产要素都是无法发挥作用的。具有数字技术的劳动者可以进一步将生产工具实行数字化升级，也就是数字技术赋能于劳动资料，将劳动资料与劳动对象实现数字化结合，从而高效地创造新的劳动产品。劳动者掌握和运用数字技术从事的劳动是数字化劳动，这种劳动主要属于脑力劳动和复杂劳动。数字化劳动相比较于传统劳动，在同等劳动时间内可推动更大规模的物质要素运行，从而大大提升劳动生产率。

3. 升级劳动资料

数字生产力升级劳动资料表现在数字生产劳动的基础设备的网络化、数字化。这里包括与之配套的互联网基站、工业互联网和商业互联网系统、现代计算中心和数据处理中心，以及为高效配置数字生产资源和数字化应用提供的各类技术和设备条件。数字生产力升级劳动资料也表现在数字生产劳动的机器和工具的数字化、智能化。数字生产劳动大量应用现代通信设备、计算机、服务器、数控机械、智能运载工具、机器人等。互联网平台改变了传统集中劳动的组织形式，将集中劳动与分散劳动相结合，居家劳动和弹性劳动时间成为可能。资源配置和生产运行的线上和线下结合，有利于相关企业间的合作，实现产、供、销一体，服务和消费一体，从而提高资源配置效率和企业经营效率。

二、数字经济生产关系

生产力与生产关系的矛盾是人类社会不断发展和前进的根本动力。数字技术的日新月异加速了生产力的革命，新的数字生产力亟待与新的生产关系相匹配。

（一）数字经济生产关系概念

数字经济生产关系从广义上来讲是指数字经济中劳动者在生产过程中所结成的相互关系，包括生产资料的所有关系、生产过程的组织与分工关系、产品的分配关系三个方面。从狭义上来讲是指数字化治理体系，包括数据的治理和基于数据的治理。数据的治理（Governance of Data）指的是实现对社会越来越庞大的数据的有效组织和管理。基于数据的治理指的是利用数据实现全社会活动有效的组织和运行。数字化治理体系目前并不成熟，当前主要关注的内容可以分为以下三个方面。

（1）关注利用数字技术创新治理工具、变革治理结构、提升治理绩效的普遍化趋势，具体包括“互联网+”“智能+”在各个领域的体现，典型代表包括开放数据与开放政府、信息技术推动下的方法论变革等议题。

（2）聚焦数据以及数字技术本身的治理问题，具体包括数据权利的建构、数字化治理规则的确立、互联网治理机制的变革、新技术（如人工智能、区块链）治理原则的探索等。

（3）探究数字技术催化下的新业态治理问题，尤其是数字技术对于传统业态公共价值的挑战以及相应的治理变革，具体包括共享经济与数字服务业的治理、数字平台责任与数字内容治理、跨境数据流动与电子世界贸易的治理等方面。

（二）数字化治理的主体和特征

2021 年 12 月 12 日国务院印发的《“十四五”数字经济发展规划》明确指出，进一步推进数字经济发展是新一轮科技产业革命的重要战略选择。数字经济的核心要素是数字资源，是以新型技术网络为重要载体，在公平和效率方面更加统一的新经济形态。据不完全统计，当前全球 80%的数据存储在政府部门，所以，实现数字经济、数字政府和数字社会三位一体的协调发展格局需要政府公共部门构建数字化治理体系。

1. 数字化治理的主体

作为数字治理的引领者，政府在整个体系中扮演着统筹和协调的关键角色。政府部门拥有公共权力资源，具备强制力，因此可以通过协调各主体建立有序的治理体系并发挥主导作用。在数字时代，数据的掌控和管理成为治理的核心，政府在这一过程中应充分认识到数据的重要性，并最大限度地利用数据的潜力。然而，考虑到各主体的特殊性，它们在数据治理中的功能发挥有所不同，政府作为数据的管理者需要善用丰富的数据信息，发挥其统筹和协调的能力，以实现有效的数字化治理。

作为不可替代的数字技术拥有者，企业应该发挥技术支撑作用。企业拥有不可替代的数字技术人才和数字技术能力等资源，可以为数字化治理提供重要的技术支撑。

作为不可或缺的参与者，公众应该积极发挥配合与支持作用。公众拥有基层一线信息资源，公众需要将这些信息反馈给其他主体，以便于其他主体科学决策。不同于传统的公共管理模式，公众能否积极参与决定了数字化治理成败。

在数字化治理模式中，政府、企业和公众等多元主体之间存在相互依赖关系，多中心发展的趋势更加显著。值得强调的是，在数字化治理时代，各主体平等地参与其中，功能发挥不再受限于传统的从上而下的结构模式，需要创新流程模式。政府应充分利用其公共权力优势制定相应的政策工具并提供强有力的制度保障，确保数字化治理有序进行。企业则应利用技术优势推动技术赋能治理模式创新，并积极动员基层公众参与，以确保政策有效实施并促进数字化治理效能的充分发挥。

2. 数字化治理的特征

区别于传统的治理，数字化治理呈现了不一样的治理格局和主要特征，主要体现在公共数据、信息技术和多主体协同三个方面。具体如下：

（1）公共数据是数字化治理的关键要素。公共数据主要包括企业注册登记数据、卫生服务数据、公共交通数据、城市管理数据、教育数据以及气象数据等具体的类型，是公共部门基于职能需要依法收集的服务公共利益的数据形式。

（2）新一代信息技术是数字化治理的主要工具。互联网、大数据、人工智能、物联网等新一代信息技术和工具的不断发展和升级迭代，极大地丰富了政府及相关主体进行社会治理的工具箱。

（3）多主体协同是数字化治理的显著特征。政府公共部门、以互联网平台为代表的科技企业以及社会公民是数字化治理体系的主体。不同的主体之间协同合作，共同推进了数字化治理能力的现代化进程，是不同于其他治理模式的显著特征。

（三）数字化治理体系的基本框架

数字化治理体系的基本框架可以从治理理念、治理制度、治理组织和治理方式四个层次展开。数字化治理的基本原理、方法及状况等详细内容见本书第七章。

1. 治理理念

治理主体在治理环境的支撑和约束下行动，在数字化转型中达成治理系统的功能，构建以人民为主体的治理格局，推进整体协同的治理机制，形成赋权与赋能、激活和规范的治理导向。

（1）构建以人民为主体的治理格局。民众成为参与治理的主体，参与治理的决策、行动和规范过程，形成政府与各主体共建、共治、共享的新格局。

（2）推进整体协同的治理机制。一方面，优化政府内部协同运作，通过信息平台和数据共享简化流程，提高政务运作效率。另一方面，政府与市场、社会等各方主体可在平台上共同参与治理，形成赋权、赋能、激活和规范的治理导向。数字化转型不仅能增强政府治理能力，也赋予其他主体更大的治理空间、更多的事务处理权，促进经济社会有效发展。

2. 治理制度

数字化治理要坚持“三原则、两思路、四个方向”。“三原则”指立法要有前瞻性、动态性和交互性。“两思路”指修订原有法律法规，使其包容数字经济内容；出台促进和规范数字经济发展的法律法规。“四个方向”指：网络空间法治化，即社会治理法治向网络空间的延伸，净化网络空间内容、营造清朗的网络空间环境；数字技术法治化，即明确数字经济产权、物权，依法保障专利技术、知识产权免遭非法侵害；网络信息法治化，即依法保障消费者私人信息安全，严厉打击非法交易他人信息谋取私利行为；市场体系法治化，即依法维护数字经济市场秩序，依法打击市场不正当竞争行为，规范数字经济投融资、并购等活动。

3. 治理组织

治理的数字化转型促进了自发秩序的形成，让部分治理主体在一定治理环境中能够基于自我规范达成并实现共识的治理功能，形成各种新的治理单元，在推进治理系统整体协同的同时，推进多中心治理。每个治理单元由治理场域、多种治理主体、相互关联的治理事务、自发形成和共同遵守的治理规范和功能构成。各种治理单元的形成增大了主体的活动空间，提升了主体活动的自主性和自主能力，优化了资源的配置。

4. 治理方式

治理主体推进治理数字化转型，基于并促使治理资源、治理内容、治理技术、治理规范等治理方式发生变化，形成新的体系。首先，数据成为重要的治理资源。数据作为治理的基础性资源，治理主体依据数据决策和行动。其次，治理技术得到提升。数字政府建设促进各种数据整合、共享、开放，利用新的治理工具和手段，让治理更加高效和有效。再次，对数据和规范的治理不断扩展。通过促进数据整合、共享、开放，高效分析和应用数据，提升治理能力。治理规范一方面是基于数字化转型的技术支撑推进规范化治理，另一方面是推进对具体规范的治理。最后，治理规范化要求增强。治理规范化要求治理遵从规则，依据法治规范要求规范各主体行动，保证其服从程序和遵守秩序。

三、对经济产生的变革

数字经济不但改变了人类社会的沟通方式、组织方式、生产方式、生活方式，也提升了人类的生产效率和交易效率。作为一种新的经济形态，数字经济正在成为传统经济转型升级的重要驱动力，也成为全球新一轮产业竞争的制高点。

（一）数字经济成为普惠型经济

数字技术的不断发展为人类社会创造了新的发展空间。在信息技术的驱动下，数字经济呈现一种人人参与，共建、共享、共治的特点，越来越多的人有机会参与到数字经济的建设中，并分享数字经济发展的成果。

随着数字技术日新月异的发展，之前的网络世界不再只是人类生存物理世界的虚拟映象，而是成为人类实实在在的新的生存空间和主战场。同时，数字技术与实体物理世界的融合，也使得现实物理世界的发展速度逐渐向网络世界靠近，甚至逐渐呈现出指数级增长趋势。这主要是因为在物联网技术与数字平台发展的基础上，随着多功能传感器、可穿戴智能装备、人工智能等日益普及，人类经济社会进入人与人、人与物、物与物的万物互联时代。在此基础上，随着无人驾驶、虚拟现实、增强现实等数字技术的发展，又出现了更强调机器和人类甚至不同机器之间实现有机协作与良好沟通的“人、机、物”融合的信息物理生物系统，这一系统不仅彻底改变了人类经济活动空间，更实现了网络世界和人类物理世界的无缝衔接与交互方式，使人类不断走进一个网络世界、物理世界与人类社会三者互联互通的新世界（肖旭和戚聿东，2022）。

随着数字经济的发展，超越传统商业生态系统范畴的新型组织形态“数字经济体”应运而生，像亚马逊、阿里巴巴、谷歌、腾讯这些全球领先的互联网公司，在自身规模、分工协作、价值创造、规则发展等多个方面都有了质的飞跃，它们涉及的地区和领域愈加广泛，为数字经济创造了普惠共享的新价值，实现了科技、金融和贸易的普惠化。

普惠科技在科技领域的应用已经形成了强大的产业，以云计算为代表的按需服务业务形态降低了科技成果及科技产品的获得成本，这让科技服务能够更快、更多、更好地在社会各阶层和群体中得到普及，企业或个人无须购买昂贵的软硬件产品和网络设备即可轻松获得自己所需的存储资源和网络资源。

在金融领域，以大数据为支撑的新型信用评价模型对普惠金融的实现起到了至关重要的作用。金融企业通过挖掘客户的信息数据资源，包括互联网金融机构掌控的生态体系内积累的客户信息，以及通过外部各种渠道采集的客户信息，并对这些数据进行统计、概率计算，可以实现对不同个体进行精准的风险评估，进而为不同的个体匹配差异化的金融信贷服务，让更多的个体享受到适合其风险特质的金融信贷服务。

在全球贸易领域，数字经济为全球带来了普惠贸易的全新格局。一方面，中小微型企业、个体工商户等获得了更多参与贸易的机会，贸易秩序更加公平、公正。另一方面，消费者可以直接与全球的商户进行沟通互联，参与到国际贸易中，并且获得更加多样化的产品和服务，实现全球性的消费。

在共享经济领域，数字经济时代数据自由流动与信息传送速度不断提升，使经济社会各个层面实现自由高度联通，进而引起大量资源的重组、聚合与合理流动，使交易成本和资源配置优化的成本降到最低，广大社会民众只需要付出接近零成本的代价就可聚合社会上大量的闲散碎片资源，并创造出更大的价值，使资源利用效率达到最大化，甚至在数字技术作用下，借助数字平台还可实现资源在全球范围内的组合与重新优化配置。这既为全球节约了闲散资源，提升了全球资源配置的效率，全球消费者也可享受到更低价的服务，而服务提供者却可以收获更大的额外收益，供给端、需求端以及整个社会都可获益，全球福利水平都会提高。

（二）数字基础设施成为经济发展关键

与传统的工业经济下的经济活动更多架构在以铁路、公路和机场为代表的物理基础设施之上一样，数字经济活动的推进与实施也需要相应的基础设施与之配套。不同的是数字经济下基础设施既包括宽带、大数据、云计算中心等专用型数字基础设施，也包括增加了数字化组件的传统基础设施或数字技术对传统物理基础设施的数字化改造，即混合型数字基础设施。例如，数字化停车系统、数字化交通系统、数字化监测系统等对传统物理基础设施的数字化改造就属于混合型数字基础设施。这两类基础设施共同构成数字经济的核心基础设施，推动着数字经济迅猛发展。

传统基础设施如铁路、公路、机场、水利工程等重大基础设施的建设是实现现实物理世界联通的重要基础。数字技术出现后，网络和云计算成为重要的信息基础设施。随着数字经济不断发展，数字基础设施的概念在不断扩展和延伸，5G、人工智能、工业互联网、物联网等成为经济活动的重要基础设施，数字基础设施逐渐实现了从现实世界到虚拟世界再到现实世界的连接。

（三）供需双方成为融合的“产消者”

在传统的经济活动中，供给侧和需求侧相互分离。在物质匮乏的工业化时代早期，供给侧是决定市场的重要宏观变量，需求的满足取决于供给的产品的数量。随着工业化不断演进，物质方面有了很大改善，但完全按照消费者的需求来生产相关产品仍难以实现，因为产品的生产还受到技术和效率层面的限制，因此，供给侧和需求侧的界限依然非常清晰。

在数字经济时代，随着数字化技术不断成熟，供给侧和需求侧的界限日益模糊，供给方和需求方成为融合的“产消者”，即参与生产活动的生产者也是消费者，消费者逐渐参与到供给侧的生产中来，“产消合一”揭示了数字经济时代的发展趋势，也让供给侧站在新的高度去审视消费者，供给侧从简单地接近消费者、尊重消费者，转向发自内心地了解消费者的需求，重视消费者的所思所想，消费者已成为推动创新的核心力量，所以产业模式的变革应围绕消费者需求的变化而展开。在数字经济时代，单凭企业的一己之力很难再创造出新的价值。只有发挥消费者自身的创造性，企业才能在数字经济浪潮中获得更多的财富。

如今，越来越多的企业在提供产品和服务的过程中会充分考虑用户需求，以最大限度地发挥出个性化生产的能力，大数据、人工智能、物联网等技术的发展为企业的个性化生产提供了有力支持，以用户需求为中心的商业模式正在成为主导市场经济发展的新风口。例如，企业通过运用大数据技术，能够有效发现并分析客户的行为模式，帮助企业随时识别客户对某些产品或服务的需求变化，指导企业以客户需求为中心，更好地开展个性化的产品设计和产品营销推广活动，以及为客户提供更具针对性的售后服务。

供给方和需求方的融合重新定义了供应链、商业服务等内容，以数字技术为支撑的按需定制、个性化生产的新模式将成为许多企业的制胜法宝。

在传统农业经济与工业经济时代，生产者和消费者是泾渭分明的，企业组织通过层层组织沟通结构构建起明显的企业边界与社会区隔，才能比竞争者获取到更完全的消费者需求信息，进而有效降低企业的交易成本，不同行业之间也由于明显行业边界与技术和市场壁垒的存在而难以跨越。与传统农业经济和工业经济下的供给与需求经济活动有明显的区分、生产者和消费者有非常明显的界限不同，数字经济下，随着数字技术日新月异的发展，个人、企业、社会，甚至是国家层面的传统边界都日渐模糊，出现了更多的产消一体化与无边界组织。

在供给方面，借助数字技术，伴随着生产者与消费者距离的拉近，一方面，企业内部组织结构中纵向的供应链环节不断减少，以往科层式的组织结构不断向消费者倾斜，并越来越呈现出扁平化的特征。另一方面，同一行业甚至不同行业之间的边际也日渐模糊，不同领域的企业之间在数字技术的作用下，依托数字平台可以打破企业与行业边界，通过更多的跨部门和跨行业协作，实现不同商业模式的交融整合，从而实现更大的创新。目前，许多行业企业通过数字化改造已实现了通过大数据技术挖掘用户的多样化、个性化需求与建议，进而有针对性地设计、开发新产品，在航空航天与汽车制造领域甚至可借助 3D 打印技术完全按消费者的个性化需求设计、打印新产品，厂商在提供产品和服务的过程中充分考虑与结合了用户的需求。

在需求方面，消费者需求的大数据分析成为新产品开发的源头，消费者的创意可以融入企业产品的设计过程中。其实在数字技术下，随着消费者行为数据透明度的增加，不但研发设计环节可融入更多消费者的创意，而且消费者在厂商产品与服务精准广告投放与大数据营销的指引下，完全可以参与到产品生产的全过程中，如果消费者在生产、消费过程中发现问题，可将意见或建议通过网络或数字平台及时反馈到生产方产业链各个环节。这种消费者参与生产和消费新模式的出现使原来的供给方生产由大批量、大规模、模块化、标准化、同质性产品向小批量、分散化、多品种、个性化、多样化、异质性产品转变，甚至单品单件，按订单精准生产，用户可全程参与其中，消费者的需求、企业的生产和企业上下游供应链等多种相关数据可以在数字网络中自由流动、高效传输与应用。

可见，在网络化、数字化、自动化生产组织过程中，数字产业链的扩张不仅将商品研发、生产、服务与消费者联系在一起，还整合了原料采购、智能制造、大数据营销、智能物流、售后问题预测与服务、广告、顾客建议、消费体验反馈等多个环节，形成了全方位的产业生态链。这重新塑造了商品和服务的全过程，极大提高了资源配置效率。

此外，在社会治理与公共服务供给层面，各地各级政府也可借助数字技术通过电子政务、数字政府、一站式政府建设等多种渠道广泛听取民意，及时了解与分析相关经济社会数据，进而实现科学决策、精准施策，从而助力提高问题的解决效率，提供更好的公共服务。公众则能够更容易地利用社交网络和政府公共数字平台参与社会治理事务。在不同的政府决策与大量的民意数据通过数字平台汇聚、交融、碰撞下，政府管理与提供公共服务的理念和方式也会随之发生改变，只有通过数字平台更加开放地调查了解与征求意见，更加透明地进行决策和更加全面地为所有民众提供高质量的服务，才能不断引导网络民众，凝聚民心，提高政府公信力。在全球层面，在数字技术作用下，世界不同地区间的经济往来、民间交流将更加活跃，不同文化之间的交融、汇聚将更加频繁，数字技术、数字产品将会在经济、政治、教育、文化、生态等越来越多的领域产生跨地域、跨国界的深远影响。

（四）数字素养成为必备技能

随着信息技术的发展和数字工具的普及，数字素养已成为 21 世纪公民参与经济和社会生活的必备生存技能。

早在 1994 年，以色列学者约拉姆·埃谢特·阿尔卡莱便提出了数字素养这一概念。他根据多年研究和工作经验，在分析了相关文献并开展试点研究之后，提出了数字素养的五个框架，全面阐释了数字素养的模式。如图 2-3 所示。几十年后的今天，数字素养的内涵和外延都发生了较大的变化，但图中的框架仍然具有较高的参考价值。

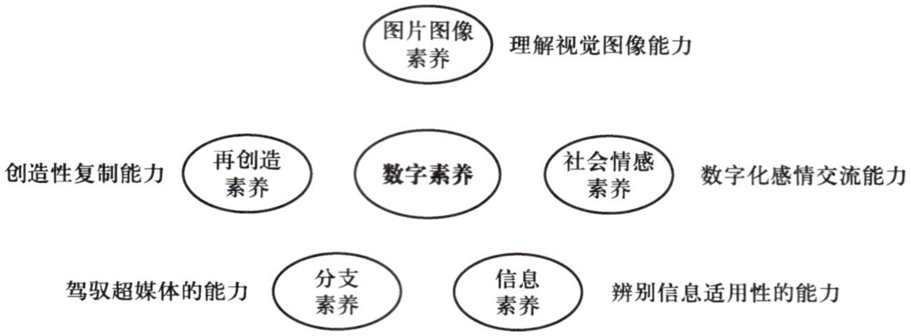

图片图像素养 理解视觉图像能力

创造性复制能力 再创造素养 数字素养 社会情感素养 数字化感情交流能力

驾驭超媒体的能力 分支素养 信息素养 辨别信息适用性的能力

图 2-3 数字素养的模式

随着数字技术的发展，虽然一些人具备了一定的使用数字产品的能力，对一些数字化设备和社交网站非常熟悉，但这并不代表他们具备了数字素养。数字素养意味着个体将基于信息通信技术的知识应用于数字世界，从而激发出数字潜力和创新能力。数字素养已经成为数字时代的基本人权。

就像农业经济、工业经济和服务经济时代下某些职业与岗位对劳动者的文化素养有一定要求一样，数字经济下的职业和岗位也要求劳动者具有一定的数字素养。随着数字技术突飞猛进的发展及向各行各业不断渗透，不同于传统经济下的文化素养要求只限于某些职业或岗位，数字经济下的数字素养甚至有可能成为所有劳动者和消费者都应具备的重要能力。

特别是在未来的劳动力市场上，谁具有较高的数字素养谁就拥有突出的数字技能和专业技能，从而脱颖而出。此外，数字素养被联合国认为是与听、说、读、写同等重要的基本能力，数字素养被确定为数字时代的基本人权。劳动者不具备数字素养将很难胜任未来的工作，更不可能在工作岗位上脱颖而出。消费者如果不具备基本的数字素养，将很难在市场上识别、购买到满意的产品，更别谈正确、方便地享用数字化产品与服务，成为数字经济时代的文盲。可见数字素养将与文化素质、专业技能一样，成为未来的劳动者生产与消费者消费行为必备的基本素养，成为数字经济发展的关键和重要基础之一。

正如印刷机出现之后，人们通过培养和运用读写能力改变了知识传播的途径一样，数字素养作为数字经济时代重要的技能之一，也将对经济的发展产生重大的影响。对于劳动者来说，市场对数字技术人才的需求正在急剧增长，培养较高的数字素养无疑为劳动者就业增添了新的砝码。对于消费者而言，提高个人的数字素养，能让其更好地享受数字化产品和服务，从而与数字时代接轨。总之，提高个人的数字素养是时代的新要求，也是数字经济发展的关键要素和重要基础。

（五）多元协同成为数字化治理方式

数字化治理方式正在从过去仅依靠传统的集中单向、侧重控制的政府封闭式监管的社会治理模式逐渐向平台、企业、用户和消费者等数字经济生态的重要参与者多元参与、侧重协调、开放协同的数字化治理方式转变。首先，例如当今已经成为大型跨国公司的数字平台为传统工业经济下配置和协调资源的基本单元，是数字经济下的重要组织形式，平台有治理优势也有治理责任和义务。所以，数字经济的治理也要发挥平台的枢纽作用，将平台纳入治理体系，借助平台规则，在合理界定政府、平台、第三方责任的基础上赋予其一定的治理职责边界，有助于平台上的各类经济问题的治理。其次，数字经济时代，参与数字经济活动的各类主体均应积极参与与平台相关问题的治理，特别是要激发大量的依托平台的企业和与平台相关的消费者参与治理的积极性和能动性。只有让他们积极加入数字化治理的行列中来，才便于形成遍布全数字平台与全网的全民治理体系，进而便于对数字经济发展进程中出现的较为复杂的、海量分散的治理问题进行有效治理，如淘宝的大众评审机制就是典型的平台治理案例。最后，在数字经济背景下，面对各经济主体纷繁复杂的消费与投资等经济行为数据，传统的商业监管方式也显得力不从心，而利用大数据、云计算、人工智能等先进数字技术可以实现治理手段的精准化、适时化、智能化，能更好地解决数字经济下出现的问题。

第三节　数字经济发展规律与特征

一、数字经济遵循的经济发展规律

数字经济发展本身存在若干与传统农业经济、工业经济不同的规律，目前形成普遍共识的发展规律主要包括以下几种。

（一）梅特卡夫定律

梅特卡夫定律是指网络的价值为网络节点数的平方。如果网络中有 n 个节点，则每个节点都可以与其他 $n-1$ 个节点发生作用，总共获得 $n\times(n-1)$ 个单位的价值。因此，该网络的总价值为 $n\times(n-1)$。当 n 很大时，$n-1$ 近似于 n，网络的总价值可以表示为 n 的平方（戚聿东，2022）。

理论上最小的网络节点是 1，如只有 1 个人，自己和自己连接。2 个人的网络中每个人自己和自己、自己和对方连接，有 2 条连线，即 2 个人的网络有 4 条连线。5 个人的网络中每个人自己和自己、自己和其他 4 个人连接，有 5 条连线，即 5 个人的网络共有 25 条连线。以此类推。

网络由节点之间的连接构成，网络的价值在于连接的数量。当世界上只有 1 部电话时，这部电话的价值为 0。当世界上有 2 部电话时，有 1 个连接存在，网络的价值为 1。当有 3 部电话时，有 3 个连接存在，网络总价值为 3。当有 4 部电话时，网络总价值为 6。

梅特卡夫定律意味着每个新入网的用户都因为别人的网而获得了更多的信息交流机会。对数字化企业而言，首要的任务就是利用各种销售手段（如免费、补贴）迅速吸引大量用户加入网络，建立足够的安全基础，随着使用人数的增加，不论是老用户还是新用户，效用价值都会呈指数级增长，取得先动优势。

梅特卡夫定律揭示了互联网的价值随着用户数量的增长而呈算术级数增长或二次方程式增长的规则，如图 2-4 所示。

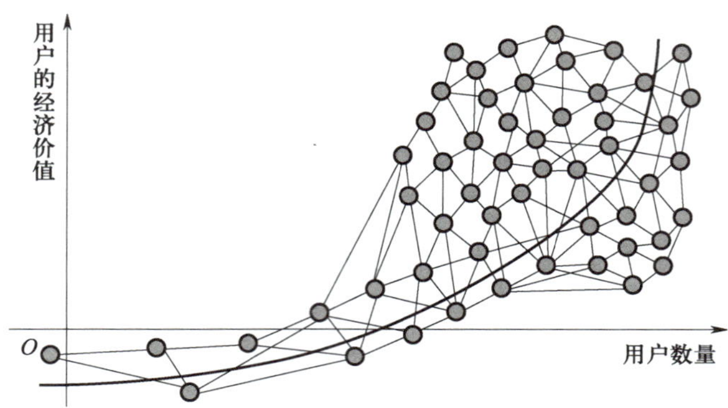

图 2-4 梅特卡夫定律

梅特卡夫定律是一条关于网上资源的定律。该定律由新科技推广的速度决定，所以网络上联网的计算机越多，单台计算机的价值就越大。新技术只有在有许多人使用它时才会变得有价值。使用网络的人越多，这些产品才变得越有价值，因而越能吸引更多的人来使用，最终提高整个网络的总价值。1 部电话没有任何价值，几部电话的价值也非常有限，成千上万部电话组成的通信网络才把通信技术的价值极大化了。当一项技术已建立必要的用户规模，它的价值将会呈爆炸性增长。一项技术多久才能达到必要用户规模，取决于用户进入网络的代价，代价越低，达到必要用户规模的速度越快。有趣的是，一旦形成必要用户规模，新技术开发者在理论上可以提高对用户的价格，因为这项技术的应用价值比以前增加了，进而衍生出某项商业产品的价值随使用人数的增加而增加的定律。

互联网的威力不仅在于它能使信息的消费者数量增加到最大限度（全人类），更在于它是一种传播与反馈同时进行的交互性媒介，这是它与报纸、收音机和电视机最不一样的地方。

（二）摩尔定律①

摩尔定律的内容为：当价格不变时，集成电路上可容纳的元器件的数目每隔 18~24 个月便会增加一倍，性能也将提升一倍。换言之，每 1 美元所能买到的计算机性能将每隔 18~24 个月翻一倍以上。这一定律揭示了信息技术进步的速度。摩尔定律并非数学、物理定律，而是对发展趋势的一种分析预测。因此，无论是它的文字表述还是定量计算都应当容许一定的宽容度。从这个意义上看，摩尔的预言是准确而难能可贵的，所以才

① 肖旭，戚聿东. 数字经济概论［M］. 北京：中国人民大学出版社，2022.

会得到业界人士的公认，并产生巨大的反响。

摩尔定律归纳了信息技术进步的速度。在应用摩尔定律的这么多年里，计算机从神秘不可接近的庞然大物变成多数人都不可或缺的工具，信息技术由实验室进入无数个普通家庭，互联网将全世界联系起来，多媒体视听设备丰富着每个人的生活。由于高纯硅的独特性，集成度越高，晶体管的价格越便宜，这样也就引出了摩尔定律的经济学效益。在 20 世纪 60 年代初，一个晶体管要 10 美元左右，但随着晶体管越来越小，直到小到一根头发丝上可以放 1 000 个晶体管时，每个晶体管的价格只有 1‰美分。据有关统计，按运算 10 万次乘法的价格算，IBM704 计算机为 1 美元，IBM709 降到 20 美分，而 20 世纪 60 年代中期 IBM 耗资 50 亿美元研制的 IBM360 系统计算机已变为 3.5 美分。

摩尔定律对整个世界意义深远。在回顾多年来半导体芯片业的进展并展望其未来时，信息技术专家们认为，在以后摩尔定律可能还会适用。但随着晶体管电路逐渐接近性能极限，这一定律终将走到尽头。

（三）吉尔德定律

吉尔德定律又称胜利者浪费定律，其内涵为最成功的商业运作模式是价格最低的资源将会被尽可能地消耗，以此来保存最昂贵的资源。吉尔德对光纤技术的发展做出如下判断：光纤的带宽每 6 个月增长 1 倍。这一速度是摩尔定律预测的计算机 CPU 增长速度的 3 倍。如今，他的判断被光纤通信网络快速发展的事实印证。因此，人们将此规律称为吉尔德定律。

吉尔德定律中所描述的主干网增长速度比 CPU 的增长速度要快得多。微软公司的一次实验证明，在 300 千米的范围内无线传输 1GB 的信息仅需 1 秒钟，这是计算机里调制解调器传输能力的 1 万倍。这一事实表明带宽的增加早已不存在什么技术上的障碍，只取决于用户的需求。需求日渐强烈，带宽也会相应增加，而上网的费用自然也会下降。会有那么一天，人们因为每时每刻都生活在网络的包围中而逐渐忘却“上网”之类的字眼。

吉尔德认为正如 20 世纪 70 年代昂贵的晶体管在现如今变得如此便宜一样，如今还是稀缺资源的网络带宽，有朝一日会变得足够充裕，那时上网的代价也会大幅下降。在美国，目前已经有很多的网络服务商向用户提供免费上网服务。随着带宽的增加，将会有更多的设备以有线或无线的方式上网，这些设备本身并没有什么智能，但大量这样的“傻瓜”设备通过网络连接在一起时，其威力将会变得很大，就像利用便宜的晶体管可以制造出价格昂贵的高档计算机一样，只要将廉价的网络带宽资源充分利用起来，就会给人们带来巨额的回报，未来成功的 IT 人士将是那些更善于利用带宽资源的人。

摩尔定律和吉尔德定律共同决定了网络经济的速度，一般认为网络经济中的 1 年相当于传统经济的 7 年，企业基于速度才能取得竞争优势。当网络带宽资源近乎免费时，网络带宽资源将取代一切有价资源。随着通信能力飞速提高，每比特传输价格将向着免费的方向逼近。

（四）安迪-比尔定律

安迪-比尔定律（Andy and Bill's Law）是对 IT 产业中软件和硬件升级换代关系的一个概括。原话是“Andy gives，Bill takes away”（安迪提供什么，比尔拿走什么）。安迪是指英特尔公司前 CEO 安迪·格鲁夫，比尔是指微软公司前 CEO 比尔·盖茨。这句话的意思是，硬件提高的性能很快被软件消耗了。

安迪·格鲁夫是英特尔的第三任 CEO。在《只有偏执狂才能生存》一书中，他提出：在网络经济中，如果一种新产品要取代原有产品，那么在性价比上必须是原来产品的 10 倍，即价格不变，性能必须是原来的 10 倍，或者性能不变，价格必须为原来的 1/10。在数字经济背景下，物美价廉是经济活动的永恒主题。

摩尔定律给所有的计算机消费者带来一个希望：如果今天嫌计算机太贵买不起，那么等 18 个月就可以用一半的价钱来买。要真是这样简单的话，计算机的销售量就上不去了。实际上没那么简单，需要买计算机的人会多等几个月，已经有计算机的人也没有动力更新计算机，其他的 IT 产品也是如此。在过去的几十年里，英特尔处理器的速度每 18 个月翻一番，计算机内存和硬盘的容量以更快的速度在增长。但是，微软的操作系统、应用软件等越做越大，越来越耗时。所以，现在的计算机虽然比十年前快了 100 多倍，运行软件感觉上还是和以前差不多。而且，过去整个 Windows 操作系统不过十几兆大小，现在要几千兆，应用软件也是如此。虽然新的软件功能比以前的版本强了一些，但是，增加的功能绝对不是和它的内存大小成比例的。因此，一台十年前的计算机能装多少应用程序，现在的计算机也不过装这么多，虽然硬盘的容量增加了 1 000 多倍。更糟糕的是，用户发现，如果不更新计算机，现在很多新的软件就用不了，连上网也是个问题，而十年前买的车却照样可以跑。这些反映了数字经济发展中的问题。

二、数字经济发展的基本特征

（一）数据支撑与融合创新

数字经济将数据要素和数字技术深度融入实体经济，形成以数字化融合为主导的技术经济范式，经济体系的要素结构、生产方式、价值来源和组织模式实现根本性变革。

1. 数据是数字经济最基础的要素

人类社会正在实时产生海量数据，包括行为数据、交易数据、交往数据等，人们通过收集和分析这些数据来组织社会生产、消费、融资、投资等活动。

数据资本取代实体资本成为支撑价值创造和经济发展的关键生产要素，是数字经济最本质的特征。数据资本是指包含海量信息的流通数据经由分析处理技术衍生出的集成信息资产（如大数据）。数据分散在全世界各处，单个数据通常很难具备生产资料的价值，并且在一定时间范围内无法用常规的技术进行捕捉、分析和处理。如前所述，只有通过全新的加工和处理方式，使分散的小数据成为具有更强的决策力和流程优化能力的知识资产，大数据才可能实现价值创造。

数据的价值创造。数据实现价值创造过程中，信息和通信技术、工业互联网、人工智能、区块链等核心技术发挥着关键作用。数据创造价值主要有三个途径和机理：一是数据本身通过价值创造机制就能产生新的价值，各行业和领域都会产生有价值的数据，对这些分散的数据进行挖掘、分析和开发利用能够创造并转化为价值和财富。二是通过提高经济运行体系中原有要素的价值转化效率，促进生产效率提升，也就是赋能。三是通过数字化改革、改善治理为价值创造提供良好的制度环境，包括数字技术应用于政府和企业治理模式的创新，如智慧城市和数字政府转型、企业管理优化和数字化能力提升等（陈衍泰等，2021）。

数据作为生产要素创造价值的主要机制是商业模式创新。数据本身不能直接创造价值，数据要素也不能直接参与价值分配，分散的数据只有经过收集、加工，并被企业统计、分析、挖掘和开发利用后才能通过商业模式创新创造价值、参与价值分配。其中，企业家精神、数据工程师是关键作用方，而作为数据生产者的消费者则是相对被动的参与方。

数据被多形式、多维度地融合到其他生产要素中，能够大大降低成本，放大生产力乘数，提高全要素生产率，创造出比以往更高的价值。新形势下，大数据融入工业、农业、服务业等传统产业的生产服务中，通过采用专业技术进行挖掘和解析，数据创造了具有乘数效应的再生价值。随着数据对工业、农业、服务业等各个产业的渗透和深度融合，传统产业的发展格局得以升级乃至重塑。

2. 数字技术与产业融合创新

新一代信息技术发展使创新过程脱离了从知识积累、研究到应用的线性链条规律，创新阶段边界逐渐模糊，各阶段相互作用，创新过程逐渐融为一体。数字技术使创新主体之间的知识分享和合作更加高效。多样化的创新主体主动适应数字化技术以创造新产品和新服务，使得数字创新产品和服务具有快速迭代的特征。此外，数字技术形成了产品与组织的松耦合系统，使产品和服务创新更加灵活，组织、协调、沟通成本降低，并且突破了时空界限，带来了组织的去中心化。

数字技术的融合驱动。包括技术、数据、平台、场景等在内的数字经济发展的新要素对传统产业的赋能与创新不仅是产业融合，还会通过产业融合实现从工业经济向数字经济的过渡。数实融合主要包含三个层面：技术、数据、平台和场景与实体经济的生产、消费、流通和分配深度融合，推动传统实体经济转型升级；技术、数据、平台和场景深度融合催生实体经济的新产业、新业态和新模式；传统企业促进平台企业创新、建立良好的平台生态、实现平台企业及其生态内部利益的合理分配，从而促进数字经济规范健康和可持续发展。

数字经济促进企业数字化转型和产业数字化协同升级，产生放大、叠加、倍增效应，推动数字经济和实体经济的高质量融合共生。首先，数字技术促进传统企业实现数字化创新与转型，为跨界融合搭建微观机制。数字技术在扩散应用中与传统技术实现融合创新，推动传统企业和产业实现数字化转型升级。互联网、大数据、人工智能、物联网等新一代数字技术具有无尽连接能力和海量数据汇聚处理能力，数字化连接打破了企业内部、企业与用户、企业与产业链供应链上下游之间的信息壁垒，打破了企业组织内部和外部的边界，促进跨界融合和数字化转型。在企业组织内部，融合应用数字技术提高了协同效率，降低了组织管理成本。在组织外部，数字技术赋能各方的实时联通交互，打通企业与用户、行业间的信息壁垒，降低了交易成本。随着内外部成本降低，企业开始寻求跨界融合，企业形态向网络型、平台型的跨界融合柔性组织转型，形成数字化产业生态圈。①

数字技术在实体经济中的深度融合应用促进产业链全方位重塑与变革。数字技术应用能够优化产业关联，推动产业链形态由链式整合向产业网络协同转变，增强服务业与农业、制造业之间融合发展效能，进而形成数据驱动型产业创新体系。在企业数字化融合微观机制基础上，数字技术融合应用对传统产业链产生了整体赋能和整合效应，重塑产业链内的分工逻辑和运作机制，促进传统产业链组织分工、生产方式、交易模式、价值分配形态等发生根本性变革。数字技术融合成为产业链变革的核心驱动力量，基于物联网技术推动了全流程的数智化转型，基于人工智能技术拓展了供应链的服务边界，基于智慧云平台整合了上下游企业、形成产业生态圈，激发了产业链各环节之间和不同产业链之间的高度协同，提升了产业链技术创新效率，全面提升和拓展了制造业产业链分工效率、生产效率和价值增值空间。在产业链重塑过程中，研发设计、生产制造、运营管理等环节生产服务方式实现转型升级，制造与服务深度融合，制造环节的价值创造能力和战略地位与研发、营销环节逐步趋平，制造与研发设计、运营管理等实现全价值链高度融合，产业链组织演化为围绕核心企业和平台企业的产业链网络和产业生态圈。在这一过程中，数字技术深度融合应用释放数字融合的放大、叠加、倍增效应，实现产业链、创新链、价值链组织重构和能力协同，推动产业数字化、网络化、智能化升级。

产业融合创新是数字经济与实体经济融合创新的主要表现。以人工智能等为代表的数字产业，同三大产业深度融合，促进在创新引领、中高端消费、绿色低碳、共享经济、现代供应链、人力资本服务等领域培育新增长点，在产业升级、产品开发、服务创新等方面形成新优势。

数字技术产业融合应用产生的新产业、新业态、新模式成为发展新引擎。新一代数字技术作为通用技术深度融入实体经济发展，促进制造技术、新能源技术、生物技术、新材料技术等融合创新与迭代，推动产生新动能。数字技术支撑的产业跨界融合，促进产业边界更加模糊，基于需求驱动的服务型制造、基于平台生态的产业互联网、基于柔性制造的大规模定制等全新的融合型产业形态和商业模式成为经济发展的新动能。同时，数字平台组织充分助力发挥融合创新动力和活力，带动培育以“智能+”为特征的

① 邓丽姝．推动数字经济和实体经济深度融合的机制与路径研究［J］．商业经济研究，2023(14)：189-192.

跨界融合型新产品、新业态、新模式，营造了产业创新发展新生态，为构建以数字经济为主要特征的竞争优势提供了新载体。

数字产业的融合赋能促进第一、二、三产业实现数字化转型升级。产业数字化升级和企业数字化转型产生的应用场景优势推动数字技术加速向三个产业融合渗透，形成“互联网+”“人工智能+”“区块链+”等各类产业发展形态，带动产业创新迭代与结构升级。数字核心产业面向制造业、服务业、农业提供数字化、网络化、智能化的基础设施、技术服务和解决方案，发挥协同性、渗透性、创造性作用。新一代数字技术与行业数据、专业知识、业务流程深度融合，形成智慧农业、智能制造、智慧金融、智慧医疗等融合型产业。在此过程中，数字产业底层架构创新迭代能力持续提升，融合产业赋能边界不断拓展、辐射带动作用不断增强，协同推动产业体系基于数字化融合实现质量变革、效率变革、动力变革。

（二）颠覆性创新不断涌现

科技创新是经济发展的根本推动力。纵观工业史，任何产业的发展都离不开技术的变革，但是数字经济与传统产业领域的创新存在巨大的差异。克里斯滕森在传统产业研究的基础上提出了“颠覆性技术”（Disruptive Technologies）的概念。他认为，持续性技术（Sustaining Technologies）是针对市场上主流客户长期关注的性能，对成熟产品性能的改进，而颠覆性技术带来了主流客户所忽视的价值主张。一般来说，颠覆性技术从利基市场[①]或新出现的需求起步，价格更低、性能更好、体积更小，便于客户使用。传统颠覆性技术或颠覆性创新对领先企业形成巨大挑战甚至导致领先企业失败。数字经济发展得益于数字技术的颠覆性创新，塑造了新的时代。传统企业也不断在进行颠覆性技术创新，但创新的频率、影响力和广度都无法与数字经济相比拟。

当前新一轮科技革命和产业变革正在全球范围兴起，数字技术、先进制造技术、新材料技术和生命科技加快成熟和商业化，其中，互联网、移动互联网、云计算、大数据、物联网、人工智能、虚拟现实（增强现实/混合现实）、区块链等数字技术无疑是新科技革命和产业变革的核心驱动技术。与传统产业相比，数字经济的颠覆性创新呈现创新具有如下特点：

（1）创新频率高。传统产业的技术相对比较成熟，技术突变少，新技术多与原有技术存在相似性和演进上的连续性。即使出现颠覆性技术，当其成为行业的主导技术后，也会进入一个持续时间较长的技术稳定期。例如，液晶电视取代阴极射线管电视、智能手机取代功能手机后，电视、手机的技术路线已经保持十余年的稳定，新技术主要是对产品性能的进一步提升。而在数字经济领域，持续不断地有新技术成熟并进入商业化阶段，形成新产品或新的商业模式。

（2）影响大。数字技术或新一代数字技术是典型的通用目的技术。通用目的技术

---

① 利基市场：在较大的细分市场中具有相似兴趣或需求的一群顾客所占有的市场空间。

具有得到广泛应用、进行持续的技术改进、可以在应用领域促进创新等特征。也就是说，通用目的技术具备跨行业和社会范畴的广泛应用能力，它不仅在多个行业中发挥作用，还会在产品形态、业务流程、产业类型、商业模式、生产方式、组织结构、治理机制以及劳资关系等方面引发颠覆性变革。

（3）覆盖范围广。在传统产业，颠覆性创新的发起者大多来自行业内部，它是行业的其他在位者对领导者的挑战。而就数字经济而言，颠覆性创新不仅不由行业内部的在位企业发起，而且竞争的范围已经超越行业的边界，颠覆性创新经常来自产业之外，形成跨界竞争、降维打击的特点。例如，近年来中国移动的短信发送量严重萎缩不是来自其他运营商的竞争，而是由于微信成为更为便捷的日常沟通方式，取代了短信的功能。康师傅方便面销量的萎缩也不是因为其竞争对手占据了更多的市场，而是蓬勃发展的外卖能够方便快捷地满足人们用餐需求。即使一些看起来市场地位牢不可破的行业龙头也由于颠覆性创新的出现而受到较大挑战。例如，大多数人都曾认为，电商市场已经形成阿里巴巴与京东双头垄断的市场格局，但没有料到拼多多另辟蹊径迅速发展壮大。微信的市场地位也曾貌似牢不可破，是用户停留时间最长的 App，但字节跳动以今日头条和抖音两款产品抢走了微信的大量流量。

从总体来看，传统产业技术创新的突变较少，且技术仍然主要延续原有的路线，造成传统产业具有路径依赖的特征。在位企业的领先地位一旦建立就很难被撼动，无论是新企业进入，还是一个新地区要发展，都面临难以跨越的进入壁垒。比如钢铁行业，尽管我国钢铁总产量持续增长，但已经很难有新企业进入，增量市场份额也只是在位企业间的瓜分。相反，数字经济领域颠覆性创新不断涌现，且技术、商业模式的发展方向难以预测，提供相同或相似效用的在位企业在新技术领域并不具备明显优势，甚至由于战略刚性对新的技术变革反应迟钝，因此在数字经济领域无论对于国家、地区还是企业均存在大量“换道超车”的机遇，初创企业总会有机会在某些新产品或新模式创新中取得领先地位，进而发展成为大企业，而后发国家和地区也有机会在新技术、新产品、新模式、新业态所形成的新产业中占有一席之地，甚至取得世界领先地位。

（三）平台经济与超速成长

在数字经济条件下，平台经济成为不同于传统产业的新型生产组织形态。平台是将不同用户聚集在一起的中介和作为用户活动发生的基础设施，是一种基于外部供应商和顾客之间的价值创造互动的商业模式，或者是一种将两个或者更多个相互独立的团体以供应的方式联通起来的商业模式。平台是一种典型的双边市场，一边连接用户，一边连接为用户提供商品或服务的供应商，并成为二者的信息撮合媒介和交易空间。典型的平台如网购领域的天猫、京东以及社交领域的微信。根据供应商的来源和性质不同，平台可以划分为不同的类型。其中，共享经济是近年来发展尤为迅速的一种。共享经济是利用新一代信息技术平台，将个人或企业等组织闲置或未加充分利用的商品、技能、时间、生产设施等资源，以较低的价格甚至免费的方式提供或转让给需要的个人或企业使用的一种新型的资源配置方式。典型的共享经济模式如网约车领域的滴滴出行、优步（Uber），房屋出租领域的小猪短租、Airbnb，知识分享领域的知乎、Quora，技能分享领域的猪八戒，时间分享领域的亚马逊劳务外包平台 Amazon Mechanical Turk（AMT）等。生产力的发展，特别是计算机、云计算的普及，使普通人得以拥有进行生产活动的工具，从而能够摆脱对企业组织及其生产工具的依赖。再加上生活水平提高后，人们希望追求工作时间上的自由，自我雇佣受到越来越多人的青睐，一种持续时间不确定的工作，即“零工经济”开始兴起。零工经济的发展同样需要能够撮合劳动供给方与工作或劳动成果需求方的工作平台。此外，越来越多产品或项目的开发、生产和维护不是企业化运营，而主要通过共同的兴趣爱好把众多分散的个人聚集到一个平台上，形成社会化的生产模式，如开源社区、慕课等。可以说，平台已经成为数字经济领域最常见的一种商业模式和生产组织形态。

在传统经济中，企业将具有所有权或使用权的商品或服务销售给用户，而在平台经济下，平台可以充分调动平台之外的供应商（企业或个人）为平台另一侧的用户提供商品或服务，平台企业自身只需致力于平台这一基础设施的建设。平台企业通过高效运转的平台实现供需双方的对接，其本身并不拥有在平台上所交易的商品或服务。正如 Goodwin 形象的总结：“Uber，世界上最大的出租车公司，不拥有自己的汽车。Facebook，世界上最流行的媒体所有者，却不创造内容。阿里巴巴，最有价值的零售商，却没有自己的存货。Airbnb，世界最大的住所提供商，却没有自己的不动产。”在传统产业中，企业成长主要依赖于自身的资源和能力。即使企业可以通过融资、兼并等活动加快扩张发展的速度，但仍然要受制于企业自身的资源和能力。但资源的积累和能力的形成、发展受到各种各样的限制，且往往需要经历一个较长的时期，造成企业的成长速度有限。但平台企业可以利用外部的个人或企业作为其产品或服务的供应商，而且互联网是没有边界的，只要一根网线相连，无线网络连网线都不用，分布在世界各地的个人或企业都可以成为一个平台的供应商。因此，平台打破了企业自身资源、能力对成长的束缚，平台企业的成长速度要比传统企业快得多，从而数字经济的增长速度要比传统产业快得多。

（四）网络效应与“赢家通吃”

旧的工业经济是由规模经济驱动的，新经济的驱动力量之一是计算机网络。网络效应是数字经济的典型特征。简单地说，就是大网络比小网络更具吸引力。网络效应或网络外部性有三种类型，分别是直接网络效应、间接网络效应和跨边网络效应。直接网络效应是指一种产品或服务的用户数量越多，该产品或服务带给用户的价值越大。比如电话，当只有一个人拥有电话时，电话对用户的价值为零。但拥有电话的人数越多，每一个电话用户能够联系到的人越多，电话对用户的价值就越大。间接网络效应是指一种产品或服务的互补品的数量越多，它能够给用户带来的价值越大。比如计算机操作系统，操作系统本身具有的功能有限，计算机性能的发挥取决于运行于操作系统上的应用软件的多寡，软件越丰富，该操作系统带给用户的价值就越大。跨边网络效应是指平台能够带给一侧用户的价值取决于平台另一侧的用户数量，一侧的用户数量越多，带给另一侧用户的价值越大。比如网约车服务，使用网约车 App 的用户增多意味着有更多的需求，更多的需求可以吸引更多的司机，更多的司机加入会使网约车服务覆盖的地理范围更广，从而形成司机接单更快、用户打车更容易、价格更低，这又会进一步吸引更多的司机和用户，如此网约车 App 实现的价值就会更大。

网络效应用于描述对于一种产品或服务，每增加一名用户都会对该产品的其他用户产生新的价值。当网络效应出现时，产品价值会随着使用人数的增加而增加。信息产品的存在和发展是出于人们对更加高效地收集和传播信息的需求。这种需求的满足程度与所处网络的规模密切相关。当网络中仅有少数用户时，他们不仅需要面对昂贵的运营成本，而且只能与有限数量的人分享信息和经验。随着用户数量的增加，这种不利于规模效益的状况将逐渐改善，所有用户都有可能从网络规模的扩大中获得更大的价值。在这个过程中，网络的价值呈现几何级数式增长，此即网络效应的典型特征。梅特卡夫定律描述了这一经济学现象。

关于网络效应有几点需要注意。

（1）网络效应既可能为正面，也可能为负面。网络拥堵和交通堵塞是典型的负面网络效应。在某一特定时刻选择某一特定网络路径的人越多，该通道就越拥堵，每一个人员的信息交换效用就越低。广告会干扰消费者浏览网页，因此广告商的增加会对读者形成负面网络效应。

（2）网络效应的效果取决于群体类型。例如，一部分人的偏好占主导从而形成时尚和潮流，这对那些偏好与潮流一致的人群会产生正面网络效应，对于其他人群则会产生负面网络效应。

（3）在现实中，平台的用户存在不同群体，不同群体的社会规范和偏好是有差异的。此时，网络的用户不仅关心网络的规模，而且关注网络成员的身份。

（4）由于个体用户对用户数量的信息是不完全的，因此，消费者在购买产品时是基于预期的网络规模进行决策的。

（5）网络效应和网络外部性并不对等。网络效应是网络市场参与者的行为产生的相互影响，似乎与作为市场失灵源头之一的外部性相对等。网络外部性更强调网络中的消费者行为产生的价值溢出效应。

网络效应的存在意味着当企业在具有网络效应的市场中竞争时，如果一家企业的产品或服务能够更快地获得足够数量的用户或供应商，那么正反馈机制就会发生作用：更多的用户或供应商使该平台的价值更大，从而进一步吸引更多的用户或供应商入驻该平台。反之，如果该企业不能够获得足够数量的用户或供应商，负反馈机制就会发生作用，从而使企业在竞争中落败。传统产业进入成熟期后，虽然也会有一些企业市场份额处于领先地位，但整个产业通常会有多家规模相对较大的企业进而形成多家企业共同瓜分市场的垄断竞争格局。就数字经济产业而言，由于网络效应的存在，往往是最早引发正反馈机制的平台成为最终胜利者，而且将会赢得大多数市场份额，即呈现所谓的“赢家通吃”特征。从国家或地区产业发展的角度来看，人口数量大、购买力强意味着具有数量更多的潜在用户，这就为正反馈机制的启动和网络效应的发挥提供了条件。目前，世界上数字经济发展形成了美国与中国两强并立的格局，美国与中国的数字经济规模分居世界第一和第二位。两强并立的数字经济格局与其经济地位和巨大的人口规模是一致的。中国目前是世界第二大经济体，有世界第二大人口规模，网民数增长很快，而且网民的年龄结构相对比较年轻。中国政府长期以来高度重视通信基础设施的建设，移动网络基本覆盖到村，而且连续多年的“提速降费”和智能终端价格下降大幅度提高了互联网的普及率。世界最大的制造业能力和物美价廉的制成品、相对较低的工资水平，为中国数字经济发展提供了丰富的产品和劳动力供给。人口规模优势在中国数字经济的发展中发挥了重要的作用。需要注意的是，“赢家通吃”并不意味着“赢家”的地位无法撼动，如果“赢家”创新乏力或缺少对用户的关注，也可能导致产品吸引力的下降。竞争对手也可以在细分市场进行差异化竞争，或者开发出性能更加优异从而技术功效优势能够抵消因自身用户规模小而带来的“网络效应”弱势的产品。

（五）智能发展与长尾效应

智能发展成体系地改造和提升着工业社会发展方式，呈现出数字化、网络化、智能化的新格局、新面貌，正在取代或提升机械化、自动化、信息化，形成智能发展的崭新方式。工业智能化方向主要包括以下三点。

（1）数字化正在提升信息化，由部门信息化扩展和穿透到企业生产运营各环节。过去的信息多集中在企业各分散部门，虽然对生产系统发挥着一定的信息参考作用，但没有实际融入整个生产系统。而今数字化渗透到产品设计、建模、工艺、维护等全生命周期，贯穿到企业生产、运营、管理、服务等各个环节，延展到供应商、合作伙伴、客户等全价值链，通过点—面—体的渗透，把信息带到生产发展的四面八方，通过数字智能界面无缝连接，实现信息共享，推动资源配置、装备、生产制造、管控、产品、营销、服务数字化。消除了过去信息不对称带来的发展差异，一切将变得更为协调、紧凑、高效。

（2）网络化正在改造原来的生产线，提升和扩展生产发展时空。网络化促进了人与人、物与物、人与物之间更加紧密的联系，所有实质和虚拟的物品都有特定的编码和物理特性，网络化将资源连为一体，使信息储存传递呈现数字化形式，可以无差别地流动，模糊了生产发展中的地域、行业和时间边界，取代了以往发展方式中严格的区域、行业、企业、时间等界限，这种效应还在向企业、客户、产品等生态系统快速蔓延。生产模式从大规模流水线生产转变为规模定制化生产，生产组织将从竞争和垄断转变成为竞合、协同、共享，生产形态将从生产型制造转变成为生产服务型制造。正是如此的网络化和智能化方式变革，极大地刺激了发展，提高了综合效率，促进了同一产业链不同环节的相互协同，促进了产业链与产业链之间、制造产业和服务产业之间的相互赋能，还能改变和调整原有的国际分工合作，形成更高效的价值链、产业链、供应链，保障经济社会的智能发展运行。

（3）智能化在提升工业化，形成改造和超越原来机械化、电气化、自动化的生产发展模式。第四次科技革命及其产业化致力于提高设备的智能、效率和精度，实现单机智能化或通过单机设备的互联而形成智能生产线、智能车间、智能工厂。同时，更加合理和智能地使用设备，通过智能运维实现制造业的价值最大化，体现智能影响的更快速度、更高效率、更佳质量。

智能化发展的实质在于将经验转化为数据、将数据转化为知识、将知识融入自动化系统中，其潜力通过数据信息深度挖掘，迭代而诞生出新业态和新动能。智能化系统一般包括智能生产、智能产品和智能服务三大功能，是覆盖产品全生命周期的创新优化系统。智能制造是智能发展的核心，但是智能发展要超越智能制造，通过数字化、网络化和智能化，延伸到智能交通、智慧城市、智慧农业、智慧医疗等方面，使智能制造与各业态交融集成，形成智能发展的生态系统、智能社会。

长尾效应的具体内容参见第一章第三节。

长尾效应的根本就是强调个性化、客户力量和小利润、大市场。要将市场细分到很细很小，然后就会发现这些细小市场的累计会带来明显的长尾效应。

（六）生态竞争与蒲公英效应

一个国家或地区产业的竞争，是包括整个产业链上下游企业和配套企业、基础设施在内的整个产业生态的竞争。良好的基础设施、完善的上游配套、各种类型的生产性服务企业的聚集，有利于促进产业创新、降低生产成本。其中，大企业在一个地区的落户或形成对当地产业生态的完善具有至关重要的作用，在数字经济领域表现得尤为明显。

（1）大企业会带动大量配套企业的聚集。在高度专业化的现代经济中，大企业一般专注于产业链的关键环节，其他投入要素通常从市场购买，因此随着企业由小到大发展壮大，其周围会聚集一批配套企业。大企业到某个地区进行投资，更会直接将自己的供应商带动过去。

（2）大企业是中小企业生成的母体。大企业拥有众多的业务部门和业务环节，这些部门和环节的发展壮大有可能独立出去成为新的企业。近年来，越来越多的大企业开始鼓励内部创业、进行风险投资，从而带动与其在所有权上具有紧密联系的中小企业的发展。大企业在技术、管理、供应链、渠道等方面都具有优势，能够培养大量的科技和管理人才，其中一些高管成为投资人，一些人才离职主动创新创业。而数字经济具有平台经济、分享经济，快速成长网络效应、蒲公英效应、赢家通吃等生态效应，这些都会促进中小企业的大量形成。数字经济领域的颠覆性创新层出不穷，许多新领域的创业者来自大型互联网公司。

（3）大型平台企业为中小企业搭建了成长生态。为了建立用户基础、实现“赢家通吃”，平台型企业本身需要吸引供应商为平台另一侧的用户提供服务，因此大型平台企业会支持互补品供应商发展，而平台作为一种基础设施也能够降低中小企业的进入门槛。

（4）已有的数字经济企业会孕育新技术、新产业。数字经济领军企业为了更好地发展现有业务或更好地支撑生态企业的发展，具有采用新技术的内在动力，新技术与它们既有的优势相结合还可能产生化学反应，形成具有巨大成长潜力的新产业。例如，亚马逊、阿里巴巴将它们冗余的计算、存储能力外销，带动了云计算产业的发展。人工智能成为大型互联网公司必不可少的基础技术。

蒲公英效应是数字经济发展的核心特征之一。仙童半导体公司（Fairchild Semiconductor）无论是在硅谷历史上还是半导体产业发展史上都是一家举足轻重的公司。硅谷有 92 家公司可以直接追溯到 1957 年成立的仙童半导体公司，前仙童员工创立或由前仙童员工成立的公司参股、投资的仙童“校友”公司高达 2 000 多家，Instagram、Nest、YouTube 等公司都与仙童半导体公司渊源颇深。史蒂夫・乔布斯曾这样形容仙童半导体公司：“仙童半导体公司就像个成熟了的蒲公英，你一吹它，这种创业精神的种子就随风四处飘扬了。”互联网产业发展早期出现的在线支付工具贝宝（PayPal）的早期成员后来创立了包括电动汽车后起之秀特斯拉、最大的视频网站油管、最大的求职网站领英等在内的数十家公司。同样在中国，也出现了数字经济公司扎堆聚集的现象，这些公司许多都与早期的互联网公司或现在的互联网巨头有着千丝万缕的联系，正如蒲公英一样，把数字经济发展的种子撒播下去，收获一片绿色的田园。

三、数字经济的创新发展特征

中国已进入新发展阶段，正在按照新发展理念加快构建以国内大循环为主体、国内国际双循环相互促进的新发展格局。这是在中美贸易摩擦和后疫情时代的国际背景下，中国对原有国民经济发展战略的重大调整，是关系我国发展全局的一场深刻变革，必将对各行各业发展产生深远的影响。

新发展格局为数字经济带来了重要的发展机遇，而数字经济创新则是新发展格局构建的战略性力量。通过夯实战略底座、推动万物互联、践行数实共生和厚植产业生态这四大战略要点的实施，数字经济可以助力中国经济实现更高质量、更有效率、更加公平、更可持续、更为安全的发展，以及国家数字竞争创新力的提升。

（一）新基建：数字经济创新的基础设施

新发展格局下数字经济创新发展的战略底座是新型基础设施建设（简称“新基建”），而新型基础设施的核心内容是云计算。当然，还有 5G 基站等。本书以云计算为例阐述新基建的创新发展特征。云计算是驱动各行各业数字化转型升级和塑造未来经济形态的智能引擎，对于解决我国发展不平衡不充分问题、培育完整内需体系、增强产业链供应链自主可控性和实现经济高质量发展均具有战略价值。随着国家“上云、用数、赋智”战略的深入开展，一幅以“用云量”为水墨泼绘出来的生机盎然的云端经济巨制画卷正在徐徐展开，轮廓要点清晰可见，形态细节呼之欲出。

云计算厂商提供的云服务具有软硬解耦、计算资源虚拟化、分布式海量数据存储、云平台管理等核心能力，大致可分为 IaaS（基础设施即服务）、PaaS（平台即服务）和 SaaS（软件即服务）三个层面，从底层到应用完整搭建了未来数字经济的战略底座和“四梁八柱”。在 IaaS 和 PaaS 层面，从 VMM、OpenStack、裸金属服务器等传统虚拟机，到 Docker、K8s 等容器技术，再到 FaaS（函数即服务）、BaaS（后端即服务）等无服务器架构，以及近年来风靡一时的 DevOps（开发运维一体化）、CI/CD（持续集成、持续交付）、微服务、敏捷基础设施等云原生技术，不断迭代的云计算架构促使新商业形态正在以加速度向纵深发展。特别是在 SaaS 层面，美国已经走在前面，作为全球 SaaS 行业标杆的 Salesforce 公司市值已高达 2 000 亿美元左右，充分展现了 SaaS 领域广阔的市场空间。中国 SaaS 领域的企业付费意愿提高和订阅模式习惯培养还需要一段时间，市场格局高度分散，细分市场机会各异，在客户关系管理、协同办公、供应链管理等通用 SaaS 领域有望率先涌现一批独角兽企业。

新冠疫情影响广泛深远，世界进入动荡变革期，国际政治经济的不稳定性、不确定性明显增加，这些因素均对新发展格局下经济系统的韧性提出了更高要求，线上协同办公、远程诊疗、在线课堂、云会展、云签约、零工经济等商业形态蓬勃发展。云计算的快速部署、弹性产能、支持高并发、快速迭代和技术中台等特征赋予了云端经济灵活性和韧性，在强化产业链深度协同、人机协同、柔性制造、全链路智能排产、供应链弹性和敏捷管理等方面均具有显著的战略优势，有助于推动供给侧结构性改革，进一步激发我国的产业规模优势、配套优势和部分领域先发优势，增强主动识变、应变能力和抵御风险冲击的能力。比如在疫情期间，随着用户数激增，腾讯会议 8 天扩容超百万核的计算资源，这在传统经济模式下是完全无法想象的。

在党的十八届五中全会上，习近平同志系统论述了“创新、协调、绿色、开放、共享”五大发展理念，创新位居五大新发展理念之首。创新驱动发展战略处于新发展格局的核心位置。基于 PaaS 和 SaaS 平台的低代码乃至无代码开发和 API 经济等特征则为新发展格局注入了创新的巨大动能，有助于加快推进我国产业向全球产业链高端延伸，实现产业基础高级化、产业链现代化，提升制造业创新力、经济活力和全球竞争力。比如，在云开发低码平台 Low Code 上，烦琐的底层架构和基础设施被抽象化为图形界面，开发者可以通过行业化模板、拖放式组件和可视化配置快速构建出小程序、H5、Web 等多端应用。一个非常典型的案例是：广东省政府的粤省事小程序要开发一个“贫困认证”功能，使用 Low Code 可以将代码行数从 2 000 多行减少到 61 行，文件个数从 42 个缩减为 1 个，交付效率提升了至少 5 倍，显著降低了创新的门槛。在药物研发云平台“云深智药”上进行的对抗新冠病毒药物的虚拟筛选和性质预测，通过深度学习模型可以实现大海捞针，即从数亿的小分子“海洋”中捞出能够命中“靶点”的那根“针”，并预测出蛋白质结构和功能，极大地加速了新药研发进程。

（二）万物互联：数字经济创新的神经网络

构建新发展格局关键在于加速畅通国内经济大循环和国内国际双循环，数字经济和数字技术在这方面有其天然的优势。数字经济的特点是始终围绕数据这个核心生产要素的感知、采集、传输、存储、计算、分析和应用进行技术经济活动和资源配置，因此建立类似神经网络一样的广泛连接和迅捷触达能力是数字经济高效运转和创造价值的基本前提，对于打通堵点、消除梗阻、建设统一大市场和畅通双循环具有极为重要的意义。比如，微信作为国民级社交产品，已经连接了超 12 亿用户，是加速经济循环的重要力量。以微信小程序为核心纽带，近年来悄然形成了一个非常有活力的小程序经济圈，交易覆盖超过 200 个细分行业，从业者超过 500 万人，交易额达到万亿元级别，通过连接来促进经济循环的价值由此可见一斑，其应用场景遍布社会各个领域。

数字经济万物互联的最佳实践是搭建“云、边、管、端”一体化协同架构，主要包括 PaaS 等云计算平台、贴近终端的边缘计算节点、以无线为主的网络连接、芯片和传感器等终端设备，以及应用其中的无穷无尽的商业场景。随着具有高速率、广连接和高可靠能力优势的 5G、Cat. 1 等蜂窝通信技术商用进程加快和全真互联网雏形初现，万物互联正从产业蓄势阶段转向快速增长阶段，信息和生产要素在人与人、物与物、人与物、用户与产业、需求与供给之间加速流动。通过连接数的倍增、市场规模的扩大和应用场景的拓展，商业主体可以摊薄数据存储和计算以及硬件的成本，并通过智能分析来重构商业流程和赢利模式。

智能家居产品、智慧物流和共享单车是最早一批进入规模化落地阶段的物联网应用场景，车联网和智能制造是下一步最有潜力的两大领域。车联网目前主要还仅聚焦在车载信息服务方面，未来将会重点朝车路协同、智慧交通等方向发力，汽车有望成为一个高度智能化的办公、消费和生活娱乐的移动空间。工业制造领域的互联互通存在现场环境复杂、异质化程度高、行业门槛高、设备成本高等困难，当下仍处于标杆打造阶段，迫切需要通过探索“云量贷”、建设 5G 全连接工厂、提升异构工业网络互通能力等多种方式，推动工业设备和业务系统上云、上平台，接入未来的智能世界。

乡村连接是新发展格局下数字化生产力释放和数字经济发展的广阔蓝海，也是全面推进乡村振兴的基础工作。当前最重要的是需要充分利用智能设备、移动互联网、物联网、遥感、无人机等技术，空、地一体化采集农业农村数据，同时加快农机装备数字化发展进程，形成覆盖种植、加工、流通、消费、成本、价格等各环节的实时、动态全产业链数据采集和分析体系。在实现连接的基础上，进一步搭建基于机器学习等算法驱动的农产品生产加工环境模拟仿真和病虫害监测预警系统，农田建设综合监测监管平台，育种、化肥、农药等生产资料数字化服务平台，农产品市场交易平台和产地追溯管理平台，推动数字乡村建设从单点探索迈向系统突破。

（三）数实共生：数字经济创新的主渠道

新发展格局需要巩固壮大实体经济根基，推进产业基础高级化和产业链现代化。数字经济在统计上主要归于服务业，但因其通用目的技术特征，实际上与各个传统的实体经济领域都在产生丰富的化学反应，使得不同企业、不同业态、不同市场之间的边界都在发生变化，从而不断推动产业创新。未来的经济形态一定是数字技术和实体经济深度融合、不分彼此的数实共生模式，这也是新发展格局下数字经济创造价值的主渠道。

数实共生模式探索的重心在工业领域，“纲”是行业领军企业核心业务系统的云化改造，纲举目张，可以带动整个产业链的上下游配套企业跟随进行云端迁移，从而推动整个行业领域朝着数字化、网络化、智能化、服务化和绿色化的方向转型升级，助力传统工业领域实现提质、增效、降本、绿色和安全发展。比如，在拥有高精度地图、虚拟现实、游戏引擎等技术的数字仿真环境中，无人驾驶车辆制造企业可以在一天之内完成1 000 万公里的测试，而同样的测试如果在线下进行的话则需要花费数年时间。这很好地诠释了数实共生的价值。

全球能源结构正在从不可再生能源向太阳能、风能等清洁可再生能源转变，能源供给方式从传统能源向数字化转变。碳中和是我国新发展阶段、新发展格局构建过程中的重要目标之一。在碳中和战略体系下，基于云计算、大数据和人工智能的智慧能源有助于推动我国传统能源系统的加速改造和能源结构优化升级。2021 年 1 月，腾讯宣布启动制定碳中和规划策略和路线图，成为首批启动碳中和规划的互联网企业之一。水利部黄河水利委员会利用物联网、智能感知等技术能力建立的新型智慧水利物联感知平台，可以全时、全域、全量采集黄河数据，为水资源利用、污染防控决策管理提供了重要数据支撑。

在生产、分配、流通、消费构成的经济循环中，消费是终点也是新的起点，是促进国内国际双循环的重要抓手。2015 年以来，最终消费对我国经济增长贡献率稳定在60%左右，消费已成为经济增长的主要驱动力。因此，新发展格局需要特别注重需求侧管理，而数实共生模式有助于实现超大规模市场与完整现代工业体系的精准对接与实时协同，一方面促进新型消费扩容提质和现代服务业发展；另一方面打通堵点，补齐短板，形成需求牵引供给、供给创造需求的更高水平动态平衡。比如，智能制造 WeMake 生态联盟面向工业制造的全生命周期，聚焦工业制造研、产、供、销、服五大环节，提供了数字工厂、智能生产管理、设备智能和智慧营销等一整套工业数据智能解决方案，在空客、商飞和华星光电等企业都是标杆性案例。

乡村振兴是构建新发展格局、推动高质量发展的重要组成部分，而数字乡村建设是乡村振兴的核心战略方向。数字乡村建设的最优路径同样是数实共生，首要任务是补齐农业农村网络发展短板，加快云计算、物联网、卫星遥感监测系统等泛在、高效、安全的信息基础设施建设，以及传统基础设施，特别是农村路网和农村末端物流网的云端数字化改造，弥合城乡“用云量”差距。在此基础上，需要进一步推动农业生产经营的上云、上平台和数字化转型，通过数字技术提高农业生产经营的规模化、标准化水平，提升农业生产能力、管理水平、生产效益和资源利用效率，从而助力中国经济健康绿色可持续发展、消费增长、城乡融合和乡村治理水平提升。

（四）产业森林：数字经济创新的生态密码

新发展格局下数字经济创新需要遵循互联网行业的底层商业逻辑和核心生态密码，破除零和博弈的窄平台，搭建共生共赢的宽平台，以开放共建的平台思维去共同打造具有持续竞争力的云端智能经济集群。行业领先者需要当好连接器、工具箱和生态共建者角色，基于云计算平台去搭建应用生态系统，推动各行业、各领域资源重组、分工协作与融合创新，催生出一个枝繁叶茂的产业森林和数字生态共同体。比如，在腾讯产业生态体系中，有超过 8 000 家合作伙伴一起去帮助传统领域进行数字化转型升级。在长沙“城市超级大脑”项目建设中，腾讯和东华软件、明珞科技等数十家生态合作伙伴共同搭建智慧城市平台，合力完成了 98 套业务系统的整合接入，上线了 500 项政务服务，让市民可以一站式获取便民服务。该方面在后续章节中会有更具体的描述（吴绪亮，2021）。

新发展阶段的底线要求是安全发展，要坚持总体国家安全观，把安全发展贯穿国家发展各领域和全过程。数字生态共同体建设尤其需要统筹发展和安全，壮大技术产业创新生态，增强安全保障能力。产业互联网的发展使安全问题呈现出系统性和全球性的新特点，安全的内涵在安全导向、攻击主体、防护范围、安全策略等方面都发生了根本性变化。杀毒软件、防火墙、入侵检测系统等传统的外生防护技术已经无法满足复杂数字生态系统对安全的需求，未来企业需要在数字化解决方案制定的时候就内生嵌入安全技术，以身份认证为中心的零信任架构日益成为趋势，云化与智能化成为安全技术创新的重要方向，上云成为应对未来安全问题的最优解。

数字生态共同体建设需要完善宏观经济治理、加强和创新社会治理，积极协商构建中国乃至全球数字化治理规则，实现发展与治理的有机平衡。经过初步探索，我国现阶段在数字政府和智慧城市建设方面取得了显著成效，城市治理和公共服务的数字化、智能化水平有了明显提升，在疫情防控和复工复产等方面展现了巨大价值。下一步需要将这种示范效应和经验扩散到乡村数字化治理层面，逐步提升乡村治理和公共服务能力。重点是基于智慧城市进行战略延伸，推动数字乡村和智慧城市协同发展，通过资源共享、经济联动和技术扩散等方式推动资金、人才和技术知识等生产要素在城乡之间加速流转，实现数字城乡融合发展。此外，还需要搭建面向农业生产者、经营者、消费者和公共服务者的在线公共服务平台、乡村基础支付服务和普惠金融服务平台、乡村智慧旅游服务平台，以及借助云平台开展农产品线上产销对接和供需协同等服务。

新发展格局下数字生态共同体建设必须做到守正与创新的辩证统一。守正创新的核心逻辑是经济学中的外部性理论，即某个经济主体对另一经济主体产生的外部影响，且这种影响无法通过自发的市场交易机制进行补偿。数字经济守正创新的逻辑体现在负外部性和正外部性两个方面，前者需要增强风险意识和底线思维，不能以社会风险为代价来寻求企业发展，而后者则强调需要企业在发展过程中强化社会责任意识和正向价值，将企业增长与社会创新、社会发展和社会总福利深度关联起来。将“科技向善”理念与企业的每一项经营决策深度关联起来，唯此才能行稳致远，让数字经济和数字技术为社会、为国家、为人类做出更大的增量贡献。

思考题

1. 数字经济的生产要素是什么？与传统工业经济的差异是什么？对企业产生的变革是什么？

2. 数字生产力和数字经济生产关系的基本特征是什么？与传统工业经济的差异是什么？对经济产生的变革是什么？

3. 数字经济发展的规律是怎样的？有什么基本特征？数字经济创新发展的要点是什么？

即测即评

主要参考文献

[1] 杨波，杨亚西．数字经济学：理论与应用［M］. 北京：社会科学文献出版社，2023.

[2] 肖旭，戚聿东，数字经济概论［M］. 北京：中国人民大学出版社，2022.

[3] 戚聿东．数字经济时代企业管理研究新议题［J］. 阅江学刊，2022，14（05）：109-113+174.

[4] 陈衍泰，许正中，谢在阳．数字经济发展背景下数据要素参与分配的机制研究——以浙江为例［J］. 清华管理评论，2021（11）：92-98.

[5] 吴绪亮，新发展格局下数字经济创新的战略要点［J］. 清华管理评论，2021（03）：98-103.

[6] 杜雨轩，胡左浩．数字化驱动加速国际化之道：以 SHEIN 为例［J］. 清华管理评论，2024，（Z1）：110-118.

第三章

数字技术发展与经济赋能

【课程导入】

广东向“新”力：数字浪潮向前，广东智造崛起

广东，拥有近300万家工业企业的“世界工厂”，正在不断加速推进数字化转型，推动经济高质量发展，促进数字技术与实体经济深度融合，赋能传统产业转型升级，深刻践行“十四五”规划中数字中国建设的重要内容。数字变革正在广东这个制造大省演绎着一个个生动的故事，新发展格局下的中国工业4.0模式在这里展开生动的探索。龙头企业洞见趋势率先数字化转型，中小企业紧跟大潮“上云、上平台”。广东的数字经济浪潮势不可挡、滚滚向前，传统产业“智”造加速崛起。

（一）大象起舞：龙头企业率先开启全面数字化转型

美的厨热洗碗机顺德工厂，门口即有显示数字孪生工厂全景图的巨型屏幕，屏幕上关于洗碗机的生产数据实时更新、一目了然。在总装车间的生产线上，视觉自动识别摄像头实时记录生产制造过程中20多道工序的动作节奏。一旦某个工序的时长与既定数据发生偏差，机器会自动停止，并第一时间将偏差情况反馈给相关负责人。这家工厂，也成了美的第5家获得“灯塔工厂”荣誉的数字化工厂。

目前，该工厂是全球第一大洗碗机生产基地，年产量达600万台，产品销往全球145个国家和地区。工厂的机器人保有量达到700台，通过工业互联网实现智能互联。

（二）集群成势：给传统产业安装上“数字大脑”

汕头市永嘉发实业有限公司（简称“永嘉发”）生产车间内，数百台纬编机同时作业。每台纬编机上都连接了致景科技的“飞梭智纺”数字化系统，该系统可以将车间生产数据实时同步到公司计算机。

永嘉发成立于1995年，位于有“中国针织内衣名镇”之称的谷饶镇。2019年，公司负责人敏锐洞察到，依靠人工经验进行事务决策的管理方式已然落后，工厂数字化转型升级已迫在眉睫，于是公司开始探索传统织布工艺实现数智化生产。随后，永嘉发与致景科技（广州致景信息科技有限公司）开展深度合作，后者是专门为纺织服装行业提供全产业链数字化升级的企业。跟随着数字化转型的大潮，永嘉发抓住机遇，迅速发展成为一家集专业织造、染整以及门市成品销售于一体的智能生产服务型企业。

数字化系统覆盖了纺织产业的上、中、下游，可以对全产业链的中小企业进行快速复制。在纺织行业中，通过数字化系统建设，上游可以为纺织企业提供生产经营数智化解决方案。在中游可以通过系统连接一批中小服装制造厂，解决“找布难”行业痛点。在下游聚焦制造实现柔性化生产。

借助数字化转型，短短3年间，永嘉发这家老牌纺织企业生产效率提升了30%。从手摇织布到机械纺织，再到数字针织机，古老的纺织产业在数字浪潮中焕发勃勃生机。

无独有偶。在被誉为“中国纺织名镇”的佛山市禅城区张槎镇，纺织企业通过数字化转型升级已形成研发、设计、生产、商贸、展销、物流等产业集群。在张槎镇，越来越多的上下游企业通过数字化系统连接在一起。企业管理层只需要通过手机就可以查看原料、物流的进度。

当前，广东在全国率先开展产业集群数字化转型：在揭阳中德金属生态城园区中央工厂内，生产车间中的注塑生产机器实现全自动运转。在佛山北滘镇小家电企业，生产设备基于互联网信息实现了实时更新。在东莞松山湖电子信息产业园区，智能生产线搭载了华为工业互联网平台……目前，广东累计推动超过65万家中小企业“上云、上平台”。

从广东省的数字经济发展与制造业数字化转型中可以洞察当今世界已经进入数字经济时代，由人工智能、互联网、大数据、云计算、区块链牵引的新一代数字技术已成为构建数字经济骨骼和肌肉的最重要部分，并且深刻地影响着数字经济的灵魂部分——数字经济价值创造。面对这百年未有之大变局新态势，不能以割裂、孤立、局部和静态的眼光来看待数字技术，要深刻地认识到数字经济中数字技术基础的重要性、交叉性、关联性和快速发展特性。

资料来源：广东省人民政府网站。

本章将采用系统的、变化的、前瞻的视角去剖析数字经济背后的数字技术底层逻辑，让读者能够更好地把握数字经济时代的技术演进逻辑，进而洞察数字技术不断发展背景下数字经济的全景。

第一节 人工智能

一、技术演进

（一）发展历程

1. 人工智能诞生

1950年，艾伦·麦席森·图灵提出了图灵测试，目的是测试机器人是否能表现出与人等价或无法区分的智能，形象地提出人工智能应该达到的智能标准，自此机器是否产生智能这一问题引发思考。1956 年，约翰·麦卡锡、马文·闵斯基、克劳德·香农等学者聚集在达特茅斯大学召开了一次为期两个多月的学术研讨会，会议上探讨了关于机器模拟智能的一系列问题，正式提出了人工智能这一概念，标志着人工智能学科诞生。此次会议也被认为是人工智能研究的开端。1958 年，约翰·麦卡锡在一篇关于机器学习的论文中首次使用人工智能这一术语，标志着人工智能术语的正式确立。

人工智能（Artificial Intelligence，AI）是研究开发能够模拟、延伸和扩展人类智能的理论、方法、技术及应用系统的一门技术科学。历经了 60 余年的发展，有三次发展高峰与两次发展寒冬，如图 3-1 所示。

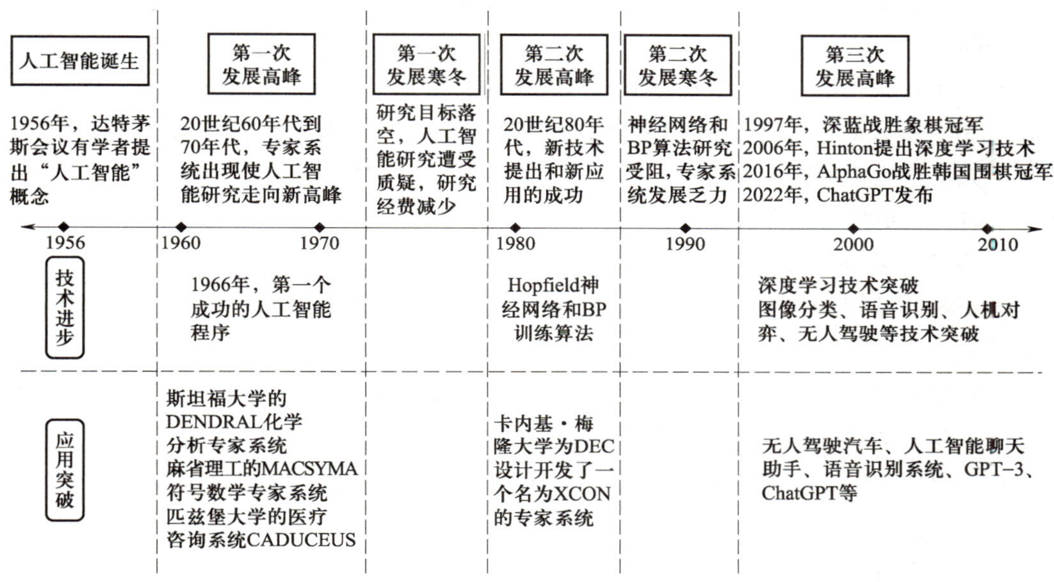

图 3-1　人工智能发展历程

2. 第一次发展高峰

人工智能发展初期的成果突破使人们开始探索人工智能发展的新可能。1966 年，麦卡锡在一次会议上提出人工智能研究目标：构建出能够完成与人类智能相同或相近任务的计算机系统。随着这一研究目标的提出，学者们取得了一系列令人瞩目的研究成果，如 1966 年约瑟夫·韦兹巴姆开发了一种能够进行语言交互的计算机程序，被认为是第一个成功的人工智能程序，其他成果还有机器定理证明、跳棋程序、通用问题求解程序等。20 世纪 60 年代到 70 年代，专家系统的出现更是令人工智能研究走向了新高潮，使人工智能的研究从理论走向了实际应用，如斯坦福大学的 DENDRAL 化学分析专家系统、麻省理工的 MACSYMA 符号数学专家系统、匹兹堡大学的医疗咨询系统 CADUCEUS 等，专家系统在化学、数学、医疗等领域得到应用，推动了人工智能的进一步发展。

3. 第一次发展寒冬

在人工智能的发展备受瞩目的同时开始陷入发展瓶颈。人们发现增强学习、感知器等只能在狭窄的范围内完成任务，并且由于研究问题的复杂与不切实际、数据量缺失、算力条件不足等限制，许多人工智能的应用无法实现，常常导致预期目标的落空。人工智能的研究遭受到了质疑和批评，发展放缓，研究经费减少或转移到其他项目中，在 1974 年到 1980 年期间陷入了一个低谷期。

4. 第二次发展高峰

到 20 世纪 80 年代，人工智能的发展再次进入发展的新高峰。Hopfield 神经网络和 BP（Back Propagation）训练算法的提出使人工智能研究再次兴起。面向特定领域设计的专家系统也在商业上得到成功应用，人工智能迎来了新一轮发展。1980 年，卡内基・梅隆大学为数字设备公司设计开发了一个名为 XCON 的专家系统，每年可以为该公司节省 4 000 万美元。专家系统及其工具越来越商品化，出现了如 Symbolics、Lisp Machine、Aion 等硬软件公司。到 90 年代，计算机发展走向小型化、并行化、网络化和智能化，人工智能技术逐渐与数据库、多媒体等主流技术融合应用，旨在使计算机更聪明、更有效、更接近人类智能。

5. 第二次发展寒冬

从 1987 年到 1993 年，人工智能的发展再次进入发展的寒冬期。一方面神经网络的研究受阻，人工神经网络的设计一直缺少相应的严格的数学理论支持，BP 算法也被指出存在梯度消失等问题，无法进行有效学习，连最基本的一些数学问题都解决不了。另一方面，专家系统也暴露出应用领域狭窄、知识获取困难等问题，发展乏力。并且现代台式机的出现远远比专家系统所使用的 Symbolics 和 Lisp 等机器更加经济实惠。因此专家系统不再备受追捧，人工智能的发展再次遭遇瓶颈。

6. 第三次发展高峰

1997 年，IBM 的计算机深蓝战胜国际象棋世界冠军卡斯帕罗夫，引发了人们对人工智能的新讨论。这是人工智能发展历程中的一个重要里程碑，表明了计算机能够在某些领域超越人类。2006 年，Hinton 提出深度学习技术，深度学习领域取得突破，让人们再一次看到人工智能发展的新可能。在这一阶段，人们对人工智能的认识更加理性深入，人工智能进入平稳发展时期，为后来人工智能发展的新高峰奠定了坚实基础。

2010 年后，深度学习技术快速发展，在大数据、云计算、物联网等信息技术的推动下，人工智能迎来了爆发式增长的新高潮，实现了图像分类、语音识别、知识问答、人机对弈、无人驾驶等人工智能技术的新突破。2010 年，谷歌无人驾驶汽车创下超过 16 万公里无事故的纪录。2011 年，IBM Watson 赢得电视智力竞赛冠军，标志着人工智能在自然语言处理领域的重大突破。2014 年，百度发布 Deep Speech 语音识别系统，展现了深度学习算法在语音和视觉识别领域取得突破性进展。2016 年，谷歌的 AlphaGo 战胜韩国围棋冠军李世石，引发广泛关注，表明了人工智能有在复杂游戏领域超越人类的能力。2020 年，由 OpenAI 开发的人工智能 GPT-3 问世，其具有出色的语言生成能力，可以进行文本对话、写作和翻译，引发了对人工智能创造力和语义理解的讨论。2022年，ChatGPT 发布，作为一款聊天、写作机器人，短短两个月其用户数就已过亿，人工智能展现出无限的发展潜力。

（二）发展趋势

随着数字经济发展逐渐步入成熟阶段，中国和一些发达国家的数字经济已经实现从追求规模和速度的增长到注重质量和效率的转型。数字经济发展呈现出以下特征：一是传统行业互联网化。体现为生活服务的各个方面都可以用移动互联网来解决，即由线下转为线上模式，如零售业、打车服务、外卖服务等。二是基于互联网的商业模式创新不断涌现，共享出行模式、网络直播模式的崛起等为中国数字经济的发展注入了新动力。

成熟阶段的数字经济需要更为强大的技术基础作为支撑。人工智能技术作为数字经济发展的重要技术基础，逐渐成为企业和政府的核心战略。人工智能技术快速发展，其数据和算力资源日益丰富、应用场景不断拓展，发挥出更重要和更全面的作用。

1. 数字经济的新发展阶段对人工智能技术提出的新要求

（1）更全面的场景应用。以中国为例，根据中央对人工智能技术发展的决策部署，中国为了推动人工智能技术更高水平的应用，需要加强对场景创新的认识，着力打造人工智能的重大场景。围绕这个目标，形成了四个关于人工智能技术场景应用的方向。第一，以促进智能经济高端高效发展为目标，鼓励在制造、农业、物流、金融、商务、家居等重点行业深入挖掘人工智能技术应用。第二，以构建智能社会为目标，以更智能的城市、更贴心的社会为导向，在城市管理、交通治理、生态环保、医疗健康、教育、养老等领域持续挖掘人工智能应用机会。第三，以进行高水平科研活动为目标，推动人工智能技术成为解决数学、化学、地学、材料、生物和空间科学等领域的重大科学问题的新范式。第四，以拓展人工智能在国家重大活动中的应用场景和在重大工程项目中提升建设效率为目标，在亚运会、全运会、进博会、服贸会等重大活动和重要会议中进行人工智能技术和产品应用测试与验证，拓展人工智能应用。鼓励在战略骨干通道、高速铁路、港航设施、现代化机场建设等重大建设工程中运用人工智能技术，提升重大工程建设效率。

（2）更智能的人机协同决策。一方面，数据资源成为数字经济时代的关键生产要素，基于数据的分析决策是必不可少的。这要求人工智能技术的数据分析和处理能力更加智能，能够进行更加准确和可靠的决策。另一方面，相对于管理者依据经验做决策，或者只依靠机器做决策，人与机器的协同在数字经济时代可以更好地帮助实现业务目标。因此要求人与机器之间建立更加有效的交互和协作，高效地进行人机之间的协同决策，更好地应对各种复杂应用场景和满足各种业务需求。

（3）更精准高效的数据分析和响应。作为数据驱动的数字经济时代，数据的处理和应用是其发展的基石。随着数据的规模增加和复杂性的提高，人工智能技术的数据分析和响应需要更加高效和精准。当前，各行各业竞争激烈，要求企业能够快速应对商业需求的灵活变化和提高价值链各环节的响应效率。因此，人工智能要能够进行更精准高效的数据分析和响应。

2. 人工智能技术发展及主要突破方向

数字经济的发展需要高技术水平作为支撑。在这一发展过程中，人工智能技术在不断地发展中逐渐优化原有的技术能力，新技术和应用不断涌现，也给数字经济的发展带来更多的可能。近年来，人工智能在很多产业发展的各个环节发挥着重要作用，从设计到生产、从管理到营销，人工智能技术的应用深入到价值链的每一个环节，并且深度涉入交通、制造、能源等行业，在不断更新的应用需求下，人工智能技术在深度学习、强化学习、自然语言处理技术、计算机视觉技术等领域不断演化提升。

（1）深度学习。深度学习是一种机器学习的方法。通过建立深层神经网络，模拟和学习人脑的神经连接和信息处理机制。深度学习技术具有处理大规模数据、自动特征学习、分层表示和学习、非线性建模能力以及并行计算和可扩展性等重要特点，在特征识别、分类、预测等重要任务中取得出色的表现，是支持图像、语音、文字等多模态数据处理的重要技术，有力推动了人机智能交流、自动驾驶、智慧医疗、AI 影音、元宇宙等应用领域的发展。

（2）强化学习。强化学习是机器学习的一个分支，是人工智能领域的关键技术之一，旨在让智能系统通过与环境的交互学习提高自身的决策能力。与监督学习不同，强化学习的训练数据没有标签，而是通过奖励信号来指导学习过程。其核心是智能系统与环境之间的交互过程，在每个交互步骤中，智能系统观察当前环境的状态，根据当前状态采取特定的动作，然后接收来自环境的奖励或惩罚信号，并进入下一个状态。其目标是通过学习找到一种最优的策略，使得长期累积的奖励值最大化。近年来，强化学习算法不断改进，如 AlphaGo 和 OpenAI 的 Dota 2 AI 等在游戏中展示了引人注目的技能。

（3）自然语言处理技术。自然语言处理技术是指让计算机能够理解和处理人类自然语言的技术，尤其以 BERT 模型为代表的编码解码模型和以 ChatGPT 模型为代表的生成模型取得显著进展。近年来，在预训练模型的推动下，语言理解、机器翻译、文本生成、情感分析、问答系统等 NLP 任务取得了重要的进展，并且在社交媒体分析、智能客服、智能助手、文本挖掘、舆情监测、信息检索等领域得到了广泛应用。

（4）计算机视觉技术。计算机视觉技术是指让机器完成图像分割、图像理解与描述、目标检测与识别、特征处理和提取等任务。深度学习的发展和应用使得计算机视觉技术能够更好地识别图像特征，推动了计算机视觉在人脸识别、自动驾驶、工业检测等领域的广泛应用。

二、技术形态与应用

从图灵测试以来，人工智能就引起了人们的广泛关注。从深蓝打败国际象棋冠军卡斯帕罗夫，到 AlphaGo 相继击败人类顶尖围棋棋手李世石、柯洁，再到生成式大模型

ChatGPT 的横空出世，人工智能创造了一个又一个的不可能，不断刷新人们的认知，并且飞速融入产业中，成为促进数字经济发展的重要颠覆性技术之一。因此，分析理解数字经济时代的人工智能技术形态与特点对人们理解把握数字经济下的人工智能底层逻辑具有重要意义。具体而言，人工智能技术发展到今天，模型数以万计，技术千变万化，形态多姿多彩。如果只是从一个具体的模型去认识人工智能，或试图在此基础上洞察数字经济下的人工智能底层逻辑都可能挂一漏万。因此必须全面、系统地了解人工智能技术的经济性基础。

（一）简单应用

线性模型是人工智能领域多种算法的基础模型。线性模型分为线性回归模型与线性分类模型两种。就线性回归模型而言，其本体假设是对于时空中的匀速直线运动轨迹的预演，它基于已观测到的历史轨迹数据对这一匀速直线运动的未来演变规律进行预测，采用了 $Y=wX+b$ 的基本范式（其中 Y 是输出，w 是权重，X 是输入，b 是偏差），并且使用了最小二乘法等迭代推演方式来进行模型参数的优化求解。线性回归模型采用模型求解后的预测轨迹与真实轨迹之间的距离差作为模型演进的优化目标函数，其距离不仅可以是欧氏距离，还可以是马氏距离以及非欧距离等诸多距离的度量方式。在本体假设之外，线性回归模型还考虑了外部受力变化的非匀速直线运动等方式，采用了 $Y=G(wX+b)$ 的变化范式，G 可以是一个非线性函数。当引入 G 以后，线性模型就具有更强的适应性与变化。考虑到所受外力的变化，线性模型又被赋予了分段线性变化等其他形式。此外，考虑到输入输出噪声影响，线性模型又将噪声的分布纳入模型的考虑之中，形成 $Y=w(X+\sigma_x)+\sigma_Y$ 的基本范式（其中 σ 是噪声），其噪声分布一般会假设为高斯随机噪声。

（二）多元演变

与线性模型相并列，决策树、支持向量机、神经网络、贝叶斯等模型也是人工智能技术中的经典模型，并从不同视角揭示了人工智能模型的变化逻辑。

决策树模型的结构类似于一棵树，每个节点代表一个特征或属性，每个分支代表一个决策规则，最终的叶节点代表一个预测结果。它通过评估特征在决策树中的贡献度，可以选择最具有区分性和预测能力的特征。因此，决策树模型可以支持混合数据的多分类问题处理，通过在每个节点上选择最佳的划分特征，将数据集划分为不同的类别，而不需要额外的转换和处理，从而具有较好的泛化能力和可解释性。

支持向量机模型通过设定决策超平面，通过求解的有限向量来支撑超平面，同时又运用核方法将模型从有限维拓展到无限维的希尔伯特空间，从而大大提升了模型对高维数据处理的性能。另外，它能够通过核函数来解决非线性分类的问题，在高维特征空间中，使得原本线性不可分的数据在新的空间中变得线性可分。

神经网络模型是模仿人大脑的神经元节点运作机理而提出的，并根据神经元的层数与节点数构建多层前馈网络，采用误差反向传递方法对模型进行求解。由于神经网络模型的参数多、节点多，在数据量足够的情况下呈现了卓越的性能。

贝叶斯模型主要运用贝叶斯推理，通过先验分布与似然分布进行后验推理，并在贝叶斯信念网络的支持下，通过多层贝叶斯网络结构实现了对复杂问题的建模与分析推理，因此在因果推理方面呈现了较好的应用前景。

在线性模型对变量/特征加权处理的基本范式上，上述诸模型通过从多变量计算推理来提升人工智能模型对实际多元复杂问题的处理，揭示了人工智能模型的变化之道。

（三）大模型为基础的生成式人工智能技术

大语言模型是大模型的一个分支。2021 年伊始，在 Transformer 打破深度学习的天花板，实现语音、文字、图像、视频的多模态后，以 GPT 为基础的大语言模型（Large Language Model，LLM）如雨后春笋层出不穷，特别是 2021 年 11 月 OpenAI 在没有预警和安全评估的条件下将 ChatGPT 突袭市场，加速了以大语言模型为基础的生成 AI（Generative AI，GAI）技术的扩张和商业竞争，给人类社会再一次带来了巨大的冲击和影响。

Transformer 是一种基础模型构造架构，也是一种变革性的机器学习技术。它打破了深度学习的技术瓶颈，将机器学习推向了一个新的发展高度。这意味着它不但打破了 20 多年来传统监督学习的束缚，实现了无监督学习的可能，同时还实现了统合语音、文字、图像、视频的多模态。因此只要有足够的计算力和数据，模型就可以被训练得越来越大。大模型本身是一种知识学习的集合，相当于把人类文明的知识通过文本、图像、视频的输入，整理成一个超级信息库（类似于百科全书），需要利用人工专门生成或者标注的数据，采用以人工干扰的强化学习和监督学习方法特殊技术对大模型再训练，才能为下游任务提供期望的生成服务。就像是 OpenAI 的 ChatGPT 可以根据人的提问方式和给出的要求生成需要的答案或者内容。输入可以是文字提示（一段有限长度的文字），也可以是图形，输出可以是相对应的答案，也可以是满足要求的生成内容（一段文本、一篇短文、一个小程序或者是语言翻译结果等）。这种以大模型为基础再微调后服务于不同下游任务的 AI 技术称为生成 AI 技术。这是目前 AI 技术发展的一个热点，也是大模型应用的早期阶段。图 3-2 描述了生成 AI 技术三个核心技术开发的任务。

1. 构筑超级算力群

目前超级算力群主要由美国英伟达的 GPU（图形处理器）系统独霸市场，比如大量 H100 系统，但华为利用其云计算系统可以构筑 GPU 类似的算力，用来训练大模型。在某种意义上，它是一种可能的替代，但具体实现可能比较复杂，成本也相对较高。

2. 构造工作大模型

生成 AI 技术开发中的第二个关键任务是利用构筑的超级算力群和公共海量数据构造大模型。目前大模型训练技术采用的是 Transfomer 为核心技术的无监督学习方法。大

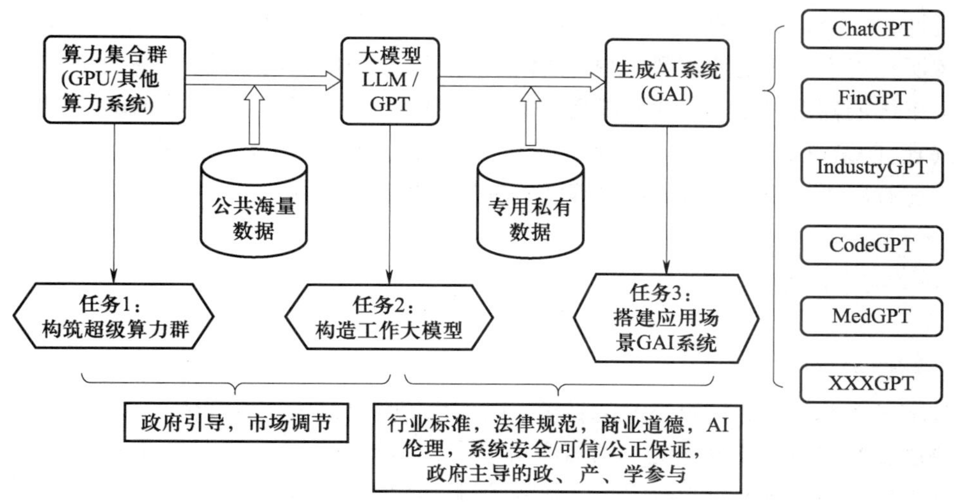

图 3-2 生成 AI 技术开发程式及其权责范围

注：长方形部分是政府应该参与或者主导的部分。

部分训练技术甚至都可以通过开源取得，主要差别仅仅体现在计算成本、公共数据（比如美国的主要数据资源是以英语为主导，中国可以以中文数据为主导），以及投入的资本等方面。由于大模型训练耗资巨大，不是每一个国家或者 IT 巨头都愿意投资。在美国主要是 Meta、Microsoft、Google、Amazon、OpenAI、Inflection 和 Anthropic。Anthropic 最初是从 OpenAI 离职的 8 个工程师创办的专注于生成 AI 技术的研究开发人工智能初创公司。而 2022 年成立的 Inflection 是 OpenAI/DeepMind 创办人加盟的新型交互式 AI 技术公司。美国大模型构建四巨头利用其得天独厚的数据资源和雄厚的资金基础，在大模型构造方面取得了绝对领先的地位。其构筑的大模型参数变得越来越大。比如微软的 MT-NLG 模型已经具有 5 300 亿个参数，Google 的 PaLM 模型也有 5 400 亿个参数，是 OpenAI GPT3.5 的 3 倍。OpenAI GPT4.0 的模型大小一直没有公开。如果仅仅从模型的大小来比较，我国的大模型构造能力一点也不逊色于美国。比如阿里巴巴的 M6 模型已经具有 10 万亿个参数，北京智能研究院的悟道 2.0 也达到了 1.7 万亿个参数的规模。除此之外，还有华为、腾讯都推出了自己的大模型。

3. 搭建应用场景 GAI 系统

大模型如果没有下游任务的驱动和模型“再训练”，规模再大也是一个“基础模型”裸机而已，不能发挥任何作用更没有能力提供任何生成服务。它必须用一个人工参与的强化学习技术（RLHF），利用给定的专用数据进行再训练（也称大模型微调技术）。再训练后的模型就是生成 AI 系统，它可以为不同的下游任务提供智能服务。这个模型再训练技术是生成 AI 技术的核心。它与早年利用互联网开发电商产业的发展过程非常类似，所以，有人把大模型技术比喻为早年的互联网技术。对大模型的再训练或者微调（二次开发）的核心问题是任务的“专用数据”生成。与构造大模型用的公共海量数据不同，这个专用数据必须根据下游任务由人工生成，这是一个巨大的挑战。据不完全统计，一个大模型的训练周期一般是三个月，耗资至少 3 000 万美元，而对大模型再训练所耗资本一般是大模型构造的两倍以上。主要原因是周期较长，专用数据要人工生成，系统依赖人工评估，性能提高等成本费用高。因此 OpenAI 的 ChatGPT 的每一个版本（比如 ChatGPT3. 5、ChatGPT4. 0……）耗资超过 1 亿美元。此外，除了数据生成成本，还有法律、规范、道德伦理等因素制约大模型的训练。

三、赋能数字经济

（一）赋能要义

数字经济是以数据资源为关键要素，以现代信息网络为主要载体，以信息通信技术的有效使用促进公平和效率统一的新经济形态，具有创新性、协调性和渗透性等特征。呈现爆发式增长的数据作为数字经济新的关键生产要素，对提高生产效率的乘数作用不断凸显。海量的数据聚集蕴藏了巨大的价值，为智能化发展带来了新的机遇。人工智能技术作为新一代信息技术，具有自主学习、模拟人类思维、处理大数据等特征，在数字经济的发展过程中具有不可或缺的地位。价值发现是数字经济中的各个主体识别、评估、创造和发现价值等一系列动态变化的过程，人工智能可以赋能数字经济价值发现。通过实现智能化的数据分析和应用，可以使市场中的各个主体感知数字经济中数据要素的关键价值所在，助力数字经济发展进行关键决策，提高数字经济的决策效率，协同推进技术、模式、业态和制度创新，促进数字经济的创新发展。

人工智能技术对于数字经济价值发现的要义在于依托深度学习、类脑学习、知识驱动下的自主生产，通过类人智能对人的主观经验、客观规则、历史数据等一系列经验与规则的学习，实现产业的智能化水平自主迭代与升级。具体而言，在抽象理论层面，其要义是对人脑功能在数字经济产业中延伸，如蒸汽机的出现延伸了人的手与脚的功能，人工智能技术改变了传统产业缺乏全局与全维视角的科学思考、分析，依靠经验决策的被动局面，使其不仅可以在小场景下实现自主分析与优化控制，更可以从全工厂、全产业链等大场景中实现自主分析与优化控制，让人脑的功能首次在宽尺度、大场景下进行产业的思考、重塑与演进。在具体实践的层面，近年来飞速发展的人工智能技术对数字经济产业的支撑包括对图像、视频、语音、文字、非结构化生产数据等一系列各种类型数据的智能分析与自主知识发现，有效地帮助数字经济中的各个主体更好地进行数字化、智能化、网络化转型，成为数字经济发展过程中各个主体进行价值发现的重要角色，推动世界数字经济高速发展。

因此，人工智能技术赋能下的数字经济具有以下特点：一是实现数据要素的智能化分析和自主价值发现；二是延伸人脑的功能，使得智能系统具备全局思考和决策的能力。

（二）赋能方法

数字技术在产业数字化发展中具有变革性的力量，而人工智能技术在数字经济产业中通过人、机、物协同融合使得人脑和机器完全融为一体，帮助决策者极大程度发现更多潜在的数据价值，提供更多规划方案，有效解决了传统经验决策有限理性的问题。

以工业为例，借助人工智能工业大脑技术赋能数字经济价值发现，让产业在生产、设计、消费等价值链过程中可以自主思考，自主调控价值链过程中的人—人、机—机、人—机的交互关系。通过实现人机的高度融合、生产的自主可控，使产品关键信息、生产过程关键信息、市场机会关键信息可以跨层、跨域智能流转，达到产业生态系统的运转整体更为有序、智能，满足生产管理、控制、产品设计、调度、决策等的需要，从而实现人工智能技术赋能产业进行数字化创新和产业转型升级的核心目标。

如图 3-3 所示，一种常规的人工智能技术赋能过程可以描述为三个阶段：从类人脑模型系统构建，到实现业务控制自主决策，最终达成产业自演化的目标（孙延明等，2020）。具体而言，赋能的第一阶段是类人脑系统实现，其关键之处在于面向复杂的产业价值链过程构建智能分析的生态系统，实现产业数字化过程的智能协同。

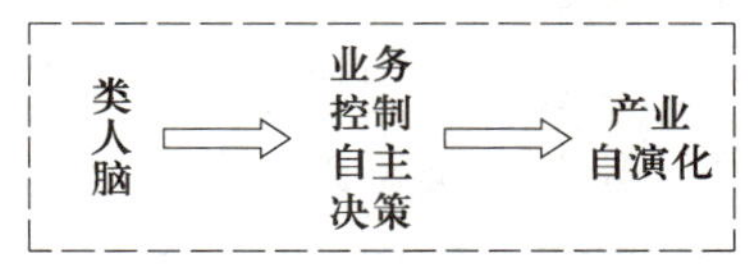

图 3-3 人工智能技术赋能过程

第二阶段是业务控制自主决策。这是在第一阶段类人脑建模的基础上实现的，关键在于轻量级工业大脑的构建。轻量级工业大脑包括人机交互和协同演进两大主模块。其中，人机交互是用于输入、输出数据，并和协同演进模块进行交互，进行对价值链应用场景和人机交互知识的理解。而协同演进作为轻量级工业大脑的另一个模块，包括数据标签化、表示学习、增量知识引擎、知识库、推理机等子模块。这些模块的组合和应用，可以实现对小样本、小标注数据的学习，通过对产业价值链各个过程的数据知识进行归集，形成面向各类生产场景的策略集、价值集和情景集，最后进行最优策略的推荐和选择、最高价值方案的推荐与评价，作出所处情景的推断和分析。

两个模块的组合应用，可以帮助进行业务过程的智能控制和自主决策，最终实现第三阶段的目标，即产业自演化。这个目标是通过第一、二阶段面向各环节、各流程的自主智能控制的创建来实现的，意味着数字经济产业的主体可以一定程度实现自组织管理和控制，打破以往依赖人类智能的传统方式的桎梏。总而言之，人工智能技术赋能方法的核心在于连接数据感知和决策，从而实现不同节点之间的自主调控和快速响应，为人机融合下的智能自主演化提供支撑，人们梦寐以求的自组织管理模式有望在不久的将来成为现实。

（三）赋能作用

人工智能技术在数字经济发展过程中充当了不可或缺的角色。随着人工智能技术发展日趋成熟，成为引领新一轮科技革命的重要力量，各行各业都对其落地应用有迫切需求。在人工智能的发展中，通过不断进行顶层设计的完善，以及计算机视觉、机器学习、知识图谱等技术的优化升级，重构了传统的人力劳动过程，推动了传统的生产和消费方式的转变，以及拓展了产业领域的应用空间，衍生出产业的新业态、新模式，为经济发展领域中的各个主体提供了更多数字化、智能化的新解决方案。本书从以下三个方面描述人工智能技术的赋能作用。当然，还有一些其发挥作用的方面没有谈及，读者可以在阅读后结合实际继续深入思考人工智能技术对数字经济发展的赋能作用。

（1）赋能劳动形式的重构。从技术发展历史来看，技术的发展和应用不断解构与重构人类劳动的过程。人工智能是人类持续改造劳动工具服务于社会生产的必然产物，也是社会生产力进步和劳动生产率提高的象征。在技术欠发达时期，体力劳动是最基本的劳动形式。随后机器生产逐步代替人的体力劳动，帮助人类摆脱重复性体力劳动，取代了一些高强度的、重复的、具有危险性的劳动，脑力劳动成为主要的劳动形式。在进一步的信息化和智能化技术的发展与应用下，通过对人工智能的深度学习、知识存储等能力运用，人类可以利用智能机器与智能软件优化工业流程、改进质量检测及能源使用检测等活动，脑力劳动的负担进一步被人工智能技术的应用减轻。总的来说，人工智能技术的发展进一步取代了机械化、单调化的生产劳动，利用其一系列技术给劳动形式的重构赋予种种可能。

（2）赋能产业拓展领域应用空间，推动产业应用场景创新。基于基础语言大模型研发的对话机器人 ChatGPT 的成功，再次推高了“大模型+大数据+大算力”技术路线的能力天花板，在类人的语言和意图理解、知识记忆与逻辑推理、多轮自然语言对话能力方面达到新的高度，展现出在机器翻译、撰写文稿、编写代码等方面的跨任务通用性。伴随产业数字化带来的数据基础日趋成熟，人工智能在训练层（学习能力）、感知层（信息接收能力）、认知层（分析信息能力）方面的技术都走向成熟，如今正式转入实质应用的产业效益转化阶段，并且已在医疗、交通、零售、工业、教育等行业实现大量应用，为经济产业的发展拓展了应用空间，衍生出更丰富的应用场景。在实体经济领域，多模态感知融合、优化决策、精准操作与控制等人工智能技术在智能制造、智慧农业、智能码头等领域加速进入实用化阶段。在社会服务领域，人工智能内容生成技术的快速成熟成为人工智能商业化的重要事件，生成式大模型给人工智能场景落地带来了全新而广阔的想象空间，为知识问答、文本生成、艺术创作、产品设计等各领域带来一次全面的场景创新，将影响金融、媒体、法律、市场研究、教育、客服等数十个行业。在科学研究领域，人工智能技术开始在生物医药研发、新能源、半导体、新材料发现与合成等很多领域实现场景落地，展现出超越传统研发方法的强大能力，推动科学研究领域深化场景创新。

实践案例：人工智能技术应用案例

（3）赋能传统消费和生产方式的转变。在消费端，通过人工智能对用户消费习惯与偏好的自动画像实现个性化需求与专业化供给的智能匹配，提高消费效率，进一步释放消费潜力。而在生产端，经营者利用人工智能和大数据技术高效预测市场需求变化，获得更优的生产、销售管理方案，缓解市场短期供需不匹配的问题，实现更大规模的经营生产，通过人工智能助力实现人机协同制造、精益运营管理、精准质量管控、柔性智能服务，提高生产效率和生产质量，推动企业生产方式和企业形态的变革。

第二节 大 数 据

如果人工智能是塑造数字经济大脑的重要组成部分，大数据则是撬动人工智能的风云角色。若用燃油与发动机进行类比，大数据是燃油，人工智能就是发动机，燃油助推着发动机的运作。

从文明之初的结绳记事，到文字发明后的文以载道，再到近现代科学的数据建模，数据一直伴随着人类社会的发展变迁，承载了人类基于数据和信息认识世界的努力和取得的巨大进步。然而，直到以电子计算机为代表的现代信息技术出现后，数据处理有了自动的方法和手段，人类掌握数据、处理数据的能力才实现了质的跃升。从字面上理解，大数据就是海量的数据，那么海量的数据里面哪些数据是人们所需要的、这些数据能为人类提供什么就是所要研究的大数据技术。大数据有“4V”特征：① 价值（Value）密度低。任意个体都可以产生数据，每日的数据呈几何指数爆发式增长，而其中大多数据是没有研究价值的。② 数据量（Volume）大。采集、存储和计算的量都非常大，大数据的起始计量单位至少是 PB（约 1 000 TB，1 TB≈10^{12} Bytes，即约 1 万亿个字节）、EB（约 100 万 TB）或 ZB（约 10 亿 TB）。③ 速度（Velocity）快。数据生成、储存、分析、处理的速度快，比如通过云计算，处理 1PB 的数据储存仅需 20 分钟。④ 种类（Variety）多。数据来源广、维度多、类型杂，有结构化、半结构化与非结构化数据。

本节将从大数据与传统数据库的区别以及大数据的主流实现方式 Hadoop 展开讲述大数据的形态与应用特点。

一、大数据技术形态与应用

（一）与传统数据库的区别

在数据化时代，随着互联网、物联网以及各种数字化应用的推广与普及，数据规模呈几何数级高速增长。这种情况下，传统的数据库系统难以支撑，在大量数据的挖掘与分析上显得力不从心。随着相关技术、标准和应用不断发展，大数据系统以其独特的优势成为应对数据量爆炸性增长的解决方案。大数据和传统数据库之间的区别主要表现在以下五个方面。

1. 数据来源

传统数据库的数据来源和大数据的数据来源有相似之处，但大数据的数据来源更加丰富。传统数据库的数据来源主要是记录和管理企业的交易和业务操作的事务数据，除此之外，还有一些需要经过数据集成和处理才能储存在数据库中的外部数据。传统数据有部分数据需要以人工手动的方式录入数据库系统中，降低了数据储存效率。大数据的数据来源则更加广泛和多样化，既包括传统数据库的数据来源，也包括互联网社交媒体数据、多媒体数据、传感器数据、日志数据等，数据来源丰富多样，记录的数据信息也更加全面，且数据是通过爬虫爬取、用户上传、数据交易或共享的方式获得的，数据获取效率更高。因此，在大数据时代下，数据的获取方式和记录手段更加多元和高效。

2. 数据处理规模

大数据和传统数据库可以处理的数据规模具有显著差别，传统数据库通常可以处理GB或TB级别的数据，而大数据则可以处理PB或者更高级别的数据。从当下数据呈现几何级增长的情况来看，传统数据库无法支撑处理如此大量的数据，而大数据系统则可以利用其采用的分布式存储技术处理海量数据。分布式存储技术可以将数据分散储存在多个计算机节点中，相对传统数据库系统的集中存储方式，分布式存储技术扩展了数据存储的容量和数据处理的规模与能力，因此可以更好地应对数据化时代下的海量数据。

3. 数据处理类型

在数据处理类型方面，传统数据库主要是用于处理结构化数据，如客户信息、销售记录、库存信息等，结构化数据通常以表格化的形式呈现，以行和列二维表方式记录数据，注重的是数据的一致性和有利于进行事务查询和数学分析处理，对数据处理速度则不太重视。随着互联网的发展、社交媒体的应用等，数据的类型更加丰富，出现了大量的半结构化数据及非结构化数据，如视频文件、电子邮件、图像等，并且这些半结构化和非结构化的数据占据的比例越来越大。面对这些类型的数据，传统的数据库显得力不从心，而大数据借助其技术的灵活性可以有效地处理多种类型的数据，并且能够在多个节点上进行数据的处理和运算，利用并行处理的模式极大提升了数据处理的效率，实现异构数据快速、高效处理。

4. 数据分析方式

传统数据库适用于对较小的数据集进行分析，主要是对结构化数据进行查询和统计分析，通常是使用SQL（结构化查询语言）进行查询操作，并且以事后分析为主，以此来获得对事物的洞察和决策支持。此外，传统数据库通过小样本推断总体的分析，可能造成较大的误差，难以做到精准把控。大数据的数据分析方式更为灵活多样：面向大规模的数据集可以进行批量的数据处理，帮助对历史数据进行分析；面对即时产生的数据，可以进行实时流处理和分析，帮助获得实时的决策支持；对数据背后隐藏的巨大价值，可以利用机器学习和深度学习等复杂的分析算法进行挖掘和发现，还可以进行数据预测和优化；对半结构和非结构化数据可以进行文本分析和情感分析，帮助进行多样化数据价值的发现。

5. 数据价值

数据价值是传统数据库和大数据的核心差异。传统数据库的数据来源面狭窄，数据类型少，这些数据一般是对事物结果的描述，可以帮助认识和了解事物的基本特征，一般的事务运作可以通过这些数据进行。而通过大数据获取的丰富多样的数据，利用数据分析技术，使用各种算法和技术，不仅可以知道和认识一个事物的基本特征，还可以发现事物背后隐藏的运作规律，找到海量数据背后隐藏的模式、趋势和事物的关联性，从而为企业和组织获取更强大的洞察力，满足多样化的需求和业务决策。大数据利用其数据挖掘和处理方式，可以发现丰富的数据信息深层次的巨大价值，这是传统数据库无法实现的，也是大数据和传统数据库体现作用的巨大差异所在。

（二）Hadoop

数据作为数字经济时代的关键要素，对数据资源进行有效的发现和利用才能使数据价值充分释放，促进数字经济持续创新发展。相对应地，大数据技术可以在大体量数据中快速分析和获得有效数据信息，其中 Hadoop 作为一种处理大数据的技术手段，是当前大数据技术应用的主流方式之一。

Hadoop 是一个强大的分布式计算框架，如图 3-4 所示是其体系架构。该架构最核心的设计是分布式存储（HDFS）和分布式计算（MapReduce）。HDFS 位于 Hadoop 体系架构的最下层，用于储存大量数据，支持 Hadoop 所有服务。MapReduce 则是助力 Hadoop 进行海量数据处理的核心。Hadoop 的应用目的是以一种可靠、可扩展的方式来处理和储存大规模的数据集，是大数据处理的重要技术之一。其有以下特点：一是高可靠性，Hadoop 具有按位存储和处理数据的能力，它可以自动维护一份数据的多个复制，并自动将失败的计算任务进行重新部署，自动检测和处理计算节点的故障，确保任务的高可靠性。二是高扩展性，通过添加其他集群节点，Hadoop 集群可以轻松扩展到任何程度，且扩展不需要修改应用程序逻辑，从而可以应对不断增长的数据量。三是高容错性，Hadoop 能够自动保存数据的多个副本，计算节点单点失效后，可以自动将失败的任务重新分配，保证数据不丢失。

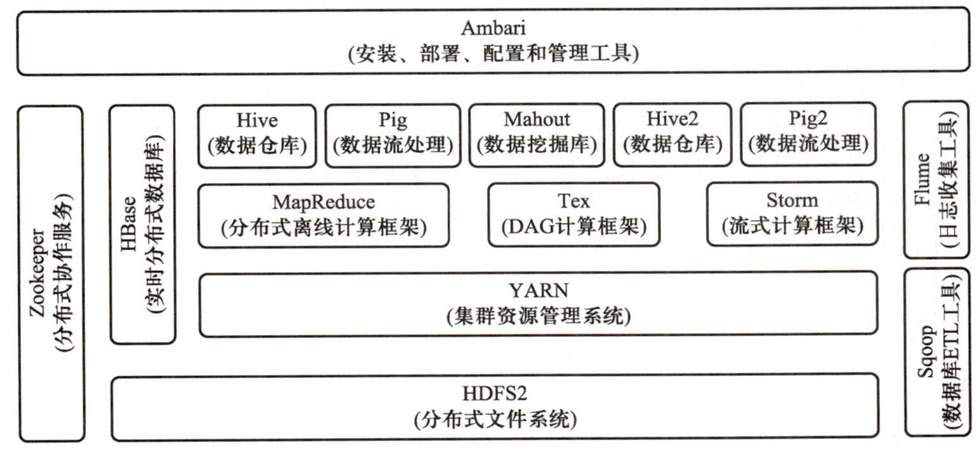

图 3-4 Hadoop 的体系架构

Hadoop 进行海量数据处理的本质就是利用并行的工作方式来提升数据处理的效率。基于其核心架构中的分布式计算框架的支持，通过搭建计算机集群，在进行数据处理时，将大规模的数据集分成小单元，在多个计算节点上进行数据处理，各个节点完成数据计算处理后再汇总处理结果，并最终将结果展示出来。例如，企业在用户需求的发现过程中收集到来自网站、社交媒体、应用程序等各个来源的海量数据，可以利用 HDFS 来分散储存这些数据。在需要处理时，则发出请求：利用 MapReduce 及分布式计算框架来将数据分割在不同的计算节点上并行分析；利用各种算法和技术挖掘数据中的用户需求与偏好，再进一步生成可视化的报告用于企业决策。Hadoop 这种切分数据同时进行多任务处理的运作方式可以快速且有效地进行海量数据处理，降低了数字经济时代下大数据处理的压力以及用于进行大数据处理的计算机硬件需求。此外，除了 Hadoop 可以用于处理大规模数据，还有 Storm 作为分布式的流计算平台可以用于处理流数据，Spark 可以处理实时数据，这些技术的开发都为数字经济时代下大数据的应用提供了有力支撑。

二、技术演进

数字经济是以新一代信息技术和海量数据为基础的新经济形态，其数据资源具有巨大的潜力和能量，具有可复制、可共享、无限增长和供给的禀赋。大数据技术可以对数据资源进行更深层次的处理和应用，将数据转化为可用的信息。可以说，大数据在数字经济的各个领域都具有广泛的应用场景，是驱动数字经济创新发展的重要抓手和核心动能。下面将从技术发展的角度介绍大数据的演变历程。

（一）发展历程

大数据技术及应用的发展历程可以划分为以下四个阶段，如图 3-5 所示。

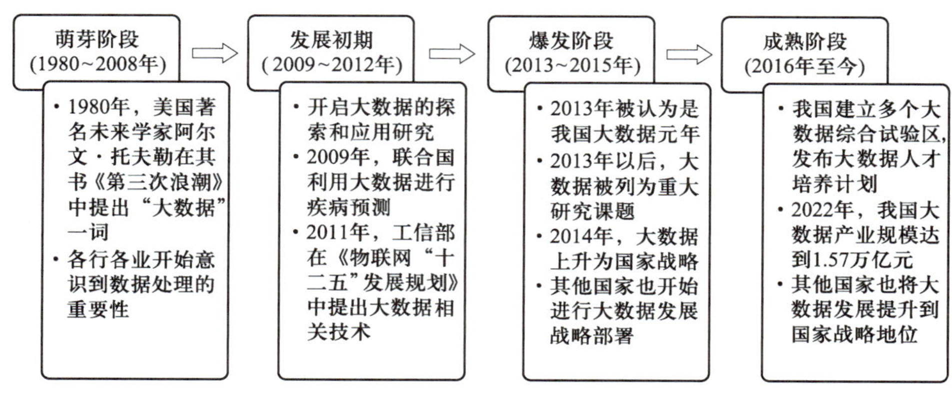

图 3-5 大数据发展历程

1. 萌芽阶段（1980—2008 年）

1980 年，“大数据”一词正式被美国未来学家阿尔文·托夫勒在其书《第三次浪潮》中提出。在这个时期，各行各业开始意识到，行业的提升需要进行大量的数据处理，并且这种处理已经超过当时储存技术的承载能力。由于缺乏相关的技术和数据处理能力，大数据的发展并未得到重视。

2. 发展初期（2009—2012 年）

在这个阶段，对于海量数据应该如何处理成为关键问题，因此对于大数据的探索和实际应用开始在全球范围内展开。2009 年，联合国全球脉冲项目开始利用大数据进行预测疾病暴发。2010 年，肯尼斯·库克尔发表了长达 14 页的大数据专题报告。2011 年，麦肯锡同样发布关于大数据的报告。2011 年，工信部在发布的《物联网“十二五”发展规划》中正式提出海量数据储存、数据挖掘、图像视频智能分析等大数据技术。人们开始对大数据技术及其相关产业形态进行新一轮的探索创新，大数据的发展走向应用。

3. 爆发阶段（2013—2015 年）

此阶段大数据成为各行各业讨论的重要话题，各行业越来越意识到数据对于发展的重要性，以及处理数据的技术的重要性，大数据在世界范围内得到普遍重视。2013 年是我国的大数据元年，以大数据为核心的各种产业形态在我国逐渐展开。2013 年 11 月，国家统计局与阿里巴巴、百度等 11 家企业签署了战略合作框架协议，推动了大数据在政府统计中的应用。2013 年以后，大数据研究被国家自然科学基金、重点研发计划等研究计划列为重大研究课题。2014 年，大数据首次写入我国的政府工作报告，大数据上升为国家战略。2015 年 4 月，我国首个大数据交易所（贵阳大数据交易所）正式挂牌运营。同年 8 月，国务院发布《促进大数据发展行动纲要》，用于指导中国大数据发展的国家顶层设计和总体部署。在这个阶段，大数据已成为各个国家进行布局发展的重点。2013 年，英国政府也宣布注资 1.89 亿英镑用于发展大数据。2014 年，美国白宫发布研究报告《全球大数据白皮书》，鼓励使用数据推动社会进步。大数据迎来在社会的各个领域进行探索和应用的新高潮。但是，这个阶段大数据的发展良莠不齐，还存在着获取数据能力弱、数据共享存在障碍等问题。

4. 成熟阶段（2016 年至今）

在这一阶段，与大数据相关的政策、法规、技术、应用等开始走向成熟。从世界范围来看，各国都在继续深入推进大数据领域的探索实践。2019 年，美国发布国家级战略规划，明确提出要将数据作为战略资源，并以 2020 年为起点，勾勒联邦政府未来十年的数据愿景。2020 年，英国、欧盟纷纷将大数据发展提升到国家战略地位，以利用数据激发经济发展新活力。在我国，2016 年 1 月，《贵州省大数据发展应用促进条例》出台。同年 2 月，贵州省在征得国家发展改革委、工信部、中央网信办同意的情况下，建设了全国首个国家级大数据综合试验区。紧接着，京津冀、珠江三角洲、上海等七个区域也推进国家大数据综合试验区建设。2017 年 1 月，我国工信部印发大数据产业“十三五”发展规划即《大数据产业发展规划（2016—2020 年）》，同年 11 月，《中国大数据人才培养体系标准》正式发布，目的是要加强大数据人才的培养。而在此后的

“十四五”规划中更是将大数据的发展融入各个方面。到2022年，我国大数据产业规模已达到1.57万亿元，大数据已经成为我国数字经济发展的重要推动力。

（二）应用演化

大数据技术的发展不是一蹴而就的，在不同的阶段面对不同的需求，大数据的技术演进和应用情况也不同。在数字经济时代的发展中，大数据技术功能演化经历了以下五个阶段。

1. 数据收集和存储阶段

随着互联网、物联网技术的发展，企业和组织中会产生海量的结构化和非结构化数据。此时，企业和组织更关注的是如何收集、储存和管理这些数据。

2. 数据挖掘和分析阶段

数据挖掘和分析是指通过运用各种技术和方法，在大规模的数据中提取有价值的信息，并进行深入的分析。在这个阶段，企业和组织开始关注到数据背后蕴藏的巨大价值，数据逐渐资源化，成为企业和组织进行各项活动的决策支持来源。如何挖掘和分析数据中有效信息成为企业和组织关注的重点。

3. 实时数据和流式数据处理阶段

实时数据是指在数据产生的同时获取的数据。流式数据是指以时间顺序为基础连续不断产生的数据流。对实时数据和流式数据都要进行及时、快速的分析处理。随着数据产生的速度越来越快，产生的数量越来越大，企业需要及时从数据中挖掘出重要信息，进行实时响应，以免在竞争激烈的环境中耽误先机、落后他人。

4. 智能大数据阶段

随着大数据和人工智能技术融合发展，在这个阶段，最关键的就是要结合人工智能技术，对大数据进行智能分析，以帮助企业和组织做更深入的洞察和预测分析，从而进行智能决策。

5. 数据生态和数据共享阶段

数字经济的发展需要建立不同企业和领域之间的价值组网，构建数字生态系统。在这个阶段，大数据的发展更加关注如何实现不同企业和组织之间的数据共享，如何进行跨界合作，如何进行价值共享，以实现多方共赢。

（三）发展趋势

大数据技术已经成为各行各业数据应用的重要基础技术。在数字经济时代的各个产业数字化转型的进程中，大数据技术也通过新的发展来满足不同的需求。

1. 数据挖掘和分析的自动化程度进一步提升

随着数字经济时代的发展，各行业产生的数据量与日俱增，面对庞大的数据量，大数据技术亟须提升其对数据的自动化分析能力，解决手动处理效率低下的问题。此外，各行各业也越来越认识到海量数据蕴藏的巨大价值，对于数据的挖掘和分析的需求也不断增加，大数据技术的发展也进一步提升其自动化处理能力，提升数据处理的准确性，提升数据挖掘和分析效率。

2. 数据可视化能力提升

数据可视化是指利用图表、图形等可视化元素将数据用视觉化的方式呈现，帮助人们更清晰、直观地理解数据的特征、关系和趋势，提取有用的信息，以用于高效决策。数据的结构复杂多变，数据需要经过处理之后才能呈现人们需要的信息，并且数据的服务对象绝不只是专业的数据分析者，还有许多企业和组织中的决策者，这些决策者并不都知道如何将数据分析成常见的直观内容，这会成为他们决策的障碍。此外，数据也常常在进行跨界流动，某一行业的人对其他行业并不一定都了解，这也会对数据资源的共享造成阻碍。因此提升数据可视化能力，让数据更加直观呈现，帮助决策者快速洞察数据中的关键价值，帮助跨界流动的数据资源被更好地理解，对于指导决策和跨界的交流和共享至关重要。

3. 与云计算、边缘计算等更紧密结合

海量数据增长使企业面临着数据储存、数据处理和分析等方面资源不足等问题，而云计算的出现使这些问题得到有效解决。在数据储存方面，大数据的海量增长以及数据类型的丰富要求大量储存空间，云计算提供的可扩展的计算资源和储存空间可以满足大数据的储存需求，并且可以避免数据丢失，保障数据安全。在数据处理方面，云计算运用其并行处理的工作模式可以进行大规模的数据处理，极大提升数据的处理效率。此外，随着物联网的兴起、大量传感设备的运用，实时数据处理也成为大数据应用的要求，边缘计算作为一种可以处理现场数据的技术，在数据收集与分析中可以减少数据传输和远程计算的延迟，提高实时响应性和资源利用效率。

4. 更关注数据治理和隐私保护

数据开放共享是大数据资源建设的前提，但数据的开放共享也带来了许多问题，如多源数据的融合可能造成信息泄露，数据的集中可能带来保管上的安全问题，数据脱敏也可能存在隐私泄露的风险，数据流动会造成重要信息曝光等。当前一些保护数据的技术，如同态加密、联邦学习等技术还处于发展的初级阶段，因此建立什么样的数据安全保障秩序，运用什么方法更好保障数据安全，是大数据技术发展需要关注的重要方向。

三、赋能数字经济知识化

（一）赋能要义

数据是数字经济的关键生产要素，大数据作为处理数据的关键数字技术是驱动数字经济创新发展的重要抓手和核心动能。数据资源更深层次的处理和应用需要通过大数据技术分析将数据转化为可用信息，这是数据作为关键生产要素实现价值创造的路径演进和必然结果。从构建要素市场、实现生产要素市场化流动到数据的清洗分析，数据要素市场的市场价值提升和自身价值创造无不需要大数据作为支撑，大数据成为发挥数据价值的使能因素。由此可见，大数据对于数字经济而言，可以把产生的数据资源价值化，在数字经济的发展过程中可以赋能数据资源的信息化和知识化。信息化比知识化更普遍，本书重点讲述了知识化与信息化的原理基本相同。

数据资源的知识化是将数据资源通过整理、归纳和普及，使数据转化为人们可以接受的知识，并赋予这些知识实际的应用和价值，给人们提供有效的指导、启发和解决问题的能力。大数据可以赋能数据资源知识化，其赋能的要义在于跨时空、全维数据的采集、融合、治理和智能化应用，通过对数据的深度融合与挖掘发现数据中的关键价值，形成可以进行实际应用和分享的知识，通过知识的传播和应用，进而实现产业价值链的延伸。具体而言，从理论层面来看，数据赋能知识化改变了传统企业生产、决策依靠经验数据、小样本调研数据、“靠天吃饭”的被动模式，而是构建起数据驱动的新的生产管理范式，通过将海量数据融合、分析、挖掘和应用，为知识化提供更加具体、深入和有价值的支持，实现对数据的深度挖掘和价值创造。从技术应用层面来看，数据资源的知识化是大数据分析背后的具体技术手段的应用，包括对各类大数据分析、挖掘技术的应用，以及 Hadoop、超算等软硬件设备的支撑。

（二）赋能方法

大数据赋能数据资源的知识化的方法主要是数据交互和价值发现，复制制造过程中的人-人、机-机、人-机在交互过程中产生的跨时空全维数据。这些数据既有人、机、物的节点和状态属性数据，还有交互连接形成的连接关系数据，进而形成复杂高维的万物互联数据。碎片化的数据本身不能给价值链各个环节的活动带来任何价值，实现价值的关键在于这种跨时空全维数据背后所隐藏的知识。在大数据技术进行赋能的过程中，挖掘各种关系主体在各种场景、行为下的数据，通过传递和复制，深度挖掘形成知识图谱，从而达到这些知识图谱满足生产管理、控制、决策、调度需要的作用。

如图 3-6 所示，一种常规的大数据赋能数据资源的知识化的方法可以描述为三个阶段：跨时空全维数据交互、数据深度挖掘、产业链价值延伸。第一阶段跨时空全维数据交互，其关键是形成对价值链过程的各个场景、各个维度的数据融合，实现概念的对齐。第二阶段数据深度挖掘是在第一阶段融合的基础上实现的，关键在于知识自主发现与轻量级构建。第三阶段产业链价值延伸是赋能的目标。通过第一、二阶段的工作使知识在各个节点、各个环节、各个流程得以复制和应用，从而实现产业链在更高水平上的价值延伸和攀升。

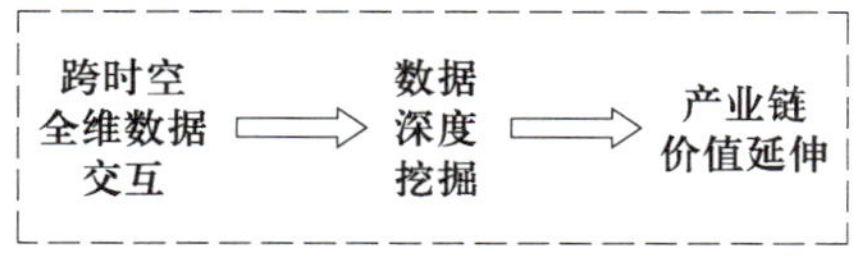

图 3-6 大数据技术赋能的方法

大数据挖掘数据资源中有价值的内容，并且将这些内容知识化，形成可以传播、为企业提供决策支持、跨界传输与学习的知识，为产业之间价值链的协同提供支撑。大数据技术赋能数字经济的核心在于知识化，通过知识化实现不同节点属性的知识相互传递，为各个节点之间的协同演化提供技术支持，是构建跨企业、跨行业智能工厂等应用场景的必由之路。以工业企业应用为例，大数据赋能数据资源知识化具有以下具体方向。

（1）挖掘人、机、物属性，实现数据资源知识化，支持知识复制与传递。依托大数据分析技术，尤其是结合包括知识图谱、规则挖掘在内的大数据分析技术，可以深度挖掘人、机、物等节点的状态和属性数据，从而形成知识图谱，通过知识图谱进一步对人、机、物各节点进行知识挖掘与复制，支持其知识在节点间传递。

（2）进行数字画像，支持生产端和消费端的精准对接。企业在其生产、销售历史数据以及上述提及的各节点的属性数据挖掘的基础上，依托大数据分析技术同时面向生产端和消费端进行数字画像，可以支持生产端和消费端的精准对接，建立个性化的知识图谱，让用户的需求趋势和企业生产能力以及企业的技术发展方向进行有机结合，实现生产端和消费端的精准对接。

（3）实现数字孪生，支持产业生态价值链攀升。依托大数据分析技术，在上述人、机、物属性节点挖掘，双端数字画像的基础上，可以进一步实现数字孪生，支持产业生态价值攀升。随着产业链上下游不断加入，各个主体不断生产数据、不断将这些数据知识化，形成一个大数据生态圈。并且随着大数据技术的深入应用，产业链上下游能进一步实现对生产制造和消费群组的数字孪生，由此构建一个协同、有序、高效的生态体系。这个生态体系可以支持产业生态向协同、共赢的方向发展，从而实现产业价值链的攀升。

（三）赋能作用

数据可以来源于产业价值链上的各个主体与环节，这些数据经过挖掘分析能够形成重要的可以用于创新、共享、决策的知识。大数据赋能数据资源的知识化可以在价值链上发挥重要作用。以下是以工业为例展示的大数据赋能数据资源的知识化在产业价值链各环节中的作用。

（1）创新研发设计模式，实现个性化定制。消费者和企业之间的交互和交易行为可以产生大量数据，挖掘和分析这些消费者动态数据，准确掌握消费者的使用习惯和个人偏好，形成消费者知识图谱，可以有效解决供需匹配的矛盾，并且在产品设计研发过程中借助众创、众包等方式，推动产品设计方案持续改进，可以实现资源集成共享和产品协同创新。

（2）优化产业链分工，实现网络化协同。通过互联网的连接，大数据可以突破地域、组织、技术上的限制，把众多中小企业及产、学、研各个环节的数据资源有效地整合起来，并将这些数据知识化，可以让这些知识在不同产业、行业和企业内部实现有效配置，从而形成一种更加优化和高效的产业链，实现网络化协同，促进产品更新、质量提升和价值创造。

（3）获取准确的数据信息，实现准确可靠的决策。通过大数据的应用，可以获取更加全面的数据信息，通过对现有的数据进行挖掘分析，对未来的趋势进行分析和预测形成决策知识，可以提前洞察风险和机遇，为决策者提供更加准确和可靠的预测和优化方案。

实践案例：大数据技术应用案例

除上述所说的大数据赋能数据资源的知识化的作用外，知识化还可以帮助进行知识共享和协同创新，通过将不同领域的数据进行整合和挖掘分析，通过共享可以加快知识的传播，推动跨界合作，进一步丰富和拓展知识化的领域和深度，并且可以提高对数据资源的利用效率，提升应用效益，为价值链的各个节点创造更大的价值。

第三节 互　联　网

一、技术形态与应用

（一）Web1.0：多点接入的初始化网络

在 Web1.0 时代，信息以广播的方式传播，该方式实现了信息的单向传递。我国最早的三大门户网站——搜狐、新浪、网易就是 Web1.0 的典型代表。Web1.0 时期的信息呈现以静态的 HTML 为主，而且页面布局、功能单一且缺乏互动。此时更多的是考虑如何让更多的用户接受信息的在线传播形式，并考虑吸收更多用户进入互联网。该阶段 Web1.0 的网络信息传输功能还比较简单，网站提供给用户的内容是由网站编辑进行组织处理后提供的，内容较为单一，主要是新闻资讯类等信息，网站上能看到什么内容完全取决于 ISP（互联网服务提供商）。

（二）Web2.0：用户主导的社交网络

Web2.0 时代，仍然使用互联网的大多数基础技术，如 XHTML、样式表、内容聚合、Ajax 和 Flash 等。其中 Ajax 技术能够使用户在无须重新刷新网络页面的情况下更新部分网页，它使网页更具互动性，并且使用户更快、更容易获取数据，为人与内容、人与人之间的交互提供了支持。

Web2.0 是读写交互的关系网络时代，具备开放性、参与式体系结构、数据收集聚合方式、集体信息和个人信息生产以及聚合数据有效性的功能与特性，彻底改变了人们的互动模式（黄一凡，2023），信息的传播渠道变得丰富，从打字、语音、短视频到直播，从 QQ、微博、微信到抖音，用户不仅是信息的接收者，还可以是信息的生产者（如在小红书等发布图文、短视频），与他人进行互动（如网络直播）。如果将 Web1.0 形容为一条线，那么 Web2.0 就类似一张结满用户的网。Web2.0 是以用户为主导、强调用户体验的互联网模式，也是现在的主流模式。

在 Web2.0 时代，用户不再只是消息的接收者，还是消息的发布者和传播者，这使得信息传播更加广泛快速。用户可以在社交平台上充分表达自己的思想、发表个人的意见及建议，同时还可以分享其他用户的内容并进行讨论。因此这一阶段的信息资源呈现出共享化的特征。以往是谷歌、百度等有效的搜索聚合工具整合资源，形成一种强大的话语和丰富的价值表达，而 Web2.0 时代，互联网上的信息资源主要通过用户与用户之间的相互访问、相互分享来不断丰富。

（三）Web3.0：多元授信的生态网络

Web3.0 是以去中心化、可信化、多维化、个性化和数字资产化为理念，以区块链为底层关键技术的互联网新形态，强调用户拥有自主权。数字生产和数字消费是这个阶段主要的经济形态。

相对于 Web2.0 时代商业价值完全掌握在大平台，Web3.0 用户基于去中心化网络，使平台商无法独占和使用用户数据，从而彻底改变商业价值和商业逻辑归属。互联网商业环境更加公平，行业巨头的垄断彻底被打破，真正实现“我的数据我做主”。同时，Web3.0 更加强调用户隐私和个人数据保护。Web2.0 最大的问题在于用户信息泄露和个人数据安全无法得到有效保护。Web3.0 利用区块链技术的匿名性机制和密码学原理较好地解决了这一问题。此外，Web3.0 时代也是智能交互时代。用户、网络媒介，以及现实社会中的“物”，在“云”中以数据的形式形成智能连接，相互联通，用户通过移动媒介终端来完成特定操作。媒介不局限于简单传输信息，而是为用户提供最全面的、个性化的服务。媒介与人的关系逐渐互动共生，媒介彻底融入人的社会生活，并且变得密不可分。随着 AR 和 VR 的普及和发展，Web3.0 可以实现 3D 内容，这使传播内容会更加真实，给人身临其境的感觉，并且应用场景会更加多样。

二、技术演进及发展趋势

互联网技术在数字经济发展的三个阶段中发挥了不同的作用。在数字经济的萌芽时期，互联网技术的作用主要集中在促进跨域交流与合作。当时互联网技术作为重要的基础设施，通过建立通信协议和域名系统使得人们可以在全球范围内进行信息交流，促进了跨地域的交易和合作，推动了电子商务平台的形成，开拓了新的商业模式。在数字经济的高速增长时期，互联网技术促进了平台发展。随着数字经济的高速增长，互联网技术打通并加速了信息的流通，打破了行业之间的壁垒，为各行各业的数字化转型带来新的机遇，同时也为创新创业提供了一个巨大的平台，推动了数字经济的快速发展和技术创新。在未来数字经济的成熟期，互联网技术更进一步推动经济实体的数字化转型。通过万物互联构建数字化平台，打通数据共享渠道，使得各行各业之间拥有更为广阔的商业平台和更多的交流机会，促进产业协同发展、价值共创，推动数字经济的协同发展。

（一）发展历程

互联网发展的历史就是一部世界人类相互联系的历史。互联网的发展历程可以划分为如图 3-7 所示的四个阶段。

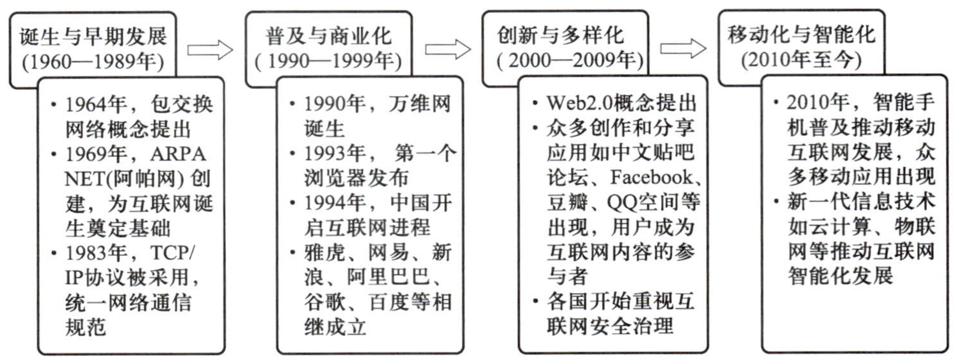

图 3-7 互联网发展历程

1. 诞生与早期发展（1960—1989 年）

这个阶段是互联网基础技术和基础协议的发展时期，互联网主要用于军事国防和学术研究。在当时，主要的通信方式是电路交换网络，但是这种模式在通话期间会有很大的局限性。1964 年，美国 RAND 公司提出了包交换网络的概念。该概念出现引发广泛关注，为科学家们解决传统电路交换网络的问题提供了解决思路。1969 年，美国国防部高级研究计划署创建了阿帕网（ARPANET），这是第一个分组交换的计算机网络，被认为是互联网的前身之一，为互联网的诞生奠定了基础。

最初的阿帕网只有四个连接节点，实现了四所大学计算机的连接。随后这些网点持续扩大，到 1981 年，节点已经增加到 213 个，其网络连接已经扩展到欧洲和亚洲，实现了全球互联。在这期间，阿帕网的第一个电子邮件发送，通过网络连接的计算机之间的数据交换开始成为现实。但是随着越来越多计算机加入连接中，阿帕网使用的 NCP 协议就无法支撑准确的传输，计算机之间的沟通开始存在障碍，导致信息传输失败。科学家们开始思考如何构建新的协议来实现传输的标准化。到 1983 年，TCP（传输控制协议）/IP（因特网互联协议）被采用，统一了网络通信的规范，为互联网的发展开创了一个新时代。简单理解 TCP 和 IP，IP 可以标识不同的网络设备，IP 可以负责将数据从源地址传输到目标地址，TCP 则是负责传输，保证数据传输的可靠性和有序性，避免数据的丢失。1986 年，美国国家科学基金会建立国家科学基金会网络（NSFNET），连接了美国各地的超级计算中心，逐渐取代了阿帕网成为主干网络。1989 年，英国物理学家蒂姆·伯纳斯·李提出了万维网的概念，这是一种基于超文本链接的信息检索和共享系统。

2. 普及与商业化（1990—1999 年）

1990 年，阿帕网被卖给商业公司，退出历史舞台。进入 20 世纪 90 年代，互联网的商业化成就了互联网发展的传奇年代。1990 年，蒂姆·伯纳斯·李创建了第一个网页，标志着万维网正式诞生。1991 年，第一个 Web 网页诞生。1993 年，Marc Andreessen 和 Eric Bina 发布了首个图形浏览器 Mosaic，使得万维网对普通人更为易用和有吸引力，第一个浏览器的问世开启了信息时代的新纪元。1994 年 4 月 20 日，我国实现了与国际互联网的全功能连接，开启了中国的互联网发展历程。

互联网发展到这一阶段，其应用方向不再局限于军事和学术。随着商业需求的变化，越来越多的商业互联网开始诞生。互联网进入商业运营的时代，并逐渐开始普及，成为改变世界、进行时代变革的创新力量，也正式开启了 Web1.0 时代。Web1.0 时代的发展大大提升了全球信息传输的效率，降低了互联网用户获取信息的门槛。同时，各种互联网应用如网络新闻、在线搜索、电子商务、网络游戏等也开始普及。1995 年，网景公司在纽约上市之后，开始了互联网创业和投资的热潮，许多大众熟知的互联网企业在这个时代诞生。1995 年，斯坦福大学的两名研究生创建了雅虎公司。同年 7 月，亚马逊成立。1997 年，网易公司的创立为用户提供免费的 163 邮箱。1998 年开始，搜狐、新浪网站、谷歌、阿里巴巴、百度公司陆续创立。20 世纪 90 年代是互联网发展历程中的一个传奇年代，互联网以难以想象的速度开始普及并席卷全球，也开启了其商业化浪潮的进程。

3. 创新与多样化（2000—2009 年）

21 世纪之初，互联网发展进入泡沫时期。2000 年到 2002 年，许多互联网公司倒闭或被收购。互联网泡沫破裂之后，互联网的创新发展并没有因此停滞，反而是互联网用户的需求变化促进了互联网的创新变革。百度在 2003 年推出中文贴吧论坛供人们在线交流。2004 年，扎克伯格创建 Facebook 供人们分享生活。同年，蒂姆·奥莱利在一场会议上提出了 Web2.0 的概念，强调用户参与、社交网络和网络应用的重要性，该概念被广泛认可接受，为互联网发展的新浪潮下了定义。2005 年豆瓣成立，供电影爱好者分享观影感受。同年，腾讯推出 QQ 空间。2006 年优酷网成立，提供在线视频观看功能。诸此种种，互联网发展百花齐放，众多互联网企业抓住机遇迅速崛起，成为各个领域中的佼佼者。

总的来说，在 Web2.0 时代，互联网的创新和多样化发展改变了 Web1.0 时代的局面，即用户只能被动接受互联网的内容，不能参与到互联网建设。用户从互联网的阅读者成为互联网的参与者，可以在多样的社交网站和论坛中创作内容、分享观点、彼此互动，彻底改变了人们的生活方式，带来了社交、创作、服务等方面的巨大变革。同时，从这个阶段开始，互联网安全治理也成为各国政府关注的重点，开启了自己独特的网络发展路径。

4. 移动化与智能化（2010 年至今）

2010 年以来，随着智能手机的普及，移动互联网开始迅速发展，移动应用成为主流。移动支付就是移动应用的一个典型例子。2011 年，谷歌推出 Google+社交网络和 Google Wallet 移动支付服务。2014 年，微信支付和支付宝等移动支付服务在中国迅速普及，为人们的生活提供了极大便利。此外，新一代信息技术如云计算、物联网等兴起，互联网发展进入了智能化的时代。2013 年，云计算普及，可以使用户通过互联网访问和存储计算机资源，提高了数据存储和处理的效率。2017 年，物联网兴起，实现了设备之间的智能化交流和控制。因此这个时期，互联网的发展也进入了新的时代，即 Web3.0 时代。互联网开始从计算机端的互动向人们生活的每一个角落渗透，开启了互联网移动化和智能化的黄金时代。

（二）存在的问题与新要求

随着经济全球化的发展，在技术发展和市场变化的不确定环境下，企业逐渐意识到单打独斗的局限性，创新也不能局限在企业内部。这驱使企业寻求跨边界的合作，开始与其他企业、供应商、合作伙伴建立紧密的关系网络，促进组织之间的资源共享、协同创新和价值共享。因此企业与企业之间、行业与行业等各个主体之间的边界变得模糊，各个主体之间形成网状结构，即价值组网。虽然企业已经意识到构建互动平台的重要性，但实际发展过程中依然存在各种各样的问题。例如，以下两个方面的问题：

（1）价值组网的构建中资源共享的不均衡。因为价值组网通常由一些大型企业进行主导，中小型的企业可能由于自身局限不能积极参与到网络的构建中。一方面，在网络的构建过程中，资源的共享存在偏向性，资源主要集中于大型企业的价值链之中，导致组网连接通道闭塞。另一方面数据作为重要的生产要素，数据的隐私保护以及流动可能成为资源共享的阻碍，尤其是跨国之间的数据资源流动。

（2）价值组网的构建中话语权的不对等。互联网技术天然具有连接万物、去中心化、数据互通等优点，构建产业数字化和数字产业化的价值组网具有突出的优势。通过有效的价值组网构建实现网络上各个主体之间的价值共享、利益共享。因此，互联网技术需要进行不断的演进和创新来应对新发展需求。但是，中小企业往往存在资金、认识、技术能力、信心不足的情况，因而不能很好地融入参与到网络的构建中，平台价值主张的话语权不足。

互联网技术在数字经济发展中演化的新要求主要有以下三个方面：

（1）与其他数字技术更深度融合。在数字经济时代，互联网技术将各个主体连接在一起形成一张价值组网，网上的主体进行各种活动、实现各种功能。互联网技术最核心的作用是“连接”，实现万物互联，构建价值网络。价值组网上功能的实现不仅是互联网技术作用的结果，更需要与其他数字技术进行深度融合。比如，为了实现数据的实时性，提高生产效率，互联网技术可以和物联网技术结合，由此实现物与物、物与人互通，实现实时监测、远程控制等功能。为了保障数据的安全性和完整性，互联网技术可以和区块链技术结合，建立安全的、去中心化的数据交换机制，从而提供更加可信和透明的数据流程，减少信任问题。互联网技术的“连接”特性可以将以往人与物、人与机构建的连接转变成由众多数字技术构建的一张数字空间网络，使网络空间中的各个主体不受地理位置限制，实现跨边界的互联互通。因此，互联网技术需要与更多其他数字技术深度融合，发挥更加强大的连接作用。

（2）更高效的网络协同。互联网技术将价值链不同环节的企业和组织连接，从而实现价值共创、创造竞争优势。这些连接的主体在连接下实现协同演化，可以从不同的主体处获取知识、技术和专业能力，实现加速创新过程、降低交易成本、提高合作效率等目标。数字经济时代背景下，企业和组织在全球范围内的交流更加常见，技术和市场的变化速度加快，常常需要进行快速的跨地域、跨区域的合作和交流，需要互联网技术助力，加强组织协同的效果，使企业和组织能够更好地应对日益复杂和快速变化的环境。

（3）支撑更多的应用场景。随着互联网日益普及，计算和储存能力迅猛发展，为数据的采集、传输、分析和优化等提供了良好的数字基础。因此，对互联网技术的转型应用提出了更高的要求，旨在通过其优势创造更高的效益。比如，研发模式的转型。在新产品的研发中，可以进行仿真驱动设计，减少实物试验，可以采集用户的需求，可以进行异地协同研发，提高研发效率等。互联网技术需要根据环境的变化进行更多转型的应用，从而使企业更加积极地参与到价值组网中，创造更高的效益。

（三）发展趋势

在数字经济的发展过程中，互联网技术的形态也在不断变化。这些变化改变了人们的生活和工作方式，为企业和组织运营带来新的机遇和挑战。

（1）5G 技术发展，实现无线宽带互联。5G 网络的商用化推进大大提高了无线宽带通信能力，提升了互联网的快速连接和数据传输速度，传统上由于传输延时造成的不同步等问题基本不存在了，为物联网、虚拟现实、增强现实等新兴技术赋能，使完全意义的智能车间、无人驾驶等场景有了可行的通信领域的技术支撑。

（2）连接物联网，实现敏捷实时化。物联网技术将各种设备、传感器和物品连接到互联网，实现了连接的信息交换和智能化控制，实现了实时的敏捷连接，可以在智能家居、智慧城市、工业自动化等领域实现创新和变革。

（3）连接大数据与云计算，实现大数据智能分析。数字经济时代数据量爆发式增长，互联网技术结合大数据技术和云计算技术，能够更好地处理和分析海量数据。互联网背景下的智能化分析使数字经济的主体拥有更敏锐的洞察力，为决策和创新提供支持。

（4）连接虚拟现实技术，构建数字化空间。数字化空间的一个代表是元宇宙。元宇宙是一个虚拟世界，是由数字化的现实和虚拟现实交织而成的一个空间。互联网新技术与虚拟现实技术的连接支持了元宇宙的实现，可以帮助实现数字化空间的建构。

（5）连接区块链技术，维护互联网世界秩序。区块链技术的出现使去中心化、透明和安全的交易成为可能，帮助构建一个更可信、更安全、更高效的互联网，实现网络节点过程留痕、全程可追溯，可以用技术手段建立信用体系和信用网络，为金融、供应链管理和知识产权等领域提供了新的解决方案。

三、赋能数字经济价值组网

（一）赋能要义

中国对于产业数字化和数字产业化的发展“十四五”规划提出要构建产业之间的价值组网。价值组网是一个组织和连接不同价值链成员的动态的、协作的、开放的、共同的价值网络，强调了在网上的各个主体，包括政府、企业、服务商之间进行紧密的协作和资源共享，以此来实现创新、交换价值、提供高效的产品或服务等目标，可以有效地促进经济发展。

互联网技术赋能数字经济价值组网构建的要义在于连接。通过连接虚拟与现实，产生数字孪生。具体而言，数字经济价值组网的构建是依托互联网技术进行赋能，找到价值组网构建过程中包括由人—人、机—机、人—机等节点形成网络生态中所缺失节点连接的内在逻辑，并且利用互联网（含物联网）技术手段构建连接，使得原本缺失的节点更为高效地连接起来。通过连接，可以让决策、控制信息跨过断点更有序地流转，实现各类资源要素更有效的共享，进而达到产业生态系统的运转整体更为有序、高效，满足生产管理、控制、决策、调度等各类需要。从理论层面来看，互联网技术赋能数字经济价值组网是业务重组、产业链重构、产业业态重塑所对应的管理新方法、新理念和新思维的构建。从具体技术支撑来看，价值组网的构建连接需要对应的具体技术手段，包括互联网、5G 移动互联网、物联网等。从赋能的目标来看，侧重于产业具体场景的连接，包括需求分析、产品设计、控制决策等。

因此，互联网技术赋能数字经济价值组网构建的本质通过以下方面呈现：

（1）相互连接与信息交换。相互连接与信息交换是互联网最基本的功能，因此数字经济各个主体构建的价值组网可以借助互联网技术实现网络中各个节点之间的连接和通信，从而可以实现包括获取信息、展示信息、交互信息等功能的信息交换，并且节点之间可以通过网络的构建实现万物互联，打破时间界限，实现全球范围的实时网络化动态运营管理。

（2）资源共享。资源共享是互联网技术最直接的结果。万物互联后，互联网的资源池可以无限扩大，数字经济各个主体构建的价值组网上的资源都可以共享，包括各种信息、资料、指令等资源，甚至是网络中的计算机软件、硬件及数据和一些可以共享的外部设备等。

（3）分布式处理。分布式处理使数字化转型成为可能。分布式处理就是将若干台计算机或带有网络接口的终端设备通过网络连接起来，将一个程序分散到这几台计算机或终端设备中同时运行。通过网络进行分布式处理的应用很多，如制造企业普遍使用的 ERP。因此，数字经济产业主体通过互联网技术赋能价值组网构建，利用分布式处理技术实现云计算、边缘计算、区块链等新技术的融入，制造业向软件企业、互联网企业的形态转变。

（4）实时集中控制和管理。把分散对象用互联网进行连接，可以实现实时集中控制和管理。当今全球日益重视的网络安全空间管理、基于互联网和大数据的社会综合治理系统等都是集中管控的例子。价值组网中的主体借助互联网和相关应用软件系统进行集团管控（战略管控、财务管控和运营管控）以及远程网络化制造资源的动态调度，可以实现设备的远程维护、在线实时监控等功能。即通过互联网技术的赋能，可以对分散对象进行实时集中控制和管理，从而实现基于动态联盟、虚拟企业制造模式。

（二）赋能方法

以数字经济和实体经济融合为例，我国目前的数实融合主要是在需求端发力，即注重消费端。数字化转型在供给侧、产业链中应用不够深入、不够充分关键原因是产业之间的价值组网构建不完善。在价值组网构建过程中，中小企业由于理念的局限不能积极参与到网络的建设中，中小企业资金、技术能力不足导致其不能很好地融入网络建设，存在数据之间的流转存在障碍、要素资源向大型企业倾斜等情况。互联网技术在构建价值组网上的特点和优势可以有效帮助数字产业化和产业数字化的转型升级目标的达成，实现网络上各个节点之间的价值共享、利益共享。

互联网技术赋能价值组网构建方法的关键在于连接，通过产业数字化中的各类企业、人、机器设备、材料等之间的相互连接，以及人与人、机器与机器等之间的连接实现人机交互与共融，由连接而构成网，实现对产业链的重构和业态的改变。以人和人之间的连接为例，在制造业企业中已经出现一种互联网技术作为基础的连接形式，如生产线的操作员和企业管理者的连接，企业管理者可以实时查看来自操作员的生产线状态数据，从而更加全面及时地掌握企业的订单完成情况、故障率情况等。

如图 3-8 所示，一种常规的互联网技术赋能价值组网构建的方法可以描述为三个阶段，即连接入网、串联虚拟和现实世界、重构产业链。具体而言，第一阶段连接入网，关键就是形成数字经济产业中各个主体之间全面复杂的连接网络。第二阶段是串联虚拟和现实世界，这是在第一阶段的基础上实现的，需要通过网络把企业的物理系统和计算机仿真系统打通。第三阶段是重构产业链，这是连接目标，即通过第一、二阶段的工作促使产业链在更高水准上实现重构，可以帮助实现价值传导和利益分配等。

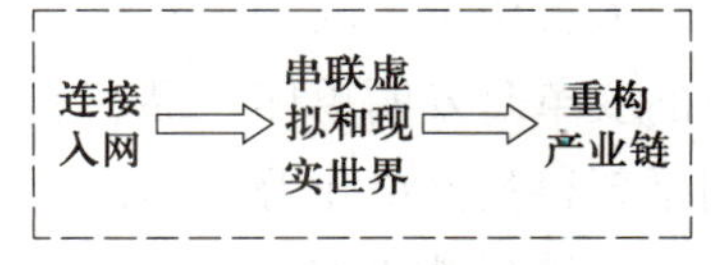

图 3-8 互联网技术赋能过程

（三）赋能作用

总体而言，在产业数字化和数字产业化的过程中，互联网技术是极为重要的技术基础，助力数字经济价值组网的构建，实现资源共享、优势互补等目标。上述提到互联网技术赋能价值组网构建方法的关键就在于连接，通过连接改变了信息不对称的局面，极大地发挥了注意力经济，为可信、分布的新一代经济业态奠定基础，改变了传统不信任经济下的柠檬市场影响。互联网技术赋能构建价值组网的作用主要包括以下三个方面：

（1）创造连接，改变产业链、价值链之间的信息不对称。以制造业为例，对于企业而言，主动加入并依托互联网技术构建的连接是实现价值网络构建的前提。传统商业管理中，前端只关注消费者，后端只负责设计、生产端，容易产生巨大的信息不对称问题。而依托新一代互联网技术，消解其设计、生产、销售之间的信息不对称，并找到制约不对称的主要因素，可以在最低成本条件下探索价值组网路线作为连接，消除商业与设计之间的鸿沟。因此，连接是互联网技术改变产业链、价值链之间信息不对称的一条赋能路径。

（2）放大注意力经济，打造商业聚光灯效应。注意力经济是互联网时代产生的一个新概念。简单来说，就是利用各种应用和平台争夺和吸引用户的注意力，从而获取经济利益的一种经济模式和现象。如网红就是注意力经济下的新事物。利用好注意力经济、打造商业聚光灯效应是企业实现互联网技术赋能的另一条路径。注意力经济突破了传统层级传递信息方式，让网络上的边缘节点有机会成为聚光灯下的关注点，从而更好地利用各个节点的资源，实现价值创造。

实践案例：互联网技术应用案例

（3）支撑分布、可信的下一代产业生态发展。随着互联网进一步发展，尤其是加入区块链等新技术的互联网为分布、可信的下一代产业生态、新业态发展提供了支撑。基于此，可以有效地通过互联网技术实现众多节点的连接，并有效减少节点之间虚假的信息资源传递的问题。

第四节 云 计 算

人类历史上的每一次科技革命都可分为科技创新、商业创新两个阶段。科技创新阶段的变革是发明单体产品，实现某个新兴产业从“0”到“1”的发展。商业创新阶段则是新科技网络化普及，帮助所有行业、所有地区应用新科技，加速从“1”到“N”。从蒸汽机到铁路网络、从发电机到电网、从汽车到公路网络、从计算机到互联网，都是因为将全球最领先的科技能力输入千家万户，让每一家企业受益。在数字经济时代，连接网络越来越普遍。任意行动主体都能够通过互联网调用全球最强大的计算能力——云计算，更好地服务于工作和生活。如20世纪的电力一样，计算将成为未来100年中取之不尽、用之不竭的通用公共服务，各行各业的数据经过计算深加工后产生不可限量的商业价值。云计算已然成为数字时代的重要基础设施之一，正在创造新的数字经济世界。

一、云计算概述

（一）云计算技术的概念

理解云计算（Cloud Computing），首先要理解云。云指代网络，是“线上、在线”

的意思，也包含“云集、云聚”的意思，从线下到线上并聚合的过程通常被称为“云化”或“上云”。其次是计算。计算本身是一个计算机专业术语，指算法、算力等处理数据的逻辑、能力和方法等。和计算机不只是用来计算一样，目前计算涵盖的范围很广，既包括CPU、内存、硬盘等提供计算、存储、网络服务的硬件资源，也包括提供数据或应用服务的软件资源，其统称应用、数据和服务。简单来说，云计算就是让用户通过互联网来使用在云端的应用、数据和服务。早期的云计算通常指简单的分布式计算，将任务分散到多个计算节点进行处理，以提高计算效率和资源利用率，然后将各节点计算返回的结果进行合并。多节点并行处理计算任务可以极大缩短计算时间，为用户提供高效的网络服务。这种主要强调任务分发和合并的计算被称为网格计算。随着网络技术快速发展，现阶段的云计算是多种计算机技术融合发展的结果，区别于早期仅停留在分布式计算的云计算概念，现在的云计算包含虚拟化、热备份冗杂、网络存储、并行计算、负载均衡、效用计算等多种计算技术，是基于互联网相关服务的增加、使用和交付模式，云计算可以将虚拟的资源通过互联网提供给每一个有需求的客户，拓展了数据处理范畴。

（二）云计算分类

按部署形式的差异，云计算主要分为三类：私有云、公有云和混合云。

（1）私有云，顾名思义，就是把虚拟化和云化软件部署在自己的数据中心，即计算资源由一个组织专用并由该组织掌握，这样不会受到网络带宽、安全疑虑、法规限制的影响，更能掌控云基础架构、改善安全与弹性。目前，实力雄厚的大公司或其他组织倾向于构建自己的私有云。

（2）公有云，就是把虚拟化和云化软件部署在云厂商的数据中心。很多用户共享一个云厂商的计算资源。公有云在国内有阿里云、腾讯云、百度云等。

（3）混合云，即私有云与公有云的混合。其策略是在私有云部分保持相对隐私的操作，在公有云部分部署相对开放的运算，这样可以兼顾两种云的优点。

按服务类型的差异，云计算一般分为三类：基础设施即服务（IaaS）、平台即服务（PaaS）和软件即服务（SaaS）。

（1）基础设施即服务（Infrastructure as a Service，IaaS）。云计算服务商提供机房的基础设施、计算机网络、服务器/虚拟机等基础设施，用户只要按需付费使用存储、网络和虚拟化等服务即可。IaaS为用户提供了基于云的本地基础架构替代品，因此用户可以避免对昂贵的现场资源进行投资。组织机构自己维护内部部署的IT基础架构既昂贵又费力。它通常需要在物理硬件上进行大量的初始投资，然后可能需要聘请外部IT承包商来维护硬件，并使所有设施都能工作并保持最新。借助IaaS，用户可以根据需要购买所需的产品，并随着业务的增长购买更多的产品。IaaS具有高度的灵活性和高度的可扩展性，用户可以在需要时随时更换它，而不会损失最初的投入。IaaS对于各种形式和规模的企业都是有益的，因为它可以完全控制用户的基础架构，并按照随用随付的模式运行，适合大多数组织的预算情况。越来越多组织追求轻量化和轻资产，对物理硬件和IT基础设施的投资越来越少，因此IaaS替代方案是一种更安全、更可靠、更经济的选择。

（2）平台即服务（Platform as a Service，PaaS）。云计算服务商通过Internet除了提供硬件还提供一些软件工具，比如操作系统、数据库、中间件等，用户使用这些工具来开发应用程序。PaaS用户往往是开发人员，即PaaS主要由构建软件或应用程序的开发人员使用。PaaS解决方案为开发人员提供了创建独特的、可定制软件的平台。这意味着开发人员在创建应用程序时无须从头开始，从而在编写大量代码方面节省了很多时间和金钱。PaaS平台可被多个用户访问，可扩展，可以从各种资源层中选择适合的业务规模，基于虚拟化技术，无须广泛的系统管理知识即可轻松运行。此外，PaaS通常是开发人员创建唯一最具成本效益和时间效益的应用程序，它允许开发人员将精力集中在应用程序开发的创造性方面，而不是像管理软件更新或安全补丁之类的琐碎任务，开发人员可以将所有的时间和精力都用于创建、测试和部署该应用程序。

（3）软件即服务（Software as a Service，SaaS）。云计算服务商通过互联网直接向用户提供软件，通常需要按月订阅。使用SaaS的一个主要优势是无须在任何计算机上安装和运行软件应用程序，在线登录账户时，所有内容都可以通过Internet获得。用户可以通过网络随时使用任何设备访问该软件，其他使用该软件的人也是如此。不再需要聘请IT专家将软件下载到整个办公室的多台计算机上，也不必担心要使每台计算机上的软件保持最新状态，一切都在云端完成。另一个主要优势是付款结构。大多数SaaS提供商都采用具有固定的包月账户费的订阅模式，用户能够确切知道该软件将花费多少，并可以据此安排预算而不必担心隐藏的收费。SaaS平台适合希望应用程序以最少的输入量即可平稳可靠地运行的情况，如果出现问题则由SaaS提供商来制定解决方案。

（三）应用特点

在云计算兴起之前，对于大多数企业来说，IT的基础设施构建采用的是自行购买硬件和机房租用的模式，除了服务器本身，机柜、带宽、交换机等诸多事项都需要考虑，并且要有专人维护，这无疑是一笔巨大的开销。云计算利用虚拟化技术，对企业来说屏蔽了这些基础设施的底层物理逻辑，只需要按需租用弹性计算资源，给企业带来了极大的便利。云计算技术的应用主要有五大特点：

1. 超大规模

一般云计算都具有超大规模。据相关统计，亚马逊在2012年全球至少有45万台服务器，谷歌云计算在2016年就已经达到了250万台云服务器，阿里云在全球共有89个数据中心。通过云计算中心管理和整合大规模的计算机集群为用户提供强大的计算、存储服务。

2. 虚拟化

云计算具有很好的终端支持，用户在任意位置、使用各种终端均可获取云计算提供的应用服务，无论是复杂的超级计算任务还是简单的操作，只需通过网络用户就可以达到想要的目的。

3. 高可靠性

云计算有着严格的可靠性要求。在基础设施上，电源、散热、网络连接等方面采用冗余设计来确保服务的可靠性。在软硬件上，采用计算节点同构互换、心跳检测以及副本容错等多种措施保障服务的可靠性。

4. 扩展性

云计算是一种通用的计算模式，不专注于特定的应用领域。在云计算的基础上，可以灵活构建各种不同类型的应用，而同一个云平台可以同时支持多种不同的应用运行。云计算的规模可以根据用户的需求进行动态调整，在业务高峰期提供更多的计算资源，以满足需求增加的情况。而在业务低谷期，云计算平台会及时释放相关资源，实现资源的弹性优化利用，以满足用户在不同时间段的需求变化。这种灵活性和弹性使得云计算能够更有效地满足用户多样化的需求。

5. 按需服务，按量收费

用户可以根据自己的需要来购买服务，按使用量来精确计费，实时计算用户的使用时长、存储空间、CPU 数量、网络带宽等实施细化的计费策略，既能大大节省 IT 成本，也能提高整体资源利用率。

（四）云计算的发展——雾计算、边缘计算和霾计算

1. 雾计算

雾计算（Fog Computing）是在云计算的基础上延伸出来的一种计算模型。由于云计算需要终端把所有数据集中运输到同一个数据中心，而将数据从云端导入和导出，比人们想象得更为复杂。在实际应用中，还可能受到宽带限制等影响，导致拥塞、计算延迟等。于是，为了防止此类情况发生，可以在终端设备和数据中心之间引入网络边缘层。例如，通过添加具备存储功能的小型服务器或路由器，在这一层直接处理和存储一些数据，从而降低云端的负载。这种方法不仅提高了处理效率，还能加快传输速度、减少延迟，这种做法被称为雾计算。处于网络边缘层的带有存储器的小服务器或路由器等可以称为雾节点。组成雾节点的往往不是性能强大的服务器，而是一些性能较弱的、更为分散的、处于大型数据中心以外的庞大外围设备。这些外围设备既包括智能终端本身，也包括把智能终端与云端相连接的网关或路由设备。这些节点渗入工厂、汽车、电器及人们日常生活中的各类可计算设备中，就像是遍布身边的雾气，无处不在。雾计算将云计算的概念扩展到网络边缘，使计算能够更接近设备和传感器，以支持边缘智能和边缘分析。

雾计算也是将数据上传到远程中心，然后进行数据分析、处理和存储，和云计算原理一样都是采用虚拟化技术。不同之处有以下两点：一是与云计算相比，雾计算所采用的架构更呈分布式。雾计算会设置众多分散的中心节点，即有很多个雾节点，而不是只

有一个云中心。因此，云计算代表了新一代的集中式计算，而雾计算则属于新一代的分布式计算，符合互联网的“去中心化”特征。二是云计算更强调计算的方式，雾计算更强调计算的位置。雾计算介于云计算和个人计算之间。云计算就像是在云中进行数据的计算，而雾计算则是在周围的雾气中进行数据的计算，所以雾计算也称分散式云计算。总的来说，雾计算作为云计算的补充，是为了解决云计算本地化计算问题，是本地化的云计算。

2. 边缘计算

边缘计算（Edge Computing）本质上是雾计算的一个子集，其处理数据的服务器更靠近数据源，本质上是强调雾计算在局域网内处理能力的概念。边缘计算的目的是减少数据传输和远程计算的延迟，提高实时响应性和资源利用效率。边缘计算数据处理是在网络的各种设备中，而不是在中央服务器上进行的。通常发生在如智能手机、传感器边缘设备（如智能手机、传感器）或靠近边缘设备的局部服务器上。例如，到了一个没有网络的地方，人们就可以通过边缘计算设备处理数据，等回到有网络的地方再传递到云上或回到本部等直接使用“边缘侧”的计算结果。

一般而言，雾计算与边缘计算的区别主要体现在两方面：一是雾计算采用更为层次分明和平坦的架构，形成了各层次节点之间的网络，而边缘计算则依赖于单独的、不构成网络的节点。二是雾计算具备节点之间广泛的对等互联能力，相比之下，边缘计算在各自孤立的节点中运行，需要通过云来实现对等流量传输。

3. 霾计算

霾计算（Mist Computing）是一种介于云计算和边缘计算之间的计算模型。它主要聚焦于处理局部区域内的数据和应用，旨在提供低延迟和高效能的计算和分析能力，以满足特定场景下的实时性和即时性需求。霾计算着重于边缘设备上的计算和数据处理，但相对于边缘计算而言，霾计算范围更小，覆盖较小的地理区域，强调将计算资源更加靠近数据源，减少数据传输和远程计算的延迟，同时提高资源利用效率。与云计算相比，霾计算更加强调本地化的计算和数据处理能力，可以在没有稳定互联网连接或网络带宽受限的情况下进行计算。同时，霾计算也强调数据隐私和安全性，因为数据不需要离开局部区域，可以减少数据泄露和安全风险。

霾计算可以应用于多种场景，比如工业自动化、智能城市、智能交通、物联网等。在这些场景中，需要对大量的实时数据进行处理和分析，并在短时间内做出决策和响应。通过在局部区域部署霾计算节点，可以减少数据传输的时间和网络拥堵，提高实时性和响应性。

雾计算、边缘计算、霾计算以及最新出现的海计算等并非旨在代替云计算，而是为了弥补云计算的短板。云计算可以视为一个管理者，负责长周期的大数据分析，将周期性维护、业务决策等层面的业务下发到边缘处。其他计算更像执行者，专注于实时和短周期数据的分析，更好地支持本地业务被及时处理和执行。同时，它们更靠近设备端，为云端的数据采集做出贡献，支持云端应用的大数据分析。这种相互配合的大数据处理方式使得大部分计算问题无须所有数据传输到远程的云端，而是在边缘侧就能解决，实现了“应用在边缘，管理在云端”的理念，这种方式更适合实时的数据分析和智能化处理，不仅高效，而且更安全。

二、技术演进

云计算的发展一般分为四个主要阶段：传统预制 IT（自建机房）阶段、萌芽阶段、虚拟化阶段和云计算阶段。其中，云计算在发展演变过程中存在以下几个特点：一是核心构建块的变化。从早期的物理服务器（物理机），通过虚拟化技术演进为虚拟机，再摆脱机器的限制缩小为构建块，最后通过容器化技术演进为目前的容器（Container）。二是隔离单元。无论是启动时间还是单元大小，物理机、虚拟机、容器一路走来，实现了从重量级到轻量级的转变。三是供应商。从闭源到开源，从单一供应商到跨越多家供应商。

（一）发展历程

云计算发展历程如图 3-9 所示。

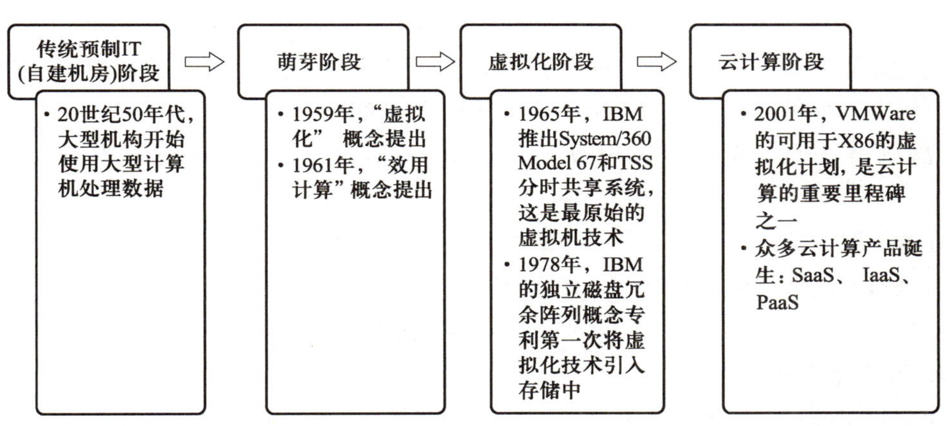

图 3-9　云计算发展历程

1. 传统预制 IT（自建机房）阶段

自 20 世纪 50 年代，人类开始使用大型计算机系统来处理数据。早期的大型计算机体积庞大而且价格高昂，一般只有大型的机构和企业，例如政府、大学、银行等才有条件和能力构建自己的机房。通常而言，自建机房需要数据、软件程序、操作系统、网络以及硬件设备等核心要素，还需要机房规划、服务部署、软件运维等一系列的工作内容。当时还不能算成云计算。

2. 萌芽阶段

在 20 世纪 50 年代末，由于计算设备的价格高昂，一般的企业、学校和机构难以承担这样的费用，因而许多人开始考虑共享计算资源的可能性。1959 年 6 月，在国际信息处理大会上克里斯托弗·斯特雷奇（Christopher Strachey）在其发表的论文 *Time Sharing in Large Fast Computer* 中提出了“虚拟化”概念，这被公认为虚拟化技术的最早论述。为了提高投资回报率，购买大型机的组织开始实施分时调度（Time-sharing），从没有处理能力的终端访问大型计算机。分时理论可以充分利用可用的计算时间，可以用于为无力购买自己的大型机的小公司提供计算时间。

在 1961 年麻省理工学院百年庆典的演讲中，“人工智能之父”、图灵奖得主约翰·麦卡锡（John McCarthy）对分时技术未来发展进行了展望，首次提出了“效用计算”概念（林作铨，1993）。效用计算的核心思想汲取了电厂模式，具体目标是整合分散在各地的服务器、存储系统以及应用程序，实现对这些资源的共享，使用户能够像插入插座使用电器一样方便地使用计算机资源，并根据其使用量进行相应的付费。但受限于当时的科学技术发展水平，整个 IT 产业还处于发展初期。上述云计算还只是一个设想，或者说是个梦想。

3. 虚拟化阶段

1965 年 8 月，随着 IBM 发布 System/360 Model 67 和 TSS 分时共享系统（Time Sharing System），云计算进入了虚拟化阶段。该系统通过虚拟机监视器实现对所有硬件接口进行虚拟化，能够使得多个用户可以同时共享同一台高性能计算设备，提高利用率。1972 年，IBM 发布了名为 VM（Virtual Machine）的操作系统。1978 年，IBM 获得了独立磁盘冗余阵列（RAID）概念的专利，将物理设备组合为池，并从中切出逻辑单元号（LUN）提供给主机使用。尽管这项技术直到 1988 年才与加利福尼亚州立大学伯克利分校联合开发出第一个实用版本，但这一专利是首次将虚拟化技术引入存储领域的。

在这一阶段陆续出现了云计算的基本前提：共享计算能力和共享网络，并出现了虚拟机、虚拟网络和早期基础设施。在 2000 年前后，虚拟化技术还未成熟之时，当时如果人们想要开启一个新的应用，需要购买一台物理机当服务器。

4. 云计算阶段

随着时间推移，虚拟化技术逐渐成熟。1998 年，VMWare 成立并首次引入 X86 虚拟技术，通过在 Windows NT 上运行的 VMWare 启动了 Windows 95。1999 年，VMWare 推出了在 X86 平台上流畅运行的首个 VMWare Workstation，这标志着虚拟化技术摆脱了仅适用于大型机的局限。此后，研究人员和爱好者开始在普通 PC 机和工作站上广泛使用该虚拟化解决方案。云计算的重要里程碑之一是 2001 年 VMWare 带来的可用于 X86 的虚拟化计划。通过虚拟机，可以在同一台物理机上运行多个虚拟机，这意味着可以降低服务器的数量，而且速度和弹性远超物理机。

在虚拟化技术成熟之后，云计算市场才真正出现，此时基于虚拟机技术诞生了众多的云计算产品，也陆续出现了 SaaS、IaaS 和 PaaS 等平台，还出现了 FaaS（Function as a Service）和公有云、私有云、混合云等形态。

（二）发展动态

1. 容器技术

2013 年，在云计算领域发生了一次影响深远的技术变革——容器（Container）。容器实质上属于一种虚拟化技术。在计算机领域，虚拟化是将 CPU、内存、磁盘、网络等计算资源进行抽象、转化、分割，以呈现一个或多个计算资源的技术。主流的虚拟化技术分为基于虚拟机的硬件虚拟化和基于容器的操作系统虚拟化。2015—2021 年被认为是容器技术标准的制定时期。在这段时间里，各公司和机构通过之前的竞争和合作努力寻找平衡，促进了标准规范的制定。目前来看，基于操作系统虚拟化的容器技术已经成为一种流行的开发、测试和部署应用的方式，允许应用程序拥有自己完整的软件堆栈，甚至是操作系统发行版。多项研究表明，如果使用得当，容器几乎不会产生引入性能损失（陈轶阳等，2023）。

2. 边缘云

边缘呈现为边缘云和边缘终端两种具体形态。边缘云是云计算向网络边缘扩展的新形态，是未来产业瞩目的焦点，也充当了连接云和边缘终端的重要纽带。边缘终端处于边缘云与数据源之间，是靠近用户或数据源的设备，包括边缘网关、边缘服务器、智能盒子等终端设备。在边缘云和边缘终端上，相关产业已初现端倪，蓄势待发。云计算的发展趋势呈现为通过中心进行统一交付、运维、管控，将计算能力下沉到边缘侧。包括电信运营商、互联网云服务商等在内的各类型厂家为了满足视频直播、AR/VR、工业互联网等场景下更广连接、更低时延、更好控制等需求纷纷进行相关尝试，利用自身优势资源将云计算服务逐步向网络边缘侧进行分布式部署，更加全局化的分布式组合模式是云计算正在进阶的方向。作为未来计算形态的发展趋势，分布式云是整个计算产业未来决胜的关键方向之一，推动着物联网、5G 等技术的广泛应用。

边缘云计算应用服务产品不断丰富。电信运营商整合网络和边缘基础设施优势，采用“网络+平台”的融合部署模式，推出移动计算（Mobile Edge Computing，MEC）边缘解决方案，通过用户面功能网元（UPF）的不同部署位置提供专享型和共享型边缘云服务。互联网云服务商通过边缘云服务、边缘节点管理平台等云边协同产品将中心云功能下沉到网络边缘，同时打通中心云与边缘云通道，加强中心云对边缘云在服务和应用上的管理能力。目前，边缘云计算主要应用在智慧城市、互动直播、新零售等场景。

根据 Grand View Research 的最新报告，到 2027 年，全球边缘云计算市场规模预计达到 154 亿美元，预测期内复合年增长率为 38.6%，其中软件、硬件、服务市场规模分别为 79 亿、44 亿、31 亿美元。从全球边缘云计算市场区域结构来看，在 2018 年的全球边缘计算市场份额占比中，美国占 38.84%，位于第一；其次为欧洲、亚太地区（除日本）、日本，分别占 30.53%、23.64%、6.11%。

3. 其他细分领域

随着巨头时代的到来，很多中小型甚至创业型云计算厂商积极寻找生存空间，采用云计算爆发之初那种大而全的做法已经越来越不现实，所以在行业中出现了很多细分领域的云计算厂商。从技术角度来讲，很多中小型云厂商目前集中在以下几个细分领域：① 容器。通过容器技术简化客户的云原生改造，目前主要集中在 PaaS 层的管理和 DevOps 方面。② 视频。随着直播、短视频等社交模式的流行，对视频技术的要求越来越高，很多云厂商聚焦在视频技术领域不断深挖。③ 大数据。聚焦于某些垂直行业的大数据智能化解决方案。④ 智能园区。提供智能楼宇、社区生活、设备互联、人车管理、创业孵化等方面的行业性云产品和服务。⑤ 内容分发网络（CDN）。为了使用户有更好的互联网体验，一些厂商聚焦于提供 CDN 服务，目前与云计算技术结合后，可以进一步优化服务体验和质量。

三、赋能数字经济跨域融合

云计算是一种数字化技术，通过将计算机上的所有组件功能虚拟化，计算机的运算、存储、读写等功能可通过网络访问数据中心的服务器实现。由于具有集约建设、资源共享、规模化服务和服务成本低等经济效益特点，云计算已成为数字经济时代的主要计算模式。从互联网行业延伸到传统行业，云计算已经发展成为赋能数字经济的创新平台和基础设施。

（一）赋能要义

云计算作为用户能够轻松获取的、具有强大资源共享功能、能够根据需求快速调整和实时访问的网络运作模式，已经深入人们的生活和工作中。云计算赋能数字经济发展的本质在于促进跨域融合的实现。这种融合不局限于各个领域之间，而是通过云计算技术打破物理空间的限制，实现各个领域之间的价值交互。云计算不仅突破原有单元组织边界带来的价值局限，同时还能提供具有弹性的计算资源，以快速适应价值域的变化，提高价值链的跨域协同效率，从而为数字经济的发展提供强大支撑。因此，作为数字经济的基石，云计算正在连接和构建产业互联网、大数据、人工智能和物联网等数字经济业态，为数字经济的发展提供强大动力。

（二）赋能方法

云计算技术赋能数字经济主要通过三种路径实现：降低成本、提高配置效率和提供安全保障。

1. 降低成本

云计算有效降低了信息资源共享的成本。在云计算模式中，互联网的计算架构由“服务器+客户端”演变为“云服务平台+客户端”。云服务提供商负责提供具体的硬件配置和更新，用户通过各种终端设备可以获取自己所需的信息、知识和服务。将云计算应用于信息资源共享系统，各信息资源用户端能够在不更换设备和技术的前提下，最大限度地利用云服务提供商提供的硬件和软件，从而以最小成本获取所需信息，降低信息共享成本。此外，云计算是支持绿色发展的新技术，有助于低碳经济发展，符合低污染、低能耗、高效率的新兴技术和集约型可持续增长的需求。因此，云计算成为实施集约型可持续增长方式的重要手段，为低碳经济发展提供规模经济和资源节约的路径。

2. 提高配置效率

受到地域、文化和市场环境的限制，各个经济行动主体在获取和利用信息资源方面存在显著的差异，导致机会不公平和竞争不公平普遍存在。云计算的成本效率、应用灵活性和无设备限制等优势有助于克服地域、文化和市场环境的局限，提升各主体获取信息资源的能力，从而促进数字经济的均衡发展。

3. 提供安全保障

为用户提供了安全可靠的数据存储中心，云计算有力地减少了在信息资源共享中的安全隐患。数字经济发展的关键和难点在于安全问题，而云计算为解决数字化安全问题提供了可靠的解决方案。在云计算模式中，商务数据可集中存储于“云海”中的一个或几个数据中心。数据中心的管理者负责统一管理、资源分配、负载均衡、软件部署、安全控制，并进行可靠的安全实时监测，有效确保这些数据的安全性。此外，云计算在资源共享方面遵循严格的权限管理策略。在云计算模式下，根据信息共享的需求，数据在明确定义的级别后才提交给云计算进行处理，从而确保安全性。

（三）赋能作用

中国的云计算应用不局限于互联网领域，已经向传统行业拓展。其中，2022 年工业领域的云计算应用量占比已经达到了 11.6%。随着数字中国的建设和数字经济不断发展，云计算展现出广泛的应用前景。近年来，云计算应用正从互联网行业逐步渗透到政务、金融、工业、交通、物流、医疗健康等领域，上云比例和应用深度大幅提升。通过建设融合计算平台，提供通用计算和智能计算能力，云计算将持续深化在工业、服务业和农业的应用，为新兴产业的发展提供服务。

1. 赋能现代农业发展

随着新型互联网技术的发展，云计算有利于突破传统农业的发展瓶颈与困境，发展现代智慧农业。通过云计算，可以实现对农业数据的采集、处理和传播，有助于推动农业的专业化分工，提高农业资源的高效配置，突破小农经济对农业发展的限制，实现农产品需求与供给的精准匹配。此外，云计算还能为传统农业提供更准确的管理和全方位的信息服务，成为现代化农业发展的新引擎。

2. 赋能智能工业

高昂的交易成本一直以来都是中国制造业发展智能制造所面临的主要障碍，通过重新塑造传统制造业与信息产业融合的组织形式，云计算可以显著地削减企业交易成本。传统制造业一般采用传统大公司的科层制管理，企业内部及企业与企业之间交易成本高。为了摆脱这种传统科层制企业组织形式的束缚，通过云计算重新组合制造业的生产要素实现扁平化管理。积极培育具备较快迭代能力、通用性较强且符合特定产业工业机理的行业云计算平台和工业软件，有助于企业实现数字化转型，实现工业互联网与智能制造的有效融合，降本增效，推动工业互联网和智能制造的蓬勃发展。此外，云计算产业不同于传统产业，无须通过“在地化”方式进行软硬件的安装和交付，而是基于互联网动态分配信息技术资源及服务，这种新型的跨空间“即付即用”模式很大程度上消解了企业区位和地理距离的限制，从而有效地降低了交易成本。

实践案例：云计算技术应用案例

3. 赋能第三产业重构

物流业是云计算应用最为广泛、落地最深的行业。物流活动由包装、装卸、运输、存储、流通加工、配送和物流信息等活动构成。一家企业承担物流的全部功能则意味着承担了所有的物流活动。通过云计算对物流活动进行细分，实现物流作业专业化，提高物流活动效率。基于大数据、云计算技术的智能物流在物流信息传输、供应链管理、运输路线规划、仓库储位优化和市场预测等领域取得了显著的进展。在信息联通方面，通过将基础数据传送到透明、共享的数据平台，实现了企业供货方、采购方、政府工商部门以及物流企业运输部门等之间的信息交流和共享。在基础数据库中，可以应用初级的分布式非关系型大数据、云计算处理技术进行供应链管理、运输路线规划、仓库储位优化和市场预测等。当然，这里只是举了一个例子，云计算在第三产业的应用非常广泛，云服务本身也是基于技术的第三产业。

第五节 区 块 链

信任是市场的构成要素，它保证了市场交易的可持续性。经济学家诺思认为，在信息和计算能力有限的条件下，人们之间的相互信任降低了行动主体间交易成本。格兰诺维特认为，对于任何经济而言，信任和可信赖的行为都是关键资产，因为它们会引导人们在社会网络中进行合作，使他们相互产生比纯粹自利动机更善良的行为。区块链是数字世界的社会合作、历史存证、签名转发、规则共识、互惠激励、契约执行机制。区块链技术通过以下六部分功能建立了数字化信任体系：通过对等网络建立了数字化社会合作空间；通过分布式账本建立了合作方共享的交易数字化历史存证；通过公钥和私钥等建立了数字化交易签名转发机制；通过共识算法等建立了数字化的规则共识和通用证明机制；通过通证奖励等建立了数字化互惠激励机制；通过智能合约建立了数字化契约执行机制。由此，区块链在数字世界构建了一个数字化信任机制，成为一种新型的数字化的信任系统。

基于区块链的数字化信任能极大降低市场交易成本，提高市场透明性，在适当克服其交易效率低的固有缺陷后能够建立基于信任的去中心化市场。基于区块链的数字化信任在全球数字货币支付市场、数字金融交易市场、数字资产交易市场、数据交易市场等方面都具有广泛的应用前景和巨大的市场潜力。

一、技术形态与特征

（一）区块链技术

区块链的本质是一个去中心化的数据库，其作为一种新型的计算机技术应用模式，可以利用分布式储存和点对点传输等技术特点，结合共识机制和加密算法，为数据的安全和可信提供保障，这种革新性的应用模式为构建可信数字社会提供了有力支持。

具体来说，区块链作为一种新兴的分布式基础架构与计算方式，利用链式数据结构进行数据的储存和验证，实现了能够经受时间考验的可靠数据存储和传输。同时，通过分布式节点和共识算法的集体作用，区块链具备了高度的去中心化和防篡改特性，保证了数据的安全可信。在此基础之上，区块链利用密码学手段实现了安全的传输和访问，进一步提升了数据处理的可信度。智能合约作为区块链的编程和操作数据的方式，不仅可以省去中心化机构的干预，为数据处理和应用拓展提供了便利，还可以更方便管理和监控数据的使用情况（蔡恒进和郭震，2019）。

区块链技术的核心组件包括以下三个。

（1）加密算法。区块链的加密算法是一种保证数据安全和归属的技术，区块链系统中应用了多种多样的密码学技术，以此来防止数据被篡改或伪造，以及证明数据所有者的身份。主要包括以下两种：

① 哈希算法，即一种将任意长度的数据转换为固定长度的摘要算法，具有不可逆、唯一和抗碰撞的特性。哈希算法在区块链中用于生成区块的标识（哈希值），以及验证区块和交易的完整性。常见的哈希算法有 SHA-256、SHA-3、RIPEMD-160 等。

② 公钥私钥，即一种基于非对称加密原理的加密和解密技术，每个用户都有一对密钥，分别为公钥和私钥。公钥可以公开，用于加密数据或验证签名。私钥必须保密，用于解密数据或生成签名。公钥私钥在区块链中用于加密交易数据，以及生成和验证数字签名。常见的公钥私钥算法有 RSA、ECC、DSA 等。

（2）共识算法。区块链基于分布式系统建立，在若干个节点上验证和储存数据，而为了保证数据在不同节点上进行复制和同步时保持一致性，需要利用共识算法。区块链的共识算法是一种协调网络中参与者处理数据的机制，为数据在不同节点之间的处理制定共识标准，决定了数据的记账权和验证方式，主要起到数据的维护作用。区块链的共识算法有很多种。其中一种分类方法是基于区块链系统是否容忍拜占庭错误分类。即在由多个节点组成的分布式系统中，每个节点都是独立的，节点之间需要根据制定的协议来进行通信，在这个联系的过程中，会出现两种错误：一种是对通信没有恶意的错误，如节点崩溃、网络故障等，这种错误称为非拜占庭错误。另一种错误类型则是在通信过程中可能有恶意节点进行任意行动，不遵守节点之间的协议规则，使分布式系统各个节点之间不能保持一致性，导致不同节点之间传输的信息不一致、无效节点出现等情况。基于此，可以将区块链共识算法分为两类：

① CFT 类共识算法。即仅能够容忍宕机、网络延迟/断开等良性错误的共识算法，比如 Paxos、Raft、Zab 等。这类算法通常在同步或部分同步的网络模型下运行，能够保证系统的一致性和可用性，但是不能抵抗恶意攻击。

② BFT 类共识算法。即除了能够容忍上述错误，还能够容忍任意类型的恶意攻击的共识算法，例如 PBFT、PoW、PoS、DPoS 等。这类算法通常在部分同步或异步的网络模型下运行，能够保证系统的一致性和分区容错性，但是可能牺牲一定的可用性。

（3）智能合约。智能合约作为一种新式的合同形式，以计算机语言编写，由计算机自动验证和执行。其采用了代码化的形式来表述合同内容，并在特定条件满足时自动执行，存在不可逆性和透明性等现代特性。智能合约可以在没有第三方的情况下进行可信的交易，而且这些交易可追踪且不可逆转。智能合约主要发挥数据执行和应用的作用。

（二）基本特征

1. 去中心化

在区块链上，数据的验证、记账、存储、维护和传输等操作均要通过分布式节点完成。每个节点都有完整的数据副本，这样即使某个节点出现故障，其他节点仍然可以继续运行，避免了单点故障和数据丢失的风险，从而确保了数据的完整性和安全性。这种分布式结构使得区块链不依赖于中心机构，实现了非中心化的运行，交易参与者可以自证并直接交易，不需要依赖第三方中介机构的信任背书。

2. 不可篡改性

区块链技术通过一套基于共识的数学算法彻底改变了传统中心化信用创造方式。传统金融体系中，信用构建依赖于中心化信用机构的认可和授权，而区块链技术则利用分散节点之间的信任网络，不依赖于中心机构，通过技术背书来实现信用构建。区块链技术采用算法证明机制，在整个系统中的每个节点之间进行数据交换时，无须建立烦琐的信任过程，在指定的规则和时间范围内，节点之间不可欺骗，少量节点无法进行造假。

3. 开放性

区块链系统是一个开放的系统，它的特点是交易各方的私有信息会通过加密的方式进行保护，同时区块链的数据对所有参与者都是公开的。这意味着任何参与者都可以通过公开的数据接口来查询区块链上的数据，并且可以开发各种相关应用。由于这种开放性，整个区块链系统具有高度的透明性，任何人都可以验证和审查这些数据的真实性和有效性。

4. 匿名性

由于区块链系统节点之间无须相互信任，所以节点的身份可以保持匿名。在交易中，参与交易的双方只需通过地址传递信息，即便获得所有的区块信息，也无法得知交易双方的真实身份。只有掌握私钥的人才能解锁自己的钱包，并对信息进行操作。此外，在一些加密货币交易中，每笔交易都使用不同的地址，从而进一步增强了交易方的隐私保护。区块链系统的匿名性为参与者提供了更加安全和私密的交易环境。

5. 跨平台

与互联网的TCP/IP类似，区块链同样被视为一种基础性的通信协议，与其他机制结合，共同构成了基于区块链的价值互联网。在区块链网络中，基于共同的算法和数据结构的节点是独立运行的。区块链的部署主要消耗的是计算资源，与平台无关，可以在各种平台上进行。区块链的特性和发展得益于互联网技术的进步，并且与云计算和大数据的兴起密切相关。可以说，区块链是在互联网技术的发展和云计算、大数据崛起的背景下产生和发展起来的。

二、技术演进

区块链是一种分布式数据库技术，通过建立去中心化的网络将交易记录以区块的形式进行链接，并使用密码学技术进行安全验证和控制访问。它的出现和发展可以追溯到比特币的诞生，但它的应用领域逐渐扩展到金融、物流、医疗等各个行业。下面将从技术发展的角度介绍区块链的技术演变历程。

（一）发展历程

区块链发展历程如图3-10所示。

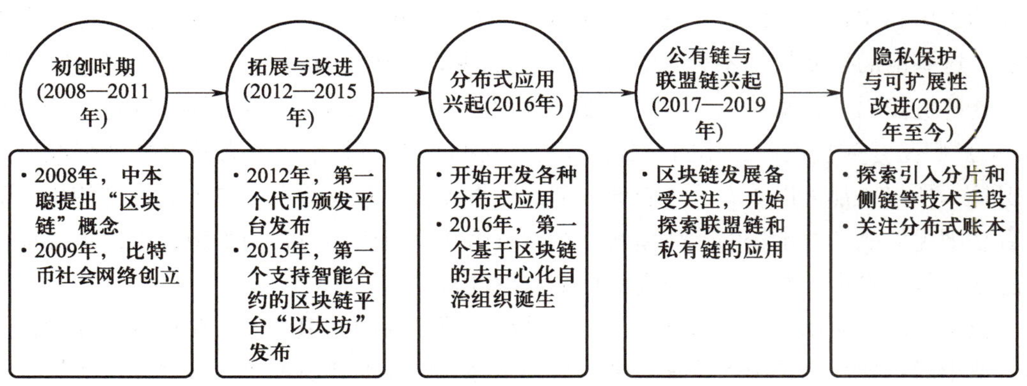

图3-10　区块链发展历程

1. 初创时期（2008—2011年）

2008年，中本聪在《比特币白皮书》中提出区块链概念，提出了一种去中心化的电子货币系统。2009年，进一步创立了比特币社会网络，开发出第一个区块，即“创世区块”。比特币的区块链由工作量证明（PoW）机制、散列函数和数字签名等技术构成。这个阶段的区块链技术主要关注解决数字货币的信任问题和交易的安全性。

2. 拓展与改进（2012—2015 年）

在比特币的基础上，人们开始思考如何将区块链技术应用于其他领域。2012 年，以色列的领先金融技术公司 Colu 发布了第一个代币颁发平台，并将其应用于数字股权和去中心化的应用。此后，人们开始研究改进区块链的性能，例如引入智能合约、提高吞吐量和扩展性等。2015 年，以太坊（Ethereum）诞生，引入了智能合约功能，进一步推动了区块链技术的发展。以太坊是为了构建去中心化应用而建立的，因此成了区块链 2.0 的中心。它为开发人员以开源和无须许可的方式将智能合约部署到以太坊区块链，提供了更宽的道路。这项技术引发了后来去中心化金融（DeFi）、去中心化自治组织（DAO）、初始代币发行（ICO）和非可替代代币（NFTs）的创新。

3. 分布式应用兴起（2016 年）

以太坊的智能合约功能为区块链技术带来了更多的应用场景，促使人们开始开发各种分布式应用（DApps）。这些 DApps 可以通过智能合约实现自动化的执行，不依赖中心化的机构。2016 年，第一个基于区块链的去中心化自治组织（DAO）诞生，但不幸的是该组织遭到黑客攻击，导致数百万美元的资金丢失，这也引发了对智能合约安全性的关注。

4. 公有链与联盟链兴起（2017—2019 年）

2017 年是区块链技术发展的高峰期。随着比特币价格飙升，人们对区块链技术的关注度达到了新的高度。由于比特币和以太坊等公有链的性能和隐私问题，人们开始探索联盟链和私有链的应用。商业组织正在积极开发各种应用程序，包括分布式账本和其他基于区块链技术的软件。然而，这些软件往往受到中心化机构的控制，缺乏区块链所具备的去中心化特性。因此，它们被称为私有链（Private Blockchains）、区域链或者联盟链。这些链的控制权并不分散，而是集中在少数几个实体手中。为了控制访问和修改，这些链使用了秘密共识算法，如虚拟投票机制。与之相反，公有链（Public Blockchains）则是开放且去中心化的平台，任何人都可以参与其中。公有链上的数据经过加密保护，任何人都可以查看。与企业内部的账本类似，私有链主要在企业内部使用，而公有链则更像是开放市场的运作模式。联盟链由多个组织参与共同管理，可以更好地保护隐私和数据安全，并且具有更高的性能和吞吐量。

根据不同的应用场景和目标，区块链系统采用不同的共识算法。在私有链和联盟链中，由于对一致性和正确性要求较高，采用了强一致性的共识算法。这些算法牺牲了可扩展性，以确保数据的一致性和可靠性。对于公有链而言，由于难以实现完全的一致性和正确性保证，采用了最终一致性的共识算法。最终一致性算法注重可扩展性，在不同节点之间保持部分一致性，但会在响应时间、读取时延和安全等方面做一些牺牲。

5. 隐私保护与可扩展性改进（2020 年至今）

近年来，随着区块链技术的发展，人们开始关注隐私保护和可扩展性问题。隐私币（Privacycoin）技术的出现使得在区块链上进行匿名交易成为可能。而针对扩展性问题，人们探索引入分片（Sharding）和侧链（Sidechain）等技术手段，提高区块链的吞吐量和可扩展性。隐私保护在分布式系统中一直是一个关键问题。由于缺乏独立的管理机制，参与网络的各方无法确保严格遵守协议，甚至可能试图窃取他人的数据，对于数据窃取行为很难进行约束。

分布式账本需要在共享协同信息和隐私保护之间找到平衡，这是当前区块链技术应用所面临的重要挑战，特别是在公有账本系统频繁出现安全漏洞，给经济造成巨大损失的风险日益凸显的情况下。随着《通用数据保护条例》（*General Data Protection Regulation*，GDPR）的实施，对隐私保护合规性的要求也变得更加严格。传统的信息安全技术和形式化验证技术在满足新需求时表现出了实践性不强的缺陷，亟待解决。尤其在医疗健康领域，对于数据隐私性的需求尤为强烈，要求严格控制数据的来源、所有权和使用范围，而传统手段往往难以满足隐私保护的特殊需求。因此，需要结合新的密码学手段，如零知识证明和同态加密等，来满足隐私保护的要求。然而，在实际应用中，这些新技术仍面临一些问题需要解决。

总之，区块链的技术发展经历了从初创时期到拓展与改进，再到分布式应用兴起，以及公有链与联盟链兴起等不同阶段。随着时间的推移，人们对区块链技术的研究和应用也越来越深入，不断推动着区块链在各个领域的发展和创新。未来，随着隐私保护和可扩展性等问题逐渐解决，区块链技术一定会在许多重要领域发挥更大的作用，并对传统产业和社会经济产生深远的影响。

（二）发展动态

最近5~10年来，区块链技术经历了一系列的新发展和演进：

1. 共识算法的改进

传统区块链系统中常用的共识算法是工作量证明（PoW）和权益证明（PoS）。近年来，涌现出了一些新的共识算法，如权益证明加分布式投票（DPoS）、权益证明加权益循环证明（PoA+PoW）等。这些共识算法在提高系统的安全性和吞吐量的同时，也解决了传统共识算法的一些问题。随着区块链技术的发展，不同区块链项目在不同应用场景下通过对基础的共识算法的相互融合、改进，诞生了多种新的共识算法，如DBFT、BFT-DPoS、SBFT、VBFT、Tendermint等。

2. 跨链技术的发展

跨链技术允许不同的区块链之间的互操作性和数据传输。近年来，涌现出了一些跨链技术解决方案，如侧链、原子交换和中继链。这些技术能够实现不同区块链之间的价值转移和智能合约的互操作，促进了区块链之间的协作和发展。

3. 隐私保护技术的改进

随着区块链技术的发展，人们越来越关注隐私保护的问题。近年来，出现了一些新的隐私保护技术，如零知识证明（ZKP）和同态加密。这些技术能够实现在区块链上进行私密交易和数据共享，保护用户的隐私权。

4. 扩展性解决方案的提出

在涉及大规模应用的时候，区块链的扩展性成为一个重要问题。近年来，人们提出了一些创新的解决方案，如分片技术和侧链技术。分片技术能够将区块链网络分成多个片段，将交易处理任务分配给不同的节点，提高系统的吞吐量。侧链技术则允许在主链之外创建并运行自己的链，减轻了主链的负担，提高了系统的可扩展性。

5. 非可替代代币（NFTs）的出现

非可替代代币（NFTs）是一种特殊类型的加密资产，代表了数字内容的唯一性和独特性。近年来，NFTs 在艺术、游戏和虚拟资产等领域得到了广泛应用，为区块链技术带来了新的应用场景。

三、赋能可信计算

根据国务院印发的《“十四五”数字经济发展规划》，到 2025 年，我国的数字经济将迈向全面扩展期，数字技术与实体经济的融合将取得显著成效。与此同时，数字经济治理体系也将得到进一步完善。预计在这样的背景下，我国的数字经济竞争力和影响力将稳步提升，这将为我国经济的持续发展带来新的动力和机遇。数字经济长足稳健发展离不开数字经济运行秩序的基础建设。想要高效、稳定且可迭代地搭建起数字世界的底层秩序基础，构建数字世界急需的新基建，区块链技术将是很好的解决方案。区块链的分布式数据存储、点对点传输、共识机制、加密算法等特征是赋能数字经济有序发展有力的技术支撑。其中，信任与合作是区块链技术赋能数字经济发展重要的价值基础。

（一）赋能要义

区块链赋能的本质特征在于建立共识、共治、共享的信任机制，可以保证数据的可靠性与安全性，实现了价值无边界传递和迭代创新加速，从而极大地降低了交易成本，提高了协作效率，通过重建信任和合作赋能数字经济发展。在信任方面，区块链技术实现了数字世界中的社会合作、历史存证、签名转发、规则共识、互惠激励和契约执行等功能，从而构建了数字化信任体系。通过区块链的去中心化特性，参与者可以对数据和交易进行透明和可验证的记录和审计，确保数据的真实性和不可篡改性。这使得信任不再依赖于中介机构或个人，而是依托于规则和共识机制。

区块链保证了数据的可靠性与安全性，实现了价值无边界传递和迭代创新加速。区块链不仅有助于数据确权、流通和交易，推动数据生产要素化，还可以克服产业链上各级主体间信任成本高、机制不完善、利益分配不公等难题。通过信息的透明化以及不同主体间的协同配合，既保障了交易的公开性，又提高了交易的安全性，从而使区块链技术得到普遍重视和迅速普及应用。

在合作方面，区块链通过去中心化的价值传输体系有利于优化组织协作方式，推动产业融合发展。去中心化的价值传输体系使得信息公开透明、不可篡改、全球联通且交易成本低，跨越了地理的边界，实现区块链上的资产、数据或信息的安全和有效传输。此外，区块链技术实现主体间的利益共享，有利于促进合作。通过区块链技术个体的权益被保护，并参与发展的过程，利益均分给所有的使用者，有利于实现数据生产要素参与价值分配。区块链技术的产业化应用与人工智能、物联网、数字经济的发展相辅相成，可以加速我国产业转型的信息化进程。

（二）赋能方法

数字经济有三个重要特征：数字化的信息为生产要素，数字技术与实体经济融合为新的生产模式，数字化平台为重要市场形态。因此，区块链作为数字经济中重要的数字技术之一，赋能数字经济可信计算方法主要体现在累积信息资源、促进数实融合和优化市场治理三个方面（丁庆洋和朱建明，2017）。

1. 累积信息资源

数据是数字经济时代最重要的生产资料与生产要素，区块链技术可以助力打破信息系统数据孤岛。传统互联网难以实现数字内容的价值交换，区块链基于其特有的共识机制等技术能够对数据进行确权，进而实现数字内容和数字资产的可信流转，逐步展开“区块链+”新业态，实现对数字经济的全方位赋能。通过打通数据孤岛，区块链技术可以实现数据价值更充分发挥、数据资源更充分配置。

2. 促进数实融合

区块链技术重构了数字化信任以及经济主体的关系，打破了传统的生产、交换、分配与消费的物理限制，构建去中心化市场、双边市场、平台生态，形成了信息经济、网络经济与平台经济等新经济活动。促进数字技术与实体经济深度融合下的信息化、网络化与智能化生产与消费。

3. 优化市场治理

区块链技术去中心化、难以篡改、可溯源等特点，为数字经济活动提供了数字化信任问题的最佳解决方案，从而解决经济活动存在的信息不对称、交易成本高、信任机制不完善等问题。例如食品、药品、农产品的质量安全，医疗健康数据的隐私保护，个人求职，企业经营等资信审查。

（三）赋能作用

区块链是数字化转型的关键技术，是数字经济发展的重要动能。其技术应用和产业发展贯穿整个数字经济发展，突破区块链技术是全面发展数字经济的前提之一。区块链赋能数字经济可信计算的作用主要表现在三大产业的重构与升级。

区块链技术的应用有利于消除产业发展过程中因缺乏信任而产生的高昂信任成本，包括人力成本、时间成本、监督成本和决策成本等。同时，区块链技术的引入提高了因物理不见面等因素而产生的陌生经济主体之间的信任度，促进了更多基于信任关系而成长的新业态、新组织和新型合作模式的发展。经济组织可以通过区块链技术优化资源配置，大幅度提升资源的使用效率。在区块链技术的助推下，可以拆除传统企业体制存在的“横向”和“纵向”隔离，推倒“部门墙”，打破市场与企业边界，高效调动内外部资源，大幅度提高资源精准匹配效率。

1. 赋能第一产业的重构与升级

在农业领域，农产品溯源成了区块链技术的一个重要应用场景，通过区块链技术的应用，农业物联网与区块链实现了深度融合，使农产品溯源变成了现实。同时，基于用户定向的体验式农场模式逐渐推广开来，而基于区块链的农场认证确保了用户的权益和交易的合理流转。区块链技术的引入可以保证农产品信息的可追溯性，使得消费者可以放心购买农产品，实现了农产品价值链信息的透明、安全和共享，进一步促进了现代农业的发展，并推动农村内部消费的升级。

2. 赋能第二产业的转型

在工业互联网领域，通过结合区块链技术，如“区块链+工业互联网”“区块链+智能制造”“区块链+能源”和“区块链+智能建筑”，工业企业可以实现管理和技术的升级，利用区块链在优化业务流程、促进数据共享、降低运营成本和提升协同效率等方面的优势。特别是在智能制造领域，区块链的多中心化特性可以带来产品研发和商业模式的创新，为用户提供全新的价值体验。通过智能工业链实现产品价值的通证化产出和激励，有效促进了制造业的创新和创业，有力地支持了制造业的服务化和共享经济的升级。

实践案例：区块链技术应用案例

3. 赋能第三产业的创新

在金融、软件信息、教育、医疗卫生、物流和批发零售等商业服务领域，区块链应用广泛，比如“区块链+金融信息”“区块链+交通物流”和“区块链+公共管理”。尤其在金融行业，区块链技术的应用最为广泛和深入。深化金融管理与区块链的结合可以为金融服务注入新的活力，有效促进金融与实体经济的融合共生发展。在物流行业，区块链技术可以记录货物流转的全过程，确保信息的可追溯性，实现高效安全的货物管理。在医疗卫生行业，区块链技术可以改变患者数据的存储和传输方式，通过将医疗数据上链，保护患者隐私的同时为医生提供快速可靠的医疗信息渠道，促进医疗监管等公共服务水平的提升。

思考题

1. 数字技术如何对数字经济的价值创造起作用？

2. 人工智能发展分哪几个阶段？请结合案例谈谈数字经济时代下人工智能是如何赋能经济发展的。

3. 大数据的特点是什么？发展状况如何？请根据案例谈谈大数据如何赋能数据价值知识化。

4. 互联网发展状况如何？请结合案例谈谈互联网如何赋能产业的价值组网构建。

5. 云计算发展状况如何？请结合案例谈谈云计算如何赋能数字经济跨域融合。

6. 区块链的特点是什么？发展状况如何？请结合案例谈谈区块链技术在构建可信的经济秩序中发挥了怎样的作用。

即测即评

主要参考文献

[1] 孙延明，皮圣雷，胡勇军，孙丽君．“智能+”制造：企业赋能之路［M］．北京：机械工业出版社，2020.

[2] 黄一凡．Web1.0 到 Web3.0 互联网媒介演进特征探究［J］．数字通信世界，2023（2）：33-35.

[3] 林作铨．约翰·麦卡锡小传［J］．计算机科学，1993（4）：30-31.

[4] 陈轶阳，王小宁，卢莎莎，等．面向高性能计算系统的容器技术综述［J］．计算机科学，2023，50（2）：353-363.

[5] 蔡恒进，郭震．供应链金融服务新型框架探讨：区块链+大数据［J］．理论探讨，2019（2）：94-101.

[6] 丁庆洋，朱建明．区块链视角下的 B2C 电商平台产品信息追溯和防伪模型［J］．中国流通经济，2017，31（12）：41-49.

[7] 李晓雨，杨欣．一本书读懂数字经济［M］．北京：清华大学出版社，2021.

第四章

数字产业化

【课程导入】

“数实融合”与“衣、食、住、行”

数字经济，或者说数字技术革命核心是数字技术和实体经济的融合。这种融合一方面能够通过新技术快速捕捉消费者的新需求，进一步拓展消费场景，升级消费体验。另一方面能够全方位提升企业创新能力，推动实体经济发展效率变革。这个过程实现了从需求出发创造供给，再通过新的供给提升消费体验，满足对创新产品的需求，形成了一个新的消费驱动供给创造需求的动态平衡与循环。数字经济与传统经济的深度交融已经渗透至人们生活衣、食、住、行的方方面面。

以“衣”为例，青岛酷特智能股份有限公司（简称酷特智能）用十余年的实践探索，形成了C2M产业互联网的核心能力，即智能制造，个性化定制解决方案和数字化治理体系。具体而言，通过使用手机应用程序，用户可以自定义衣物的面料、图案、纽扣等多达100多个细节。这些个性化需求会被传输到后台数据库，并被转化为数字模型，之后由计算机完成打版，随后分解成一道道独立工序，工业云通过读取定制产品所配备的专属芯片上的订单数据进行定制生产。这种“定制”模式突破了传统的供应链模式，让消费者成为参与者和合作者，实现了从消费者到生产商的一站式服务，其高效率和低成本等诸多优势也同时为企业带来更大的获利空间。2015年，在我国大部分服装企业深陷泥潭的大环境下，青岛酷特年均销售收入、利润增长均超过150%。上述场景得以实现的基础在于数据“新资本”的驱动力，其在内部建立起了一个数据自动流动的生产体系，实现了数据的自动采集、自动传输、自动处理、自动执行，把正确的数据在正确的时间发送给正确的人和机器。

以“食”为例，在外卖平台上的“超市购物”中，可以看到实时出现在附近超市货架上摆放的各种商品，细致到每一个口味的薯片和每一种容量的矿泉水。看似简单的食物供应背后，实则是一次成功的数字经济和实体经济融合实践。超市提供全面的数字与实体服务体系，满足消费者多样化的购买需求，消费者既可线上选购，足不出户“云消费”，又可以线下逛街，享受实际感受商品的快乐。新型实体电商以本地即时电商为代表，其增速迅猛，实体生活服务业的数字化和实体经济的融合有效撮合了线上和线下链接的供需匹配场景，扩大了消费规模，也创造了新的消费种类。

前面章节讲述过：“住”的方面有新型互联网共享经济的酒店，“行”的方面有共享单车、滴滴打车、无人驾驶等都是人们熟知的生活场景。

资料来源：杨俊峰．数字产业集群加速成长［N］. 人民日报海外版，2023-03-28（5）.

第一节 数字产业化概述

一、数字产业化与新经济形态

党的二十大报告在建设现代化产业体系部分指出“坚持把发展经济的着力点放在实体经济上”，并且要求加快发展数字经济，促进数字经济和实体经济深度融合，打造具有国际竞争力的数字产业集群，且随着全社会数智化进程不断加速，数字经济和实体经济深度融合所带来的新经济形态的变革已成为推动高质量发展的关键途径、建设现代化产业体系的内在要求以及加快形成新发展格局的首要任务。

数字产业化与新经济形态的变革实质在于应用新一代数字科技，以价值释放为核心、数据赋能为主线，对传统经济形态进行全方位、全角度、全链条的改造。数据成为新型生产要素后，数字经济对经济发展加速作用愈发凸显，高效赋智传统企业及各行各业，数字经济与实体经济的全面融合推动制造业转型升级提速、促进智慧农业建设稳步推进、助力服务业新兴业态蓬勃发展。数字技术与技术创新的融合，推动了新经济形态在研发创新层面的技术变革。创新链与产业链的融合助力了新经济形态在数实融合层面的产业变革。简言之，数字经济的共享性和万物互联打造了数字经济与实体经济深度融合的生态系统和数字产业化下经济形态的深层变革。

（一）数字产业化内涵

源于数据的迅猛发展速度、广泛辐射范围以及深远影响作用，数字经济改变了居民生产生活方式的方方面面。以中国为例，实体经济以制造业为主轴，已经步入了从规模扩大到质量增强的发展阶段。在复杂多变的全球环境中，有必要加速提升产业基础的高级性和产业链的现代化程度，推动向绿色低碳转型，完成质量、效率和动力的重大改革。得益于数字技术所具有的强大推动力，数字经济的发展所带来的新经济形态变革成为重新配置传统经济资源、重构传统经济框架、增强传统经济竞争力的核心因素。

新经济形态变革基于一个核心前提，即数据已经成为新的生产要素。一方面，数据元素本身已经在经济社会的发展中发挥了关键作用。数字技术与数据元素的有机结合推动了生产方式、商业机制、思维模式和管理模式的多方面变革。在数据元素和数字技术的驱动下，数字化产业蓬勃发展，同时也推动了传统生产要素的数字化变革，推动产业数字化转型。另一方面，传统生产要素的数字化改革促进了产业的转型升级，包括传统生产要素本身的数字化进步以及其在数字空间里新形态所带来的价值创新。

作为现代产业体系的驱动力，数字经济与新经济形态变革在很大程度上促进了传统实体经济的高质量发展，并助推现代化产业体系的构建，是释放数字化红利、构建现代化经济体系的主要路径。在宏观层面，数字技术与传统经济形态的融合在推动中国国内国际双循环、构建新发展格局方面具有重要的催化作用。在中观层面，新兴的数字技术应用如工业互联网与制造业的深度融合，可极大地提高工业企业的生产效率，为提升产品和服务质量提供更强大的技术支持。在微观层面，数字技术的创新及其在社会中的扩散，可以显著增强企业对需求的感知和挖掘能力，进一步提升其竞争优势。

实践案例：数据元素作为新资源、新资产和新资本

本书第一章中对数字产业化的基本概念和特征做了描述，数字产业化的实质就是数字技术带来的产业及产业化过程。有关数字产业化的内容其他章节有详细的论述。数据价值化是数字产业化中最重要的一个方面或最重要的观测点之一，在第六章中详细阐述。

（二）新经济形态

鉴于中国数字经济发展的最新特征，以及构建现代化产业体系和推动实体经济高质量发展的新要求，可将经济形态的变革过程理解为数字技术和数据要素全面渗透传统实体经济的过程，通过数据要素和数字技术的双重驱动催生出更多基于数据和智能的创新经济模式，从而推动生产方式、商业模式和社会结构的深刻变革。

随着数字技术与制造业、服务业和农业等跨界融合，以产品或企业为主体的传统竞争模式已然被打破，以平台为核心、以软件定义为标志的产业链垂直整合日益加速。数字技术和数据要素具有极强的穿透效应。随着数字化进程不断推进，传统产业链、供应链上下游之间的物流、信息流、资金流以及以此形成的业务流等变得更加便捷、更加融通，从而实现产业链的高度融合，并衍生出产业新模式。

实践案例：数字技术创新应用

新经济发展过程不局限于流通环节的数字化融合与变革，而且深入技术研发环节、生产制造环节以及数字生态环节，强调前端、中端和末端的全面改革。一方面，新经济形态的变革在很大程度上缓解了信息壁垒，提高了社会经济的便捷化和智能化程度。另一方面，它对传统经济模式带来了巨大冲击。

新经济形态的背后是数字产业技术进步和经济高质量发展进程。新经济形态的发展，也将激荡起经济更加澎湃发展的新动能。接下来将以平台经济、共享经济、工业互联网经济、社交经济和算力经济五个新经济形态为例讨论其变革。由于这五个经济形态不是严格区分和独立的，所以，以下所述内容有些也不仅属于一种形态。

1. 平台经济

平台经济是一种基于数字技术，由数据驱动、平台支撑、网络协同的经济活动单元所构成的新经济系统，是基于数字平台经济的各种经济关系的总称。在互联网技术基础上，平台经营者向平台各边的不同主体提供差异化的产品与服务，从而整合多主体之间的资源和关系，将供需双方进行匹配和交易，从而创造价值。平台经济是多主体利益最大化的一种新经济形态。

作为现代经济体系的新兴形态，平台经济具有以下四个显著特点：

（1）多边市场构建。平台经济核心在于建立一个为各类参与者提供交互的多边市场，其中的每个参与主体都拥有其明确的角色定位。具体而言，平台运营商的主要任务是集结社会资源和合作伙伴，通过集中交易活动来扩大用户群体，从而实现平台价值、客户价值和服务价值的最大化。

（2）规模效应显现。平台企业基于其技术或市场策略优势在某领域占据主导地位或率先进入将受益于交叉网络外部效应和锚定效应，使企业规模逐渐扩大，呈现出“赢家通吃”的市场现象。这种市场集中趋势能显著降低参与者的交易成本，并赋予平台企业强烈的规模经济特性。

（3）类公共属性。平台经济所涉及的大部分领域均与公众的基本生活需求紧密相关，使其呈现出公共服务提供者的显著特性。当然，从经济视角，除了政府等部门提供的公共服务平台，平台经济的主体都是市场化的企业，也是逐利的。但是，平台经济中如微信等免费提供服务的内容非常丰富，也具有一定的社会公共服务属性，所以称之为类公共属性。

（4）数据要素驱动。平台经济深度嵌入互联网框架，视数据为关键的生产要素和宝贵资产，依赖数据进行高效的资源配置。数据本身并不能直接产生物质产品，如汽车或房屋并不是数据的直接产品，但能够以更低的成本、更高的效率和服务质量为这些产品的制造提供关键支持。此外，平台的运作自然而然会产生大量的数据，促使平台企业之间展开数据资源和算法能力的竞争。

平台经济在当前的经济结构中展现出极大的价值。通过整合产业和市场资源，平台经济的发展实现了资源配置的优化，将传统的线性产业价值链转变为更加有机的产业价值生态圈，形成网络化结构，整体效率显著提高。同时，平台经济为企业提供了更广阔的发展空间，形成了创新驱动的正向循环，赋能传统产业。这种创新不仅表现在单一企业的技术与商业模式方面，还通过领先者的示范效应，刺激整个行业乃至国民经济的持续创新。平台经济通过释放强大正外部性助力实体产业转型、提质、降本。此外，平台经济还能够显著刺激消费和拉动内需。它解决了消费市场中的信息不对称与信用不足等问题，通过互联网技术促进了人与人之间的信息流动，加速了交易闭环形成。例如，随着物流配送体系的完善，线上消费不仅在城市，甚至在偏远地区都呈现出快速增长的趋势。这种变化使得创业、创新和就业更具普惠性，催生了诸如网约车、电商购物和直播带货等新业态和岗位。

平台经济对于国家治理的价值也不可忽视。相比其他企业，平台企业在监管层面表现出更大的透明度和协同性。它们汇集了大量交易数据和信息，为有效监管提供了坚实基础。在我国的监管体系中，平台作为中间媒介不仅可以帮助集中的监管机构更好地对接庞大的市场主体，还能充当内容与产品的把关者。从这个角度看，对平台进行强监管显然是一种高效策略。

2. 共享经济

共享经济是利用互联网平台将分散资源进行优化配置，通过推动资产权属、组织形态、就业模式和消费方式的创新，提高资源利用效率、便利群众生活的新业态、新模式。共享经济强调所有权与使用权的相对分离，倡导共享利用、集约发展、灵活创新的先进理念。强调供给侧与需求侧的弹性匹配，促进消费使用与生产服务的深度融合，实现动态及时、精准高效的供需对接。简言之，共享经济是一种以信任机制为纽带，利用互联网技术整合未充分利用的资源呈现交易双方的需求，利用共享经济平台实现智能化配置的经济活动。

国家信息中心发布的《中国共享经济发展报告（2023）》指出，2022 年我国共享经济市场规模持续扩大，在增强经济发展韧性和稳岗稳就业方面继续发挥积极作用。全年共享经济市场交易规模约 38 320 亿元，同比增长约 3. 9%。如表 4-1 所示。不同领域共享经济发展的不平衡性凸显，生活服务和共享医疗两个领域市场规模同比分别增长 8. 4%和 8. 2%，增速较 2021 年分别提高了 2. 6 个百分点和 1. 7 个百分点，呈现出持续快速发展的良好发展态势。其中，共享型服务和消费继续发挥稳增长的重要作用。从共享型服务的发展态势看，2022 年在线外卖收入占全国餐饮业收入比重约为 25. 4%，占比较 2021 年提高 4 个百分点。网约车客运量占出租车总客运量的比重约为 40. 5%，占比较 2021 年提高 6. 4 个百分点。共享住宿收入占全国住宿业客房收入的比重约为 4. 4%，占比较 2021 年下降 0. 6 个百分点，降幅较 2021 年明显收窄。

表 4-1 2021—2022 年我国共享经济发展概况

领　　域	共享经济交易额（亿元）		
	2021 年	2022 年	2022 年同比增速
交通出行	2 344	2 012	-14. 2%
共享住宿	152	115	-24. 3%
知识技能	4 540	4 806	5. 9%
生活服务	17 118	18 548	8. 4%
共享医疗	147	159	8. 2%
共享办公	212	132	-37. 7%
生产能力	12 368	12 548	1. 5%
总计	36 881	38 320	3. 9%

资料来源：国家信息中心。

最初共享经济的产生是为了盘活闲置的资源，当其发展成为一种商业模式时，更侧重于如何提升资源的周转和利用率。根据刘根荣（2017）的分析总结，共享经济主要有以下四个特点：

（1）完善的网络共享平台是共享经济发展的基础。交易行为必须借助于第三方建立的网络共享平台来实现，平台下的共享经济商业活动借助互联网技术，可以跨越时间、空间进行供需对接。第三方平台可以由商业机构、政府等主体构建，主要有提供供求信息、实现供求匹配、提供资金结算方式等中介服务职能。

（2）个人闲置物品或资源使用权的分享是共享经济核心。闲置产能往往具有未充分使用的时间、空间、物件等，是潜在的社会和经济价值。对市场来说，如果共享经济市场中的参与主体拥有闲置资产吸引其他参与者，那么就能以较低的边际成本将闲置资产或商品的使用权转出去，并且获得可观的边际收益。共享经济帮助闲置的空间、时间、技能、物品在恰当的时间找到恰当的需求用户，不仅降低了使用的成本，更延长了物品的使用年限、提高了使用率。

（3）颠覆式创新是共享经济发展的活力保证。颠覆式创新是共享经济模式不断推陈出新的不竭动力，常常富有企业家创新精神的个体善于从偶然的共享行为中发现商业机会，将个别的偶然交易行为模式化，总结出适用于陌生人之间大规模推广的共享经济模式。

（4）开放的系统是共享经济的组织载体。共享经济需要将更多的个体纳入共享体系中，这是因为共享体系的闲置资源供求主体都是个人。这是一个人人为我、我为人人的共同分享系统。一个开放的系统就要降低进入门槛，而不是限制人员进入。否则，共享经济会因为人员受限而资源枯竭，从而失去活力。开放的系统对共享经济要有制度灵活性，不能以规范市场为由，人为设置各种障碍，阻碍系统对绝大多数的个体开放。也只有开放系统才能保证共享经济以低成本扩张，实现闲置或冗余资源的有效共享。

作为现代经济体系的新兴形态，共享经济的发展需要以下四方面基础：

拓展阅读：共享经济对传统产业变革的影响

① 物质基础。社会中存在的大量闲置物品或资源催生出活跃的个人或者企业之间的共享行为，其实质是闲置资源间的使用权交易。

② 技术基础。互联网技术不断进步、移动终端不断普及、移动支付不断完善。

③ 信任基础。社会征信体系不断完善为共享经济的发展提供了良好可靠的信用安全保障。

④ 理念基础。重使用而轻占有的新型消费观、发展观，丰富了消费者消费形式的多样性，促进了可持续发展理念的现实化。

3. 工业互联网经济

2018 年被认为是工业互联网集中爆发的一年，以百度、阿里和腾讯为首的各大传统消费互联网巨头纷纷进军 ToB（面向企业）领域。腾讯开始瞄准智慧零售、智慧医疗、智能教育、智慧出行、智能制造、智慧城市等垂直领域。阿里巴巴推出飞龙工业互联网平台，利用物联网、大数据、云计算等先进技术助力制造业转型。百度推出 AItoB（面向企业的人工智能）平台，使企业（B）端业务持续发展。在“人工智能养猪”这件事儿上，京东和阿里巴巴也发生撞车。京东、美团、小米等几乎所有的互联网巨头企业都在重新评估企业（B）端价值，消费互联网领域开始逐鹿工业互联网的大幕已经拉开。

工业互联网是从消费互联网引申出的概念，是指传统产业借力大数据、云计算、智能终端以及网络优势，提升内部效率和对外服务能力，通过“互联网+”实现转型升级的一个重要路径。工业互联网主要由产业中的领军企业牵头，通过从整个产业链角度的资源整合和价值链优化降低整个产业的运营成本，提高产业运营质量与效率，并通过新的产业生态为客户创造更好的体验和社会价值。工业互联网平台通过搭建产业“基础设施”，为产业内经济体赋能，凭借产业数据沉淀、知识积累、流程优化、产业人才等优势，使产业链参与主体在平台上获得能力提升、资源获取和金融服务，能够有效解决实体企业资金缺、技术难、资源少等问题，优化产业链整体效率，从而带动全产业升级（林楠、席酉民、刘鹏，2022）。工业互联网不仅是一种新型基础设施，更可以把它看作价值创造的一种新型组织形态，重塑了现有各产业链的价值创造过程，围绕着产业核心价值，将相关设施、技术、活动、人才等要素进行智慧整合，从而创造和收获生态（共享、共生、系统）红利。

拓展阅读：工业互联网赋能实体经济的转型升级

作为数字技术赋能传统产业的平台和载体，工业互联网实现了生产者、消费者、供应商、设备和产品的联网，搭建了人、机、物对话的框架，形成智能化发展的新兴业态和应用模式，成为信息的“汇集池”和资源的“匹配器”，促进产业数据的采集交换、集成处理、建模分析和反馈执行，为大规模个性定制、网络协同制造、服务型制造、智能化生产等新型生产和服务方式的实现提供有力的基础支撑。

简单来看，工业互联网经济是利用人工智能、区块链、云计算、大数据等互联网技术和工具为传统产业进行赋能的新的经济发展范式。总结学者的分析，工业互联网的特点主要包括以下五个：

（1）以生产者为主要用户。工业互联网就是通过互联网实现从流通到生产端的连接，将企业价值链的研发、设计、生产、销售等环节放到网络平台上进行供需匹配，打破信息不对称，实现大生产与大市场的结合。工业互联网是在新一代信息技术对传统产业链进行改造的基础上把供应链和产业链相衔接，实现生产环节和流程环节的互联互通，促进供给侧与需求侧紧密对接，实现生产对需求快速响应的产业发展方式。在用户主体方面，工业互联网的连接对象是生产者，连接目的是提高效率、降低成本。

（2）提高资源配置效率和交易效率。工业互联网能够在消费者与生产者之间建立连接，形成数字世界与实体世界的协同耦合关系；工业互联网整合不同行业的资源配置，让企业实现各部门协作；工业互联网的发展在供应链的各个环节运用互联网技术，将供应商、制造商、零售商、服务商和最终用户连成整体的功能链，降低供应链的成本，提升供应链的效率；工业互联网跳出企业范围，在更大格局和更大视野上进行产业链和价值链的优化和资源的整合，实现产业链的整体优化。

（3）建立以价值经济为主的商业模式。一是通过企业与互联网的融合来创造经济价值，促进生产与消费的直接联系，减少代理环节，降低成本、提高效率。构建全新的管理模式，为消费者提供更好的服务，创造出更高价值的产业形态。二是以扩大市场客户规模实现经济价值。把企业为导向的模式转向以用户为导向的个性化设计，强调客户的参与度，尊重客户个性化需求，通过互联网与用户建立关联。有工业互联网的支撑，企业把线下资源与线上平台相结合，实现线上线下一体化，扩大市场，提高市场价值。

（4）形成更快的数据分析能力。工业互联网是互联网、大数据、人工智能与实体经济的深度融合，这种融合是由更快的数据分析能力所推动的。工业互联网通过大数据等技术构建新的产业体系，大数据、人工智能大规模融入制造、零售、物流等行业的各个生产环节，促进了要素的非空间集聚。在流通领域，线上零售延伸到线下，把线上与线下结合起来，开辟了更大的市场空间。在制造领域，数字化管理和智能生产让任何需求和订单都能够被响应。在金融领域，互联网银行通过海量数据分析来决策，能够让资金在消费者与生产者之间精准流动，提高资金利用效率。

实践案例：海尔集团的工业互联网平台

（5）构建企业虚拟化的业务流程。工业互联网实质就是企业的虚拟化经营，保留企业最重要的运行机制，实现利益最大化的资源整合，保证企业在整条生产线上的输入和输出得到最大的优化。工业互联网发展中的企业虚拟化就是将企业的整个业务流程虚拟化，在采用互联网技术的基础上，以新的技术方法将企业生产中的物质要素通过软件应用程序实现连接。采用物理分析法、预测算法，以及关键学科的专业知识来构建机器与大型系统的运作系统。在这个运作系统中，连接各种工作场所的人员以支持智能化设计以及高质量服务。

4. 社交经济

社交经济是指基于互联网和社交媒体平台的经济模式，通过社交网络和用户之间的互动，实现资源共享、交易和合作。随着社交媒体的普及和发展，它们成为人们交流、分享和获取信息的重要渠道。在社交经济中，社交媒体平台不仅提供了社交功能，还为广告、电子商务和内容创作等商业活动提供了机会。

以拼多多为首，京东、淘宝等纷纷推出社交类购物活动。随着“双 11”购物节进入第十几个年头，它不仅持续刷新销售纪录，更引入了诸多创新玩法。尤其是以直播带货为核心的社交电商策略，正在逐步改变电商行业的传统模式。面对中国人口红利的逐渐消退和市场增速的放缓，获客成本持续增长，导致中小电商企业面临巨大压力。为此，无论是行业巨头还是新兴玩家，均在探索新的增长点，而社交电商和社交经济正被视为这个增长的关键。在实体经济深受疫情影响的 2021 年，淘宝的直播平台却是十分热闹：在“双 11”预热的首日推出了近 1.4 万场直播。

由于移动设备的普及，人们更加依赖移动端网络，手机、平板等移动设备和移动支付的逐步完善，推动着移动电商的发展。而随着移动互联的普及，社交产品对人的触达高于电商产品，为社交电商打开了入口。随着移动互联产品的多样化媒介发展，社交不仅是人们生活的必需品，也逐步成为消费的重要动力之一。社交经济这种新型互联网交易模式通过社交互动和用户生成的内容推动商品销售，包括多种商业模式，如基于社区的团购、以兴趣为核心的社群商业模式，以及拼多多等平台主导的团购模式。

实践案例：常见社交电商运营模式

在社交电商的助力下，电商行业正经历着去中心化的变革。与传统电商模式不同，社交电商允许众多小供应商参与商品销售，通过他们对消费者的影响实现销售，这需要基于个人关系的信任或 KOL（关键意见领袖）的巨大影响力。短视频和直播的普及进一步推动了社交电商的兴起。人们的注意力被转移到了这些新的媒介，进入了每个人都有可能成为主播、带货的新时代。尽管社交经济的确提高了商品和消费者之间的连接效率，但对于生产和供应链管理的核心问题并未带来本质变革。在许多头部主播纷纷强调其选品严格性的今天，商品质量和购物体验与售后服务中所存在的问题仍然比比皆是。随着流量红利逐渐减少，电商行业仍需深化转型。社交电商的长远成功将取决于其能否不再过分依赖流量，而是真正改进生产和供应环节，使用互联网思维赋能传统产业。

5. 算力经济

中国科学院计算技术研究所在 2018 年正式提出“算力经济”概念，认为以超级计算为核心的算力经济将成为衡量一个地方数字经济发展程度的代表性指标和新旧动能转换的主要手段。随着超算与云计算、大数据、人工智能的融合创新，高性能计算已成为当前整个数字信息社会发展的关键。

一方面，传统产业正在依靠算力实现自身转型升级，带动产业数字化进程快速发展。另一方面，算力本身产生了一些围绕数据产生、存储、调用等场景应用的新兴数字化产业。算力不仅是传统产业转型升级的重要支点，也是新的经济增长点。目前，算力产业链已经初步形成，涵盖由设施、设备、软件供应商、网络运营商构成的上游产业，由基础电信企业、第三方数据中心服务商、云计算厂商构成的中游产业，由互联网企业、工业企业以及政府、金融、电力等各行业用户构成的下游产业（郭倩，2022）。

算力经济作为数字经济衍生的一种新经济形态是以数据作为主要生产要素，通过算力、算法、算效等技术创新促进数字经济与实体经济深度融合，实现效率、效能、质量提升和经济结构优化升级的一系列经济活动。主要产业包括：一是围绕算力形成的计算产业，如数据中心、芯片、元器件、操作系统、应用软件等。二是为数字产业化、产业数字化和城市数字化提供算力基础设施和支撑保障的新模式、新业态，即算力+产业体系。

从全球算力产业的发展趋势来看，政府的产业支持与对公共算力平台的投入固然重要，但市场的力量尤其是一批研发基础雄厚、市场与技术直觉高度灵敏的民营高科技企业更能发挥优势，进而成为培育算力经济新业态、创新商业新模式并将其转化为平台生产力的关键主体。随着算力成为各国战略竞争的焦点，加快算力布局、加大技术研发力度、提升产业应用水平尤其是确保算力产业链的自主可控与综合竞争优势，已成为美国、欧盟、日本、英国等发达经济体的国家战略。

二、数字产业化发展的驱动因素

（一）新需求牵引

在过去十年中，得益于城市化进程的快速发展和居民可支配收入的增加，我国庞大的消费市场诞生。作为经济发展的“三驾马车”之一，消费对于经济稳定高质量发展至关重要。与此同时，需求侧各个环节的深刻变革也对数字技术的研发和应用以及数字化产业的发展起到了重要的牵引作用，消费偏好、需求与模式的改变带动了数字经济核心产业的发展，促进了数字消费时代的到来。准确识别消费者行为的变化对数字化产业的影响，有助于人们正确理解数字经济的价值传递方式。

实践案例：消费需求改变数字商品

1. 消费需求的复杂化与高级化

随着经济发展阶段逐步演化，消费者需求复杂化和高级化趋势演化同时带动了企业生产与经济产业的变革。农业经济时代需要满足的大众需求层次较为低级，仅停留在生理需求和安全需求，主要是基础的衣、食、住、行和健康保障。随着工业经济时代的来临，工业革命的出现大大提高了生产力和生产效率，加速了社会经济的发展。人们利用机械设备放大体力劳动，追求丰富的物质财富。数字经济时期，物质需求得到满足后，个性化和定制化的消费需求开始浮现。随着生产力和社会制度的发展，人类的需求不断升级和个性化，人们追求更高水平的物质和精神财富发展。数字经济时代下，消费者需求在消费产品、消费场景、生产关系、消费主权以及价值认同等方面发生了实质性改变，从而改变和引领数字产业化的发展。

2. 消费的精神需求与网络消费

数字经济的显著特点是将人的自我实现需求置于经济活动的核心，形成以消费者精神需求为核心的价值传递机制。目前，消费者需求由物质需求向精神需求转变，情感和体验型的精神需求增加，成为消费服务的重要组成部分，对数字产业化发展方向起到了导向性作用。在消费产品需求方面，工业经济时代，企业批量生产标准化产品以满足规模效应。然而，在数字经济时代，个性化和定制化的产品更能满足消费者的需求，这些差异化的属性能提高消费者的价值认同，因而数字消费产品开始从标准化转向差异化定制方向。与此同时，数字化产业的发展也潜移默化地影响着消费者需求。从生产关系的视角看，数字化促进了产权由所有权向使用权转变，倡导非排他性共享和“按需经济”，使得产品具备数字化、虚拟化、云端化特征，展现出“订阅即用”的功能。消费主权从商家转移到消费者，多克·西尔斯的“意愿经济”理论强调消费者需求信息的汇聚和表达，互联网技术使得消费者以组织的形式实现需求表达从而产生后续对数字产业化发展的影响。消费价值认同从个体行为向社交网络转移，消费者寻求在社交网络中消费和分享体验，而身边同伴的消费经验则会进一步改变个体消费选择。相同偏好的消费者围绕产品形成社群，如小红书、大众点评等平台集合了消费需求和社交功能，进而实现协同价值。消费产品的内容也在向着多元化方向发展，推动数字技术不断升级。传统领域与互联网的结合开始加速发展，如汽车、房屋等高价值商品也在网上进行销售。同时，服务行业的发展也促进了消费的增长，服务性消费不断发展成为网络消费新热点。例如，具有代表性的线上教育和线上办公等（任保平等，2022）。在消费场景需求方面，人们更愿意采用更为便捷和简单的购物方式，这也进一步推动了互联网智能融合和5G技术等相关数字技术的发展。数字技术将实体世界映射到数字空间，使得关键交易环节从线下转移到线上，能有效模糊“虚拟”和“真实”消费间的界限，创造了线上超市、电商购物、线上选房等新的消费模式。在虚拟现实（VR）、混合现实（MR）等技术的影响下，线上购物体验得到极大的改善。例如，贝壳网和自如租房利用VR和增强现实（AR）技术为购房者与租客提供真实的房源信息展示，足不出户即可租房看房。

3. 消费者偏好的满足

消费者偏好的演变对数字产品的生产规模、资本、技术和人才产生重要影响，激发了以用户为中心的思维方式和营销策略的改变。但这种影响往往是一把“双刃剑”般的存在。在数字商品的特性（无限传播、低成本和高速度）影响下，供给者通过免费内容吸引消费者，同时对过度依赖其产品的消费者进行剥削。这种策略配合数字技术打破了时空限制，带来了数字商品强大的规模效应和较低的边际成本。然而，消费者很少重复购买同一种数字商品，因此企业必须持续创新和生产新内容。经济和文化因素所带来的社会变化催生了新类型的数字商品。信息网络通信技术在数字经济时代推动数字产业化发展、加速经济转型。但消费偏好的多样化也同时驱动了市场向垄断方向发展，引致社会阶层矛盾的加剧。大数据技术和新媒体技术对消费者数据的收集和分析能力改进可以帮助企业实时把握消费者需求变化，提高数字商品的生产效率。但过度依赖大数据的推荐模式可能引发信息茧房和圈层化，限制消费者的信息接触，并可能侵犯消费者隐私。

在消费者主权时代，市场细分化趋势加强，为满足个性化的消费需求提供了多样化的产品和服务。在生产线逐渐柔性化的同时，按需生产和个性化生产也变得越来越普遍。在此背景下，消费者与生产者的关系紧密，消费者的偏好和行为对产品的生产和营销产生重大影响。借助大数据和云技术，企业能更精准地理解用户，以此为基础设计营销策略，提升消费者体验，强化企业与消费者的互动关系。对消费者偏好的理解和应用，不仅促使市场细分化和精准化，也推动了资源优化配置，提高了资源使用效率，从而实现利润最大化。智能技术的发展和消费者消费习惯的改变使消费者思维成为产品营销的关键。消费者偏好理论的研究揭示了消费偏好对数字商品生产和营销的影响，包括生产方式的改革和更精细、精准的营销。然而，关于消费偏好对数字商品营销的深层次影响，以及消费偏好产生的负面效应仍待进一步研究，以更全面地理解消费者偏好对数字商品生产和营销的影响。

（二）数字基础设施拉动

2023年，中共中央、国务院印发《数字中国建设整体布局规划》，明确数字中国建设按照“2522”的整体框架进行布局，即夯实数字基础设施和数据资源体系“两大基础”，推进数字技术与经济、政治、文化、社会、生态文明建设“五位一体”深度融合，强化数字技术创新体系和数字安全屏障“两大能力”，优化数字化发展国内国际“两个环境”。夯实数字中国“两大”基础，重点在于打通信息通信基础设施“大动脉”。信息通信基础设施是指用于发送、接收、传输和处理语音、文字、数据、图像以及其他所有形式信息服务的设施和其支持环境。主要包括通信网络、宽带接入、物联网与卫星通信等网络基础设施，以数据中心、智能计算中心为代表的算力基础设施，以及依托网络基础设施提供多种应用服务的应用基础设施，例如云计算、大数据平台等。

在数字浪潮中，世界各国高度重视信息通信技术创新、数字经济发展和网络安全保障，构建高速率、全覆盖、智能化的新一代网络设施已经成为各国把握数字机遇、实现创新发展的战略先导。当前各国政府十分重视战略引导、规划布局以及网络基础设施的更新升级，推动5G商用进程、全球物联网部署以及空天互联网部署，实现全球宽带的无缝衔接。我国现阶段信息通信基础设施的高质量发展就是要建设能够有力支撑经济高质量发展，能够满足经济发展方式转变、经济结构转型升级、区域城乡协调发展、打造环境友好型经济等相关要求的信息通信网络，实现创新驱动、协调发展、绿色低碳、全民共享和开放共赢的信息通信基础设施的高质量发展，同时有力推动了数字产业化的发展。

1. 网络基础设施

网络基础设施是信息通信基础设施的关键组成部分。它主要涵盖了支持各类通信服务运行的硬件和软件平台，包括通信网络、宽带接入设备、物联网设备、卫星通信设备等。网络基础设施的质量、覆盖范围以及服务能力决定了一个地区或国家在信息传输、处理和接收方面的能力，从而影响了社会经济活动的效率和广度。

其中，通信网络是网络基础设施的核心，包括传统的固定网络、无线网络，以及更现代的光纤网络、5G等高速网络。通信网络的主要任务是在各种设备、用户之间提供信息传输的通道，保证信息的高效、准确、及时传送。宽带接入设备提供了高速、大容量的信息传输服务，其发展直接影响着网络的使用体验，包括上网速度、数据传输效率等。物联网设备将各种普通设备与网络连接，使它们能够发送和接收数据。物联网技术的发展极大地拓宽了网络服务的范围，使得众多原本无法上网的设备和物体能够利用网络进行智能化操作和管理。卫星通信设备则可以提供全球范围内的通信服务，突破了地理环境对通信服务的限制。对于偏远地区和极端环境，卫星通信设备是实现网络覆盖的重要手段。

2023 年 5 月以来，我国部署了“推进‘双千兆’网络统筹集约建设”以及“深化‘双千兆’网络共同进入”的重点工作。充分发挥规划引领作用，加强通信基础设施专项规划与国家战略规划、国土空间规划、控制性详细规划等有效衔接，强化 5G 基站站址及机房、室内分布系统的建设需求统筹，严格遵循杆路、管道、机房、光缆、基站接入传输线路等设施的共建共享流程，严格执行新建住宅区和住宅建筑、商务楼宇、公共建筑内的通信配套设施工程建设标准，推进重点场所 5G 基站站址、机房及室内分布系统等设施统一协调进场、统筹开展建设，保障千兆光网平等接入。开展“双千兆”网络共进攻坚工程，建立重点场所清单，推动 5G 网络共同进入。建立未有或仅有一家基础电信运营企业宽带网络接入的住宅区和住宅建筑、商务楼宇清单，推动宽带网络共同进入，大幅提升千兆光网覆盖水平。

当前，我国网络能力持续提升，网络基础设施日益完备，5G、千兆光网深度覆盖，“东数西算”工程全面启动，算力基础设施加快建设，全方位、多层次、立体化网络互联架构基本形成，网络服务质量加快迈向世界一流水平。工业和信息化部数据显示，截至 2023 年第一季度，我国 5G 基站总数达 264. 6 万个，5G 移动电话用户达 6. 2 亿户，千兆接入用户突破亿级规模。

网络基础设施的发展需要各方面的技术创新和投资支持，包括硬件设备的技术更新、软件系统的优化升级、网络架构的规划设计、网络安全防护的研究应用等。此外，网络基础设施的建设和运营还需要符合相关的法律法规和标准，保障网络服务的安全、公平、开放。目前，我国已建成全球规模最大、技术领先的网络基础设施，未来更是会要加快建设智能化综合性数字信息基础设施，打通经济社会发展的信息“大动脉”，筑牢数实深度融合发展基础，赋能中国式现代化。

2. 算力基础设施

随着大数据、人工智能等技术快速发展，数据处理的需求呈现爆炸性增长。当前，云计算、人工智能、大数据等新一代信息技术快速发展，传统产业与新兴技术加速融合，数字经济蓬勃发展。算力基础设施作为各个行业信息系统运行的算力载体，已成为经济社会运行不可或缺的关键基础设施，在数字化产业发展中扮演至关重要的角色。

从字面意思来看，算力即计算能力（计算力），体现了对数据的处理能力，设备每秒运算的次数越多，算力就越大，代表计算能力越强。数字产业化的发展离不开强大的计算能力。国际数据公司、浪潮信息、清华大学全球产业研究院联合发布的《2021—2022 全球计算力指数评估报告》显示，计算力指数平均每提高 1 点，数字经济和 GDP 将分别增长 3. 5‰和 1. 8‰，即算力规模越大，经济发展水平越高。算力基础设施的具体内涵有狭义与广义之分。狭义上是指提供算力资源的基础设施，以算力资源为主体，包括底层设施、算力资源、管理平台和应用服务等，涵盖超算中心、数据中心和智算中心等提供的多样性算力体系。广义上是指融算力生产、算力传输和 IT 能力服务为一体的 ICT 服务。

近年来，算力基础设施广泛服务于我国数字社会转型中的方方面面，加速提升我国数字化产业和数字经济在国民经济中的占比。中国是基建大国，前有南水北调、西气东输，现有“东数西算”。2022 年年初，京津冀、长三角、粤港澳大湾区、成渝、内蒙古、贵州、甘肃、宁夏 8 区域联合启动建设国家算力枢纽节点，并规划了 10 个国家数据中心集群。“数据向西，算力向东”，服务东部沿海等算力紧缺区域，解决我国东西部算力资源供需不均衡的问题。至此，全国一体化大数据中心体系完成总体布局设计，“东数西算”工程正式全面启动，通过构建数据中心、云计算、大数据一体化的新型算力网络体系，将东部算力需求有序引导到西部，优化数据中心建设布局，促进东西部协同联动，系统优化算力基础设施布局，促进东西部算力高效互补和协同联动，引导通用数据中心、超算中心、智能计算中心、边缘数据中心等合理梯次布局。

虽然前景一片大好，但算力基础设施仍然面临着诸多挑战，包括：地区间算力分布与需求不匹配，导致资源空闲与浪费。部分地区过度追求性能效应，结果导致设备无法满负荷运转，造成资源浪费。算力基础设施的不断扩张与更高密度算力需求技术的普及将对其能耗和碳排放造成压力。另外，算力的标识和度量尚未统一，难以进行精确度量和比较。最后，算力分布与需求不均，需建立全国统一的算力网络以提高使用效率。

3. 应用基础设施

应用基础包括各类应用程序、云服务、安全防护等，以关键底座之力不断支撑引领着数字化产业发展的新方向。高效、安全的应用基础设施能为企业提供灵活、稳定的数字化服务，保障各类业务的高效运行。

我国多方入手完善应用基础设施发展的政策环境。结合先进智造、智慧城市建设等需求驱动，许多地方政府加快构建工业互联网平台，大力推进“企业上云”工程。目前，我国已经建立了超过 150 家具有一定区域和行业影响力的工业互联网平台，连接了超过 7 900 万台套工业设备。同时，工业互联网标识解析体系国家顶级节点已全面建成，5G+工业互联网基础设施建设取得了重要进展。这些成就展示了我国工业互联网基础设施建设的快速发展和应用深化，为经济社会的高质量发展提供了强大动力。

在数字化、网络化、智能化的发展趋势下，各种传统基础设施领域，如交通、能源、水利等都正在经历一轮新的数字化改造升级热潮。在数字技术的推动下，以工业互联网、物联网、车联网等为代表的应用基础设施的水平在不断提升，同时，传统基础设施的数字化和智能化改造也在加速推进。如智能电网、智能化煤矿、智慧火电厂等的快速发展。“安全、畅通、低碳、高效”的交通网络正在快速构建。以数字孪生流域为核心的智慧水利体系正在大步向前，这些都展现了在数字技术赋能下，我国数字经济应用基础设施发展的活力与潜力。

在这个信息爆炸的时代，宽带网络建设推动了电子商务的快速发展，移动互联网建设催生了移动支付应用，4G 和 5G 网络的部署推动了直播等新业态的发展。随着更多新应用、新场景、新业态不断涌现，泛在智联的数字基础设施正在为中国经济的高质量发展提供有力的支持、服务和保障。总的来看，我国在基础设施的数字化、网络化、智能化改造升级上取得重要进展，这既是我国工业互联网战略的具体实现，也是对全球工业新一轮变革浪潮的有力回应。

第二节 数字经济核心产业

数字经济核心产业是指为产业数字化发展提供数字技术、产品、服务、基础设施和解决方案，以及完全依赖于数字技术、数据要素的各类经济活动。数字技术迅速发展使得数字相关业务在产业结构中地位日益凸显，以数字技术为核心的产业形态占据着愈发重要的位置。数字产业化强调数字技术的产业化，由于数字技术定义范畴不同，数字产业化有狭义与广义之分。狭义的定义主要专注于信息通信产业（ICT），基于 ICT 形成了数字经济的基础产业群。然而，随着数字经济迅速扩展，狭义的 ICT 定义已无法满足现实的需求，数字产业化的定义被扩展至广义范畴，数字经济产业的统计分类目录得以建立，即为数字化产业。直到 2021 年 6 月，国家统计局正式发布《数字经济及其核心产业统计分类（2021）》，数字化产业整体框架才得以正式确立。该框架中对应于数字产业化部分包括四个产业大类，即数字产品制造业、数字产品服务业、数字技术应用业以及数字要素驱动业。

数字产品制造业提供数字经济发展所需的各类元件、设备、机器人等硬件设备和光纤电缆等通信基础设施。数字产品服务业为数字产品提供流通及维修维护服务。数字技术应用业提供数字经济发展所需的软件产品、信息通信技术服务和信息传输服务。数字要素驱动业为产业数字化发展提供基础设施和解决方案，如信息基础设施建设，还包括已经高度数字化的传统产业，如互联网批发零售、互联网金融、数字内容与媒体等。本节将结合国家统计局 2021 年发布的《数字经济及其核心产业统计分类（2021）》，介绍数字经济核心产业四大分类所包含的相关中级分类，具体分类内容请参阅国家统计局发布原文。

一、数字产品制造业

在现代经济社会中，智能手机、平板电脑、家庭娱乐系统以及工业级硬件设备已成为日常生活中不可或缺的一部分。数字产品制造业是一个高度专业化且技术导向的行业，其发展推动了社会数字化，连接了全球经济，并开启了数字时代人类生活新篇章。

在数字产品制造业大类中，共包含计算机制造、通讯及雷达设备制造、数字媒体设备制造、智能设备制造、电子元器件及设备制造、其他数字产品制造业 6 个中类，其中又包含了 51 个小类。

（一）计算机制造

计算机制造指的是生产各种计算机系统、外围设备、终端设备以及其他有关装置的产业，具体来看，计算机整机、零部件、外围设备、系统、信息安全设备的制造业都属于计算机制造范畴，也包括计算机应用电子设备等其他计算机制造。

（二）通讯及雷达设备制造

通讯设备制造是技术密集型产业，涉及多个技术领域，是多学科相互渗透、相互交叉形成的高新技术领域，包括为运营商及企业客户提供传输网、接入网、承载网等解决方案，通信终端设备包括音频通信终端、图形图像通信终端、视频通信终端、数据通信终端、多媒体通信终端等。通讯及雷达设备制造指固定或移动通信接入、传输、交换设备等通信系统建设所需设备的制造、固定或移动通信终端设备的制造、雷达整机及雷达配套产品的制造。其中包含通信系统设备制造、通信终端设备制造以及雷达及配套设备制造 3 个小类。由于不同历史时期信息技术发展的阶段不同，早期普遍使用通讯代表信息传输，最近几十年普遍使用通信，二者之间尽管有差异，但也有一定的互换性。

（三）数字媒体设备制造

数字媒体设备制造包括广播电视节目制作、发射、接收的设备及配件，还有电视机、音响、影视录放等设备制造等 8 个小类。

（四）智能设备制造

拓展阅读：数字产品制造业详细分类

智能设备制造的主要方向是机器人，包含工业机器人、特殊作业机器人、服务消费机器人等制造业，以及智能照明器具、可穿戴智能设备、智能车载设备、智能无人飞行器及其他智能消费设备的制造业，共 8 个小类。

（一）至（四）的详细分类及电子元器件及设备制造、其他数字产品制造业本书不作详细阐述，感兴趣的读者可扫描二维码了解。

二、数字产品服务业

数字产品服务业是一个综合性和多元化的领域，涵盖了一系列与数字产品相关的商业活动。

数字产品服务业主要包括数字产品的批发、零售、租赁、维修等服务，共分为 5 个中类。

（一）数字产品批发

数字产品批发是指各类计算机、软件及辅助设备批发；通讯设备批发；广播影视设备批发。具体而言，计算机、软件及辅助设备批发是指各类计算机、软件及辅助设备的批发和进出口活动。通信设备批发包含各类电信设备的批发和进出口活动。各类广播影视设备的批发和进出口活动则属于广播影视设备批发范畴。大规模购买和销售数字产品的活动，通常由专门的批发商或分销商来执行：他们直接与制造商进行交易，以较低的价格购买大批量产品，然后将这些产品分销给零售商或直接给消费者。

（二）数字产品零售

与数字产品批发相对应的是数字产品零售。数字产品零售指各类计算机、软件及辅助设备零售；通讯设备零售；各类音像制品、电子和数字出版物零售。零售商是将数字产品直接销售给消费者的商家。他们可能拥有实体店铺或者在线商店，提供各种各样的数字产品，如计算机、手机、智能手表等。零售商通常会提供个性化的服务，如产品咨询、售后服务等，以满足消费者的需求。

（三）数字产品租赁业

数字产品租赁中包含两个小类，分别为计算机及通讯设备经营租赁；音像制品出租。租赁服务允许消费者在需要时租用数字产品，而无须购买整个产品。这种服务特别适合那些需要临时使用某个产品，或者不能承担一次性购买费用的消费者。数字产品租赁服务提供了一种灵活、便捷的获取方式，使消费者能够根据需要使用最新的数字产品。

（四）数字产品维修

数字产品维修包括计算机和辅助设备的修理以及通讯设备的修理，其中通讯设备包括电话机、传真机、手机等生活中常用的设备。随着数字产品的复杂性不断增加，维修服务变得越来越重要。专业的维修服务可以帮助消费者修复故障设备，延长产品的使用寿命。许多公司还提供定期的设备检查和保养服务，以预防可能的问题，确保设备能够正常运行。

总的来说，数字产品服务业在整个数字产品的生命周期中起到了关键的作用，从产品的生产、销售，到使用、维护，再到回收处理，都离不开该行业的支持。

（五）其他数字产品服务业

其他数字产品服务业包括其他未列明的数字产品服务业。

三、数字技术应用业

数字赋能人们衣、食、住、行，技术创新开辟新领域。当前，数字经济不仅成为人们生活中不可或缺的一部分，也成为国家稳增长、促转型的重要引擎。而伴随着数字经济对经济社会生活方方面面的渗透，推动高质量发展的数字引擎将更加强劲。数字技术应用业是一个涵盖了广泛的专业领域和实践活动的行业，其主要聚焦于运用各种数字技术以解决特定问题，提高效率，创造新的商业模式和增强用户体验。在国家统计局

2021 年发布数字技术应用业大类中，共包含软件开发，电信、广播电视和卫星传输服务，互联网相关服务，信息技术服务，其他数字技术应用业 5 个中类。

（一）软件开发

软件开发与服务是一个多元化和高度专业化的领域，涉及定制软件开发、应用软件生产以及一系列与软件有关的服务，包括但不限于软件的部署、维护、测试和优化。在软件开发行业中，可以划分为 4 个小类，具体包括基础软件开发、支撑软件开发、应用软件开发以及其他软件开发。

（二）电信、广播电视和卫星传输服务

电信、广播电视和卫星传输服务是现代信息传输和通信领域的核心行业。其包含 3 个小类，即电信、广播电视传输服务以及卫星传输服务。

电信、广播电视传输服务、卫星传输服务虽然各有侧重，但都是现代信息社会不可或缺的一部分，共同构成了信息传输和通信的基础设施，支持着社会经济的发展和人类生活的方方面面。

（三）互联网相关服务

互联网相关服务是一个涵盖广泛且与居民生活密切相关的行业，其多样性和广泛性展现了互联网的强大功能和潜力，可划分为 7 个小类，包括互联网接入及相关服务、互联网搜索服务、互联网游戏服务、互联网资讯服务、互联网安全服务、互联网数据服务、其他互联网相关服务业。

（四）信息技术服务

信息技术服务主要方向是集成电路设计，信息系统集成服务，物联网技术服务，运行维护服务，信息处理和存储支持服务，信息技术咨询服务，地理遥感信息及测绘地理信息服务，动漫、游戏及其他数字内容服务以及其他信息技术服务业。

除上述数字技术应用行业外，数字技术应用业还包括如三维（3D）打印技术和推广服务等一系列活动。作为一种创新的制造技术，三维打印技术推广服务主要涵盖各类 3D 打印服务，如模型制作、原型制造、小批量生产等。3D 打印技术推广则包含通过教育、培训和示范，普及和传播 3D 打印技术的知识和应用，推动这一技术在多个领域中的应用和发展。

实践案例：
解析游戏开发

此外，其他数字技术应用业中还包括了那些没有明确列明，但却涉及数字技术应用的各类行业。包括数字技术在医疗、教育、艺术、娱乐等领域的应用，也包括虚拟现实（VR）、增强现实（AR）、人工智能（AI）、区块链等新兴技术在各个行业的应用服务。这些技术的应用不仅推动了相关行业的发展，也正在深刻改变人们的生活和工作方式。

四、数字要素驱动业

数字要素驱动业为《数字经济及其核心产业统计分类（2021)》中的第四大类，具体分为互联网平台、互联网批发零售、互联网金融、数字内容与媒体、信息设施基础建设、数字资源与产权交易、其他数字要素驱动业7个中类，其中包含27个小类。

（一）互联网平台

互联网平台具体包括互联网生活服务平台、生产服务平台、科技创新平台、公共服务平台以及其他未列明的互联网平台5个小类。例如，榆林光谷数字经济创新基地第二批入驻企业飞狐网络主营业务——知识产权交易平台隶属于科技创新平台范畴。

（二）互联网批发零售

互联网批发零售包含互联网批发和互联网零售两个小类。互联网批发涉及批发商主要通过互联网电子商务平台实施的商品大宗销售行为。其主要特点是利用电子商务的便利性进行大量的商品交易，实现从供应商到零售商或其他业务用户的高效商品流通。与此相应，互联网零售是指零售商通过电子商务平台开展的直接向消费者销售的活动。这种业务形态将传统的零售业务转移到网络平台，使消费者可以在任何地点、任何时间进行商品购买。需要注意的是，这一类别并不包括仅提供网络支付的活动，或者仅建立或提供网络交易平台和接入的活动。这些服务虽然在电子商务交易中发挥着重要的作用，但并不直接涉及商品的批发和零售过程。

（三）互联网金融

互联网金融包含3个小类，分别为网络借贷服务、非金融机构支付服务、金融信息服务。

（四）数字内容与媒体

数字内容与媒体主要方向是广播、电视、影视节目制作、广播电视集成播控、电影和广播电视节目发行、电影放映、录音制作、数字内容出版、数字广告。

（五）信息设施基础建设

信息设施基础建设包含网络基础设施建设、新技术基础设施建设、算力基础设施建设以及其他各种信息基础设施的建设4个小类。这一领域注重于构建强大、安全、高效的信息基础架构，以满足现代社会和经济的需求。

（六）数字资源与产权交易

数字产权交易可以定义为数字产权所有者在得到授权后，在国家批准的交易平台上进行的数字产权买卖活动。这种市场行为依赖于数字产权所有者和数字资产所有者的共同参与和支持。没有数字产权所有者参与的数字资产交易将难以得到有效保护。同样地，没有数字资产所有者的许可，数字产权所有者也无法交易非自己所有的数字资产。数字资产，也被视为数字物权，是指以数字形式存在、具有独立价值和独占性的数字商品，赋予持有者直接支配和排他性的权利，包括所有权、使用权和担保权。简而言之，数字资产是指自然人或法人对数字产品直接享有的控制权，包括所有权、使用权和担保权。数字资产在网络环境下存在，例如购买的网络账号、游戏内的虚拟货币、游戏装备等都是数字资产的表现形式。

数据要素驱动业具体分类

其他数字要素驱动业包括供应链管理服务、安全系统监控服务以及数字技术研究和试验发展 3 个小类。

第三节 数字化产业特征与发展趋势

一、产业发展特征

数字化产业作为一种全新的经济形态，涵盖了包括但不限于软件和信息技术服务、网络与相关服务、电信行业以及电子信息制造业等众多核心子领域。这些产业的杰出表现呈现了最新一代数字技术的发展方向。

自互联网诞生以来，数字化产业就以其独特的高速度和大规模发展而引人注目。基于大数据、人工智能、云计算等尖端技术的不断进步，数字化产业正在迅猛发展，改变着人们生活和工作的方式。数字化产业的发展离不开创新性技术的驱动。从最初的计算机软件，到现在的人工智能、区块链、云计算，再到未来可能涌现的量子计算技术，数字化产业始终处在科技最前沿，推动着社会生产力的发展。与此同时，数字化产业不仅在本身领域内持续推进，还影响着其他产业的发展。无论是农业、制造业，还是服务业都受益于数字技术的应用，数字化、智能化正在成为各行业发展的重要驱动力，发展不仅改变了传统产业的生产模式，也催生了许多全新的产业形态。例如，数字支付、共享经济、在线教育等都是在数字化推动下崛起的新业态，而且在全球范围内获得了广泛应用。但值得注意的是，由于技术的迅猛发展和市场需求的快速变化，数字化产业也充满了不确定性。

此外，数字化产业的发展带动了其他产业的发展，形成了强大的溢出效应。一方面，数字化产业的快速发展吸引了大量的人力和资本投入，创造了大量的就业机会。随着技术的进步和新业态的出现，这些就业机会也在不断增多。例如，随着大数据、人工智能等技术的发展，数据分析师、人工智能工程师等新的职业应运而生。这些新的职业不仅提供了大量的就业机会，也为社会经济的发展做出了重要贡献。另一方面，数字化产业的发展也促进了其他产业的技术进步和效率提高。通过技术传播和知识共享，数字技术正在各个领域发挥着重要的作用。例如，数字技术的应用使得农业生产更加精准、高效，大大提高了农业生产的效率和质量。在制造业，数字技术的应用使得生产过程更加自动化、智能化，显著提高了生产效率和产品质量，这些都体现了数字化产业强大的溢出效应。

数字化产业以其独特的集群性、技术密集性、高渗透性、先导性以及不确定性（王俊豪和周晟佳，2021），正在对全球经济产生深远影响。作为经济发展的新引擎，数字化产业的发展将对人们的生活方式、工作方式甚至思维方式产生深远影响。了解数字化产业的相关特征有助于人们更深入地研究和理解数字化产业，以更好地把握数字经济的发展趋势，促进社会经济的持续发展。

（一）产业集群发展

数字化产业集群是以新发展理念为引领，从事数字产品制造、数字产品服务、数字技术应用、数字要素驱动的企业主体及其相关机构等组成的，具有较强核心竞争力的企业集群。在全球数字经济的大潮中，各地区正积极构建并优化数字化产业集群，这一创新举措不仅推动了经济的可持续性和高质量发展，同时也加速了新发展格局的构建。一批涵盖人工智能、大数据和电子信息等领域的数字化产业集群，如同凤凰涅槃般从无到有、从小到大、从弱到强，描绘出一幅生动的数字经济发展画卷。

近些年，中国的数字化产业集群建设进程显著加速，这无疑为数字化产业的创新提供了更多活力和动力。各地区在此领域也展开了大量积极的探索，创造了属于中国的“声谷”“视谷”和“光谷”。例如，依托科大讯飞打造的安徽省合肥市智能语音产业集群，2021 年实现主营业务收入 1 378 亿元，入园企业达 1 423 家，连续 5 年产值、企业数量增长率均超过 30%，跑出了惊人的“声谷速度”。大华科技和海康威视领军的浙江省杭州市数字安防产业集群，2021 年核心产业实现营业收入 2 720. 8 亿元，同比增长 17. 2%，带动全市 4 322 家数字安防产业创新企业共同成长，包揽视频监控产品、摄像机等产销全球前两位，市场占有率超过 50%。以长飞光纤、华工科技等企业为代表的湖北省武汉市光电子信息产业集群近 3 年累计投资超过 2 000 亿元，汇集光电子企业超过 1. 5 万家，全球首款 128 层三维闪存存储芯片、中国首个 400G 硅光模块等一批科研成果和国产化替代产品在这里实现突破。①

（二）技术集约赋能创新发展

信息通信产业属于技术密集型行业，面临的核心难题在于如何实现技术创新和持续

---

① 王政．我国数字产业集群加速成长［N］．人民日报，2022-11-30.

进步。作为技术密集型的典型代表，数字化产业增长活力旺盛，数字技术在其中发挥了激发创新活力的重要作用。

初期的信息网络是以数据传输为核心的网络体系，然而，随着数据量爆炸式增长和计算模型日益复杂多元，各个领域和行业对算力的需求和要求都在快速提升。这使得对芯片和晶体管的性能要求不断提升，信息网络逐步演进为感知、传输、计算、交换功能一体化的信息基础设施。近年来，全球范围内的数字化产业巨头，例如腾讯、微软、英特尔等都在持续加大技术研发和资本投入的力度，将开源开放这一数字时代的重要生产组织模式提升至战略层面，这充分展现了对数字化转型的重视。

从创新活力的角度审视数字化产业可以清晰地看到这个领域已经成为全球创新最活跃的领域，强大的创新能力无疑是这些企业竞争力的根本保证。中国信通院的数据显示，在 2018 年全球创新企业 1 000 强榜单中，共有 335 家属于数字企业，其研发投入合计超过 3 万亿美元，占总研发投入的比重接近 40%。这些企业的平均研发强度为 7.6%，是其他行业上榜企业的两倍以上，这足以体现数字化产业在技术创新和进步中的主导地位。

（三）高渗透性驱动产业转型升级

如今，数字化产业已经发展成为一种能够深度渗透并融合进传统产业的强大力量。飞速进步的信息技术和网络技术拥有高度的渗透力，使得信息服务业迅猛地扩展到第一产业和第二产业，导致三大产业间的边界日渐模糊，展现出互相融合的趋势。同时，产品和服务的种类繁多以及其应用的广度和多样性极大地推动了这个过程的加速。新一代信息技术，包括大数据、物联网、移动互联网和云计算等，以其强大的渗透性和加成效果对传统产业进行了全面、多角度的改造和提升。数字化产业的渗透性表现在其技术不只服务于消费端，而且深入到生产端，甚至改变了生产模式。在这一过程中，数字技术不仅在线上活动中发挥作用，更进一步延伸到线下活动，将各种业态和模式带入现实生活，比如平台经济、微经济、共享经济等新型经济模式和业态。

随着数字技术的发展，传统产业也正在进行一场前所未有的转型。从原本的传统模式逐步向智能化、网络化、数字化的方向发展。在这个过程中，数字技术作为一种强大的新引擎对提升传统产业的效率起到了至关重要的作用。通过数字化改造，传统产业的新旧动能得以顺利接续转换，使之更符合现代社会的发展趋势和需求。数字化产业通过产品和服务的多样化以及应用的广泛化和多元化促进了对传统产业的深度渗透和融合。新一代信息技术以强大的渗透性和倍增效应对传统产业进行了全面改造提升。数字技术已从消费端深入到生产端，推动新的经济模式和业态的诞生，加速传统产业向智能化、网络化、数字化的转型。

（四）发展路径的不确定性

（1）技术层面的不确定性源于数字化产业依赖于不断创新的技术。在数字化产业中，持续的技术进步和创新是保持竞争力的关键，但同时也需要管理和应对技术不确定性风险，重大的技术创新通常伴随着显著的风险和不确定性。新技术的引入可能带来巨大的机遇，但同时也伴随着风险和挑战。人工智能、物联网和区块链等新兴技术在数字化产业中具有巨大潜力，但其应用和商业模式仍面临诸多未知因素，包括技术的成熟度、标准化的制定、数据隐私和安全等方面的问题。以 5G 技术为例，虽然人们对其能够引领万物互联的革新寄予厚望，但仍然面临巨大的挑战和高额的投资成本。在 5G 独立组网方面仍存在技术瓶颈，特别是对于海量机器互联（mMTC）和超低延迟通信（URLLC）的支持至关重要。此外，在终端芯片领域，尽管 5G 非独立组网的终端芯片已相对成熟，但 5G 独立组网模式的终端芯片仍需进一步完善。这种技术上的不成熟可能影响到部署 5G 独立组网的进程。

（2）市场层面的不确定性体现在数字化产业的产品或服务被市场接受的程度和其商业模式是否成功。数字化产业创新的产品和服务往往面临消费者认知、需求和接受程度等方面的挑战。许多新兴技术和产品在早期阶段并未广泛为消费者所知或认可，需要一定时间才能找到目标消费者或更广泛的应用场景。创新技术的商业化和市场化需要充分理解目标市场和消费者需求，以及建立有效的市场推广和渠道分销策略。此外，市场竞争的不确定性也是数字化产业面临的挑战，新的竞争对手的涌现和行业格局的变化可能对数字化产业的发展产生重要影响。例如，早期的区块链技术主要用于数字加密货币领域，而随后该技术被推广至更多应用场景，包括政务民生、司法存证、税务、产品溯源等领域。另一个例子是区块链技术在钻石行业的应用使得消费者可以追溯从矿山到商场柜台的整个流程。

（3）组织层面的不确定性涉及数字化产业中的企业和组织对变革的应对能力。在数字化产业快速发展和变革的环境下，企业需要灵活应对新技术、新市场和新商业模式的挑战。对于传统企业来说，适应数字化转型和创新发展可能需要调整组织结构、重新评估核心能力和制定新的战略。此外，数字化产业也面临着新兴企业的竞争和颠覆，创业公司和初创企业的灵活性和创新能力使其在数字化产业中具有一定优势。因此，组织需要不断适应和调整，以适应不断变化的数字化产业环境。在产业发生根本性变革时，传统企业往往无法迅速识别变革的信号并做出反应，从而错过变革的机会。例如，1999 年成立的易趣曾是中国最大的在线交易社区平台，但随后淘宝的崛起使得易趣逐渐退出公众视野。又如，在中国即时通信（飞信）市场，中国移动曾占据领先地位，但由于其产品定位未能跟上互联网的发展，现已被微信或腾讯 QQ 取代。

基于前述数字化产业的基本特征，中国数字化产业面临着挑战与机遇并存。由于发达国家对数字化产业的重视程度持续提升以及新兴国家持续的技术追赶，全球复杂多变的国际形势进一步加剧了中国数字化产业的不确定性。自 20 世纪末以来，世界发达国家积极布局数字经济和数字化产业的发展，例如 20 世纪 90 年代美国启动了“信息高速公路”战略。为了在数字化产业领域取得先发优势，发达国家持续发布和更新数字经济和数字化产业的战略规划和措施。美国于 2016 年成立了“人工智能和机器学习委员会”，推动人工智能的快速健康发展。日本也于 2016 年设立了“人工智能战略会议”，在国家层面上管理和规范人工智能。与此同时，中国数字化产业还面临新兴国家的追赶。2015 年印度推出了“数字印度”计划，2016 年巴西颁布了《国家科技创新战略(2016—2019 年)》。

数字化产业的繁荣与发展，将进一步推动国家的数字化转型。中国为全球数字经济的发展树立了新的里程碑。然而，外部风险不断增加，例如美国对华为、中兴通讯等中国数字企业的打压增加了中国数字化产业发展格局的不确定性。因此，中国数字化产业需要进行深度调整，构建更高层次产业体系。不断创新的数字技术深入渗透到经济生活以及传统工业、农业和服务业中，重塑了人们经济生活方式，促进了传统产业效率提升和产业转型升级。传统产业的数字化转型升级过程为数字化产业的创新发展提供了巨大的需求驱动力。人们对数字化生活的追求为数字化产业提供了广阔的消费市场，推动了数字化产业的持续发展和创新。

二、发展趋势

虽然数字经济处于发展的初期阶段，但充分显示了不同于工业经济发展阶段的特点和趋势。加上近年来为应对全球疫情的影响，我国的数字化进程加快，以在线办公、在线教育、互联网医疗为代表的新模式、新业态加速成熟。“宅生活”“微经济”“无接触”“云消费”等成为数字化生活新常态，释放数字技术在经济各领域的创新活力，带动中国经济转型升级，而未来数字化产业的发展趋势又会是怎样的呢?

(一)数字技术创新带动的主导产业

技术进步和技术创新是产业升级的根本动力，数字经济条件下拉动经济增长的主导产业将是数字技术创新带动的数字化产业。数字技术将加速与制造、生物、能源等技术渗透融合，带动群体性突破，全面拓展人类认知和增长空间。随着新一轮信息技术革命深入推进，世界主要国家将信息通信技术置于优先发展的关键领域。

与此同时，关键共性技术将促使数字化产业释放融合创新活力。通过抓住 5G 网络、数据中心等新型基础设施加速部署的重大机遇，以中国为例，依托庞大的市场优势，随着创新驱动发展战略的深入实施和科技投入的持续增加，中国数字化产业的发展质量和效益有望取得长足进步。5G 应用实践的深度、广度、融合度和技术创新性将不断提升，5G 应用将从单一场景向产业生态和体系化应用场景转变，比如 5G 远程医疗、5G 在线教育、5G 远程办公、5G+工业互联网、5G 车联网等。工信部陆续出台了促进工业互联网加速发展的政策报告，在上层政策的引导下，将推动与 5G 密切相关的工业互联网不断创新发展。5G 的高带宽、低时延、高可靠性和大连接性等优势将推动工业互联网实现人、机、物的广泛互联和全面感知，进一步实现全要素、全产业链的智能优化和全面连接，加速全新的制造和服务体系的建立。前景广阔的“5G+工业互联网”将进一步增强资源汇聚能力，推动跨行业、跨地区的企业合作和产业集聚的深入发展。一些制造企业通过工业互联网实现了服务化转型，加快向价值链的高端延伸。例如，广东省工业互联网产业生态供给“资源池”与供需双方对接，促进制造业进一步降低成本、提高质量和效益，推动网络、平台和安全三大体系的协调配合。

随着5G应用实践的深化和技术创新的提升，依托中国汽车产业的规模优势和数字化产业的市场优势，5G支持下的车联网和自动驾驶技术将迎来新的发展机遇。5G技术的高带宽、低时延和高可靠性能够满足车联网对毫秒级网络时延的要求。车联网、自动驾驶技术和工业互联网推动传统汽车产业向智能化生产、网联化协同和数字化服务的转型，特别是在物流运输和配送服务等领域的发展不断加速。车联网能够实时分析、优化、预测、追溯和调配，提升城市交通运行效率，减少交通拥堵，实现智慧交通系统，为智慧城市建设提供支持。随着新一代信息技术广泛应用，尤其是关键共性技术深入应用，工业、服务业和农业企业的信息获取能力、对市场需求供给变化的敏感度、前景预测能力、数据集成能力以及上下游整合能力将不断提升。这将进一步深化关联产业价值网络的融合和渗透程度。因此，可以预见数字化产业未来的发展前景将取决于关键共性技术对数字化产业与工业、服务业和农业的融合和渗透深度和广度的推动作用。

（二）数据要素与数据平台将发挥重要作用

在数字经济时代，数据呈现爆发式增长且具有可存储、可共享、可复制、价值化和无形性等特点，突破了传统要素供给条件的局限性。数据作为新的生产要素与传统要素相结合催生了新的组合形式。数据采集、数据分析、数据挖掘推动了人工智能、云计算等新技术的发展。数据交易、数据定价、数据保护催生了金融科技等新资本形态。数据流转、数据计算等催生了智能机器人等新劳动力。数据积累、数据分析、数据标准等催生了数字孪生等新土地形态。数据要素与传统要素的相互融合和渗透，将释放放大、叠加和倍增效应，促进数字经济的蓬勃发展。

数据要素的快速发展加快了企业的数据积累，越来越多的企业开始探索由数据驱动的服务模式转型。数据要素的价值化必将推动数字企业的管理模式、组织形态、决策方式和发展战略发生变化。互联网企业、软件服务企业和电信企业将不断积累和整合内部数据资源，积极与传统制造业、服务业和农业进行数据对接，促进跨行业和跨领域的数据应用。因此，可以预见数字化产业未来的发展前景将取决于数据集成在促进数字化产业与工业、服务业和农业融合渗透方面的深度和广度的不断提升。数据的整合将成为关键，推动数字化产业与传统产业之间的相互渗透和协同发展。

数字平台是处理大数据的技术组织形式，包括数据存储、挖掘、分析等多种功能。它们催生了新技术、新资本、新劳动力和新土地，并与传统要素相互融合，释放放大、叠加、倍增效应，促进数字经济蓬勃发展。数字平台具有B2B、B2C、P2P等不同性质，扮演着连接生产商、服务商和消费者的枢纽角色，通过算法改变传统市场经济条件下的价格形成机制。平台型企业具有网络效应，随着客户增长，其价值呈指数式增长。

平台型企业的创办时间短、发展势头强劲，是数字经济发展的关键动力。据统计，当前中国拥有超过 100 个工业互联网平台，连接工业设备达到 7 686 万台，服务企业数量达到 160 万家。中国的中小微企业通过数字平台的集结出口实现了大幅降低单位出口成本，贡献了近 48.6%的贸易总额。数字平台的发展也在国外市场形成规模，改变了传统企业之间的直接竞争，促进了“竞合共生”的产业生态系统的形成。平台型企业通过协调需求、撮合交易和影响定价机制，掌握了数字经济活动中的社会财富创造和利润分配的控制力。

数字平台作为数字化产业的重要载体具有联结多个群体、协调资源、促进价值创造和聚集的功能。它承载着数字交易服务和技术创新，涵盖信息采集、分析、处理和流转等方面。互联网企业通过其数据收集、处理和分析能力以及平台优势，弥补了生产型企业在客户消费偏好和习惯等数据信息方面的不足，从而实现精准营销和柔性化生产。数字平台的出现催生了新型的销售模式和生产关系，构建了一种新的市场秩序。以汽车互联网平台“汽车之家”为例，基于数据库搭建的产品体系能够全面分析车型和车企的竞争格局，为车企精准定位和营销策略调整提供支持。同时，数字平台还能通过精准数据匹配和实时投放策略的调整满足消费者个性化和异质化需求。在生产方面，数字平台也能推动大规模定制化的柔性化生产，将客户体验融入汽车设计中。数字平台作为重要的载体，将释放数字化产业的融合创新活力。因此，可以预见数字化产业未来的发展前景将依靠数据这一新型生产要素和数据平台赋能，不断促进数字化产业与工业、服务业和农业的深度和广度融合渗透。

（三）数字化与能源低碳化双重转型是先决条件

自工业化起始以来，人类对在促进经济增长和创造物质财富的同时对生态环境产生的负面影响认识不足。工业化先行国家在环保意识尚未觉醒的情况下，推进了工业化进程，直至生态环境问题严重才开始正视环境保护。1962 年，《寂静的春天》的出版唤起了人们对环境的关注，催生了 1972 年的“人类环境大会”和“人类环境宣言”，标志着全球环保事业的开启。然而，此前一些国家由于缺乏严格的环境保护已经面临严重的环境污染问题，包括 1930 年比利时的马斯河谷雾霾事件、1943 年美国洛杉矶的光化学雾霾事件、1952 年英国的伦敦雾霾事件，以及 1955 年日本四日市的工业废气问题，所有这些事件都是工业化对环境破坏的佐证。直到 1972 年人类环境大会召开，工业生产导致的环境问题才受到广泛关注。但此时，如英、美等国已进入工业化后期，环境治理主要采取后期干预，这种现象在环境库兹涅茨曲线（EKC）中得以体现。EKC 假设环境压力和经济增长之间呈倒 U 形关系：在经济发展早期，环境质量逐渐恶化；达到一定经济水平后，环境会逐步改善。然而，这个理论假设环境是可修复的，这在当前气候变化的背景下并不完全适用。具有容量限制的温室气体排放问题使得 EKC 的适用性受到质疑。因此，人们需要更加全面和深入地理解环境压力与经济增长之间的关系，以确保未来的可持续发展。

自1751年以来，全球已排放超过1.5万亿吨二氧化碳。美国、欧盟28个国家分别占历史排放总量的25%、22%。1992年，《联合国气候变化框架公约》首次全面规定全球温室气体排放。2015年，《巴黎协定》确定将全球平均温升控制在2℃以内，尽量控制在1.5℃以内。世界气象组织的报告警告，全球气温升高速度正在接近《巴黎协定》设定的1.5℃上限。未来五年，人类只剩下50%的机会将全球温度升高控制在该上限内。目前，遏制气温上升突破1.5℃的可能性仅为60%，较十年前的90%大幅下降。联合国2018年的气候报告指出，全球气温将在2030年达到不可逆转的临界点。这些数据揭示，环境库兹涅茨曲线无法适用于全球气候变化的治理。

在数字经济时代，其发展环境与工业经济时代有显著差异，全球对经济发展和生态环境的关系有了深入理解，生态保护意识增强，相关治理措施和规则也相应出台。众多国家通过《联合国气候变化框架公约》和《巴黎协定》等国际公约提出了碳中和的时间表，一些国家还实施了碳税和碳关税等政策，从制度法律层面推动经济发展向可持续方向转变。然而，尽管数字技术可以提高效率和产出，但数字技术及其产业本身是高耗能的。以数据中心为例，数据中心被称为“电力吞噬者”，它们每年消耗全社会发电量的1.5%~2.2%。此外，绿色悖论的存在也让人们对现有的气候政策产生了质疑。这个悖论强调，气候政策可能激发石化能源企业增加产量以避免税收带来的利润下降，从而导致短期内碳排放增加和气候恶化，甚至增加总碳排放损害的社会成本。这引出了弱绿色悖论和强绿色悖论两个概念，弱绿色悖论强调短期内碳排放增加，强绿色悖论强调政策增加了总气候成本。

为规避数字经济的绿色悖论并实现温控目标，必须将能源绿色低碳转型和绿色消费提升到新的高度，推动数字化和能源低碳化的孪生转型。这需要高度重视新能源产业的发展，增加绿色能源供应和对传统高碳能源的替代，即在增加数字要素利用的同时也要增加清洁能源供应。

思考题

1. 数字产业化的内涵是什么？新的经济形态有哪些？
2. 数字经济核心产业包括哪些内容？
3. 请结合案例谈一谈数字产业化过程中技术驱动和科技创新的作用。
4. 产业数字化的特征和发展趋势是什么？请谈谈个人的想法。

即测即评

主要参考文献

[1] 刘根荣. 共享经济：传统经济模式的颠覆者[J]. 经济学家. 2017(5)：97-104.

［2］林楠，席酉民，刘鹏．产业互联网平台的动态赋能机制研究——以欧冶云商为例［J］．外国经济与管理，2022，44（9）：135-152.

［3］郭倩．算力经济：激活数据潜能驱动数字化转型［N］．经济参考报，2022-09-19（1）.

［4］任保平，杜宇翔，裴昂．数字经济背景下中国消费新变化：态势、特征及路径［J］．消费经济，2022，38（1）：3-10.

第五章

产业数字化

【课程导入】

产业数字化发展概况

数字经济的发展加速了社会经济形态和运行模式的变革，一场更大范围、更深层次的科技革命和产业变革正在重塑工业产业发展方式，工业产业发展正向数字化转型。2016—2022年，中国产业数字化规模如图5-1所示，逐年上升，增速缓中有升。

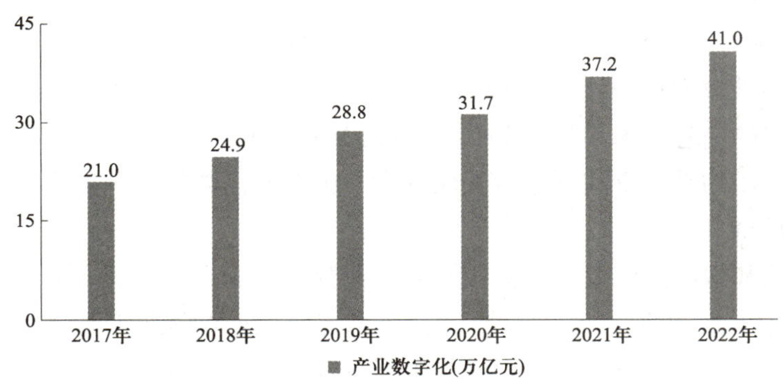

图5-1　2016—2022年中国产业数字化规模及增速

数字经济与实体经济融合是推动传统产业转型升级的重要手段。近年来，中国数字经济在三大产业中的渗透率不断提升。中国信通院《中国数字经济发展研究报告（2023年）》显示，2022年我国服务业、工业、农业数字经济渗透率分别为44.7%、24.0%和10.5%，产业数字化转型提速。

资料来源：《中国数字经济发展研究报告（2023年）》。

第一节　产业数字化概述

一、产业数字化的内涵与特征

（一）产业数字化的内涵

由于产业数字化在不同国家的发展程度不同，对产业数字化具体含义的理解，不同国家有不同的说法和不同的关注重点。根据学者的研究，比较有代表性的定义主要包括：

（1）美国。美国的产业数字化主要是指通过将虚拟网络与实体连接形成更有效率的生产系统，同时借助软件、互联网等技术推动新一轮工业革命，利用网络和数据的力量不断提升制造业创造价值的能力。

（2）德国。德国的产业数字化充分体现在“工业 4.0”的实施中。“工业 4.0”战略核心是通过信息物理系统实现人、设备与产品之间的实时联通、相互识别及有效交流，构建高度灵活的数字化、网络化的智能制造模式。

（3）英国。《英国数字化战略》指出了英国产业数字化发展的重点，包括连接性、技能与包容性、数字化部门、宏观经济、网络空间、数字化治理及数据经济七个方面的战略任务。

（4）日本。日本对产业数字化的理解体现在其提出的“社会 5.0”中。“社会 5.0”旨在通过人工智能、物联网和机器人等技术，以数据取代资本连接，并以数据的流通驱动万物，实现数字化对经济、社会、生活各个层面的渗透，催生新型价值体系，形成新的服务结构，最终实现虚拟与现实高度融合的“超智慧社会”的状态。

“从数据中来，到实体中去”是产业数字化转型的根基。数字化转型的过程意味着将物理世界的多维数据以及产业发展过程中的数据进行数字化处理，从而产生海量数据，通过新一代的信息技术手段，如大数据、人工智能、云计算等的赋能进行综合分析，再将分析应用的结果反哺到产业发展的实际中释放出数据红利，实现传统产业链全方位的数字化转型升级。

中华人民共和国国务院发展研究中心对产业数字化的定义是：产业发展过程中利用新一代信息技术（大数据、人工智能、云计算等），通过构建数据的采集、传输、存储、处理和反馈的闭环，打通不同层级与不同行业之间的数据壁垒，构建全新的数字经济体系。本文采用这一定义展开论述。

（二）产业数字化的特征

结合《中国产业数字化报告 2020》的内容，产业数字化主要包括以下六个方面的典型特征。

1. 以数据为关键生产要素

数据成为生产要素，以其高效清洁、低成本、可复制以及可海量获取等特点在产业数字化转型中发挥着关键作用。一方面，数据具有无限复制、边际成本低等特征，数据流引领技术流、物质流、资金流、人才流等要素流动，数据要素驱动产业生产要素的网络化共享、集约整合、协作化开发和高效化利用，深刻影响着产业分工协作的组织方式和发展模式，促进生产组织方式的集约和创新。另一方面，数据已经成为企业核心资产，在数据价值化过程中，数字经济与实体经济深度融合，持续激发商业模式创新，不断催生新业态，能有效解决工业经济时代边际报酬递减等问题，是引领产业结构升级的新动能。

2. 以数字技术为生产工具

大数据、云计算、人工智能、物联网、区块链、5G、VR/AR等新一代数字技术在产业发展的不同场景得到了不同程度的应用，农业、制造业和服务业中的生产工具随着数字技术的使用也在持续革新，进而提高了产业转型升级的效率。数字生产工具主要包括两个方面：第一，对传统生产工具的数字化改造，例如，农业生产机械、制造业车床等都因为数字技术的变革在向智能化、数字化转型。第二，数字生产工具对现有生产方式和生活方式具有颠覆性作用。例如，智能工厂中大量使用机器人，使工人从简单重复的生产线上解放出来去做监控、维护等另外的管理工作，同时，随着机器人的普及应用，也会造成工人的失业等新的社会问题。

3. 以数字内容重构产品结构为特征

数字内容重构产品结构主要指产品中增加了大量的数字内容，一般是数字化、智能化功能，进而产品具有网络化、智能化功能，结构形式发生了变化。同时，数字内容正快速改变着人们的娱乐消费方式和生活方式，在桌面互联网时代，仅改变了人们获取与欣赏音乐、电影、图书、游戏的方式，到了移动互联网时代，如位置信息、社交网络等新兴的数字内容产品更加激烈地冲击着人类传统生活方式。简言之，人们生活的世界中所有事物都在数字化，而数字化的内容产品与服务也正改变着世界。内容产品的数字化趋势非常明显，且不可逆转。一方面，伴随着高速通信宽带网络和智能终端设备等外部载体快速普及和迅速发展，人们对数字内容产品与服务的消费需求日益强烈，且依赖性愈来愈强。另一方面，先进的信息处理技术可以更好地对内容进行加工，以更富有创新性的体验方式来满足人们的需求，也为文化产业提供了广阔的增值空间。

4. 以信息网络为市场资源配置纽带

大数据、云计算、物联网和移动通信等技术使市场参与主体可以跨越空间和时间的限制，并使他们之间的交互不再是线性关系，各行业之间的人际交往与信息交流从传统的物理空间向虚拟空间拓展和延伸，而且愈发呈现出网络化特征。这意味着信息网络对数字化转型的成败有直接影响，已逐步成为企业与企业、企业与人之间沟通的桥梁。当今世界，已经进入以信息产业为主导的经济发展时期，信息技术是经济发展的“新动能”。新一轮科技革命以信息技术为代表，基于信息网络用户群体的立体化交互特性逐步凸显，以信息内容为纽带、以网络架构为媒介的“信息、接收者、发布者”三位一体效应逐步呈现，信息网络成了释放产业数字化价值、市场资源配置的重要纽带。

5. 以共享网络服务平台为产业生态载体

共享网络服务平台为产业链上、中、下游各个企业的设计、生产、管理和服务方式提供了载体，帮助供应链、创新链、服务链等互联协同。企业基于数字化的共享网络服务平台努力实现资源的不断累积、技术的不断创新、业务的不断升级和模式的不断迭代。一方面，产业数字化共享网络服务平台是企业实现数字化转型的“转化器”。当前，企业数字化转型的步伐加快，越来越多的企业在推动生产设备数字化改造和企业内网建设的同时，通过自建或租用共享网络服务平台的方式搭建了海量设备与业务应用的“桥梁”。共享网络服务平台正在重新定义和优化整个价值流程，实现企业内部数据采集、汇集、分析和决策，推动生产经验和知识模型的沉淀，加快生产流程优化和商业模式变化。另一方面，共享网络服务平台是产业数字化转型和产业协同发展的“助推器”。共享网络服务平台能使信息匹配更加精确、高效，信息互动反馈更快，同时通过数据融合共享、技术模块服务、业务场景应用推动产业链上、中、下游资源整合，打造协同发展生态。

6. 以数字善治为发展机制条件

在数字善治实践中，不仅要强调数字技术的工具理性，同时需要关注人的主体性、创造力和同理心。目前，数字化治理的主要参与方是政府与数字化企业，政府部门和企业以数字技术为媒介，可以建立高效、精准、透明的治理系统，汇聚多元的社会力量参与，打造城市社区和企业治理的智慧化体系机制，促进社会主体之间的良性互动，提升社会、产业、企业治理的效率与质量。从社会参与主体互动来看，数字善治应建立起政府、企业与个人用户深度参与、开放、互动的多元数字化治理生态系统，政府要尽好对数字企业的监管责任和对消费者的保护责任。另外，数字善治应在整体思维下坚持包容创新与审慎监管并举，坚持安全与发展的辩证统一，在规制技术以及“技术利维坦”①背后的技术垄断精英的同时，坚守推动经济增长和社会发展的初衷。

二、产业数字化转型

（一）产业数字化转型的技术架构

目前，我国产业数字化已经形成了以数字技术体系为关键支撑，以数字基础设施为重要抓手，以数据要素驱动为核心，用数、上云、赋智是对农业、制造业和商贸、物流、金融服务业等产业的数字化转型进行价值赋能的主要模式。在产业数字化转型中，技术赋能主要分为物理层、平台层与数字层，具体架构如图 5-2 所示。

（1）物理层。主要由传感设备、网络设备和其他硬件基础设施构成，负责产业数字化过程中数据的采集处理与传输，主要技术包括物联网、智能传感器和智能机械装备等。

（2）平台层。主要由产业发展大脑和相关的大数据平台构成，提供产业数据的存储、计算、处理功能。平台层常常通过搭建数据技能培训平台、网络安全监测平台、舆情监控平台和社会治理平台等，解决产业数字化转型中行业及企业发展的关键和共性问题。

（3）数字层。主要收集产业运行中的海量数据，通过数据分析服务于产业发展。数字层是物理层通过数字技术获取的数据在虚拟空间的映射。

---

① 可以理解为国家利维坦在人工智能时代的新形式，它以更加隐秘、牢固的方式体现国家控制能力，国家可利用人工智能技术的价值理性和工具理性编织新型的权力网络，国家意志通过算法制定得以展现，以此加强监控能力和社会管理能力。

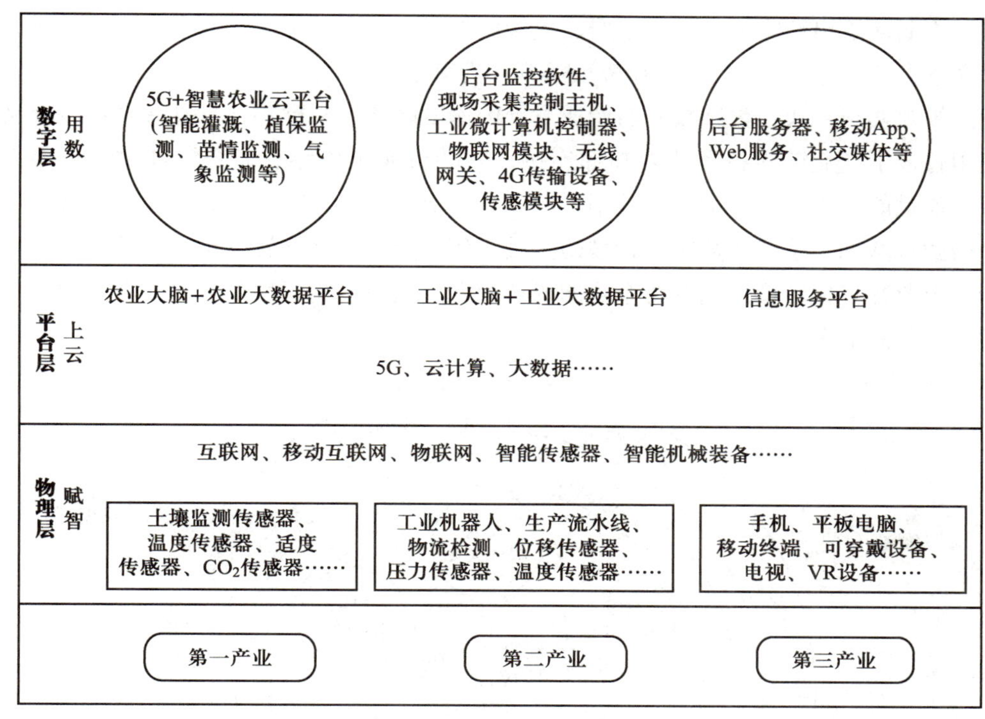

图 5-2 产业数字化架构

（二）产业数字化转型的内涵与外延

产业数字化转型可以从内涵和外延两个方面进行分析。内涵主要是围绕业务流程将大数据、云计算、人工智能、物联网、先进生产方法等前沿技术与生产业务相结合，打通不同层级与不同行业间的数据壁垒，使产业实现更高效的业务流程、更完善的客户体验、更广阔的价值创造，改变产业原有的商业模式、组织结构、管理模式、决策模式、供应链协同模式、创新模式等，推动垂直产业形态转变为扁平产业形态，打造出一种新兴的产业生态，实现产业协同发展，达到产业生产模式的转型与升级。

产业数字化转型的外延（见图 5-3）则更为广阔，包含支撑产业数字化转型所需的经济、社会体系等外部支撑环境全方位的改变。从经济维度讲，产业数字化转型将涵盖数字化背景下的经济结构、创新体系、市场竞争方式、贸易规则的全面转变。从社会维度看，产业数字化转型所需的社会治理模式、标准法规、就业模式、教育体系、可持续发展等一系列问题也在产业数字化转型的范畴之内。

三、产业数字化转型形态

产业数字化从具体操作层面上看，包括宏观、中观、微观三个层次。产业数字化转型宏观层面是指数字经济与实体经济的融合催生出共享经济、数字贸易、零工经济等新业态，不断涌现出新零售、在线消费、无接触配送、互联网医疗、线上教育、一站式出行、共享员工、远程办公、“宅经济”等新产业和经济模式。行业数字化是产业数字化转型的中观实践，通过数字技术与产业发展的深度融合，数据和技术在多产业、多链条的使用打通了产业链中各环节内外部连接，驱动行业价值链、业务链和供应链融合发展，产业赋能作用进一步增强，重塑了产业分工协作新格局。企业数字化是产业数字化转型的微观基础，是产业数字化转型的关键一环，通过数字化转型再造企业质量效率新优势。企业数字化转型深刻改变企业的要素组合、组织结构、生产方式、业务流程、商业模式和产品形态等。

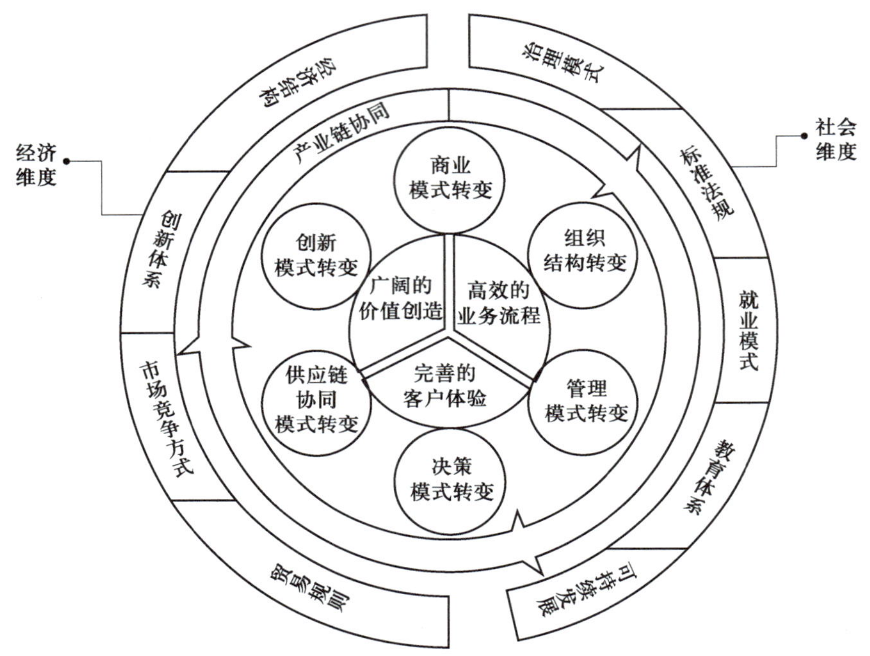

图 5-3 产业数字化转型的外延①

实践案例：腾讯会议在数字时代遇见新可能

（一）宏观层面：孕育新业态、新模式，加速新旧动能转换新引擎

产业的数字化、网络化和智能化转型意味着从生产方式、商业模式到产业组织形态的变革与重塑，由此会衍生出产业的新业态和新模式。2020 年国家发展与改革委员会等 13 个部门公布《关于支持新业态新模式健康发展 激活消费市场带动扩大就业的意见》，提出支持 15 种新业态、新模式的发展，具体包括在线教育、互联网医疗、线上办公、数字化治理、产业平台化发展、传统企业数字化转型、“虚拟”产业园和产业集

① 中国科学院科技战略咨询研究院课题组. 产业数字化转型：战略与实践［M］. 北京：机械工业出版社，2020.

群、“无人经济”、培育新个体经济支持自主就业、发展微经济鼓励“副业创新”、探索多点执业、共享生活、共享生产、生产资料共享及数据要素流通。这些新模式的出现，得益于数字化转型的两个很重要的基础。

1. 新基建为新业态和新模式的出现奠定坚实的基础

新基建通过新一代信息技术与企业生产的深度融合，实现人、机、物的深度互联以及全要素、全产业链、全价值链的全面连接，在更大范围内整合资源，促进专业分工，实现优势互补，不仅能提高经济效率，还能够促进要素的重新配置与重新组合，催生出新业态和新模式。新一代信息技术加速知识、信息在不同区域间的传播，能够降低空间和行业壁垒，加快知识和信息传播，从而产生技术及知识外溢效应，促进经济发展相对落后的地区形成良好的学习效应，推动新业态和新模式的传播与扩展。

以5G、互联网等为代表的新基建构筑了一个便捷的数字平台，是数字化时代要素市场化配置重要的基础设施。数字平台具有资源聚集的作用，通过数字技术的加持对经济活动中产生的数据进行分析和应用，引发了产业业态和产业模式的系统性重构，拓展了市场空间，有效降低了供需双方的交易成本和摩擦成本。数字平台促进线上、线下多渠道融合发展，让传统意义上的“单边市场”加速转变成了更加完善的“多边市场”。根据网络外部性发挥作用的模式状态、主营业务的多元化程度和赋能能力，数字平台可划分为双边平台、多边平台和平台生态三种类型。其中，双边平台主要连接两类用户，内部化了双边网络外部性，拓展规模经济外延，降低了市场搜寻成本。多边平台呈现出多业务并存的状态，延展了范围经济内涵，降低了交易信任成本。平台生态则凭借生态治理，实现多业务协同发展并全方位赋能实体经济。比如，美团从外卖出发，逐渐形成多业务并存的主营结构，发挥范围经济效能，并通过治理机制降低市场交易成本，是多边平台的代表。腾讯拥有通信与社交、数字内容、网络广告、金融科技、云及企业服务等多元化业务板块，以及能共同创造价值的多元化各类型用户群体，不断拓展范围经济内涵、用技术赋能实体经济，是复合型平台生态体系的代表。

2. 生态化与网络化是产业数字化新模式的特征

随着数字技术与制造业、服务业等的融合，企业之间的跨界竞争与合作增强，以及各个专业化数字平台的互联互通，传统线性产业链开始向网络集群化和生态体系化方向发展，整体网络规模呈现不断扩大的趋势。产业数字化转型中，以价值网络为导向的合作生态圈兼顾了顾客、供应商和多方相关者的利益，通过搭建合作平台，各方的资源得以充分共享、互动融合，并实现生态圈中各方的利益共同增值，这有助于农业、工业和服务业在技术变革迅速、商业环境不确定性极高、竞争加剧的背景下确立与维持竞争优势，提高整体的运营效率。

从具体内容上看，如图5-4所示，数字生态网络系统的构成要素应包括产业平台、领导者、合作伙伴、服务机构和顾客及其利益相关者。第一，产业平台是产业创新的基石，通常由平台领导者构建及主导，围绕“系列性”产品中的一项基础或核心技术，整合生产和使用产品过程中需要的补充产品或服务，提升整体价值。第二，具有平台技术的领导者需要在广阔的产业层面激励参与者，创造合作共赢的激励机制推动围绕平台的创新，通过提供互补的产品和互补的服务建设稳定的平台生态环境。第三，产业平台中的合作企业加入某个平台后，为实现平台共同愿景，围绕平台领导者的产品或技术，基于共同认可的标准开发相应的补充产品和服务，通过平台接口实现交互和协同，成为平台重要参与者的同时也获得自身的利益（李扬和沈志渔，2010；马宗国和尹圆圆，2017）。

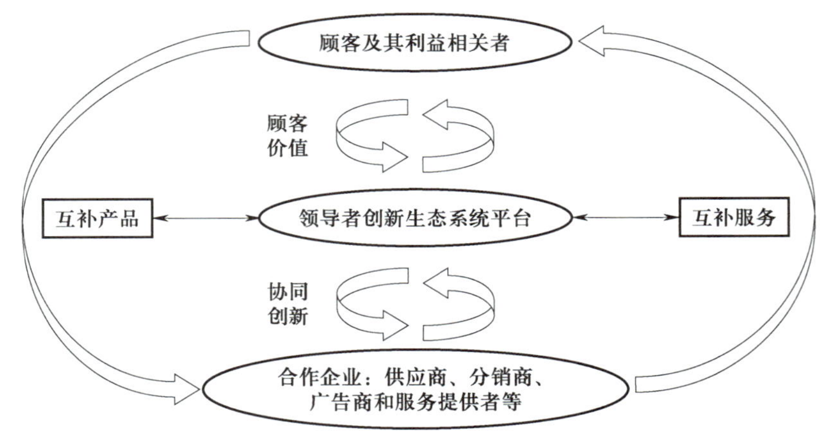

图 5-4 创新生态系统

借助数字生态系统产品供给模式得以创新，从单一的产品属性向多元化、场景化和链条化、网络化方向延伸。同时，宏观环境的改变影响着企业的行为，数字生态系统的兴起与发展也必然引起众多企业形成价值共生、网络协同关系。例如，产业发展的现实过程中已经出现了如西门子、华为、阿里巴巴、小米、海尔、中国电信、中国移动等龙头企业都在运用数字技术激活数据要素，打造自己的数字化产业生态系统，以创造新的生态商业价值。这是因为随着数字平台中参与者与使用者数量不断增多，交易节点就会越来越多，参与主体之间的网络结构就会越来越复杂，由于数据边际成本较低和平台规模效应，生态系统内各要素、各环节和各流程的运营成本降低，经济规模效应逐渐显现。

（二）中观层面：促进产业提质增效，重塑产业分工协作新格局

5G、物联网、云计算、大数据、人工智能和区块链等新一代信息技术具有极强的穿透效应，与实体经济的深度融合有助于推动传统产业的快速转型升级。通过数字技术的赋能，传统产业链、供应链上下游之间的物流、信息流、业务流、资金流等变得更加便捷、更加融通，产业链的各个环节得以重塑，产业基础高级化和产业链现代化的趋势逐渐形成。

1. 数字技术重塑产业链流程

数字技术对传统产业改造提升包括数字营销、协同研发、远程办公、智慧物流等为主要形式的数字化实践，优化产业资源配置，助力产业转型升级。通过数字技术赋能产业体系将全链条、全方位地被重塑，实现产业转换、产业互联和产业融合的新格局。产

业层面数字化转型的意义主要表现为以下三个方面：一是研发与生产的重塑。数字科技可以提升产品生产制造过程的自动化和智能化水平，提高企业研发能力，降低产品研发和制造的边际成本，提高生产效率。同时，借助数字化平台，打破企业的研发与消费需求之间的隔阂，使得企业能开展"接地气"的研发活动，加快研发设计向大众化、协同化方向发展。二是营销的重塑。依托互联网平台企业可以实现产用的高效结合、供需的灵活弹性对接，改变了营销方式和营销手段，通过精准营销，企业实现了销售环节的效率提升，在提高商品周转率的同时降低了企业的仓储成本。三是服务的重塑。通过大数据分析，可以帮助企业实现精准营销、个性化服务，降低企业的信息收集成本，改变企业与消费者之间的沟通交流方式，创新企业的服务供给方式，从而降低企业服务环节的成本。

2. 数字技术驱动产业链、服务链和创新链的融合发展

实践案例：国联股份如何帮助中小企业实现数字化转型

深入实施数字化转型战略，促进数字技术和实体经济的深度融合需推动产业链、服务链、创新链融合发展，这有利于充分发挥海量数据和丰富应用场景的优势，加快构建自主可控、安全高效的产业链、供应链，显著提升产业链、供应链的韧性和安全水平。首先，数字经济与产业链、服务链和创新链的融合不是简单的加法，而是对全产业链的重塑与改造。从产业发展的痛点入手，以人工智能、物联网、现代传感、区块链等数字技术为抓手，推动产业链、服务链和创新链的上下游互联互通，减弱了产业链、服务链和创新链上的技术可达性的制约因素，为产业链循环体系的畅通提供技术保障。其次，数字技术强化了经济主体对产业链、服务链和创新链的关键环节的控制能力。人工智能、物联网、现代传感、区块链等数字技术嵌入研发设计、生产和销售等全产业链环节，不仅能够减少企业的研发和创新成本，提升企业的生产效率，推动企业创新动力变革，还能借助于数据平台等推动多产业协同，创造智能生态系统，以"云+网+端"为特征的共享平台有助于整合创新资源要素，促进企业实现产品研发创新与技术突破，进而增强了产业链、供应链的自主可控能力。最后，数字技术提升产业链、服务链和创新链的韧性和弹性。大数据具有乘数效应，用好数据能够激发产业链各环节潜能，了解和追踪产业链动态，提升风险应对能力。同时，数字基础设施建设使得相关企业之间知识和技术整合、信息交流等更加便捷和高效，更好地激发产业结构梯次转移的空间潜力，使得产业布局结构调整更加科学，有助于优化产业链的空间布局。

（三）微观层面：助力传统企业蝶变，再造企业质量效率新优势

实践案例：奈雪的茶实现奶茶中的数字化

1. 企业数字化转型的内涵

作为市场经济的微观主体，企业数字化转型将促进数字经济发展，推进传统产业转型升级。一方面，随着全球化放缓和我国劳动力成本优势逐渐消退，我国传统产业面临的需求乏力、品牌效益不明显、竞争过度、产能过剩等问题日益突出，传统企业迫切需要探寻新的增长机会和模式。另一方面，数字技术与实体企业的融合进程加快，数字化为传统

企业转型升级带来了契机，二者共同推动着企业数字化转型。

企业数字化转型是指通过利用现代网络信息技术和通信手段在企业组织内部从销售到市场，再到产品、服务以及新的商业模式等各个领域进行与数字化技术应用相关的全方位变革，构建一个全连接、全智能、全感知和全场景的数字世界，通过对数字世界进行精细化管理、全方位把控对物理世界传统商业模式、业务模式、管理模式进行优化改造，创新性地改善业务质量、降低成本、提高效率、转换新旧动能、控制风险，从而改变企业为客户创造价值的方式。企业的数字化转型建立在信息的数字化和流程数字化的基础上，着眼于运用数字技术改造商业模式、产生新的收益和价值创造机会，着力于实现核心业务的数字化，开发数字技术及支持能力，打造富有活力的数字化商业模式和新的核心竞争力，从而实现新的可持续增长。

企业数字化转型包括生产管理模式、价值创造模式、组织管理方式等的全方位变革，数字化转型会改变企业组织结构和业务流程，影响并重塑企业的整个管理系统。数字化转型有效地提升企业的劳动生产率，降本增效、推动商业模式的创新和变革，在为企业创造新的价值、实现创新技术组织架构和企业文化等方面都具有重要意义。

2. 企业推进数字化转型的价值目标

根据中国科学院科技战略咨询研究院课题组（2020）研究，企业数字化转型的价值目标主要包括生产运营优化、产品与服务创新和商业模式创新三个部分，具体内容如图 5-5 所示。

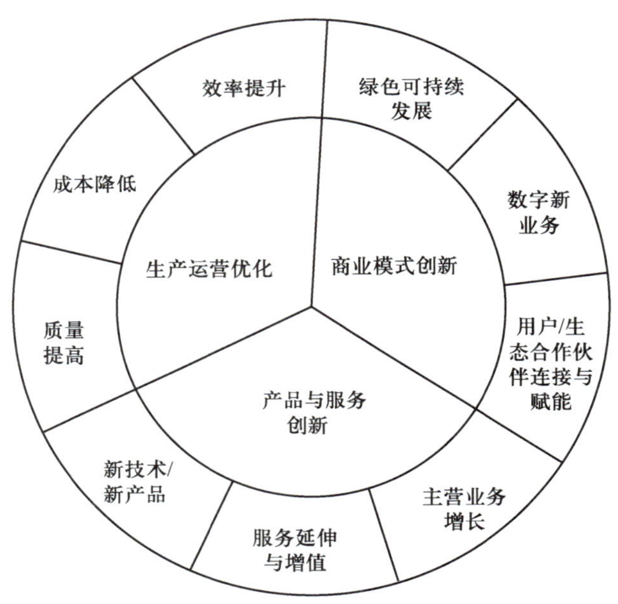

图 5-5 企业数字化转型的价值目标①

① 中国科学院科技战略咨询研究院课题组．产业数字化转型：战略与实践［M］．北京：机械工业出版社，2020.

（1）生产运营优化。主要包括以下三个方面：第一，提升效率。企业数字化转型意味着企业生产经营过程中越来越倾向于应用大数据、人工智能、云计算、移动互联网、物联网等新一代信息技术，便捷和加速了数据的流动，减少了经济主体之间的信息不对称，从而提升了资源优化配置的效率，实现了快速响应用户动态需求的目的，使得企业可以增强个性化定制服务的能力。由此看出，企业数字化转型即是以多元数字技术赋能其效率提升。第二，降低成本。产品创新一般会经历研发设计、试验验证到模拟择优的多个阶段，企业数字化转型过程中的信息共享可以降低创新试错和研发成本。同时，数字技术加强了人、机、料、法、环等生产要素的优化配置和动态优化，降低了单位产品的生产成本与管理成本，数字技术优化交易的搜寻和达成过程，也降低了产品和服务的搜索成本、交易成本。第三，提高质量。数字技术和产品质量管理的深度融合，将企业产品质量管理由事后检验转变为按需、动态、实时、全面、全过程管理，可以全面提升企业的质量管控和优化水平。

（2）产品与服务创新。主要包括以下三个方面：第一，新技术与新产品的融合创新。新一代信息技术和产业技术的融合创新，催生出了具有感知、交互、决策、优化等功能的智能产品（群）和高体验产品与服务，提升了用户的体验，提高了单位产品的价值，有利于提升开发智能产品群的生态价值。第二，服务链的延伸与增值。企业数字化转型是对产业链和服务链的重塑。如企业依托智能产品服务沿着产品的生命周期和产业的供应链、产业链提供远程运维、在线运营外包等延伸服务，将一次性产品服务交易获取价值转变为多次服务交易获取价值，拓展了服务链长度，增加了服务链价值。第三，企业的主营业务增长。一方面，数字技术推动主营业务核心竞争力转变，从依靠技术专业化分工提高规模化效率转变为依靠新一代信息技术赋能提高多样化效率，持续提升主营业务核心竞争力，实现主营业务增长。另一方面，推动企业主营业务模式创新，依托数据要素的可复制、可共享和无限供给的属性实现企业的边际效益持续递增，创建企业经营的网络化协同、个性化定制等新模式，提升产品供给的柔性适应市场变化的能力，逐步提高市场占有率，实现主营业务的增长。

（3）商业模式创新。主要包括以下三个方面：第一，用户或者生态合作伙伴的连接与赋能。依托在线平台，企业能够实现用户的广泛连接和智能交互，同时实现与用户或者生态合作伙伴的业务协同和能力共享，充分发挥用户或者生态合作伙伴连接带来的"长尾效应"和"价值网络外部性"，创造增量价值。第二，开拓数字新业务。通过新一代信息技术的融合应用，企业将数字化的资源、知识、能力等进行模块化封装并转化为服务，实现内外部数据价值的开发和资产化运营，形成数据驱动的信息生产、信息服务新业态，实现新价值创造和获取。第三，绿色可持续发展。通过新一代信息技术在产品全生命周期和产业链全场景的深度应用，企业能够提升节能、环保、绿色、低碳管控水平，大幅提升资源利用率。

第二节 产业数字化新业态

21 世纪全球最重要的发展方向和技术浪潮是各个产业的数字化、网络化和智能化转型，这意味着产品制造与服务的数字化，更意味着从生产方式、商业模式到产业组织形态的变革与重塑。新一轮产业形态变革主要的方向就是“互联网+传统产业+新兴产业”，也就是借助大数据、云计算、物联网和人工智能等新一代信息技术对工业制造、农业生产、金融服务等行业进行联网融合，重构传统产业和新兴产业的管理模式、价值链和供应链创新，从而提高生产效率，加快产业的转型升级。

一、制造业数字化

（一）制造业数字化转型的内涵及动因

当前，新一代信息技术与制造业正加快融合，制造业数字化转型提速。工信部数据显示，2021 年我国重点工业企业关键工序数控化率、数字化研发设计工具普及率分别达到 55.3%和 74.7%，较 2012 年分别提高 30.7 个和 25.9 个百分点，一批智能示范工厂加快建成。

实践案例：制造业数字化剪影

1. 制造业数字化转型的内涵

制造业数字化转型指的是将传统制造业向数字化、智能化转型的过程，通过互联网、物联网、大数据、人工智能等新技术手段，打造智能工厂和数字化供应链，提高生产效率、质量和灵活性，促进产业升级和转型。

对于中国制造业来说，过去的十年无疑是值得骄傲的。2010 年中国制造业占全球比重达 19.8%，第一次成为世界第一，此后中国就一直稳坐“世界工厂”的位置。中国制造业规模巨大，中国是世界上制造行业最完备的国家，有着巨大的发展潜力，但亟须从制造大国向制造强国迈进。

2. 制造业数字化转型的动因

大体上，制造行业分为离散制造业和流程制造业两大类。离散制造业也称加工装配式生产，代表性行业有汽车加工、3C 电子组装、服装等，都是一个工位做完再到下一个工位做，要经过一连串可中断的工序进行连接，实现产品输出。而流程制造业也称连续性生产，如石油化工、制药、炼钢、发电、水泥、造纸等，它们的生产过程特点是当把原材料均匀投入到生产设备中以后，要经过一连串的物理化学反应，最后才能够成为产品，生产过程是不可中断的。这些企业的生产都会面临着安全、环保、节能降耗和降本增效的问题。中国制造业数字化转型的主要动因包括以下五大要素的改变，具体如下。

（1）人口红利趋于消失，推动企业发展方式转变。随着中国人口红利逐渐消退，劳动力成本不断上升，土地资源日趋紧俏，土地能源等价格持续上升。与此同时，印度、越南、印度尼西亚等劳动力成本更为低廉的市场正在崛起，这无疑加剧了中国制造业的转型压力。人力成本的增加，制约了企业的发展，推动企业转变发展方式。

（2）市场供过于求，推动消费升级。随着我国经济社会进入新时代，人民对美好生活的需求日益增长，对高品质、高附加值、高个性化的产品和服务的需求日益旺盛。我国制造业市场长期供过于求，企业经营模式亟须改变。传统的大规模批量制造模式已经难以满足多样化和个性化的市场需求。推动制造业数字化转型可以实现从以产品为中心向以用户为中心的转变，通过数字化设计、智能制造、工业互联网等技术手段实现产品和服务的快速响应、灵活定制、个性化创新，提升用户体验和满意度。

（3）中美贸易摩擦不断，创新发展成为必然。当前，全球产业竞争日趋激烈，中美贸易摩擦给我国制造业带来了更大的不确定性和压力。我国虽然是世界第一制造大国，但仍存在产业结构不合理、创新能力不强、核心技术缺失等问题。而推动制造业数字化转型可以有效解决这些问题，实现产业从低端向高端、从速度型向效率型、从规模型向创新型的转变。通过数字化研发、智能工艺、数据分析等技术手段，加快关键核心技术攻关，提升产品质量和性能，增强市场竞争力和抗风险能力。

（4）IT 快速更迭，企业数字化转型步伐加快。传统工业企业经营管理模式相对比较落后，效率低下，难以适应当前快速变化的市场需求，因此迫切需要新的组织形式和新的技术要素来改善。新一代信息技术的飞速发展正在深刻改变着制造业的生产方式和商业模式。推动制造业数字化转型，可以实现产业从线性向网络、从封闭向开放、从单点向全域的转变。通过数字化平台、数字化工厂、数字化供应链等技术手段实现生产、管理、销售各环节的数字化协同，提升企业的运转效率和资源利用率，降低企业的运营成本和能源消耗。

（5）生态保护迫在眉睫，企业亟须转型。我国制造业规模庞大，存在资源消耗大、环境污染重、循环利用率低等问题。这些问题不仅影响了我国制造业的长期发展潜力，也威胁了我国经济社会的全面协调可持续发展。推动制造业数字化转型可以有效解决这些问题，实现从高耗向低耗、从污染向清洁、从线性向循环的转变。通过数字化监测、智能优化、绿色设计等技术手段实现资源节约和环境保护，提升企业的绿色发展水平和社会责任感。

（二）制造业数字化转型的主要方向和形态

当前，制造业数字化转型已成为全球范围内的集体行为，主要的发展方向和形态如下：

（1）智能制造发展迅速。如今，越来越多制造企业开始推行智能制造，并逐渐实现自身从传统制造到数字化、网络化、智能化的转型。依靠新一代信息技术，智能制造可以形成闭环式生产流程，更加高效地完成制造工作。

（2）工业互联网涌现。工业互联网指建立在开放互联网基础上，连接了所有物理要素（如产品、机器设备、交通运输、仓库、环境等）和信息要素（如人员、数据、分析、协同等）的综合网络，它代表了制造业数字化发展的前进方向。

（3）大数据及人工智能广泛应用。在制造业的数字化转型中，大数据和人工智能也扮演着十分重要的角色，前者可以帮助企业实现高效生产、预测市场趋势等，而后者则能帮助企业实现更加高效灵活的生产以及质量管理。

（4）海量智慧技术集成化。针对传感器联网、数据安全与保护、人工智能算法、ERP/MES/WMS/OEE 软件、物联网边缘计算、AR/VR 操作引导、远程设备协作等多元化需要，企业亟须利用开源社区、标准化、API 链式新型交换方式，实现通用性、普遍性和开放性供给。按需选择或自主开发，开展集成化应用。

未来制造业数字化转型将进一步深入，在智能制造、工业互联网、大数据及人工智能应用等方面继续拓展，不断深化制造业数字化转型。下面将重点介绍智能制造。

（三）智能制造

1. 智能制造的含义及意义

《“十四五”智能制造发展规划》指出，智能制造是基于新一代信息技术与先进制造技术深度融合，贯穿于设计、生产、管理、服务等制造活动的各个环节，具有自感知、自学习、自决策、自执行、自适应等功能的新型先进生产方式。它通过不断提高制造企业的产品质量、产品性能和服务水平，减少了资源消耗，有助于促进制造业的协调、创新、绿色、开放和共享发展。因此，加速发展智能制造是培育我国经济增长新动能的必经之路，是抢占未来经济和科技发展制高点的战略选择，是实现制造强国的重要举措。

实践案例：宁德时代智能制造三阶段跃升

2. 智能制造的发展范式

几十年来，制造企业的智能化发展在企业实践中涉及许多不同的范式，包括精益生产、柔性制造、并行工程、敏捷制造、数字化制造、计算机集成制造、网络化制造、云制造、智能制造等。所有这些范式都在指导制造企业技术升级方面发挥了积极作用。

考虑到信息技术与制造业在不同阶段融合的特征，可以概括出三个智能制造的基本范式：数字化制造、数字网络化制造和新一代智能制造。

（1）数字化制造。数字化制造是智能制造的第一个基本范式，是智能制造的基础，也被称为第一代智能制造。智能制造的概念首次出现在 20 世纪 80 年代。由于当时的第一代人工智能技术几乎无法解决特定的工程问题，因此第一代智能制造实质上是数字化制造。从 20 世纪下半叶开始，随着制造业对技术进步需求日益迫切，数字信息技术在制造业中得到了广泛应用，推动了制造业的革命性变革。在数字技术与制造技术融合的背景下，数字化制造对产品信息、过程信息和资源信息进行了数字描述、分析、决策和控制，并显著缩短了满足特定客户需求的产品设计和制造所需的时间。数字化制造贯穿于智能制造的三个基本范式和所有发展过程。

（2）数字网络化制造。数字网络化制造是智能制造的第二个基本范式，也被称为“互联网+制造”或第二代智能制造。20 世纪末，互联网技术开始流行，“互联网+”不断推动互联网与制造业的融合发展。通过企业内部和企业之间的协作以及各种社会资源的共享和整合，“互联网+”重塑了制造业的价值链，并推动了从数字化制造向数字网络化制造的转变。在产品层面，产品通过网络连接实现协同和共享设计与研发。在生产层面，完成水平集成、垂直集成和端到端集成，从而连接整个生产系统的数据流和信息流。在服务层面，企业和用户通过网络平台连接和互动，企业开始从以产品为中心的生产向以用户为中心的生产转型。德国工业 4.0 和美国工业互联网都对数字网络化制造范式进行了描述，并提出了数字网络化制造的技术路线图。

（3）新一代智能制造。数字智能化制造是智能制造的第三个基本范式，也被称为新一代智能制造。由于经济和社会发展需求强烈，互联网渗透，云计算和大数据的出现，物联网的发展以及信息环境的快速变化，包括大数据智能、人机混合增强智能、群体智能和跨媒体智能在内的新一代人工智能技术的战略性突破正在加速发展。新一代人工智能技术与先进制造技术的深度融合助力新一代智能制造的形成。新一代智能制造将重塑包括设计、制造和服务在内的产品全生命周期的所有流程。它促进了新技术、新产品、新业务形态和新模型的出现，并深刻影响和改变人类的生产结构、生产方式、生活方式和思维模式，最终大大提高社会生产力。新一代智能制造给制造业带来革命性变革，并成为制造业未来发展的主要驱动力。

综上，自 21 世纪初以来，数字化和网络化使信息获取、使用、控制和共享变得快速广泛，新一代人工智能的突破与应用进一步提高了制造业的数字化、网络化和智能化水平。新一代人工智能可以从根本上提高工业知识的生成和利用效率，极大地解放人类的体力和脑力，极大地加快创新步伐，并使应用更加普遍。如果将数字化制造视为新工业革命的开始，那么新一代智能制造的突破和广泛应用将推动新工业革命达到顶峰，重塑制造业的技术体系、生产模式和产业形态，并迎来真正意义上的工业 4.0。

3. 智能制造系统结构

智能制造系统架构从生命周期、系统层级和智能功能三个维度对智能制造所涉及的要素、装备、活动等内容进行描述，主要用于明确智能制造的典型对象和功能特征。

（1）生命周期。生命周期涵盖从产品原型研发到产品回收再制造的各个阶段，包括设计、生产、物流、销售、服务等一系列相互联系的价值创造活动。生命周期的各项活动可进行迭代优化，具有可持续性发展等特点，不同行业的生命周期构成和时间顺序不尽相同。其中，设计是指根据企业的所有约束条件以及所选择的技术对需求进行实现和优化的过程。生产是指将物料进行加工、运送、装配、检验等活动创造产品的过程。物流是指物品从供应地向接收地的实体流动过程。销售是指产品或商品等从企业转移到客户手中的经营活动。服务则是指产品提供者与客户接触过程中所产生的一系列活动的过程及其结果。

（2）系统层级。系统层级是指与企业生产活动相关的组织结构的层级划分，包括设备层、单元层、车间层、企业层和协同层。设备层是指企业利用传感器、仪器仪表、机器、装置等实现实际物理流程并感知和操控物理流程的层级。单元层是指用于企业内处理信息、实现监测和控制物理流程的层级。车间层是指实现面向工厂或车间的生产管理的层级。企业层是指实现面向企业经营管理的层级。协同层是指企业实现其内部和外部信息互联和共享，实现跨企业间业务协同的层级。

（3）智能功能。智能是指制造活动具有的自感知、自决策、自执行、自学习、自适应之类功能的表征，包括资源要素、互联互通、融合共享、系统集成和新兴业态五层智能化要求。资源要素是指企业从事生产时所需要使用的资源或工具及其数字化模型所在的层级。互联互通是指通过有线或无线网络、通信协议与接口，实现资源要素之间的数据传递与参数语义交换的层级。融合共享是指在互联互通的基础上利用云计算、大数据等新一代信息通信技术，实现信息协同共享的层级。系统集成是指企业实现智能制造过程中的装备、生产单元、生产线、数字化车间、智能工厂之间，以及智能制造系统之间的数据交换和功能互联的层级。新兴业态是指基于物理空间不同层级资源要素和数字空间集成与融合的数据、模型及系统，建立的涵盖了认知、诊断、预测及决策等功能，且支持虚实迭代优化的层级。

实践案例：
海尔互联工厂

二、服务业数字化

服务业数字化的趋势已经势不可挡。新一代信息技术与服务业深度融合，“互联网+”激发服务业新动能，打破了服务消费供需双方在时空上的限制，拓展了服务消费场景，改善了服务消费体验，推动线上服务消费供给更加丰富。新零售、数字金融、智慧物流、智慧医疗、智慧文旅等新型服务业态不断涌现。

（一）新零售

新零售之所以新，其中很重要的一点就是一些新元素的加入以及这些新元素加入之后所带来的新的体验、新的方式、新的发展逻辑。这种“新”能够激发现有平台上业已形成的流量优势，发掘其消费潜力，实现平台新的增长。新零售概念提出后，阿里巴巴、腾讯、网易、京东等公司纷纷开展了相应的探索和尝试，加速了传统零售与互联网的融合。

1. 新零售的含义

新零售是指个人或企业以互联网为依托，以消费者体验为中心，通过运用大数据、物联网、人工智能等先进的信息技术手段，对商品流通和销售过程进行升级改造，进而重塑业态结构和生态圈，并对线上服务、线下体验以及现代物流深度融合的泛零售形态。

新零售的本质就是人、货、场的重构。这里的人不仅指顾客，还指参与零售环节的重要自然人，包括导购、店长、渠道商、总部管理者等，也包括从事新零售业务的企业内部组织、决策者和执行者。这里所说的货包括有形的实物商品，也包含无形的服务。场是指购物场景，一切消费者与商品接触的终端都可以称为场，包括销售门店、App、微商城、小程序、第三方电商平台、店中店触屏和智能货架等。新零售利用消费者购买行为大数据分析对线下人、货、场进行深度重构，实现智能选址、动态选品、动态定价、动态补货等，满足消费者新的个性化消费新体验。

2. 新零售的特征

与传统的电商零售业态相比，新零售具有以下特征。一是经营网络数字化。互联网通过数字化把各种零售行为和场景搬到线上，实现线上线下融合，零售企业通过网络化、数据化管理，为企业的运营决策提供数据支持。二是门店管理智能化。门店通过引入智能触摸屏、智能货架、电子价签和智能收银系统等物联设备，提高客户交互体验，增强购物便利性和购物效率，增加多维度的零售数据，更好地将大数据分析的结果应用到实际的零售场景中。三是即时零售赋能实体商业数字化转型。即时零售新模式首先出现在外卖领域。随着进入电子商务平台的商品种类越来越丰富，外卖平台也从餐饮配送为主演变成为“万物配送到家”的平台。四是电商直播成为新兴的电子商务发展模式。直播电商利用“人、货、场”新交互场景激发了消费者的潜在需求，大大缩短了消费决策时间。五是短视频内容“种草”助力流量红利变现。短视频通过吸引受众的注意力和时间，能够激发消费者的兴趣，达到深度“种草”的目的。电子商务背景下的消费行为呈现出社交化、碎片化、娱乐化的特点，逐渐形成“兴趣内容引导购买”的新的消费模式。

实践案例：盒马鲜生的全渠道体验

（二）智慧物流

以往的传统零售在消费体验上有很大的不足，顾客只能在店内消费，现买现取。而新零售能够支持消费者线上下单、线下自提，或者是线下体验、线上下单，商品随时都可以买到，而且可以实现到店自提、同城配送、快递配送等，这就需要与第三方智能物流系统对接，以缩短配送周期和减少库存。淘宝天猫“双 11”交易额年年攀历史新高，与往年被网友普遍吐槽的商品到货慢不同的是近年来商家的发货速度和物流速度都有很大的提升，这主要得益于物流智能化所带来的高效。在数字化时代的大背景下，智慧物流作为一种创新的服务模式，正逐步成为物流业加快产业结构调整、提升服务质量和效率，以及实现新旧动能转换的重要推动力。

1. 智慧物流目的和主要内容

智慧物流是指利用物联网、大数据、云计算和人工智能等技术，对物流系统进行全面升级，实现全新的物流信息化、数字化和智慧化模式。智慧物流的目的是在提高物流效率、降低物流成本的同时提升物流服务品质，满足客户个性化需求。

智慧物流主要包括以下四方面内容。一是智能化运输。通过 GPS 定位、车联网技术实现车辆全程可视化、实时监控，提高运输效率和安全性。二是智能化仓储。通过 RFID（Radio Frequency Identification，射频识别）技术、自动化设备等手段，实现仓库管理的自动化和智能化，提高仓储效率和精度。三是智能化配送。通过大数据分析、人工智能等技术，实现配送路线的优化和智能调度，提高配送效率和准确性。四是智能化服务。通过人工智能、语音识别等技术，实现与客户的智能化交互和服务，提高客户满意度和忠诚度。

2. 智慧物流的特点

智慧物流具有三个显著特点：可视化、智能化和云端化。在可视化方面，与传统的物流相比较，智慧物流通过应用物联网技术增强了信息追溯能力。这意味着整个物流过程可以实时监控和跟踪，为消费者和商家提供更便捷的实时物流信息，并大幅提升商品在运输过程中的安全性。在智能化方面，传统物流中大量依赖人力的操作正在被自动化和智能设备取代。通过应用人工智能、机器学习等技术手段，智慧物流对物流系统进行数据分析和优化，从而提高了物流的智能水平。在云端化方面，利用物联网和云计算等技术手段，物流企业可以将货物在运输过程中的状态数据实时上传到系统平台或其他云端数据中心进行监控和分析。随着未来智慧物流的发展，云端化特性也会越来越突出。特别是，随着云计算和云存储技术的发展，可以降低对用户终端设备的需求，为用户提供更加优质的数据服务。

3. 智慧物流的应用领域

智慧物流的应用范围非常广泛。它可以应用于传统物流领域、电子商务物流领域、产业物流和全球物流等众多领域。传统物流领域包括运输、仓储、配送等环节。智慧物流可以通过运用物联网技术、大数据分析、人工智能等手段提高物流效率和准确性、降低物流成本。这些技术可以让企业实现自动化、智能化、高效化、低成本化的物流环节。智慧物流还可以为电子商务物流领域提供新的机遇，使得业务量的攀升能够提高物流效率和降低物流成本。通过对收货状况、需求状况、配送路线的分析，电商企业可以提高库存周转、采购计划和产品展示等方面的效率，并降低物流成本和客户投诉率。同时，智慧物流在产业物流领域的应用也可以提高物流效率和服务水平。例如，通过智能化制造、仓储、物流等手段，制造业物流实现生产过程的精细化和优化，提高生产效率和质量。在冷链物流领域，通过车载和仓储设备智能化监控、数据追溯等手段，提高冷链保鲜效果和可追溯性，为物流业提供了全新的机遇和发展方向。

实践案例：京东的智慧物流

4. 智慧物流的发展趋势

智慧物流的诞生是信息技术和物流业的发展相互促进的结果。随着新一代信息技术的发展，智慧物流呈现出以下五大发展趋势。一是人工智能技术将逐步渗透到各个领域，成为智慧物流的核心技术之一。通过不断的算法升级和数据优化，智慧物流的效率和准确性将会得到进一步提升，无人机等无人驾驶系统在不远的将来将会是物流配送的主力成员。

二是海量数据的深度挖掘。大数据分析技术是智慧物流的另一核心技术。大量数据的来源包括物流业务数据、供应链数据、客户数据等。通过分析和处理这些数据，可以挖掘出更多的业务价值和市场机遇。三是物联网技术的普及。随着物联网技术的逐步普及，智慧物流中的各个环节，如运输车辆、仓储设备、配送路线等，都将会被网络化、可视化和智能化。四是全球化的供应链管理。智慧物流业向全球供应链管理发展，实现全球范围内物流的跟踪、分配、运输、售后和会计管理等方面的优化。越来越多的物流企业将加强对全世界范围内供应链的管理和掌控，以提供更好的服务并获得更多市场份额。五是生态化平台的建设。把所有的物流产业链上下游信息、数据、业务流程等一体化，形成一个互联的智慧物流空间，以提供精准、快速、低成本的物流服务为核心，同时还提供一系列的增值服务和数字化转型支持服务。

综合而言，智慧物流未来将继续向数字化、智能化、服务化、生态化和全球化方向发展，推动物流行业向更快、更准、更优品质方向发展，以满足各类客户对物流服务更严格的需求。

（三）数字金融

1. 数字金融的概念

数字金融是指将互联网、大数据、人工智能和云计算等数字技术应用于金融产品和流程，包括应用技术改进科技公司和金融机构所提供的金融业务，这些金融业务也被称为金融科技或互联网金融。需要指出的是，数字金融的定义有广义和狭义之分。广义上看，银行与一些传统金融机构、互联网企业等利用数字技术开展的金融业务都可称为数字金融。狭义上看，互联网企业开展的新型金融模式才称为数字金融。

数字金融的普惠性特征。数字金融发展事实上有助于推动普惠金融。普惠金融是可以有效和全方位地为社会所有阶层和群体提供服务的金融体系，其初衷在于强调通过金融基础设施的不断完善，提高金融服务的可得性，实现以较低成本向社会各界人士，尤其是欠发达地区和社会低收入者提供较为便捷的金融服务。那么，数字金融发展如何推动普惠金融呢？从覆盖区域来看，由于传统金融业务需要通过设置机构网点扩大覆盖面，但机构网点的高成本导致传统金融业务难以渗透经济相对落后地区。而数字技术与金融服务的跨界融合克服了这种弊端，一些地区即便没有银行网点、ATM 等硬件设施，客户仍能通过计算机、手机等终端设备获得所需的金融服务。从覆盖的社会群体看，数字金融的产品创新降低了客户准入门槛，使得金融服务平民化趋势更加显现。

2. 金融科技的作用

数字经济时代下数字技术大发展为金融提供驱动力，降低成本、提高效率。数字技术的核心作用在于降低成本和提高效率两点，最终的目的在于：一是拓展金融服务边界，让金融能服务更多人、更多商业场景。二是提升金融服务体验，让所有人能平等地享受便捷、安全、可信的金融服务。近年来，我国金融科技创新保持了快速的迭代升级，多层次、多样化的金融科技生态体系逐步形成，奠定了坚实的技术基础。金融科技和数字科技企业不仅向金融机构持续输出金融科技、产品和解决方案，还开始打造金融科技开放平台，利用数字科技连接金融机构和实体企业，推动金融数字化和产业数字化的共同进步。从业务属性上看，金融科技是将大数据、云计算、区块链、人工智能等新兴信息技术手段应用于银行、证券、保险、信托、基金等机构以及支付结算、存贷款、投融资管理等传统金融场景，进而衍生的数字货币、智能投顾、第三方支付、智能客服、量化交易、互联网众筹、互联网保险、线上小贷等新兴业态，如图 5-6 所示。科技赋能下的金融业正加速迈向移动化、网络化、智能化的数字新时代。

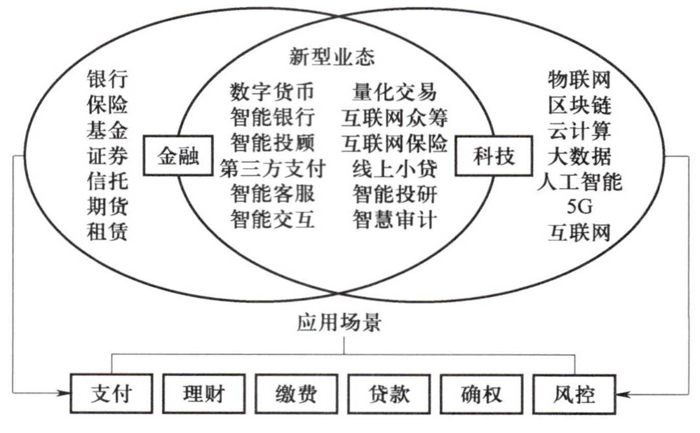

图 5-6　金融科技的业态和场景

数字经济时代下要充分发挥数字金融在经济运行中的作用。一是在机构层面，充分发挥数字科技的作用，通过改变传统作业模式，各金融机构可以实现在获客、风控、运营管理等全流程上的降本增效，帮助金融机构破解集约资本、扩大产能的难题。二是在行业层面，金融机构可以充分发挥数字科技的作用，帮助金融市场破解高频交互、有效协同的难题，通过构建高效的金融科技操作系统提升市场运行效率，助力防范和化解风险。三是在全市场层面，金融机构充分发挥数字科技的作用，帮助金融行业破解对实体经济有效服务不足的难题。通过构建外部开放生态、扎根市场主体需求、赋能产业链条合作，为市场主体提供更加健康、可持续的金融服务。

三、农业数字化

作为农业发展大国，农业对我国经济的发展具有重大意义。我国从 2015 年开始大力提倡智慧农业，但由于当时的条件有限，农业智慧化发展得并不是很快。党的二十大报告对全面推进乡村振兴进行了科学规划和战略部署。2023 年中央一号文件提出，深入实施数字乡村发展行动，推动数字化应用场景研发推广。一系列重要指示和重要部署，为新时代全面推进数字乡村建设、以数字技术赋能农业农村现代化指明了方向。随着 5G 等技术应用到农业领域，现代数字技术与乡村生产、生活、生态的融合日渐深入，数字乡村建设正为乡村振兴按下加速键、插上腾飞的翅膀。

（一）数字农业和智慧农业的内涵

数字农业是指利用数字技术和信息化手段对农业生产、经营和管理进行数字化、智能化和网络化的全过程管理。数字农业将农业信息化、物联网、云计算、大数据、区块链等技术应用在农业领域，从而实现农业生产数据的信息化、智能化、数字化和共享化，进而提高农业的生产效率、质量，实现可持续发展。

智慧农业是指在传统农业中运用现代科技手段，通过传感器和软件、物联网、大数据分析等技术对农业生产进行控制和监测，从而管理传统农业，减少电力浪费。利用传感控制系统、云平台系统和用户远程控制系统，通过传感器数据和智能分析，可以在农业生产过程中实现农业专家的远程诊断和指导、农民对农田设施的远程控制、自然灾害的提前预判和农民的预警。智慧农业融合互联网、云计算和物联网技术，实现农业可视化远程诊断、远程控制、灾害预警等智能管理，对现代农业建设具有重要意义。

智慧农业的特点主要包括：① 自动化。智慧农业利用现代科技手段实现农业生产和管理的自动化，减少人力成本和提高生产效率。② 精准化。智慧农业通过数据分析和精准控制实现农业生产的精准化管理和决策。③ 高效化。智慧农业通过科技手段的应用提高农业生产的效率和质量，促进农业生产的可持续发展。④ 环保化。智慧农业通过农业生产的精准化和自动化，减少农业生产对环境的污染，实现农业生产的可持续性。⑤ 数据化。智慧农业利用大数据、物联网等技术，实现农业生产数据的采集、处理和应用，实现农业生产的数字化和智能化。

（二）智慧农业的主要内容

智慧农业内容十分丰富，包括农产品追溯、农业物联网管理、农技专家服务。

1. 农产品追溯

农产品质量追溯系统，实现“从农田到餐桌”的全程可追溯信息化管理。该系统是区域农产品质量安全信息统一发布和查询平台，依据农产品每一个都有自己的二维码标准，进行查询，消费者可以自行准确地去了解农产品全过程的信息。

2. 农业物联网管理

通过各种传感器，自动监测养殖环境和动植物本体的信息，利用无线网络将数据传输到服务器，再进行存储、统计、分析和决策。通过控制系统，自动控制各种农业设施设备，调整环境，智能灌溉，形成最适合动植物生长的环境。

3. 农技专家服务

针对常见农作物病虫害的远程诊断和会诊，提出了对应的管理措施。同时，专家系统和在线远程视频咨询和问答可以为农民专业合作社、农业龙头企业、养殖大户等各类生产主体提供全方位的技术指导和服务，还可以连接智慧农业客户端，通过智能终端或智能手机为农民传授农业技术知识。

（三）智慧农业对于乡村振兴的重要意义

乡村振兴的重要基础是农业振兴，农业振兴的活力来自智慧农业。首先，智慧农业最直接的作用是能够运用大数据和反馈机制打通各个环节的信息渠道，高效率地匹配市场供需，进而使农民或农业企业有针对性地制定生产销售计划。其次，智慧农业提升了精细化和高效化的作业水平，有利于农业产业的改造升级。生产领域内，智能化的管理客观上节约了人力成本、优化了工艺流程、提高了产品质量。经营领域内，建立在现代信息技术上的智慧农业不受时空限制，间接促成了农产品产、供、销一体化的经营模式，使农业企业的品牌化意识不断加强。服务领域内，智慧农业的发展解决了“农业信息最后一公里服务难”的问题，大大提高了决策管理水平。最后，智慧农业促进了农业新业态的发展，而农机自动驾驶、无人机植保、农村电商的推广，可以更合理地配置农业全产业链有限的资源，提升农业全产业链条的价值。

同时，智慧农业还带动农民脱贫致富。乡村振兴的最终目标是实现农业强、农村美、农民富，智慧农业通过科学技术、大数据与农业结合指导农民种植养殖，能够改变“靠天吃饭”和散乱无序的低效状态，带动农民脱贫致富。一方面，智慧农业依托不同区域内的自然禀赋，“量身定制”专业化、接地气的特色产业，再以“互联网+”形式带动“一村一品、一镇一业”的发展。另一方面，智慧农业推动了农业生产的集约化、规模化、工厂化、全程可追溯化与虚拟可视化，不仅改变了传统农业中单一农户难以应对自然风险的现状，还极大降低了农业生产中人为因素的不确定性，有效帮助农民减少了劳动力成本及生产资料成本，保障农民长期稳定增收。

数字农业和智慧农业是未来农业发展的重要方向，具有广阔的发展前景。随着数字技术和信息化手段不断发展，数字农业和智慧农业将会在农业生产、经营和管理中发挥越来越重要的作用。在数字农业方面，未来数字化农业生态系统将会越来越完善，农业生产数据的采集、处理、分析和应用将会更加智能化和自动化，农业生产效率、质量和可持续性将会进一步提高。在智慧农业方面，未来农业生产将会更加自动化和精准化，智能农机、无人机、传感器等技术将会得到更加广泛的应用，农业生产的效率和质量将会得到极大的提高。总之，数字农业和智慧农业是未来农业发展的重要方向，它们将会在农业生产、经营和管理中发挥越来越重要的作用，为实现农业可持续发展和美好乡村建设做出更大的贡献。

实践案例：科技助力未来果园生产更智慧

第三节 企业数字化转型新态势

当今世界，数字经济已经成为全球经济的主要形态。2022 年，中国数字经济总量占 GDP 比重 41.5%，中国总量稳居世界第二。新旧经济呈现冰火两重天的局面：一方面，互联网企业规模不断扩大，凭借数字技术跨界延伸到诸多传统行业，初创型数字化企业令人咋舌的增速，使传统企业相形见绌。另一方面，传统企业营收增长减速，盈利水平承压，企业发展越来越困难。面对着产业结构调整、资源环境变化、数字化技术与创新带来的新环境和新时代的挑战，企业就好像在逆水行舟，不进则退。为应对当前的行业颠覆与机遇，开展数字化转型已成为企业主动适应数字经济环境、谋求生存发展的必然选择。数字化转型对企业全价值链重塑、运营和组织管理以及商业模式都将产生深远影响并带来巨大变革。

一、数字化转型与价值链重塑

（一）波特价值链模型简介

波特价值链模型是指迈克尔·波特1985年在其《竞争优势》一书中提出的价值链分析法。波特认为企业的价值创造是通过一系列活动构成的。他把企业内外价值增加的活动分为基本活动和支持性活动。基本活动涉及企业生产、销售、进料后勤、发货后勤、售后服务。支持性活动涉及人事、财务、计划、研究与开发、采购等。基本活动和支持性活动构成了企业的价值链，如图5-7所示。

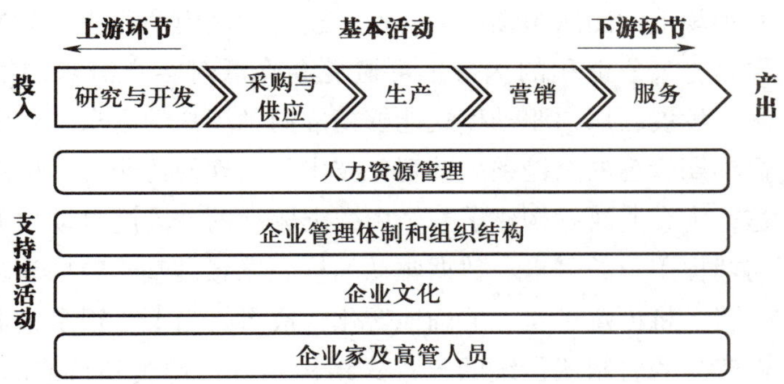

图5-7 波特价值链模型

企业的价值创造主要来自价值链上所存在的一个或几个能形成核心竞争优势的特定环节，即企业价值链的战略环节。要保持企业的竞争优势，需要运用好企业自身的关键资源和能力，以保持其在价值链上特定环节的竞争优势。

企业要通过价值链的分析方法来确定核心竞争力，需要对组织的资源状态保持持续关注，在价值链的关键环节获得重要的核心竞争力，以形成和巩固企业在行业内的竞争优势。企业的优势既可以来源于价值活动所涉及的市场范围的调整，也可来源于企业间协调或合用价值链所带来的最优化效益。

（二）重塑企业价值链的过程

在企业价值链重塑的过程中数字化和智能化发挥着重要作用，具体表现为企业通过把数字化和智能化技术运用于整个产品全生命周期，从而形成数字化和智能化供应链，最终提升企业效率和效益。企业的价值链一般包括生产管理、生产研发、生产组装、产品销售、售后服务等几个阶段。企业价值链的内涵随着对企业研究不断深入也在不断扩展，企业与其客户、分销商、供应商、服务商等利益相关方之间构成的网络结构成为价值链中十分重要的内容，这也成为企业引入数字化和智能化技术的重要环节。价值链的立体化、网络化和信息化从根本上又促成了工业产品生产模式的改变。那么，数字化、智能化是如何通过重塑企业价值链来提升效率，进而引发企业生产模式转变的呢？可以沿着价值链的主要环节，从研发重塑、生产重塑、营销重塑、协同重塑四个方面进行分析。

1. 研发重塑：由企业单向主导转为企业与用户的双向交互

企业可以通过互联网与用户进行实时、深度和持久的双向交互，从而更加精准地把握消费者的多元化需求，及时了解市场信息的变化，有针对性地调整企业研发内容。

根据信息技术和数字技术的发展，企业的研发可以分成流程驱动、用户驱动和数据驱动三种模式。三种模式分别依托信息化和数智化技术次第发展。需要注意的是，一个企业基于其业务运营的特点或技术的成熟度可能同时兼容几种研发模式。流程驱动的核心是以规范化、标准化的流程指引工程师完成所有研发相关工作，通过打造一个高度结构化的研发体系实现规范大团队跨领域的协作，适合大规模商业化产品的开发，以及版本的稳定迭代。但是，聚焦流程的执行不可避免会降低对客户需求的敏感度和响应速度。随着数字技术的发展，用户驱动模式能够精准洞悉用户的需求，并将其作为研发输入植入产品全生命周期管理的全链条。数智化技术的出现使得研发从单点应用向整个研发链条的赋能渗透，为企业研发构建了一个由数据驱动的、高度自动化的研发模式，能更加精准地识别与捕捉用户的需求。数据驱动的核心思想是基于数据和算法，降低对人员经验和知识的依赖，将创意迅速、准确地转化为成果。当下，很多企业采用迭代式研发模式，类似软件产品的研制从传统的流程式结构化方法过渡到目前的敏捷迭代方式。可以说，数字技术对研发流程的重塑，大大提高了产业研发的效率，改变了传统产品研发模式。

2. 生产重塑：由标准化生产模式转向柔性化、定制化生产形态

数字科技可以提升产品生产制造过程的自动化和智能化水平，降低产品研发和制造成本，提高生产效率。与传统制造业生产模式中的标准化设计、大批量生产、同质化消费不同，产业数字化以用户全流程参与、个性化定制设计、多元化消费为特征，利用数字化手段把握用户个性化需求，进行产品研发、生产、服务和商业模式创新。在整个过程中，用户不仅是消费者，也是设计者和生产者，这种用户需求驱动下的生产模式革新最大程度契合了未来消费需求的大趋势。同时，通过数据传输实时查看产量、销量、库存、成本、每日利润等信息，提高产品质量，科学制定经营规划，从而节约资源、提高效率，提高企业管理水平和核心竞争力。企业基于对数据技术的应用，对原材料和生产环节进行质量溯源管理，利用新的零售模式及新媒体传播，线上线下同时发力，大力促进数字经济和传统经济融合发展，加快产业结构转型和新旧动能转换。加快数字化生产线、数字化车间及智能工厂建设，树立一批行业数字化转型标杆，形成“灯塔效应”，以点带面、整体推进、全域覆盖。

3. 营销重塑：由传统销售转向全渠道、交互式、标准化营销

信息技术的普及催生出互联网零售、直播卖货和跨境电商等新的销售模式，给人们的消费带来了极大的便利。随着网络全面普及、计算无处不在、要素广泛连接，经济主体的交流沟通成本大幅度降低、沟通效率实现质的飞跃。数据可复制性强、迭代速度快、精准匹配等特点改变了搜寻方式和搜索成本，提高要素匹配效率。依托互联网平台可以实现产用结合、以销定产，解决海量个性化需求与刚性供给能力、精准创新能力不匹配等问题，使得供需灵活，弹性对接，从而降低企业的库存、营销成本。另外，企业建立包含潜在客户的数据库以及形成完整、准确的客户画像，通过邮件、电话、网络平台、短信等数字化多媒体渠道，更加准确地识别用户，实现个性化、精准投放，实现营销精准化，提高广告预算的投入产出比。通过数据要素分析精准了解客户需求，探索大规模个性化定制、新型小批量个性化定制、模块化设计与柔性化制造等多元化、个性化定制服务模式。

4. 协同重塑：由企业内部协作转向全产业链协同变革

企业通过打通研发、生产、管理、服务等环节实现设备、车间、物流等数据的泛在采集，推动全生命周期、全要素、全产业链、全价值链的有效连接，打造状态感知、实时分析、科学决策、精准执行的数据流动闭环，辅助企业进行智能决策，显著提升企业风险的感知、预测、防范能力，打造数据驱动、敏捷高效的经营管理体系，推进可视化管理模式普及。传统产业链条中的企业往往只能完成单一环节或业务的内部闭环，这种单兵作战模式难以打通产业协同，无法形成规模效率，发挥溢出效应。产业协同消除了链条式供应链的中间环节，利用数字化和网络效能，构筑以消费者为中心的合作协同网络。通过数字化重塑产业链协同变革的实现路径主要有两条：一是通过数字化改造，构建规模化、全链路的智造平台，重塑创新研发体系，精准解码需求端，为产业协同的价值提升打下基础。二是实现产业协同，缩短研发周期，提升品牌创新效率，提高传统产能与海量碎片化需求的精准匹配，优化供给能力，实现高质量的动态供需平衡。网络化协同模式可以把分散在不同地区的生产设备资源、智力资源和各种核心能力通过平台的方式集聚，是一种高质量、低成本的先进制造方式。

（三）重塑企业价值链的结果

1. 从价值链到价值环

适用于工业化时代的波特价值链模型是以企业为中心，价值的创造从产品研发设计开始，经过供应链采购、生产制造、营销、物流与服务等一系列价值创造活动形成一个链式结构。而在数字化时代，企业通过数字化转型重塑价值链，企业的价值创造由价值链变为价值环。

实践案例：基于价值链重塑的海尔大规模智能定制

以企业大规模智能定制为例，首先在战略层，由传统的以企业为中心的大批量生产模式转变为以用户为中心的 C2M 大规模智能定制模式，企业的价值锁定、价值创造、价值传递和价值实现都将发生重大变革。其次在业务层，价值链中价值创造的各个业务环节都被重塑，通过研发设计、采购、生产制造、物流与供应链管理以及营销与服务环节的数字化与智能化转型形成了一个闭环价值链，如图 5-8 所示。企业创造价值的运营过程不再表现为单向的链式结构，而是链的两端开放、首尾闭合，资源能够反复利用、信息能够最大共享的环式结构。价值创造的环节不再是从产品设计开始，结束于销售和服务，而是营销先行，通过数字化营销精准获取用户的个性化需求，通过智能化设计实现需求转化，通过数据驱动的柔性智能生产实现价值创造，最后通过智慧物流和服务完成价值的交付，用户在产品的使用过程中反馈数据和信息，又开始新一轮价值创造的循环（宋丹霞和谭绮琦，2021）。

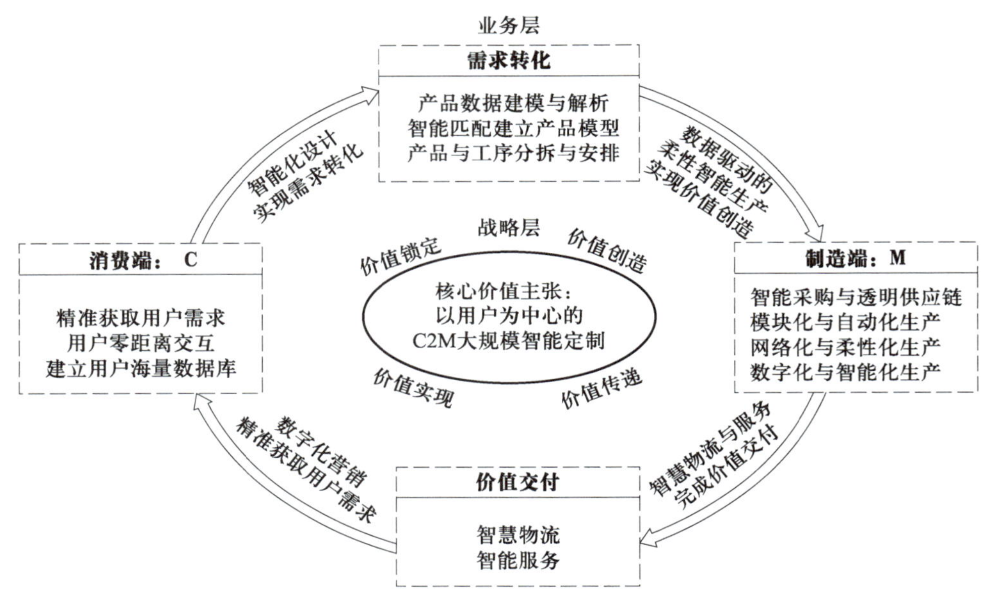

图 5-8 C2M 大规模智能定制模式下从企业价值链到价值环的重塑

2. 从“微笑曲线”到“彩虹曲线”

微笑曲线（Smiling Curve）理论是宏碁集团创办人施振荣先生在 1992 年为了“再造宏碁”提出的。他认为全球价值链上的利润分布不是均匀的，主要利润体现在产品价值链的两端，即左端的研发和设计，右端的品牌和营销，而中间的生产制造环节附加价值最低，形成一条 U 形曲线，被形象地称为“微笑曲线”。

近年来，云计算、大数据、移动互联等技术的发展为个性化、定制化消费的规模化发展创造了条件，具备“工业 4.0”和“互联网+”特征的新型经济发展方式和生产组织模式正在逐步兴起。原有的“微笑曲线”不足以解释这一进程中国际产业分工和价值链分布的变化，学者肖新艳 2015 年在其研究中提出了“彩虹曲线”的概念。

作为和“微笑曲线”相对应的概念，“彩虹曲线”反映了以消费者需求为驱动、以新一代信息技术的广泛应用为基础的新型商业模式中附加价值动态变化，如图 5-9 所示。由于附加价值在整个链条中的分布呈现两端低、中间高的彩虹形状，故称之为“彩虹曲线”。“彩虹曲线”和“微笑曲线”共同构成全球价值链的“双曲线”特征。“微笑曲线”与“彩虹曲线”相比较有以下五方面不同（肖新艳，2015）。

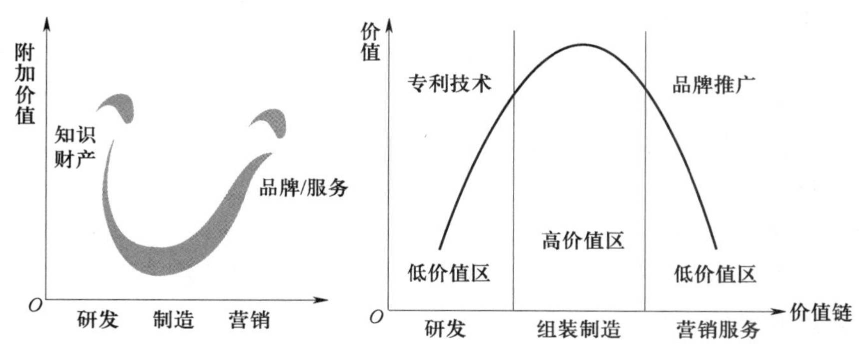

图 5-9 数字化转型背景下从“微笑曲线”到“彩虹曲线”的变化①

（1）消费者与生产者的关系不同。“微笑曲线”与“彩虹曲线”最显著的区别在于消费方从整个链条的末端提前至起始位置，直观地反映了从 B2C 向 C2B、C2M 的转变。在“彩虹曲线”中，消费者是整个生产流程的发起方，消费者从以往简单的需求者转变为参与者，有可能参与到原材料采购、产品研发设计、生产制造、物流配送甚至售后服务等产品全生命周期，从而最大限度地满足需求。

（2）附加价值在生产流程中的分布态势不同。“微笑曲线”中，处于两端的设计研发和销售服务环节技术含量高，创造的附加价值也较高，而位于中间的加工制造环节创造的附加价值较低。而“彩虹曲线”则恰恰相反，附加价值呈现两端低、中间高的分布态势。附加价值高的环节集中在位于中间的“高端”的技术研发环节、智能制造环节和“云端”的智能服务环节。

（3）创新转化为价值的路径和距离不同。创新转化为价值的成功率很大程度上由创新与需求之间的距离的长短决定。二者之间距离越短转化成功率就越高，创新成本浪费的就越少。“微笑曲线”中，从产品研发设计到生产再到消费，几乎经历了产品全生命周期之后创新成果才得到市场的检验。而在“彩虹曲线”中，这个距离被缩短，试错成本降低。企业可能在还未生产出产品之前通过体验消费进行试错，也可以在研发设计阶段与消费者进行信息沟通，消费者本身就参与了创新，距离上的缩短导致部分中间贸易商可能消失。

（4）制造与服务融合程度不同。“微笑曲线”中服务主要体现在生产制造环节之后

① 施振荣．微笑曲线［J］．竞争力，2010（4）：3．；王玮，杜书升，曹溪．工业互联网引发的“颠覆式”管理变革［J］．清华管理评论，2019（3）．

的销售和服务环节，制造与服务的融合并不十分紧密。“彩虹曲线”中智能服务和共享服务提供商的服务贯穿消费需求信息的收集、资源配置、产品设计、生产制造、产品包装、物流、售后服务等全产业链条，最大限度实现产品全生命周期的价值增值和分散竞争力的高度协同。

（5）在全球价值链中面临的机遇不同。位于“微笑曲线”两端的研发和销售优势基本集中在发达国家，处于底端的加工制造环节基本集中在发展中国家。“彩虹曲线”中，由于消费环节的前置，消费需求在整个链条中的重要性越发凸显。新兴经济体和发展中国家现代化和工业化进程加快，将释放更多的需求，从需求层面看新兴经济体和发展中国家将掌握更多的主动权。同时，消费不仅作为需求方，还作为创新的原动力之一。在全球价值链呈现“双曲线”特征背景下，实现价值链跃升路径有了新的机遇和方向：一是实现“微笑曲线”中的从低端向两端的跃升。二是实现从“微笑曲线”向“彩虹曲线”的转变。三是实现“彩虹曲线”中的从两端向云端的跃升。

二、数字化转型与商业模式创新

（一）商业模式

1. 商业模式的内涵

商业模式是针对细分的目标市场客户，在明确为客户所提供的价值基础上，充分利用企业的核心资源，管控其重要业务，创建一个具有核心竞争力的运营系统，以满足和保障顾客需求和利益相关者权益，实现企业可持续经济效益的商业逻辑或整体解决方案。商业模式旨在说明企业如何对盈利模式、运营结构和战略方向等方面一系列具有内在联系的变量进行规定和整合，以便在目标市场上建立可持续的竞争优势。

2. 商业模式的构成及商业模式画布

企业商业模式通常由九大要素构成，即客户细分、客户关系、渠道通路、价值主张、核心资源、关键业务、重要伙伴、成本结构、收入来源。九大要素构成了四个模块，即“提供什么、为谁提供、如何提供、成本收益如何”。人们常用商业模式画布来直观描述企业的商业模式全貌，如图 5-10 所示。在画布中央为“提供什么”模块中，需要明确企业的价值主张和价值定位。在画布右侧“为谁提供”模块中需要明确客户细分、客户关系与渠道通路，围绕价值传递，强调营销服务。在画布左侧“如何提供”模块中，需要明确核心资源、关键业务与重要伙伴，围绕价值创造，强调运营效率。在画布下侧“成本收益如何”模块中，需要明确成本结构与收入来源，围绕价值获取和实现，强调财务管理。

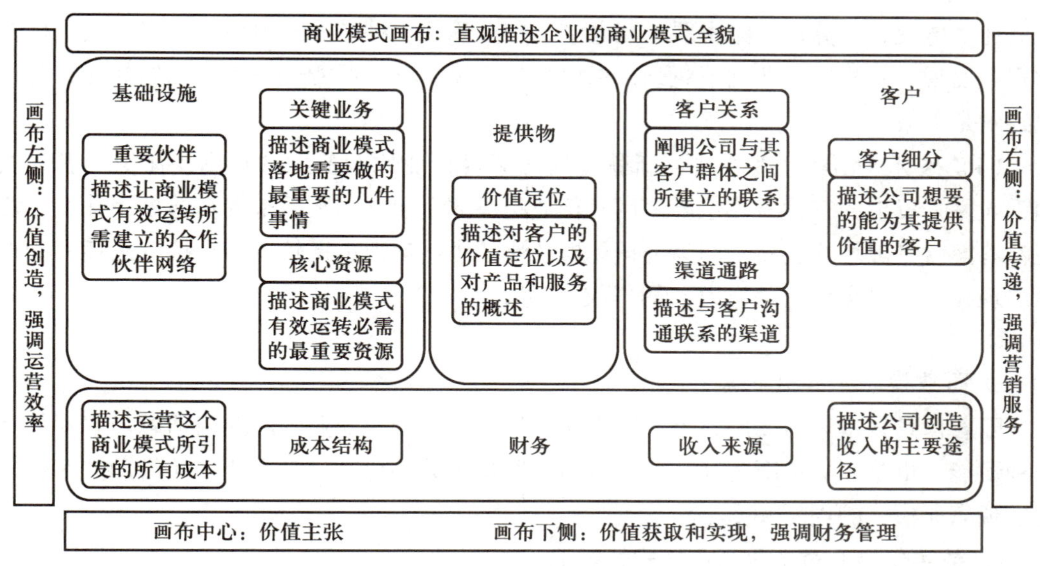

图 5-10 商业模式画布的构成

（二）商业模式创新

1. 商业模式创新的内涵

商业模式创新是指企业对于其价值创造和提供逻辑进行基本性的变革，即通过引入新的商业模式来改变社会生产体系，从而为客户和企业自身创造价值。简而言之，商业模式创新意味着企业以新的有效方式实现盈利。这种新引入的商业模式可能在构成要素上与现有商业模式不同，也可能在要素之间的关系或动力机制方面有所不同。

2. 商业模式创新的类型

一般情况下，针对公司在行业中的不同位置都会有对应的商业模式进行匹配，主要有四种创新模式。

（1）迭代式创新：主要适合行业的龙头老大，因为它的市场占有率已经达到最大，同行都在模仿它，它已经可以利用品牌优势让产品出现溢价。举个例子，假设某企业能生产出跟美的一模一样的空调，贴上美的的牌子就可以卖 4 500 元，贴上该企业自己的牌子可能只能卖到 3 000 元，多出的 1 500 元就是美的的品牌溢价。

（2）颠覆式创新。颠覆式创新要有颠覆性的产品出现。多出现在行业老二的身上，因为行业老二很难用行业老大的方法打败老大，那么行业老二就需要在产品或者是商业模式上出现颠覆式创新，只有这样，才能对行业老大形成前后夹击之势，让行业老大没有任何还手之力。以苹果为例，在群雄争霸的手机时代，苹果凭借一款划时代意义的 iPhone4，彻底将行业老大诺基亚送进了墓地。

（3）跨行业创新。跨行业创新多见于行业的第三名，因为它想要超越第二名都很难，更别提超越第一名了。公司做多大又不只是取决于一种产品，公司完全可以通过换个赛道继续做。以小米集团为例，小米集团为什么选择走生态路线呢？公司不仅卖手机，还卖电视、计算机、路由器、充电宝、空调等几十种产品。因为小米在发展手机的过程中发现，手机增长遇到了瓶颈，想要超越苹果、三星可能性不大，既然如此，跨行业经营是上策。

（4）破坏式创新。破坏式创新就是要破坏掉行业原有的赚钱规则，让消费者为之拍手叫好。以上的三种模式主要适用于行业的头部企业，那么后来者企业该用什么方法呢？答案就是破坏式创新。因为公司规模还比较小，束缚也比较少，直接以破坏者的形象出现在行业里会更有杀伤力（胡华成，2022）。

（三）商业模式数字化创新

随着信息技术迅猛发展，企业数字化转型已成为当今商业界的热门话题。它不仅是一种赋能，更是一场全新的商业模式革命。在这个数字化时代，企业如何借助数字化转型实现商业模式的创新和变革？

1. 数字化转型对企业商业模式的影响

数字化转型意味着将传统的业务流程和商业模式融合进数据技术中，以实现更高效、灵活和创新的经营方式。它对企业商业模式的影响主要体现在以下几个方面。

（1）新兴商业模式的涌现。数字化转型为企业带来了全新的商机。如滴滴出行、美团外卖等共享经济模式的兴起，通过数字平台将资源与需求进行匹配，实现资源的优化配置与高效利用，极大地改变了传统行业的格局。海尔、美的等家电企业通过数字化转型实现了基于工业互联网的C2M大规模定制生产方式，更好地满足了客户的定制化需求。

实践案例：美的集团的数字化转型与商业模式创新

（2）数据驱动的运营决策。数字化转型使企业能够从大数据中获取更多有价值的信息，进而进行精细化的市场定位和运营决策。通过对消费者行为、市场趋势等数据进行分析和挖掘，企业能够更准确地预测市场需求，提高产品研发和营销的效率和精确度。如京东作为中国最大的B2C电商平台之一，经历了数字化转型后，成功从传统的电商模式向供应链服务商转型升级。通过自建仓储、物流网络，基于大数据分析和人工智能技术为供应商和消费者提供全方位的供应链解决方案。这一转型使得京东的商业模式更加灵活和创新，提升了企业的竞争力。

（3）跨界合作与创新。数字化转型打破了传统行业的壁垒，促进了不同行业之间的合作和创新。企业可以利用数字技术将原本分散的产业链条进行整合，形成全新的商业生态系统。例如，阿里巴巴通过数字化转型，在电商领域探索了物流、金融、文化娱乐等多个领域的跨界合作，实现了商业模式的全面升级。美团点评以外卖、餐饮等业务起家，数字化转型后扩展到更多领域，形成了全面的O2O服务平台。通过整合各类线上线下资源，构建了全面数字化的生态系统，满足用户在吃、喝、玩、乐等方面的需求。

2. 数字化转型与商业模式创新的内在联系

数字化情境下，供求结构的变革使得生产要素及供求关系发生了变化，促进了供求两侧新的价值主张、创造及传递机理和获取方法，这就是数字时代商业模式创新的动力。企业商业模式创新是运用数字经济能力这一动态能力从机会识别开始到实现价值创造的过程。数字化转型和商业模式创新之间存在密切关系。

（1）数字化转型是企业商业模式创新的外在动因。随着科技快速发展和普及，传统的商业模式已经无法满足市场需求，而数字化转型则为企业提供了更多的机会和可能。数字化转型涉及企业在营销、销售、生产、供应链等各个方面的转变。通过数字化技术和平台，企业可以更好地了解市场需求和客户行为，优化产品和服务，提高效率和质量，降低成本和风险，从而实现商业模式的创新和升级。数字化转型还可以打破传统行业壁垒，促进跨界合作和创新，开拓新的市场和业务领域。因此，数字化转型已经成为当今商业环境下不可或缺的一部分，是企业保持竞争力和持续增长的关键之一。

（2）商业模式创新是实现企业数字化转型的内在需求。数字技术的发展和应用已经改变了企业的生产方式、销售模式和服务形态等方面，加速了商业模式的转型。传统的商业模式已经无法适应日益变化的市场需求和消费者行为，而数字化转型需要企业通过不断创新商业模式来更好地利用数据资源，提高运营效率和用户满意度。商业模式创新可以帮助企业更好地适应数字化时代的市场和客户需求，同时也可以激发企业内部的创新活力，促进企业持续发展。如亚马逊公司从线上书店转变为全球最大的电子商务平台，通过开放市场、提供物流服务等方式实现商业模式创新。因此，商业模式创新正成为企业适应数字经济时代变革并取得长远发展的重要手段。

企业数字化转型对商业模式变革产生了深远影响。通过数字化技术和大数据分析，企业可以实现商业模式的创新和变革，提升运营效率、拓展业务边界，赢得市场竞争优势。多个成功企业的案例都证明了数字化转型对企业的价值和重要性。因此，商业模式创新正在成为企业适应数字经济时代变革、实现长期发展的关键策略。

三、数字化转型与运营模式变革

随着社会和经济的快速发展，市场竞争日益激烈，数字化转型成为企业发展的必然选择。企业的数字化管理就是围绕市场需求全面整合客户要求、企业内部资源、供应链上下游的合作伙伴等信息和资源，利用多种先进的数字技术提高生产运营各个环节的数字化水平，进而增强自身的市场竞争力。与传统的企业管理相比，数字化运营管理在管理思想、管理技术、管理方法等方面更加现代化，能够充分利用先进技术提高企业管理的效率和效益。数字化运营管理能够将企业人事、财务、订单、采购、计划、制造、库存、运输、分销、服务、维护、质量控制等环节和生产经营所需的信息和资源集中到企业的价值链当中，实时掌控企业的动态经营信息，实现对价值链所有环节的有效管理。

（一）企业运营管理的变化

在数字技术的推动下，企业商务活动的环境、参与者行为特征、产品属性及创造过程等方面都经历了前所未有的深刻变化。下面将从企业商务活动的环境、主体、产品特征以及创造过程四个方面的变化，探讨数字化转型给企业运营管理带来的影响（陈剑等，2020）。

1. 数字化环境下企业商务活动环境的变化

过去在实体环境中进行的商务活动，一般仅限在特定时间、空间，为特定区域内的消费者提供服务。随着企业数字化进程加快推进，企业商务活动的环境发生了翻天覆地的变化。基于数字化的虚拟部分在企业商务活动环境中的占比日益增加。

从时间的角度来说，外部环境受数字技术的影响而变化速度加快，导致企业难以在日新月异的环境中维持其竞争优势。然而，对于消费者而言，数字技术释放了他们的时间，使他们拥有更多的空闲时光，可以根据自己的喜好和潜能来发展兴趣。随着时间维度的扩展，消费者对产品和服务的需求也更加个性化。

从空间的角度来说，数字技术将实体店铺转移到了虚拟的网络环境。这意味着，商品的展示摆脱了物理空间的局限，可以展示更多品类、更大体积的商品。对于消费者，地理位置不再成为限制其消费的因素，这极大地便利了消费者的购物行为，同时也改变了人们的购物习惯。

从连接的角度来说，数字技术极大地丰富了企业之间、产品之间、消费者之间、产品与企业之间、消费者与企业之间的连接。对于企业而言，在虚拟空间中的交流不再受限于空间距离，企业能够更轻松地接触到新的合作伙伴，从而使产品之间、企业之间的联系更加紧密。对于消费者而言，社交成本在虚拟空间中得到大幅降低，使消费者更倾向于在虚拟空间进行社交，这就导致了消费者在虚拟空间中的连接数量大幅增加。以上这些丰富的连接不仅创造了商业价值，还推动了以生态圈为代表的创新商务模式的出现与发展。

2. 数字化环境下商务活动主体的行为变化

在数字技术的推动下，商务活动主体的行为也发生了改变。首先，企业在过去通常以实现利润最大化为目标，更注重企业间的竞争，聚焦于自己的竞争优势。但是在数字化时代，企业的最终目标是创造消费者价值，需要更注重与其他企业的合作共赢。在这个过程中，企业的目标更加趋于多元化。

其次，消费者行为的变化对企业商务管理的影响尤为显著。数字化环境下消费者的行为变化特征可以归纳为移动化、社会化和个性化。第一是移动化特征。全球数以亿计的人正通过智能手机等工具，将人们的日常生活逐步转移到移动互联网上，使消费者可以随时随地发生消费行为。第二是社会化。人们越来越依赖在线社交网络进行互动、交流、协作和内容创作。当前的产品和服务包中，无形服务的比重越来越大。与此同时，当前产品和服务包中无形服务要素的权重越来越大。另外，消费者在社交网络中的感知更容易受到当前网络潮流的影响。第三是个性化。技术进步为消费者提供了更多的闲暇时光，使消费者能够发展个人特性。同时，消费者在社交网络中更容易且愿意表达自我，这些因素共同促使消费者的行为越来越个性化。

3. 数字化环境下产品特征的变化

无论身处什么样的时代，企业总是通过为消费者提供产品来创造价值。因此，企业商务管理仍然要围绕着企业所提供的产品展开。在以数字化为标志的新时代，产品的重要特征是网络化、数字化和智能化。智能产品可以实时抓取使用数据，用于分析消费者的使用行为或进行智能产品的自主学习，以提供更好的使用体验。同时，智能产品具有定制功能，使消费者可以按照个性化需求控制和使用智能化产品。此外，产品具有不断增强的连接性。例如，通过智能家居网络可以将音响、电视、照明、空调等不同产品连接起来，并在各类产品间进行数据的交互，共同为消费者提供一个无缝的使用场景。

4. 数字化环境下产品创造过程的变化

数字技术对企业产品创造过程产生了两方面的积极影响。首先，企业获得了大量的消费端数据，如智能家居产品产生的实时数据。通过数据分析，企业可以更精准地了解用户需求，设计出更符合用户期望的产品，并迅速地应对消费者需求的变化。其次，数字技术也改变了企业产品创造本身的过程。例如，智能自主的加工工厂能够自动识别潜在设备问题，并通过设备间的联网实现加工流程的自主优化。此外，受创造过程虚拟化的影响，传统的采购、库存管理、产品定价等运营决策也正在发生深刻变革。

（二）企业运营管理效率提升

在数字化商业环境中，企业运营管理决策的核心目标是为客户提供更具竞争力的产品。为了实现这一目标，企业必须深入了解客户需求，进行有针对性的产品设计，并制定合理的定价策略和库存管理决策。数字化背景下，运营管理决策不再局限于单个企业，而是需要从供应链的视角进行系统性的考虑。下面将从需求预测、产品设计、定价和库存管理、供应链管理等关键环节出发，探讨数字化如何促进企业运营效率的提升，如图 5-11 所示。

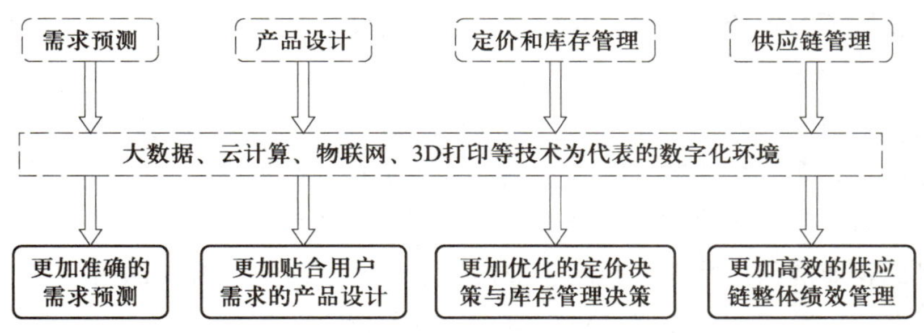

图 5-11 数字化赋能运营管理效率提升

1. 需求预测

需求预测是企业运营管理的基础。消费者需求在数字化时代下，变化速度更快且更具有个性化特征。与此同时，企业能够获取的数据类型和数量也远超过去。以亚马逊为例，它记录了用户的浏览、购买、评价、搜索关键词、页面停留时间以及交易等数据。这些数据直接体现了用户的偏好和个性化需求。通过数据分析，企业可以更精准地预测和了解顾客的需求，以此提升企业的运营管理效率。

2. 产品设计

数字技术使得产品设计更高效、更卓越、更符合用户需求。首先，通过收集大量消费者的使用数据和社交媒体数据，企业能够更准确地把握市场动态与趋势，从而设计出符合市场潮流的产品。其次，随着数字仿真、虚拟现实（VR）和增强现实（AR）等技术的进步，企业得以通过虚拟空间不断调整物理参数，高精度地模拟和仿真产品，并将仿真的产品可视化。这使得企业可以比较不同参数、不同环境和不同设计下产品的性能差异，从而产出性能最佳的产品设计。最后，许多企业的云服务器功能不断增多，甚至通过软件就可以实现客户端产品的个性化定制，实现企业与用户通过互动共同完成产品设计，以满足消费者日益增长的个性化需求。

3. 产品定价和库存管理

在数字技术支持下，企业在定价策略和库存决策的能力上也相应地得到了提升。在定价方面，企业通过机器学习等技术能够动态地调整定价策略，从而实现更高效的收益管理。此外，企业还可以根据不同销售渠道或细分市场的特点，实施差异化的定价策略。在某些服务行业中，企业结合用户行为数据，甚至可以实现个性化定价，即“一人一价”。然而，在优化定价策略的过程中，企业也需要避免一些潜在的风险，以确保策略的有效性和长期可持续性。例如，新老用户间的信息不对称问题，即“大数据杀熟”。企业的库存管理与定价决策相互关联、相互影响，因此，为了实现最佳的业务效果，企业需要同时对定价和库存管理进行协同优化。

4. 供应链管理

数字技术及其相关应用在企业的供应链管理创新中起到了不可或缺的作用。这主要体现在两个方面：流程的日益智能化以及对数据分析的依赖。首先，数字技术的应用使制造业日趋智能。通过运用传感器和无线技术，企业能够捕捉生产过程中的各种数据，并将这些数据反馈给智能设备以优化生产流程。这使得传统的集中式工厂控制模式转变为分散式、自适应的智能网络。其次，在互联网时代，零售环节在供应链管理中越来越倾向于采用全渠道零售模式。这意味着零售商通过线上和线下等多个销售渠道进行销售，以满足消费者多元化的购物需求。最后，数字技术在供应链风险和金融领域也展现出其巨大的价值。通过数字技术，金融服务不再仅仅依赖财务报表，而是基于多维度的数据评估目标企业的信用状况，包括企业内部、个人、政府、社交网络、第三方以及利益相关者的多方位数据，从而降低供应链金融的风险。

（三）企业运营管理的价值创新

在当今数字化时代，企业要为企业和消费者创造新价值，即“使能”（Enable）创新，就不仅要利用数字技术赋能企业提升效率，更需要借助先进的新兴技术，如大数据、云计算、人工智能和3D打印等。随着数字化程度的加深，企业的创新模式将从简单的赋能向更高层次的使能转变，这一点在运营管理领域尤为明显。这体现在企业甚至比顾客自身更了解他们的需求，并据此创造新的需求。为了更好地满足客户的需求，企业从单纯的产品设计转向围绕“数据—服务—产品包”进行业务设计和商业模式设计。传统的垂直线性供应链演变为虚拟化、动态化的网络供应链。企业的运营管理决策甚至超出了供应链的范畴，需要从更广泛的生态圈视角进行考虑。接下来，将重点讨论数字化如何赋能运营管理。具体将分析五个方面：需求创造、业务设计、价值共创、供应链重构和生态圈构建。通过这五个方面的分析，本书将探讨在数字化环境下如何实现运营管理的价值创新，如图 5-12 所示。

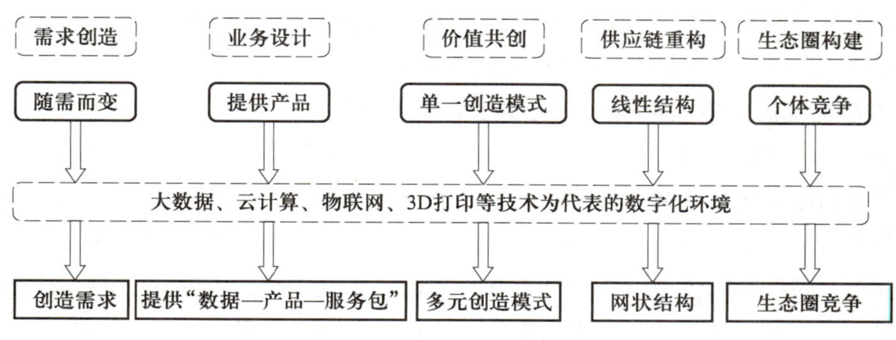

图 5-12　数字化使能运营管理的价值创新

1. 数字化使能需求创造——从随需而变到创造需求

需求通常指的是消费者购买的产品或服务的数量。消费者购买产品的最终目的是获得使用产品所带来的价值。因此，产品的使用价值才是消费者的真正需求。数字技术的加持下，企业得以更精确地捕捉消费者的潜在需求，并利用智能化的工具，将这些尚未明确的需求转化为切实的市场需求。借助数字技术，企业能够更深入地探索消费者的深层需求，并通过创新产品的价值，从而创造出全新的市场需求。

2. 数字化使能业务设计——从提供产品到提供“数据—服务—产品包”

随着数字化及相关技术的普及，近年来制造业服务化的趋势日趋明显，企业不仅为客户提供产品，还基于智能设备、互联网、云计算等提供以数据为基础的服务，产品成为实现服务的载体，企业转向提供“数据—服务—产品包”。产品生产由原来的大规模制造转向了小批量、高度定制化制造，更好地满足消费者的个性化需求；生产组织由集中式制造转向了分布式制造，生产过程更加灵活和高效；产品形态由原来的实物产品转向“数字产品+周边服务+通用材料”的综合解决方案。其中，3D 打印的数字产品是一个特殊的存在，它本身并不具备使用功能，必须通过 3D 打印成为实物产品之后才能真正具备使用价值，这在商业模式上也形成了另外一种“数据—服务—产品包”的形式。

3. 数字化使能价值共创——从单一创造模式到多元创造模式

数字化还具有推动价值共创的重要意义。这种价值共创体现在多个层面：消费者与企业之间、消费者相互之间以及企业相互之间。数字化环境下传统制造业的价值共创主要体现在消费者、供应商、批发商和零售商通过数字化平台共同参与到产品的设计、生产、仓储和销售等环节，从而打破了传统的产品制造模式中企业与消费者之间、企业之间的壁垒，制造商通过数字技术不断改进产品，更好地满足顾客的多样化、个性化需求。

新的数字技术不仅支持消费者更好地满足自身消费需求，也使他们能够为其他消费者创造更大的价值。以 Waze 这款导航应用为例，该服务凭借其社交属性脱颖而出。用户不仅可以在其中获取导航信息，还可以与他人分享关于事故、交通拥堵、路线建议，甚至是附近加油站的位置和价格等实用信息。在智能设备、GPS 定位和社交平台的支持下，每位用户都能为 Waze 的服务做出贡献，共同创造和提升服务的核心价值。这使得 Waze 在交通规划服务领域具备了独特的竞争优势。

4. 数字化使能供应链重构——从线性结构到网状结构

在数字化时代的影响下，供应链展现出与过去截然不同的特性。它变得更加网络化、动态化和虚拟化。在数字技术的支持下，产品或服务的设计、生产、仓储、配送、售后服务等环节在全球范围的互联网虚拟供应链中完成，供应商、制造商、批发商和零售商可以参与到不同的供应链中，甚至在不同的供应链中承担不同的功能、发挥不同的作用，同一个成员可能作为消费者出现在某些供应链中，但是在另外一些供应链中则承担了供应商的角色。在这样的背景下，传统的“供应商—生产商—批发商—零售商”垂直供应链的线性结构被颠覆，来自不同行业、不同职能、不同地区的企业和个体形成基于互联网平台错综复杂的“供应网”。

5. 数字化使能生态圈构建——从个体竞争到生态圈竞争

随着移动互联网普及和消费习惯的改变，消费者越来越希望能够以一站式、无缝衔接的方式满足各种不同类型的需求，通过简单的点击就能完成一系列的消费活动。例如能够在同一个平台上实现订餐、购票、导航等功能，或者通过一个手机应用同时控制家里的温度、灯光、音响等。面对这种多类型、多功能、集成式的需求，单个企业往往难以完全实现。因此，领先企业正在依托移动互联网、云计算等技术，将过去不相关的产品或服务关联起来，形成网络化和动态化的生态圈，创造并满足消费者的集成式需求。生态圈中的成员可以是与以往供应链成员类似的上下游企业，也可以是引入的与原来不相关的企业，以整体无缝的形式为消费者提供服务。同时，生态圈的形成也改变了以往的竞争模式，以整个生态圈提供的“数据—服务—产品包”为消费者创造价值，而不是单个企业在生态圈的某个局部盈利。

四、数字化转型与组织变革

（一）企业组织变革原因

传统企业金字塔式的层级管理结构在生产力相对落后的阶段，具有权责分明、组织稳定且命令统一的优势，为组织的管理带来了高效率。但在互联网和数字技术高度发达的今天，它缺乏组织弹性、民主意识，过于依赖高层决策，若高层对外部环境的变化反应不及时，就会导致组织落伍，不能与用户需求相适应，脱离市场。

数字经济时代呼唤着全新的企业组织形态，基于严格管控的传统科层制组织结构必将让位于以赋能创新为核心功能的组织模式。企业的核心功能不再是管理控制，而是赋能。创造力是未来最重要的生产要素，促成创造的唯一方法就是为员工赋能。组织追随战略，从某种意义上来说，企业数字化转型所带来的商业模式变革也是一种企业战略的更新，由此导致了组织管理变革，如表 5-1 所示。

表 5-1　数字化转型背景下商业模式变革导致企业组织形式变化

商业模式变革	组织形式变化
经营企业变成经营生态平台	平台型组织成为重要的组织形式
整合优质资源成为制造的核心（网络协同制造、云制造）	地域分布式网络化组织形式
消费者和生产者的零距离交互 （社交化生产、个性化定制、价值共创）	社会化人力资源组织形式 组织由科层制向赋能型组织转变
复合业态重塑产品价值链（服务型制造、跨界融合）	动态联盟和跨组织虚拟企业
数据与智能服务产生附加值（数字化转型、智能化生产）	人、机、物协同共生的工作组织关系

数字经济背景下企业商业模式变革导致企业组织形式变化，由此导致组织管理发生变革。组织形式变化与商业模式变革密切相关，商业模式变革必然会导致组织形式发生相应改变。企业经营往生态平台方向发展，平台型组织应运而生。组织通过网络化协同制造来整合协调资源，组织形式便更多地转变为地域分布式网络化组织，通过网络对不同时空的优质资源进行整合。商业模式中对于客户需求的重视程度越来越高，消费者和生产者要做到零距离交互，企业的组织形式由传统的正三角科层制组织结构向倒三角赋能型组织转变，以便更好地发挥员工、用户、供应商以及社会人力资源的潜力，通过价值共创来满足客户的个性化需求。数字经济时代的跨界融合特点要求企业对其内部进行产业链上下游的延伸，以实现服务与制造的融合，并形成多领域的跨界综合业态，企业的组织结构形式相应转变为适应企业跨界融合的动态联盟和跨组织虚拟企业。组织的盈利模式由仅靠产品盈利转变为通过数据和智能化服务提高企业附加值，这必将改变组织中的人、机、物之间的关系，通过人、机、物协同共生实现企业的数字化、网络化转型。

（二）企业组织变革新趋势

在数字经济时代，网络化、数字化和场景化重塑了企业价值链，带来了效率和体验的提升，也推动了商业模式的创新和进化。数字经济环境下的商业模式变革导致企业组织形式变化，由此导致组织管理发生变革。企业组织变革的新趋势主要包括以下几个方面（孙延明等，2021）。

1. 平台型组织成为重要的组织形式

随着产业数字化深入发展、智能制造技术及可重构制造系统综合应用，能够满足大众个性化需求的大规模定制和网络化协同制造成为产业组织变革的新特征，跨界融合、平台经济成为产业组织的新模式。数字经济时代带来的个体需求价值的崛起和市场环境的快速改变促进了企业组织管理谋求转型，平台型组织应运而生。

平台型组织通过连接多边资源，打破传统企业内部的生产要素限制，创造出单独企业所无法创造的价值。这种连接方式重新组织了生产要素，激发了企业的创新能力，从而实现了价值创造。平台型组织的生态系统将外部生产要素，如人力资源、资本、技术、用户等纳入其中，扩大了内部生产要素的范围，从而实现了更加高效的生产和创新，实现内外部资源的协调整合，赋予了平台型组织超越传统组织的价值创造性。平台型组织的特征主要体现在以下三个方面。

（1）去中心化。互联网时代企业追求的是客户的极致体验，为了真正实现以客户为中心，企业的前后端共同对客户需求和市场变化做出快速响应，这就需要对传统的企业组织形式进行去中心化变革，平台化和生态化成为组织的发展趋势。组织去中心化并不是指组织不需要中心，而是指在组织中人人都为中心，人人都是领导，通过去中心化，充分释放员工个人的创造力，组织由传统的直线型组织向网络化组织转变。

（2）去权威化。组织去权威化的核心是要摒弃传统的以管理层为权威中心、一切以领导为导向的管理模式，转而注重以客户、市场和一线员工为中心，缩短企业与客户之间的距离。组织中每个人的权威性不是来自行政赋予的权利，而是来自自己的粉丝有多少、网络中被认同程度的高低以及为客户创造价值的多少。

（3）去等级化。组织去等级化就是要打破过去传统的金字塔式科层制组织结构形式，取而代之的是扁平化和网络化的平台型组织形式。传统的科层制组织在决策的实施及问题的反馈与解决上需要逐级传递，会导致信息失真和沟通成本高、效率低，而去等级化之后的扁平化组织可以实现问题的快速响应与解决，大大提高组织效率。

2. 地域分布式网络化组织形式

现代制造业的竞争已由原来的基于生产成本、产品和服务质量的竞争，转变为基于柔性和时间的竞争。在对制造业提出更高要求的同时，也给传统制造业的转型与升级带来了新的契机，新的制造模式应运而生，企业开始从传统的多层级分工模式向地域分布式网络化协同模式转变，逐渐形成以企业核心能力为基础，向外辐射进行资源要素整合的网络化生产体系。地域分布式网络化组织采用了新一代信息技术，如大数据、云计算和物联网等，以打通生产端和消费端之间的连接通道，同时通过中间节点的模块化拆分重构传统价值链，建立起一个有效的资源整合和交互平台。

3. 从传统的科层制组织形态到赋能型组织形态

传统的金字塔式科层制组织形态是一种由基层员工、中层管理者和高层管理者组成的多层级正三角形锥形结构，企业的决策信息从上到下，逐级下放最终到达基层的业务人员。随着互联网时代的到来，企业的组织结构逐渐由正三角向倒三角转变，如

图 5-13 所示。倒三角形的组织形态更加强调赋能，通过将决策权下放到业务部门和决策层，使得他们能够更好地支持和支撑一线员工的工作，同时拥有一定决策权的一线员工可以组成自经营体，快速与消费者互动，实现精准供给匹配。例如韩都衣舍的产品小组制，就是由传统的科层制组织结构向赋能型服务平台转变的典型案例，由金字塔式职能管理转变为强调创新导向、“以客户为中心”的自主经营体。韩都衣舍基于产品小组制对员工进行业务考核及绩效评定，实现工作小组的自我管理和自我决策，强调小组内部的权、责、利统一，通过推进小组之间的竞争机制，激发小组内成员的创造力和活力，实现组织的高效运作。产品小组制背后依赖的是企业强大的 IT 系统、供应链系统以及管理体系的平台支撑，员工通过产品小组制获得充分授权，同时也提高了运营效率、降低了库存风险。

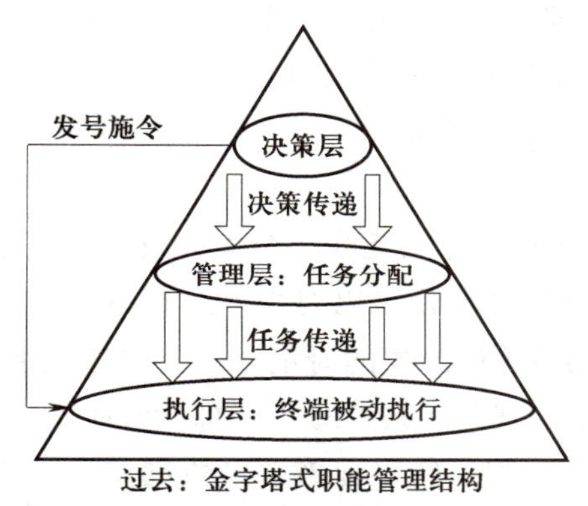

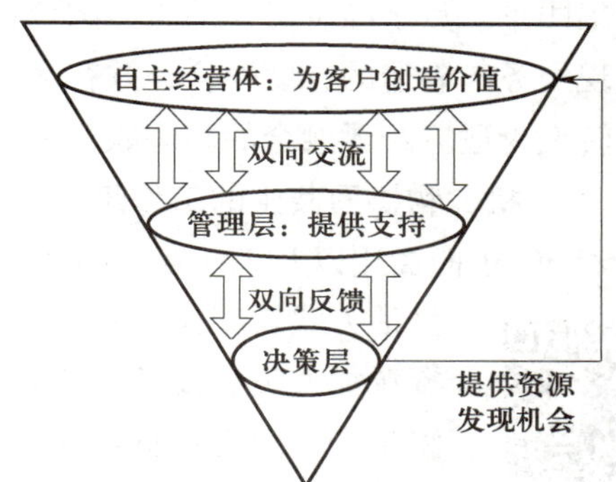

图 5-13　科层制管理结构与赋能型结构

4. 社会化人力资源组织形式

随着工业互联网基础设施的完善，过去遵循的从产品研发设计、原材料供应采购、生产商的生产制造，到各级经销商的产品销售，以专业化分工为前提的垂直命令式价值链逐步被瓦解，取而代之的是生产商与供应商交易合作化、员工与消费者价值共创的网状价值链结构。这种新型网状价值链的形成促使用户从价值链末端被动接受产品的角色变成价值链前端的主导者，生产商、服务商、品牌商围绕用户这个中心形成了开放的生产结构。随着组织边界被打破，组织之间的分工变得越来越模糊，价值创造活动不断向外部化、社会化方向发展，各参与方之间实现互联互通、共享信息，一个以用户价值为中心的巨型价值链网正在逐步形成。与此同时，开放式生产结构给传统人力资源管理带来挑战，企业组织边界越来越模糊，开放式的人力资源管理模式应时代变革而生。

传统的科层制组织形态，人力资源是集中和单一的，企业只能协调和利用企业内部的人力资源。现在，组织边界被打破甚至消失，企业可以借助互联网和云技术，以极低的成本整合社会化的外部人力资源，从而实现人力资源的社会化。互联网和云技术的发展造就了企业人力资源的社会化，使得原本难以获取的连接变得可能和高效。企业可以通过众智、众创、众包等平台，充分利用全社会的冗余人力资源，使得社会化人力资源潜力得以最大化开发和利用。

5. 动态联盟和跨组织虚拟企业

过去制造业发展以单兵作战为主，一家龙头企业就能够具备掌控产业链的能力。但在数字经济时代，涉及众多学科、领域的融合，单个企业很难精通所有领域。企业不再只是提供产品，重心将从制造环节向服务环节延伸，制造与服务走向融合。与此同时，跨界融合也有效促进了企业的价值创造，企业可以通过与经济、科技、生态与社会不同领域的企业进行合作，扩展企业边界，实现资源的替代升级、高效运作以及循环利用，从而提升企业综合价值贡献。不同产业领域、产业链不同位置的企业跨界合作，形成联盟或者集团军。数字经济时代的跨界融合特点要求企业通过不断延伸自身的产业链上下游，实现服务与制造的深度融合，并在多个领域内形成跨界复合业务，企业的组织形式相应地转变为适应跨界融合的动态联盟和跨组织虚拟企业。

6. 人、机、物协同共生的工作组织关系

随着5G迈向商用以及工业互联网技术的成熟，万物互联将会大大改变人们未来的生活方式及工作方式。工业互联网平台可以将生产过程中涉及的各种资源如人员、设备、产品和物料等所产生的海量数据实时地连接起来，将生产车间变成整合各个环节实现合作共生的“有机生命体”。人与机器的关系被赋予新的内涵，人、机、物多元融合、协同共生的工作组织关系将是企业组织变革的又一个显著特征。通过人、机、物的协同共生可实现产品全生命周期的数字化和智能化生产，生产效率将得到质的飞跃。

实践案例：酷特智能的数智化转型

思考题

1. 产业数字化的内涵与特征是什么？

2. 产业数字化转型的内涵与特征是什么？

3. 产业数字化转型主要催生出哪些新业态？请谈谈自己判断的新趋势是什么。

4. 企业数字化转型主要包括哪些方面？具体表现如何？

即测即评

主要参考文献

［1］宋丹霞，谭绮琦．工业互联网时代C2M大规模定制实现路径研究——基于企业价值链重塑视角［J］．现代管理科学，2021（6）：80-88.

[2] 肖新艳. 全球价值链呈现“双曲线”特征——“微笑曲线”和“彩虹曲线”[J]. 国际贸易, 2015 (08): 38-40.

[3] 胡华成. 颠覆与重构 [M]. 北京: 中国科学技术出版社, 2022.

[4] 陈剑, 黄朔, 刘运辉. 从赋能到使能——数字化环境下的企业运营管理 [J]. 管理世界, 2020 (2): 117-128.

[5] 孙延明, 宋丹霞, 张延平. 工业互联网——企业变革引擎 [M]. 北京: 机械工业出版社, 2021.

第六章

数据价值化

【课程导入】

数据变资产，价值几何？

数字经济发展的核心是促进数据价值创造、转化和扩大，即将数据变为资产，实现数据价值化。将数据本身作为资产充分利用，能够促进数据释放其要素价值。利用数据与其他生产要素充分融合，能够通过数据要素激活价值。数字产业化和产业数字化过程中，形成数据新业态，进而催生数据价值。

以数据释放价值为例，南网互联网公司打造的南网产业金融服务平台——“南网融 e”是基于电力数据联合商业银行推出的一款信用融资产品，银行结合电力数据风控模型向用电客户发放融资款。微型企业通过“南网融 e”平台进行融资，能够获得比较迅速而且利率相对较低的融资。如广州市黄埔区的李先生获得 50 万元的电费（数据）融资，不仅比较快，“帮了（我）公司的大忙”，且利率只有 4.15%。同时，根据调研发现，2021 年上半年，南网互联网公司运营实施的“南网在线”全口径累计交易额超 60 亿元。

以数据激活价值为例，各地政府在推行“智慧城市”过程中，南方电网的“‘散乱污’场所智能管理系统”通过对电力大数据进行采集、清洗、分析，并建立筛查模型，整合用水等数据信息，助力政府开展“散乱污”综合整治。该系统 2021 年从 580 万用电户中筛选出 26 万异常用户，显著减轻了政府的排查工作量，从而激活数据要素价值，将数据与其他要素充分融合激活数据价值。在企业管理决策中，原用于网购搜索的数据记录，通过融合消费者行为分析后，企业可用于营销决策，也充分激活了数据价值。

以数据促生价值为例，政府引导数字经济的发展，催生许多数据新业态，从而促生数据价值。如广东通过首轮全省政务信息能力和公共数据资源普查，归集了超过 285 亿条数据，并通过“开放广东”平台向社会开放了政务数据。统计数据显示，2020 年广东数字经济增加值规模约 5.2 万亿元，占 GDP 比重 46.8%。数据新业态催生相关产业价值，预计到 2025 年，广东的软件业务收入将达到 2 万亿元，半导体及集成电路产业营业收入将突破 4 000 亿元。同时，以 5G、AI、工业互联网为代表的新基建产业也将催生新的海量数据，促生数据价值。

资料来源：光明网。

第一节 数据价值化的内涵与演进阶段

一、数据价值化的内涵与背景

（一）数据价值化的内涵

1. 数据价值化的概念

数据价值化阐释了数据从原始形态转化为具有经济价值的过程。在从原始数据到有价值数据的转化过程中，不同的视角对数据价值化的概念理解存在一定差异。

从表 6-1 可知，数据价值化从三个视角进行界定。从经济视角来看，在数据价值化中，数据资源化是使无序、混乱的原始数据成为有序、有使用价值的数据资源。数据资源化阶段主要指通过数据采集、整理、聚合、分析等形成可采、可见、标准、互通、可信的高质量数据资源。数据资源化是激发数据价值的基础，本质是提升数据质量、形成数据使用价值的过程。数据资产化是数据通过流通交易给使用者或所有者带来经济利益的过程，是实现数据价值的核心，本质是形成数据交换价值、初步实现数据价值的过程。数据资本化的实现主要包括数据信贷融资与数据证券化两种方式。数据信贷融资是用数据资产作为信用担保获得融通资金的一种方式。数据证券化是以数据资产未来所产生的现金流为偿付支持，通过结构化设计进行信用增级发行可出售流通的权利凭证，获得融资的过程。数据资本化是拓展数据价值的途径，本质是实现数据要素的社会化配置。

表 6-1 数据价值化内涵

视　　角	核心观点	典型文献
经济视角	数据价值化是指以数据资源化为起点，经历数据资产化、资本化阶段，实现数据价值化的经济过程。	朱秀梅等（2023）；潘家栋、肖文（2022）
技术视角	数据价值化是指运用各种信息技术手段对原始数据进行处理分析，使其转化为具有决策支持、创新驱动、效率提升等功能的信息资源。	戴双兴（2020）；王柏玲等（2020）
管理视角	数据价值化是企业或组织通过全面优化数据价值体系，确保数据的质量、安全、合规，提升数据的可用性和流通效率，从而有效驱动决策制定、业务创新与竞争优势塑造的过程。	张昕蔚、蒋长流（2022）；陈书晴等（2022）

从技术视角来看，在数据价值化中，信息提取是数据价值化的重要基础。通过数据挖掘、机器学习等技术，从海量数据中提取有价值的信息，揭示隐藏的规律、趋势或关联关系，为决策提供依据。业务优化与智能应用是数据价值化产生经济效益的关键路径。利用数据分析结果，企业能够有针对性地改进业务流程，提升运营效率，降低成本。借助数据分析预测潜在风险，提前采取防控措施，保障业务稳健运行。数据驱动的

智能产品与服务得以开发并投入市场，创造用户价值，提升市场份额，进一步拉动营收增长。技术融合与创新是数据价值化不断拓宽价值边界、激发新业态的动力源泉。数据价值化的实现过程往往伴随着与物联网、区块链等数字技术的深度融合，这种跨界技术融合不仅能够打破数据孤岛，提升数据流通与共享能力，而且能够催生全新的商业模式和服务形态，不仅革新了传统的行业运作方式，也不断推动社会经济系统的数字化、智能化转型。

从管理视角来看，在数据价值化中，具体包括战略规划方面，将数据价值化纳入企业战略层面，明确数据资产的地位和作用，制定数据采集、处理、使用、共享的战略目标和路径。组织文化方面，建立适应数据价值化要求的组织架构和企业文化，培养数据素养，提升全员对数据价值的认识和利用能力。制度流程方面，建立健全数据管理制度和工作流程，规范数据生命周期各环节的行为，保障数据质量，防范数据风险。绩效评价方面，将数据价值化成效纳入企业绩效评价体系，通过量化指标衡量数据资产对企业价值创造的贡献，推动持续改进。

数据价值化是经济视角下数据资源化、资产化、资本化的体现，技术视角下信息提取、业务优化、技术融合的实践，以及管理视角下战略规划、组织文化、制度流程、绩效评价的集成。不同视角下的概念界定相互交织、互为支撑，共同构成了全面理解数据价值化的多元框架。

2. 数据价值化的特征

相较于传统生产要素，数据要素在价值化对象、范围、效益、模式以及创新等方面展现出鲜明的特质，揭示了其在推动经济社会发展中的核心地位与巨大潜力。

从表 6-2 可知数据价值化具有突出的特征。价值化对象方面，数据要素在企业内部无法单独创造价值，必须与其他传统要素相结合。传统生产要素如土地、劳动、资本和技术，通常具备实体性或可直接操作性，不依赖于特定载体即可直接投入生产和经济活动中，独立发挥各自的功能，直接创造价值。相比之下，数据要素具有非实体性和高度依附性，其本身并不能在企业内部单独创造价值。数据需要依托于先进的信息技术基础设施、分析工具和专业人才，与硬件设备、人力资源、金融资本等传统要素深度融合，通过数据挖掘、分析、应用的过程提供有价值的决策依据、精准的预测模型或智能化业务解决方案，间接地为企业创造经济效益。

表 6-2　数据价值化特征

角　度	传统生产要素	数据要素
价值化对象	可以单独创造价值	必须与其他传统要素相结合
价值化范围	局限于特定行业或企业内部	拥有更广泛的生态
价值化效益	边际收益递减、边际成本先减后增	边际收益递增、边际成本递减
价值化模式	固定、单一和确定的	多样性和灵活性
价值化创新	有限的、非再生的资源	自我增值、自我演化和自我学习

价值化范围方面，数据要素拥有更广泛的生态，在互动过程中产生更多数据，并促进传统要素流动。传统生产要素主要通过传统的价值链、产业链、供应链流动，价值增值过程往往局限于特定行业或企业内部。数据要素的流通和价值释放则呈现出更为广泛的生态属性。数据不仅在企业内部跨部门、跨业务单元流动，还能够在企业间、行业间乃至社会层面实现大规模共享、交换与整合。在流动过程中，数据不断被采集、处理、分析，形成丰富的衍生数据，进一步强化了原有数据的价值，同时加速了传统要素在更广阔的社会经济网络中的优化配置与高效流转。

价值化效益方面，数据要素遵循边际收益递增、边际成本递减的规律。传统生产要素的边际收益递减，即随着某一要素投入量的增加，单位增量带来的产出增量逐渐减少，达到临界点后，继续增加投入会导致总产出下降。同时，随着规模扩大，边际成本起初会因规模效应而下降，但达到一定阈值后，由于管理复杂性增加、资源稀缺性凸显等原因，边际成本开始上升。与此相反，数据要素的边际收益往往随着数据规模的扩大、数据质量的提升以及数据分析能力的增强而递增。这是因为数据具有非竞争性，同一数据集可以被无限次使用且不会消耗。随着数据积累，通过机器学习、人工智能等先进技术的应用，数据的精准度和应用价值不断提升。此外，数据处理与存储的成本随着技术进步和规模化效应而持续下降，表现为边际成本递减，尤其是在云计算、边缘计算等数字技术的支持下，数据处理的单位成本显著降低。

价值化模式方面，数据要素的价值化模式呈现多样性和灵活性的特点。传统要素价值化的模式是固定、单一和确定的，例如，土地通过租赁、开发等方式获取租金或地产价值。劳动力通过雇佣关系提供劳动服务以获得薪酬。资本通过投资产生利息、分红或资本利得。这些模式在很大程度上受制于既有市场规则、法律框架及行业惯例，调整空间相对有限。而数据要素的价值化模式则展现出极大的灵活性与多样性。数据可以通过直接交易、授权使用、服务订阅等多种方式实现价值变现。数据要素价值化模式的多样化和创新源于数据的可复制性、可塑性和无边界性等特点，可以根据市场需求、技术创新和政策环境优化数据价值的实现路径。

价值化创新方面，数据要素可以利用自我增殖、自我演化和自我学习的特点，通过算法和人工智能等技术实现自主创新。传统生产要素通常被视为有限的、非再生的资源，其存量在短期内难以大幅度增长，且使用过程中存在耗损甚至枯竭的风险。数据要素自我增值、自我演化和自我学习的特性使其在价值创新方面展现出巨大潜力。同时，数据能够通过算法和人工智能技术进行深度学习和自我优化，基于历史数据推演未来趋势，甚至创造出超越人类主观判断的创新解决方案，使得数据要素能够在短时间内实现价值的指数级增长。

数据价值化在对象、范围、效益、模式以及创新等方面展现的鲜明特性标志着数据要素已超越传统生产要素，成为塑造未来经济形态的核心力量。企业和政策制定者需积极适应并把握数据价值化的特征，充分释放数据的巨大价值潜力，推动数字经济高质量发展。

（二）数据价值化的背景

1. 数据社会化：数据价值化的内在力量

数据社会化体现在信息化社会的快速发展、大数据技术的成熟应用，以及用户需求与认知转变等多个方面。数据价值化不仅受到数字技术的推动，更受到经济、政策及社会观念等多重因素的影响。这些因素相互交织、相互影响，将数据转变为一种新型战略资源，促进数据价值化进程持续深化，深刻影响着人们的生产、生活和思维方式。

信息化社会的快速发展使数据得以积累和流通，为数据价值化提供了坚实的物质基础。随着互联网、物联网、云计算、人工智能等数字技术的飞速发展，人类社会进入了前所未有的信息化时代。各种设备、系统、平台每天都在产生和流通海量数据，包括个人消费行为、社交网络互动、企业运营数据、公共设施使用情况、医疗健康记录、地理空间信息等。这些数据的积累和流通构成了一个庞大的数据资源库。通过使用科学的方法工具对原始数据进行处理提取有效信息，进而服务于经济社会的各个领域，推动社会生产力的提升和生活质量的改善。

数据和大数据技术的应用可以提高决策效率和创新能力，推动个性化定制、精准营销、个性化诊疗和智慧治理等领域的发展，是实现数据价值化的必要条件。利用大数据技术对海量、复杂、多源的数据进行高效地采集、存储、处理和分析，揭示数据中隐藏的规律与趋势，将原始数据转化为有价值的信息资源。大数据技术不仅提升各行业的决策效率和决策精准度，帮助管理者基于数据做出更明智快速的决策，而且为创新业务模式、优化资源配置、提升服务质量提供了强大支持。例如，企业通过用户行为数据分析实现产品个性化定制和市场精准营销，医疗机构运用医疗大数据推动个性化诊疗和疾病预防，政府部门利用大数据技术，提升公共服务效能，实现智慧治理。

用户在分享个人数据来换取便捷、个性化的服务体验的同时，对数据隐私保护的意识也在不断增强。随着数字化生活方式和运营模式的普及，公众和企业对数据有了更深的认识，既发现数据价值化带来的好处，又体会到数据价值化背后的隐患。例如，用户授权电商平台使用购物历史数据，获得更符合个人喜好的商品推荐。允许导航软件访问自己地理位置信息，以获取精确的路线指引和周边服务推荐。同时，随着对数据隐私保护意识的增强，用户不仅关注企业如何收集、使用其个人信息，更关心企业是否采取有效的措施保护个人信息安全。这种需求与认知的转变，促使企业在数据价值化过程中必须兼顾商业利益与社会责任，既要充分利用数据资源提升产品和服务竞争力，也要遵循法律法规，建立健全数据安全防护体系，尊重并保护用户的个人信息权益。

2. 数据法治化：数据价值化的外在推手

数据法治化在数据市场配置、数据流通和数据价值评估等方面的政策法规推动下进展显著，为数字经济的健康发展和社会进步提供了有力的支撑。以中国为例，特别是在“十四五”时期，一系列支持性政策不仅持续完善了数字经济的顶层设计，而且强有力地推动了数字技术和实体经济的深度融合，为经济发展增添新的活力。这些政策和实践既为数据价值化创造了有利环境，也对其进行了必要的规制，力求在保障数据权益、维护数据秩序的同时，充分释放数据红利，实现数据价值与数据安全、隐私保护的平衡。

在数据市场配置方面，国家出台了一系列文件，强调了数据要素市场化配置的关键作用，明确了数据作为新型生产要素的战略地位。2019 年 10 月党的十九届四中全会首次将数据增列为新的生产要素，自此数据的重要性得到前所未有的关注。2020 年 3 月，中共中央和国务院进一步提出《关于构建更加完善的要素市场化配置体制机制的意见》，明确将数据作为新型生产要素，强调其在生产、分配、流通、消费和社会服务管理等各环节的基础性作用。为了保护数据安全和个人信息，中国政府出台了一系列相关法律和政策，包括《中华人民共和国数据安全法》《中华人民共和国个人信息保护法》和《中华人民共和国网络安全法》，这些法律共同构成了数据治理法律领域的“三驾马车”。此外，国务院及有关部门还出台了一系列配套政策，比如《关键信息基础设施安全保护条例》《网络安全审查办法》和《工业和信息化领域数据安全管理办法（试行）》等，显示出国家正积极推进数据资源的有效利用和价值释放，同时通过立法强化数据安全与个人隐私保护，构建了数据治理的法律框架，旨在统筹数据的开发利用与安全监管，为数字经济的健康发展奠定基础。

在数据流通方面，2022 年 12 月 2 日，中共中央和国务院印发了《关于构建数据基础制度 更好发挥数据要素作用的意见》（简称“数据二十条”），彰显了国家对于建立健全数据流通市场的决心。数据二十条不仅明确了数据产权、流通交易、收益分配和安全治理等方面的基础制度，还提出了“探索数据资产入表新模式”和“逐步完善数据产权界定、数据流通和交易等主要领域关键环节的政策及标准”，旨在通过明确数据产权、优化流通交易机制、探索数据资产化路径以及完善相关政策措施，促进数据资源的高效配置与市场循环，为数据经济活动提供更清晰的规则与支持，驱动数字经济创新与增长。

在数据价值评估方面，财政部等相关部门针对数据要素的特征，给出数据价值评估的相关规定和意见，体现了国家对数据价值评估标准化、规范化发展的重视。数据要素具有虚拟性、低成本复制性、主体多元性、非竞争性、非排他性和异质性等特点，这使得数据价值评估比其他传统生产要素更为复杂。财政部会计司在 2023 年 8 月发布了《企业数据资源相关会计处理暂行规定》，中国资产评估协会在 2023 年 9 月发布了《数据资产评估指导意见》。除此之外，国内外多个标准化组织、财会领域组织和技术咨询服务企业都在积极探索和研究数据价值评估的新方法和体系。面对数据要素的特殊属性，国家鼓励采用创新方法与体系来准确衡量数据价值，以适应数字经济时代的需求，这不仅有利于企业更好地管理和利用数据资产，也促进了整个社会对数据价值认知的深化，为数据要素市场的成熟与扩展提供了必要的评估基础。

二、数据价值化的演进阶段

数据价值化的演进可以划分为三个关键阶段，分别是数据价值初现阶段、融合阶段和实现阶段，如图 6-1 所示。在数据价值初现阶段，数据价值得到初步的认识和应用。随后，在数据价值融合阶段，数据被整合、清洗和分析，以解锁更深层次的洞察和价值，推动产业实践和模式创新。在数据价值实现阶段，这些洞察被转化为不同行业和不同地域的实际行动和决策，从而实现数据的真正价值化，迎来新的时代机遇。

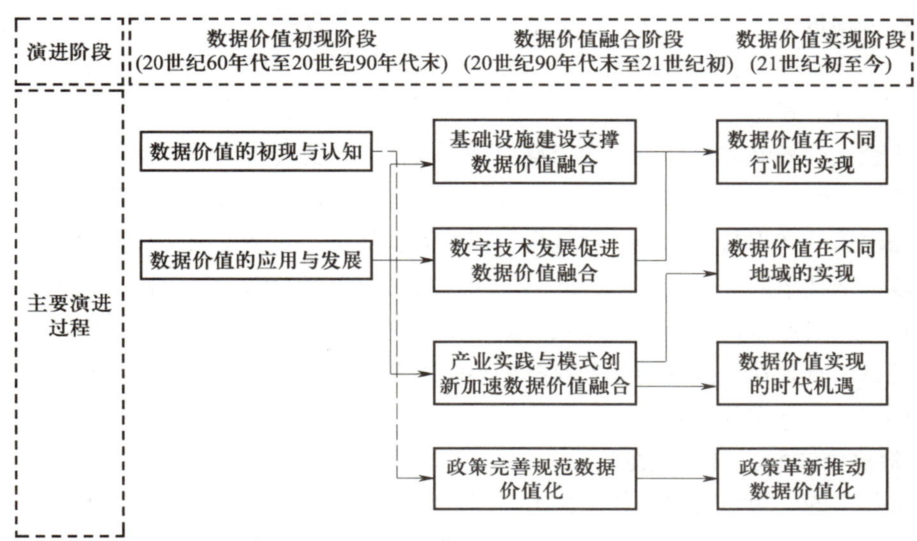

图 6-1 数据价值化的演进

（一）数据价值初现阶段

1. 数据价值的初现与认知

数据价值的初现与认知是跨越多个维度的历史进程，标志着商业智能和信息经济新时代的开启。早期数据的作用被极大地低估，企业记录销售、库存、客户交互等信息，主要为了满足基本的会计、审计需求，或是遵循法规要求。数据通常被束之高阁，很少有人深究数据背后隐藏的重要信息。当时的商业决策更多依赖于直觉、经验和有限的市场调研，数据的分析和利用几乎是一片空白。

20 世纪中叶，计算机技术的兴起为数据的收集和处理带来了第一次变革。虽然初期的计算机系统庞大且昂贵，主要用于科学计算和军事应用，但它们展示了处理大量数据的可能性。随后，随着个人电脑的普及和互联网的诞生，数据的产生速度和量级呈指数级增长。这个时期，数据库管理系统开始出现，使得数据的组织、存储和检索变得更加高效，为后续的数据分析奠定了基础。20 世纪 90 年代，随着企业资源计划（ERP）、客户关系管理（CRM）系统的广泛应用，企业开始意识到数据可以作为支持决策的工具。商业智能（BI）概念逐渐形成，软件系统开始普及，尽管初期的商业智能主要是基于历史数据生成报表，但这种将数据转化为可视化报告的做法让管理层第一次直观地看到数据反映的业务状况，初步尝试利用数据指导决策。进入 21 世纪，互联网泡沫破灭后，幸存的企业开始更加重视效率和精确性，数据的价值进一步凸显。企业开始主动收集、整合来自多渠道的数据，寻求数据之间的关联性和趋势，这标志着从“数据记录”向“数据洞察”的思维转变。尽管此时的数据分析仍处于初级阶段，但企业已经意识到，通过对海量数据的深入分析，可以揭示消费者行为模式，优化供应链管理，乃至预测市场趋势，数据不再只是静态的历史记录，而是成为动态的决策支撑。

随着数据价值的认知深化，一个全新的学科——数据科学应运而生。数据科学结合统计学、计算机科学和领域知识，运用复杂算法从数据海洋中挖掘宝藏，不仅负责数据的清洗、整合、建模，更重要的是能够解释数据隐藏的信息，将抽象的数字转化为业务语言，为企业的战略制定提供科学依据。这一时期，企业开始构建数据团队，投资于数据基础设施，数据不再是 IT 部门的专属领地，而是成为了企业的战略资源。

数据价值的初现与认知是技术进步、市场需求与企业战略思维交织演化的结果。在这个阶段，从技术的突破到商业智能的应用，再到数据科学的专业化探索，每一次进步都标志着人们对数据价值理解的深入。数据不再仅仅是记录过去的方式，而是成了创造价值的关键工具。这一过程为后来数据驱动的决策制定、商业模式创新以及整个数字经济的发展奠定了坚实的基础。

2. 数据价值的应用与发展

数据价值的应用与发展是数字技术与商业智慧深度融合的产物，标志着数据从理论认识到实践应用的飞跃。数据不再局限于存储和报告，而是成了企业核心竞争力的重要组成部分，推动着各行各业的深刻变革。

在零售行业，企业开始收集顾客的基本信息、购买记录等数据，运用较为基础的数据分析方法进行市场细分。例如，通过顾客的购买历史，企业能够识别出不同消费群体的偏好，进而设计更具针对性的促销活动和商品推荐，提升顾客满意度及忠诚度。这种基于数据的市场细分尽管没有依赖复杂的机器学习算法，但已经能够在一定程度上实现营销策略的个性化，从而增加销售额和市场占有率。

金融行业是较早利用数据进行风险管理的领域。银行和信贷机构通过分析客户的收入水平、信用历史、还款记录等信息，构建相对简化的评分模型，用于信用评估和贷款审批。这些模型虽然不如现代先进算法那么精密，但在当时已能够有效区分高风险和低风险的借贷申请，降低了不良贷款率，同时也使得优质客户能够更快获得贷款服务，体现了数据在提升金融决策效率和安全性方面的初步价值。

电信企业通过收集和分析用户通话记录、上网行为等数据优化网络资源配置，改善服务质量。例如，通过分析某一区域的通话高峰期和数据流量高峰，电信公司可以预先调整网络容量，减少拥塞情况，提高用户体验。同时，这些数据也被用来设计更符合用户需求的套餐和服务，比如夜间流量包、家庭捆绑计划等，增强市场竞争力。

制造企业在这一阶段也开始探索如何利用数据提高生产效率和供应链管理。通过对生产过程中的设备运行状态、生产消耗时间、原材料消耗状况等数据进行收集和分析，企业能够识别生产瓶颈，优化生产排程，减少浪费。在供应链管理方面，通过对供应商表现、库存水平、物流效率等数据的整合分析，企业能够更好地协调供需，降低库存成本，提升整体供应链的响应速度。

在数据价值初现阶段，企业已经开始尝试将数据转化为实际的业务优势，无论是通过提升营销精准度、优化信用评估流程、改善客户服务体验，还是增强生产与供应链的效率。尽管这一阶段的技术条件限制了数据价值的深度挖掘，但这些早期的应用案例无疑证明了数据的巨大潜力，不仅为后续的数字化转型奠定了基础，也预示着数据作为核心资产的时代即将来临。

3. 政策探索引领数据价值化

在数据价值初现阶段，国际与国内政策领域共同经历了一段至关重要的探索时期，一系列的政策文件与法律法规不仅回应了技术进步带来的挑战，也为数据的合理利用与保护构建了基本框架，引领后续数据价值的深度挖掘和数据的广泛应用。

国际上，经济合作与发展组织早在 1980 年修订的《隐私保护与个人数据跨国流通指南》中，为跨国数据流动提供了首个国际指导框架，提出了个人数据保护的八项基本原则。促使各国在数据流动中重视个人隐私的保护，为后续数据保护立法奠定了理论基础，为数据价值的跨国界挖掘提供了基本准则。1995 年，欧盟通过了《数据保护指令》，不仅为欧盟成员国设定了统一的数据保护标准，而且首次系统性地将个人数据权利置于法律保护之下，如知情权、访问权以及对个人数据处理的控制权，为个人数据的合法、合规使用奠定了基础，为全球数据保护立法设定了先例，促进了数据价值化探索的法律框架构建，强调了数据保护与经济发展的平衡。2004 年，亚太经济合作组织（APEC）发布了《隐私框架》，旨在促进区域内的数据流动与个人信息保护相协调，通过创立跨境隐私规则（CBPR）体系，为企业提供一套自愿遵从的隐私保护标准，既加强了数据安全，又促进了区域经济合作，展现了数据保护与经济发展并重的策略，为数据价值化探索提供新路径。

在国内，随着信息化建设的深入，数据的价值逐渐被认知，政策层面也开始对数据的管理、保护与利用进行初步布局。2005 年《中华人民共和国电子签名法》出台，作为国内第一部真正意义上的信息化法律，确认了电子签名的法律效力，为电子交易和数据电文的使用提供了法律保障，为数据的合法流通与应用奠定了基础，也为数据价值化提供了基础的法律土壤。2013 年发布的《关于促进信息消费扩大内需的若干意见》中直接针对数据保护的条款不多，但该意见强调了信息资源的开放共享和信息安全，间接推动了数据价值化与信息经济的深度融合为数据价值的挖掘与应用营造了有利的政策环境。同年，工业和信息化部发布《电信和互联网用户个人信息保护规定》，具体明确了电信业务经营者和互联网信息服务提供者在个人信息处理上的义务，对个人信息的收集、使用、保护等环节制定了详细的规范，体现了政策在保障个人隐私与数据安全的同时，为数据价值的合法利用提供了清晰的界限。

国际与国内的早期政策探索，虽然侧重点有所不同，但都指向了同一个目标——在保障个人隐私与数据安全的前提下，促进数据的开放共享与价值挖掘，为数据价值化的探索奠定政策基础并提供法律依据。

（二）数据价值融合阶段

1. 基础设施建设支撑数据价值融合

基础设施建设在数据价值融合阶段发挥着不可估量的作用，不仅是技术实现的载体，更是数据价值释放的催化剂。计算与存储基础设施的强化、通信网络基础设施的铺设以及大数据平台的构建，三者相辅相成，共同构成了数据价值融合的基本支撑。在这个基础上，数据得以自由流动、高效处理，并最终转化为推动社会进步和经济发展的强大动力。

计算与存储基础设施是数据价值融合的基石，决定了数据处理的效率与规模。云计算数据中心的快速发展，为数据的集中存储与高效计算提供了强大的支撑。通过虚拟化技术、分布式计算等手段，云计算平台能够动态调整资源分配，满足不同场景下数据处理的弹性需求。同时，随着闪存技术的普及和固态硬盘（SSD）的广泛应用，数据存储的性能大幅提升，数据访问速度显著加快，为实时数据分析与决策提供了有力保障，有效优化了存储成本，使得更多、更复杂的数据集能够被经济高效地保存与分析，为数据价值的深度挖掘提供了广阔空间。

通信网络基础设施在数据价值融合过程中不仅是数据流动的通道，更是促进信息衔接、价值共创的桥梁。现代通信网络随着光纤通信、5G、卫星互联网等基础设施的构建，数据传输的速度与质量得到了前所未有的提升，为大规模、高频率的数据交换提供了坚实的保障。这些网络基础设施不仅缩短了数据的传输延迟，还大幅提升了数据传输的容量，使得海量数据的实时传输与处理成为可能。5G 以其高速度、大连接数和低时延特性，为远程医疗、智能工厂、自动驾驶等数据密集型应用提供了实时数据交互的能力，使得数据能够几乎无感地穿梭于物理世界与数字空间之间。物联网则通过传感器和智能设备的广泛部署，将现实世界的各种物理信号转化为可分析的数据流，进一步丰富了数据的来源与维度，为数据价值融合奠定了丰富的原料基础。这一系列基础设施的完善，确保了数据能够在需要的时间、以最适宜的形式，到达价值创造的各个环节，推动数据价值融合的。

大数据平台作为数据价值融合的核心枢纽，是连接数据源、数据处理、数据应用的中枢系统。大数据平台包含数据集成、数据治理、数据分析等多种功能，为数据的统一管理、深度分析提供了平台支持。在大数据平台的助力下，企业能够实现数据的汇聚与整合，通过数据清洗、标准化、归一化等步骤，提高数据质量，为后续的数据分析与挖掘奠定基础。此外，平台内置的高级分析工具，如机器学习、数据挖掘算法，能够帮助企业从海量数据中发现隐藏的规律和信息，为业务优化、市场预测、用户画像构建等提供决策支持。更重要的是，大数据平台通过构建数据湖、数据仓库等结构，支持多源异构数据的融合与交叉分析，打破了数据孤岛，使得数据间潜在的价值关联得以显现，为跨领域合作和创新提供基础。大数据平台的建设不仅简化了数据处理的复杂度，而且可以通过提供一站式数据服务，加速了数据价值的转化与融合。

2. 数字技术发展促进数据价值融合

在数据价值融合的进程中，数字技术成为催化数据信息向价值转化的强力引擎。人工智能与机器学习、云计算与边缘计算、区块链不仅加速了数据的收集、处理与分析，还确保了数据在安全、高效、信任的环境中流动与共享，促进数据价值融合。

人工智能与机器学习技术的飞速进步为数据价值的深度挖掘与融合提供了前所未有的智能工具。人工智能技术不仅能够处理和分析结构化数据，还能深入解读文本、图像、声音等非结构化数据，为数据的多维度分析和模式识别提供了可能。人工智能在深度学习与神经网络的突破，赋予了机器模拟、理解和预测人类行为及复杂现象的能力。例如，在医疗健康领域，通过对病患数据的深度学习可以辅助医生进行病情诊断，甚至预测疾病发展趋势，为个性化治疗方案提供依据。机器学习作为人工智能技术的一个分支是推动数据价值融合的重要技术驱动力。通过算法模型自动学习数据特征发现数据之间的复杂关系，无须人工编写特定规则。例如，在电商、广告推荐系统中，机器学习通过算法模型分析用户行为数据，能够实现个性化推荐，显著提升用户体验和商业效益。此外，机器学习还被广泛应用于金融风控、智能制造等领域，通过对历史数据的学习，模型可以自动优化，预测市场趋势、识别潜在风险，为业务策略调整提供数据支持。人工智能与机器学习技术的应用进一步拓宽了数据价值融合的边界，使数据在更多场景下发挥关键作用，促进了数据从简单记录到智慧决策的转变。

云计算的普及和边缘计算的兴起共同构建了数据价值融合的计算基础，使得数据的处理和分析更加灵活高效。云计算提供了几乎无限的存储和计算资源，企业无须巨额投入即可快速部署数据处理和分析平台，支持大规模数据的整合、分析与应用。云平台上的大数据分析工具和服务推动了数据驱动的业务决策和产品创新。边缘计算的出现进一步拓展了数据处理的边界，将计算能力下沉至数据产生的源头，极大降低了数据传输延迟，为实时数据处理和决策提供了技术支撑，特别是在物联网、自动驾驶等对时效性要求极高的领域，边缘计算让数据价值的即时捕获和应用成为现实。

区块链技术以其独特的去中心化、不可篡改特性为数据价值的可信共享和安全交易提供了创新方案。在数据价值融合的过程中，区块链构建了一个透明、安全、可追溯的数据交换环境，解决了数据共享中的信任难题。通过智能合约，区块链能够确保数据交易的规则自动执行，保护数据主权和隐私，同时促进了数据在不同参与方之间的高效流通和价值交换。在供应链管理中，区块链技术的应用可以确保货物追踪信息的真实性，提升供应链的透明度和效率。在数字版权管理领域，区块链为原创作品提供了确权和交易的平台，保障了创作者的利益，促进了数据价值在数字经济中的公平分配和增值。因此，区块链不仅是一项技术革新，更是数据价值融合信任机制的基础，为数据价值的释放和流动开辟了新的路径。

3. 产业实践与模式创新加速数据价值融合

产业实践的深化和商业模式的创新为经济和社会发展注入了全新的活力，这些创新模式不仅促进了数据资源在不同行业间的自由流动与深度整合，更是在实践中催生了一系列新兴业态与服务模式，展现了数据作为核心生产要素促进数据价值融合的巨大潜力。

产业实践推动着数据从概念走向实际应用，深度挖掘数据背后的潜在价值。在制造业，企业通过集成生产流程中的各类传感器数据实现设备状态监测、生产效率优化，乃至整个供应链的智能化管理，数据驱动的智能制造模式应运而生。教育领域，个性化学习平台利用学生学习行为和成绩数据为每位学生定制专属学习路径，不仅提升了教学效果，还促进了教育资源的高效配置。零售业通过分析消费者行为数据定制个性化购物体验，实现了精准营销与库存优化的双重提升，让“数据驱动决策”不再是一句空谈。金融科技领域，信用评估、风险管理等服务依赖于大数据分析，开创了信用贷款、保险科技等新业务模式。农业方面，智能农业借助物联网技术收集土壤、气象等数据，精确灌溉、病虫害预警等应用让农业生产更加精准高效，数据成为现代农业增产增收的新动力。这些实践案例生动展示了数据在传统产业转型升级中的关键作用，通过数据的深入应用，产业边界被重新定义，数据成为推动生产力跃升的新要素。

商业模式的创新是加速数据价值融合的重要推手。企业开始围绕数据构建新的商业化路径，实现从“产品为中心”到“用户为中心”的转变，平台经济的兴起是这一趋势的典型体现。社交电商平台依托数据洞察用户需求，构建起多边市场，不仅增强了用户体验，还为企业创造了新的收入来源。共享经济也是数据价值转化的范例，通过分析地理位置、用户偏好等数据，优化资源配置，通过共享单车、共享汽车、民宿租房等平台，实现了资源的有效利用与用户需求的精准匹配。订阅经济的流行让用户从一次性购买转向持续性的服务享受，企业则通过分析用户行为数据，不断优化服务内容，形成良性循环。数据交易市场的出现更是直接将数据作为一种商品进行交易，促进了数据要素市场的繁荣，为数据价值的货币化开辟了新路径。这些创新商业模式的核心在于数据的收集、分析与应用，展示了数据如何成为商业模式创新的基石，不仅为企业创造了新的盈利点，也极大地丰富了数据价值实现的渠道。

产业实践的深化和商业模式的创新，催生了一系列基于数据的新业态和新服务，这些新生事物重新定义了服务形态，加速了数据价值的融合。智慧城市建设是这一现象的集中体现，通过整合城市运行中的各种数据，如交通、环境、公共安全等，智慧城市的管理更加精细高效，从智能停车、智慧照明到应急响应系统，数据融合为城市居民带来了更加便捷、安全的生活环境。在健康医疗领域，远程医疗、个性化医疗方案的出现，基于患者健康数据的综合分析实现了医疗服务的精准化和个性化。而数字娱乐领域，基于用户行为和偏好的大数据分析，定制化内容推荐、沉浸式体验成为常态，为用户带来了前所未有的娱乐享受。这些新业态和新服务的涌现不仅丰富了人们的日常生活，也展示了数据融合在创造社会福祉方面的无限可能。

4. 政策完善规范推动数据价值化

政策的完善与规范对于促进数据价值融合起到了至关重要的作用。国际组织与多国政府纷纷出台相关政策文件与法律法规，旨在构建一个安全、有序的数据价值融合环境。

美国政府在2012年通过了《大数据的研究和发展计划》，旨在提升从大规模复杂数据集中提取有效信息的能力，推动技术创新和应用。这一政策为后续美国数据价值化发展奠定了坚实基础，展示了国家层面对数据价值化的高度重视与系统化探索，加速了技术创新与数据应用的深度融合。在此基础上，美国对于数据跨境流动与个人隐私保护的法律框架经历了动态调整，平衡数据自由流通与个人隐私权益的复杂性。2018年的《澄清域外合法使用数据法》规定数据管辖权由数据控制者掌握，与存储地无关，明确了国外机构调取美国国内数据和美国国内机构调取国外数据的合法性依据。紧接着，2019年的《国家安全和个人数据保护法》对美国用户数据出境做出明确限制，禁止与法案定义的关注国进行“数据传输”或“数据储存”活动。美国的数据政策演进体现了从推动数据价值融合到加强数据保护和监管的全方位布局，旨在促进数据经济的健康发展同时维护国家安全与公民隐私权益。

2015年欧盟《数字单一市场战略》的发布旨在消除在线服务的地域障碍，促进欧洲境内数据自由流动和数字经济的全面发展。通过推动数据标准化、开放数据共享以及提升数据保护标准，为数据价值的跨境融合与利用提供了统一的政策框架，为数字服务和内容的创新与增长奠定了基础。随后，2018年生效的《通用数据保护条例》确立了全球最高标准的个人数据保护体系，该条例详尽规定了数据生命周期各个环节的处理规则，如数据收集、存储、处理、传输等，强调数据主体的知情权、同意权、访问权、更正权、删除权、限制处理权、数据可携带权等广泛权益。《通用数据保护条例》强调个人数据权利，要求企业无论位于何处，只要处理欧盟公民的个人信息就必须遵循严格的数据处理原则，包括数据最小化、目的限制、透明度等。这一法规的实施，虽然增加了企业的合规成本，但也成功提升了公众对数据处理的信任，减少了数据滥用和泄露风险，促进了数据处理活动的规范化，为数据价值的跨境流通提供了法律保障，同时激发了数据保护技术和咨询服务的发展，间接推动了数据价值的深层次挖掘与融合应用。

中国政府通过一系列政策文件和法规，为促进数据价值的深度开发与融合应用铺设了全面系统的政策框架。2015年《国务院关于积极推进“互联网+”行动的指导意见》提出了一系列措施，鼓励互联网与传统行业深度融合，通过大数据、云计算等技术的应用，提升产业能效，促进经济转型升级，为数据价值在“互联网+”各领域中的融合与挖掘提供了政策指导。同年，《促进大数据发展行动纲要》明确提出要构建大数据产业链，推动数据资源的开放共享，加强数据安全保障，以及促进数据在社会治理、公共服务、产业发展等方面的广泛应用，为我国大数据产业发展规划了蓝图。2016年，《国家信息化发展战略纲要》纲要着眼全局，强调了信息化在经济社会发展中的核心地位，提出要构建统一开放的大数据体系，推动数据资源的整合与开放共享，提升数据治理能力，为数据价值的深度挖掘与跨领域融合指明了方向，进一步强化了政策支持的宏观指导作用。2017年，《中华人民共和国网络安全法》的实施，明确了网络运营者的数据保护责任，加强了个人信息保护，为数据的收集、使用、存储等环节设定了基本规则，强调了国家对关键信息基础设施的保护，确保数据安全与国家安全相协调。同年，《公共数据开放管理暂行办法》的推出，加速了政府数据的开放共享进程，明确公共数据的开放范围、程序和责任，促进了政务数据与社会数据的融合应用，提升了公共服务和社会治理的智能化水平。这些政策形成了一个有机整体，从推动技术创新、数据开放共享、数据安全保护到行业规范发展等多个维度，为中国在数据价值融合阶段的数字经济新生态奠定了坚实的政策与法律基础。

通过这些法律法规文件，国际与国内均为数据价值的融合与释放提供了更加明确的路径与规范，既注重数据的开放与流动，又强调数据安全与隐私保护，为数据价值融合阶段构建了良好的外部环境，促进了数据资源在各行业间的优化配置和价值融合。

（三）数据价值实现阶段

1. 数据价值在不同行业的实现

由于行业特性的不同，不同行业在探索与实现数据价值化的道路上呈现出显著的差异化特征。软件与信息技术、工业制造、医疗保健、教育等传统行业数据价值化进程处于起步阶段，主要局限于大数据平台建设，缺乏系统化的数据资产管理架构。这些行业目前重点在于核心业务数据的规范与品质控制，对数据深层价值的挖掘与应用能力有限。与之相反，金融、互联网、通信、电力和零售等行业更早认识到数据对业务创新与优化的显著价值，建立专业的数据资产管理机构，加强数字技术创新与应用，积极投资数据分析与数据服务。数据资产存量方面，数据经采集、清洗、存储、加工等过程，形成具有经济价值的数据资产。我国数据资产形成额与存量在 2003 年至 2020 年快速增长，超过 GDP 增速，且自 2011 年起对经济增长的贡献显著提升，成为推动中国经济稳健增长的关键因素。行业分布上，信息传输、软件和信息技术服务业等数据资产存量领先，其中信息传输、软件和信息技术服务业数据资本形成额在 17 年内增长近 25 倍，显示了行业间数据价值的显著差异。数据资产质量方面，通信、电力和银行业表现优秀，而软件与信息技术、制造业等行业尚有较大提升空间。

数据价值化在各行业中展现出独特的价值形态与实现路径，影响力与价值实现方式深受行业特性影响。金融行业通过深度挖掘交易数据与用户行为数据，聚焦信用评估、风险预警与精准营销，构建智能化风控体系与个性化金融服务保障行业稳定发展。物流领域利用物联网、GIS 等技术实时分析货物流动与仓储状态，专注于优化配送路径、预测市场需求与提升仓储效率，实现物流网络精细化运营与资源高效配置。能源行业则借助数据价值化进行智能电网管理、能源消耗预测与清洁能源调度，推动能源结构优化与绿色转型。这些行业实例揭示了数据价值化如何根据行业特点与业务需求，形成具有行业特色的实施策略与价值创造模式。数据价值化的行业差异不仅体现在应用场景的多样性，更在于其对行业核心问题的精准决策与创新动力的激发。在零售业，数据价值化深度参与商品推荐与库存管理，借助大数据分析精准捕捉消费趋势，推动商品精准投放与库存高效周转，催生新零售业态。医疗健康领域则聚焦疾病预防、个性化治疗与健康管理，通过对大量临床数据与基因组学数据的深度挖掘与模型构建，提高诊疗精确度，推进预防医学发展。这些应用场景揭示了数据价值化如何依据行业焦点问题，精准定位价值生成点，实现行业创新与转型。

不同行业须结合行业背景、竞争态势与技术成熟度制定适应性的数据价值化战略，以实现数据价值最大化与可持续发展。企业需深入了解所在行业的数据生态环境、数据敏感性与相关法规，明确数据采集、处理、应用的合规边界，确保数据价值化过程的合法、合规、合理性，紧跟行业技术发展趋势，及时引入人工智能、区块链、云计算等数字技术，提升数据处理与分析能力，以技术创新驱动数据价值的深度挖掘与高效利用，构建跨部门、跨领域的数据共享与协作机制，促进数据资源在整个价值链中的自由流动与协同价值创造。企业要找准行业独特定位，充分利用数据这一战略资产，构建持续竞争优势，实现长期发展。

不同的行业特性决定了数据价值化在各行业中表现出的不同发展进程、存量积累、质量水平以及价值形态与实施路径。随着数字经济的持续发展，行业间的差异性将在数据价值化进程中愈发凸显，催生出更加多样化、深层次的数据应用案例，推动数据价值化迈入新阶段。

2. 数据价值在不同地域的实现

地域差异既是我国数据价值化初期发展的瓶颈，也是推动各地区创新探索、特色发展的重要动力。我国数据价值化发展初期，不同地域间数据资源分布不均，信息化水平差异明显，直接影响了各地区初始数据资源的积累与开发利用。作为改革开放的前沿阵地，东部沿海地区较早引入信息技术，政府、企业及社会各方面信息化建设起步早、速度快，为数据价值化的发展奠定了基础。相比之下，中西部地区受制于经济发展水平、资金投入等因素，信息化进程相对较慢，数据资源相对匮乏，数据价值化处于起步甚至待开发状态。这一时期，数据价值化的实现主要集中在经济发达、信息化设施完善的地区，形成了以东部为引领、西部跟进的区域性发展格局。

随着我国对数字经济的大力推动与政策扶持，各地区开始结合区域特色与产业优势有针对性地推动数据价值实现。例如，北上广深等一线城市依托雄厚的科技实力与人才储备，率先在金融科技、智慧城市、人工智能等领域开展数据深度应用，形成了一系列具有示范效应的数据价值化项目。中西部地区积极响应国家战略，推动数字产业与本地能源、农业、文化旅游等特色产业的深度融合与创新应用，探索数据资产在精准开采、智慧农业、数字文旅等场景的应用，不仅丰富了我国数据价值化的应用实践，也为各地区发掘自身资源优势、实现差异化发展提供了有效路径。

近年来，随着“东数西算”工程、国家一体化大数据中心体系等跨区域数据流通合作项目的实施，使我国数据价值化发展进入全新阶段。地域间数据流通壁垒逐渐被破除，数据资源在全国范围内得以更高效地配置与利用。东部数据中心集群承担高实时性计算、交互性强的业务，而西部则利用其能源、气候等优势，发展大规模、非实时处理的数据存储与备份业务，形成东西部优势互补、协同发展的格局。此外，跨区域数据共享平台、数据交易市场的建立，促进了数据要素的市场化配置，推动数据价值化从单一地域、单个行业向全地域、多领域深度拓展。在国家政策引导与地域合作发展的双重作用下，数据价值化实现呈现全方位、多层次、宽领域的蓬勃发展态势，地域差异正逐步转化为各具特色、互为支撑的地域发展优势。

我国数据价值化的发展经历了地域差异逐步消弭、区域协同效应日益凸显的过程。从初期的地域间信息化水平差异导致的数据资源分布不均，到各地区依据自身特色与优势推动数据价值化的区域性突破，再到跨区域数据流通与合作机制的建立，我国数据价值化已从东部引领、西部跟进的区域性发展格局，转变为东西部优势互补、全地域协同发展的新态势。随着国家对数据要素市场的持续完善，以及各地区对数据价值化认识的深化与实践的创新，地域差异将进一步推动数据价值化深入发展、实现数字经济高质量增长。

3. 数据价值实现的时代机遇

数据要素产业的蓬勃发展为数据价值的实现注入强大动能。随着信息技术的突飞猛进，数据已从传统的信息载体转变为至关重要的生产要素，产业链日趋完善，覆盖数据采集、存储、处理、分析、应用等多个环节，加速了数据向资产、资本形态的转变。大数据、人工智能、云计算、物联网等数字技术的深度融合催生了精准营销、个性化推荐、智慧城市、智能制造等新型应用模式，极大地提升了数据的经济价值和社会价值。政策层面，从顶层设计出发，通过制定《中华人民共和国国民经济和社会发展第十四个五年规划和2035年远景目标纲要》《“十四五”数字经济发展规划》《“十四五”大数据产业发展规划》等一系列规划文件，明确了中长期推动数字经济发展的指导思想、发展目标和核心任务，强调全力支持要素市场化配置，提高市场效率。近年来，我国高度重视数据要素安全治理，大力推动数据要素市场发展。国务院先后印发《关于加快建设全国统一大市场的意见》《关于构建数据基础制度　更好发挥数据要素作用的意见》等政策文件，构建了包括数据产权、流通交易、收益分配、安全治理在内的四大原则体系和“四梁八柱”的基础制度框架，标志着数据已上升为国家基础性战略资源，我国数据要素市场步入有序规范的探索阶段，为全面构建数据要素市场奠定了坚实基础，为数据要素产业的健康发展指明方向，确保数据安全合规使用。

数据交易市场的构建与探索为数据价值实现开辟了市场化路径。数据交易平台的设立实现了数据资源的商品化、市场化流通，促进了供需双方的高效对接，激活了数据要素市场的活力。在交易过程中，对数据定价的需求推动业界构建科学、合理的数据价值评估模型和定价规则，逐步建立起数据价值衡量体系。同时，保障数据交易市场的健康发展必须关注数据权益保护、安全隐私等问题，通过完善相关法规和行业标准营造公平、透明的交易环境，确保数据安全共享与价值的有效释放。目前，我国数据要素交易主要分为场内交易和场外交易两种方式，其中场内交易主要在各地数据交易所进行。根据中国信通院数据要素市场研究团队发布的《数据价值化与数据要素市场发展报告（2023年）》可知，我国数据流通交易仍以场外交易为主，但场内交易呈现出加速态势。我国实际运营中的数据交易所已达 26 家，另有 6 家在筹建中。这种加速发展主要得益于政策推动下全国主要经济大省对于培育本地为主、辐射全国的场内数据要素市场的重视。北京国际大数据交易所、上海数据交易所、苏州大数据交易所、广州数据交易所、深圳数据交易所等相继揭牌成立，有力推动了数据交易模式的创新探索、数据交易市场的培育发展、数据要素价值的快速转化，进一步促进了数据要素的资产化进程。

数据开放程度的不断提升，为全社会挖掘并实现数据价值创造了有利条件。政府、企业、科研机构等积极开放数据，为提升社会公共利益、推动创新驱动与产业升级注入强大动力。政府开放的公共数据，如气象、交通、教育、医疗等，被社会各界广泛应用于创新应用中，显著提升了公共服务效能，有效解决了社会问题，增进了公共福祉。企业、科研机构开放数据有助于跨领域、跨行业的数据融合创新，催生出新产品、新服务、新业态，有力推动了产业升级。此外，数据开放还有助于构建开放、协作、共赢的数据生态，打破数据壁垒，实现数据资源的社会化配置，最大限度地释放数据价值。在实践中，各地方正在通过创新数据管理机制、深化数据高效共享、强化平台支撑体系等方式，构建开放共享的数据资源体系，推动数据在具体场景中通过模型等途径发挥价值，同时加强合规监管，确保公共数据资产化的稳健发展。

数据要素产业的快速发展、数据交易市场的加快探索以及数据开放程度的不断提升共同构成了推动数据价值化全面发展的三大支柱，为我国数据价值实现和社会经济的数字化转型提供了坚实支撑和广阔前景。

4. 政策革新推动数据价值化

数据价值实现阶段，国际社会通过政策革新，在促进数据流通、保护个人隐私与国家安全的同时，实现数据的经济和社会价值。美国与欧盟作为两大领航者，各自通过一系列政策文件与法律法规，展现了数据价值化的新路径与实践。

在美国，虽然缺乏统一的联邦数据保护法，但州级立法和行业自律机制填补了这一空白，《加利福尼亚消费者隐私法》于 2020 年生效，为美国其他州乃至全球提供了数据保护的参考框架。该法案赋予消费者对自己的个人信息有更多的控制权，包括查看、删除以及禁止出售个人数据的权利，这促使企业更加重视数据处理的透明度与合法性，为数据价值的合法利用与消费者权益保护建立了初步规范。此外，美国政府通过《联邦数据战略 2020 年行动计划》确立了数据共享、数据安全、数据使用三类共四十余项具体的数据管理规范，强化了数据管理的标准与实践，旨在促进数据共享与安全。而《数字合作战略（2020—2024）》则体现了美国在全球数字治理中输出理念与标准的企图，通过对外援助，推动其数字思维在全球范围内生根发芽。

与此同时，欧盟在数据价值实现的探索上同样步伐坚定。《欧洲数据战略》及《数据治理法案》等关键法案，促进数据共享、互操作性提升和标准化，打破数据孤岛，加快数据在各行业、各成员国之间的自由流动，释放数据的经济和社会价值。通过建立数据中介机构、增强数据共享的信任、强化数据可携带权等具体措施促进数据在不同领域和行业间的有效利用，规定非个人数据的访问和使用规则，避免数据垄断，确保数据作为关键生产要素在数字经济中的健康流动与价值最大化。这一系列政策的实施，创建一个有利于数据流通、创新和价值创造的单一市场，确保数据在遵守欧洲规则和价值观的前提下得到高效利用，不仅促进了数据市场的统一与繁荣，还为欧洲乃至全球数字经济的全面发展铺设了坚实的法律与制度基础。

我国数据价值实现呈现地方先行先试、规则标准不断健全的特点，目前已取得显著进展。自 2019 年党的十九届四中全会首次将数据确立为生产要素以来，中国政府持续推进数据价值实现的顶层设计与制度革新，加快数据要素市场改革。《关于构建更加完善的要素市场化配置体制机制的意见》《中共中央关于制定国民经济和社会发展第十四个五年规划和二〇三五年远景目标的建议》《建设高标准市场体系行动方案》等一系列重要文件的发布，聚焦于数据资源产权界定、交易流通机制构建、跨境传输与安全保护规则的确立，为数据价值化创造良好的制度环境。《关于构建数据基础制度更好发挥数据要素作用的意见》的出台，更是系统性布局了数据基础制度体系，明确了数据交易场所的构建、数据商的参与以及个人信息保护等关键环节，标志着我国数据价值化进入了制度化、规范化的新阶段。

在政策引导下，各地政府积极行动，北京、上海、江苏、广东等地设立大数据交易中心，通过规范交易行为、创新交易机制，推动数据要素市场逐步成型。政策倡导的“原始数据不出域、数据可用不可见”的交易方式，兼顾数据流通与数据安全，为数据价值化提供了可行路径。此外，《“十四五”数字经济发展规划》等文件强调高质量数据供给、市场化流通及开发利用机制创新，充分释放数据要素潜力，驱动经济社会数字化转型。随着《数字中国建设整体布局规划》的发布，我国数据价值实现的未来趋势更加清晰。在确保信息安全、个人隐私的前提下，将进一步推动公共数据开放共享，实现数据的高效利用，同时强化数据资源调查与数据要素市场的培育。可以预见，我国将持续围绕数据价值化进行创新试点工作，包括数据确权、交易规则创新、隐私计算技术应用、数据质量提升等，构建更加成熟活跃的数据要素市场，使数据真正成为驱动经济社会高质量发展的关键生产要素。未来，随着政策制度的不断革新、交易模式的持续创新以及市场生态的日益繁荣，将迎来更为广阔的发展空间。

第二节 数据价值化的实现机理

本节从经济视角深入探索数据价值化的内涵，着重研究实现数据价值化的路径和方法。在研究过程中，得出了图 6-2 所展示的数据价值化的实现机理。

从图 6-2 清晰地观察到，未经开发的数据经历了四个关键的处理过程，逐步实现并提升其内在价值。这一过程包括数据资源化、资产化、商品化和资本化，在每个阶段都对数据进行了深入的处理和加工，以确保其价值被激活、整合、流转和管理。最终，经

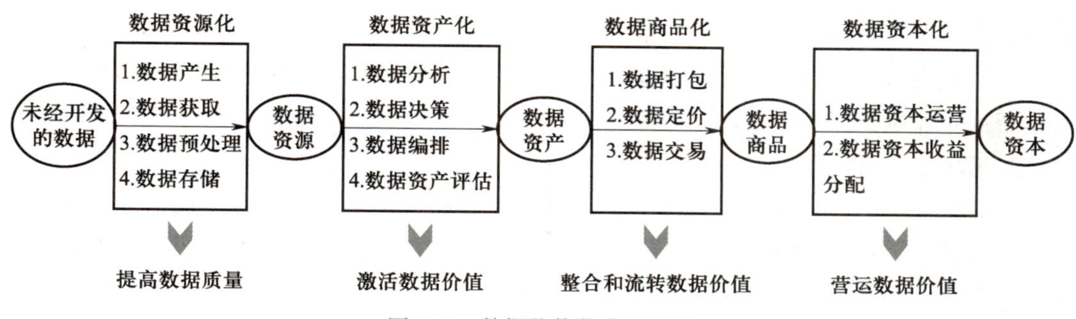

图 6-2 数据价值化实现机理

过这一系列的处理，数据被转化为可用于决策和创新的有价值资产，为企业、政府等组织的发展和竞争力提供了坚实的基础。

一、数据资源化

数据资源化是将混乱无序的原始数据按照需求进行标准化和结构化处理的过程。这一过程就像是抽丝剥茧，将数据进行加工，使其变得高质量、有潜力。经过处理后的数据以可采集、可视化、标准化、可互通、可信赖的形式进行管理、存储和共享。当数据能够被理解和有效利用时，原始数据就转化为宝贵的数据资源。数据资源化的目标是提高数据质量，包括数据的产生、获取、预处理（包括标注）以及存储等关键步骤，涉及数据本身的管理问题（见图 6-3）。

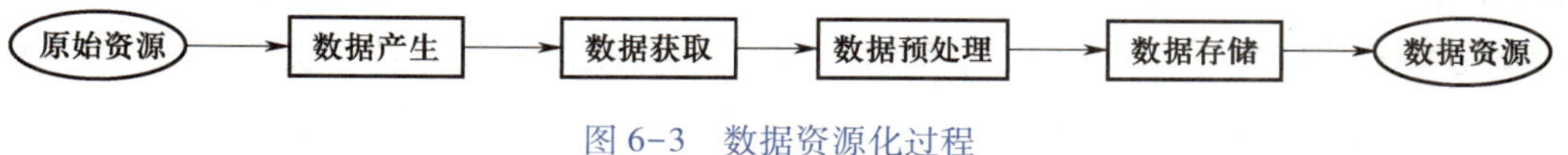

图 6-3 数据资源化过程

（一）数据的产生

数据产生于特定的来源和特定的方式。按照数据产生的来源、数据产生的方式、数据的结构化程度可以将数据的产生分成多种类别。

1. 数据产生的来源

从数据产生的来源看，数据产生于物联网、社交媒体、业务运营和商业环境。物联网设备通过传感器和连接到互联网的设备产生大量数据。这些数据涵盖各个领域。例如，工厂中的传感器可监测设备运行状态和生产过程，智能家居设备可以收集家庭环境数据，如温度、湿度等。这些数据通常是实时生成的，具有高度结构化的特点。社交媒体平台上用户的活动产生了大量的数据，包括发布的帖子、分享的内容、点赞和评论等。这些数据通常是非结构化的，以文本、图像、视频等形式存在。运营数据涵盖了组织内部的各种业务运营数据，包括销售数据、库存数据、生产数据等。这些数据通常由企业内部系统产生，如企业资源规划（ERP）系统、客户关系管理（CRM）系统等。

商业数据涵盖了市场、竞争对手、消费者等方面的数据。这些数据来源广泛，包括市场调研、行业报告、销售数据等。商业数据可以用于市场分析、竞争情报、产品定价等方面，帮助企业制定战略决策。

2. 数据产生的方式

从数据产生的方式来看，机器生成、人工生成和业务生成是三种生成数据的方式。机器生成的数据来自计算机网络、传感器、卫星、音频、视频流、移动电话应用程序和对安全漏洞的预测。人工生成的数据可按人的特征收集，例如，具有姓名、地址、年龄、职业、工资、资格等的身份详细信息。然而，真正的媒体数据可以通过各种文件、文档、日志文件、研究报告、电子邮件和社交媒体网站生成，如脸书、推特、领英。从业务产生的数据包括交易数据、企业数据和政府机构数据，它们往往是从业务活动中产生，又被用于业务分析和决策中去。近年来，全球所有公司的业务数据量估计每 1.2 年就会翻一番。

3. 数据的结构化程度

从数据的结构化程度来看，结构化数据、半结构化和非结构化数据的产生方式具有差异性。大多数结构化数据通过各种应用程序和业务系统产生，以表格形式存储，具有明确定义的数据模式和结构，通常存储在关系型数据库中。比如，通过企业的交易活动记录、客户信息填写、库存记录，产生一批数据。通过传感器和仪器产生具有固定的格式和字段，如温度、压力、流量等。许多半结构化数据是通过记录系统活动和事件的日志文件产生的。这些日志文件可能包含时间戳、事件类型、用户操作等信息，但其格式和结构可能因系统配置、应用程序和设备的不同而有所不同。半结构化数据还可以以 XML 或 JSON 格式存在，这些数据通常用于在不同系统之间进行数据交换和通信。XML 和 JSON 数据具有层次结构和标记，但不像传统的结构化数据那样严格遵循数据库表的结构。非结构化数据的一个主要产生方式是文本文档，包括电子邮件、新闻文章、社交媒体帖子等，这些数据通常以自然语言形式存在，缺乏明确的结构和格式。当然还有图形、图像数据等多种非结构化数据。

（二）数据获取

1. 公共数据和互联网数据获取

公共数据可以直接从政府官网、企业公告、互联网下载和搜集而得到，通常是指由政府、公共机构、企业或个人产生、管理和提供的各种数据资源。

第一，政府公开数据是公共数据的重要组成部分。政府部门在日常管理和运营中产生了大量的数据，包括人口统计、经济发展、环境保护、基础设施建设等方面的信息。这些数据经过政府认证和发布后，可以作为公共数据供社会各界使用。例如，政府发布的人口普查数据、经济统计数据、地理信息数据等都为社会经济发展和公共决策提供了重要参考。

第二，企业公开数据也是公共数据的重要来源之一。随着企业数字化转型的推进，越来越多的企业开始主动公开其数据资源，以促进创新、提高透明度、增强信任。企业公开数据涵盖了各个行业和领域，包括销售数据、财务数据、客户数据等。例如，电子商务平台公开的销售数据、金融机构公开的财务报表数据等，都为市场研究、投资决策等提供了重要参考。

第三，社交媒体数据也是公共数据的重要来源之一。社交媒体平台上产生了大量的用户生成内容，包括文字、图片、视频等形式的数据。这些数据不仅反映了社会舆论、消费趋势、网络文化等方面的信息，还可以用于市场营销、舆情监测、用户行为分析等。例如，社交媒体平台提供的用户发布的帖子、评论、点赞等数据，为企业了解用户喜好、进行精准营销提供了有力支持。

获取以上公共数据的方法包括以下几种：一是政府数据门户网站。许多政府和公共机构都设立了数据门户网站，提供了各种公共数据资源的下载和查询服务。通过访问政府数据门户网站，可以获取到各种政府发布的数据集和统计报告。二是开放数据平台。开放数据平台是为了促进公共数据的共享和利用而建立的在线平台。许多政府和组织都在建设开放数据平台，提供公共数据的在线访问和下载服务。这些平台通常提供数据搜索、数据浏览、数据下载等功能，方便用户查找和获取所需的公共数据。三是数据API。一些政府和机构提供了数据 API（应用程序接口），允许开发者通过编程的方式访问和获取公共数据。开发者可以通过调用 API 接口获取数据，并将其集成到自己的应用程序或网站中。这种方式适用于需要实时获取数据或定期更新数据的场景。例如，气象局提供的天气预报 API、交通局提供的交通流量数据 API 等。四是数据请求。在一些情况下，如果所需的公共数据无法在政府网站或开放数据平台中找到，可以直接向相关政府部门或机构提交数据请求。政府部门通常会根据法律规定和政策要求，提供公众所需的数据资源。

2. 私有数据和商用数据获取

私有数据通过社会调查、实验模拟和商业数据库获取，由个人、企业或组织拥有和管理，访问和使用受到一定限制，通常只有授权的用户才能访问和利用。私有数据可能包括企业的商业机密、个人的个人信息、组织的内部数据等。这些数据通常包含敏感信息，如客户资料、财务记录、商业计划等，需要受到严格的保护和控制。私有数据的保护和管理通常遵循相关的法律法规和隐私政策，以确保数据的安全性和隐私性。

社会调查数据通常由独立的调查机构或研究团队进行收集和管理。这些数据可能包含有关个人、家庭、社区等方面的敏感信息，比如健康状况、收入水平、消费习惯等。这些数据的获取通常需要获得调查机构或研究团队的许可或授权。通常情况下，这些数据只能用于特定的研究目的，并受到严格的保密和隐私保护措施。

实验和模拟数据通常由企业、学术机构或研究人员根据特定的研究需求或假设生成。这些数据可能涉及企业内部的运营数据、产品销售数据等，也可能涉及模拟实验中产生的数据。私有数据的获取通常需要与数据提供方达成协议，并遵守相关的使用条款和约束。通常情况下，这些数据只能用于特定的研究或分析目的，并受到严格的保护和控制。

商业数据库是由商业公司或数据提供商收集和维护的数据资源，通常包含了大量的市场信息、消费者行为、企业业务等方面的数据。这些数据可能包括客户数据库、市场调研数据、销售数据等。这些数据的获取通常需要购买商业许可或订阅服务，才能获取访问和使用商业数据库的权限。通常情况下，这些数据受到商业机密和合同保密协议的保护，只能用于商业目的并有严格的使用限制。

（三）数据预处理

数据预处理对分析和阐述阶段都至关重要。因为多个来源收集的原始数据可能是完全有噪声和冗余的，所以它可能产生毫无意义的结果，从而明显地影响分析阶段。此外，它还可能会影响与其他实体共享的原始数据的质量。数据预处理阶段包括执行清洗、鉴定和提高数据的可靠性。为此，可以使用多种方法和技术。

数据集成旨在将驻留在不同数据源中的数据结合起来，为用户提供一个统一的数据视图。数据集成是传统数据库研究的一个成熟领域。在此基础上，提出了数据仓库方法和数据联邦方法两种方法。数据仓库方法也称为 ETL，由以下三个步骤组成：提取、转换和加载。提取步骤涉及连接到源系统，选择和收集必要的数据进行分析处理。转换步骤涉及对提取的数据应用一系列规则，将其转换为标准格式。加载步骤包括将提取和转换的数据导入到目标存储基础设施中。数据联邦方法创建一个虚拟数据库来查询和聚合来自不同来源的数据。虚拟数据库本身不包含数据，而是包含关于实际数据及其位置的信息或元数据。然而，这两种方法的“存储和拉”的性质是不适合流媒体或搜索应用程序的高性能需求，其中的数据比查询更动态，必须在动态中处理。

数据清洗是指确定不准确、不完整或不合理的数据，然后对这些数据进行修正或删除，以提高数据质量的过程。数据清洗包括五个步骤：定义和确定错误类型、搜索和识别错误实例、改正错误、记录错误实例和错误类型，以及修改数据录入程序以减少未来的错误。此外，格式检查、完整性检查、合理性检查和极限检查通常在清洗过程中也需要被考虑。数据清洗通常被认为是保持数据一致性和更新的关键，目前的数据清洗技术分布在不同的领域。比如在电子商务领域，虽然大部分数据是以电子方式收集的，但可能存在严重的数据质量问题。这种数据质量问题的典型来源包括软件错误、定制错误和系统配置过程，一般通过检测爬虫和执行定期的客户和账户重复数据消除来清洗电子商务数据。数据清洗对于后续的分析是必要的，因为它提高了分析的准确性。然而数据清洗通常依赖于复杂的关系模型，它会带来额外的计算和延迟开销。因此在进行数据清洗时，必须在数据清洗模型的复杂性和准确性分析的改进之间寻求平衡。

数据缩减旨在将数据的冗余信息剔除，仅保留下有用的信息。当数据集的预测变量数量或实例数量较大时，数据分析面临着维数问题的诅咒。随着计算成本的增加，它将阻碍大多数数据分析的运行，这是一个严重的问题。本节将根据对特征选择和样本选择，强调最有影响力的降维算法。特征选择是识别和去除尽可能多的不相关和冗余信息的过程，目标是获得一个子集的功能，对原来的问题仍然适当地描述它。特征选择可以去除不相关的和冗余的特征，这些特征可能会导致学习算法中的偶然相关性，降低它们的泛化能力。在以后使用的算法中，使用特征选择也可以降低过度拟合的风险。特征选择可用于数据采集阶段，节省时间成本，用于采样、传感和人员采集数据。由特征较少的数据制成的模型和可视化将更容易理解和解释。如今，样本选择被认为是必要的。样本选择的主要问题是从大量的实例中找出合适的实例，然后将它们作为数据挖掘算法的输入。因此，样本选择由一系列的技术组成，这些技术必须能够选择能够替换原始数据集的数据子集，并且能够实现数据挖掘应用程序的目标。必须区分样本选择和数据抽样，前者意味着样本分类的智能操作，后者构成了一种更随机的方法。一个成功的样本选择的应用程序将产生一个最小的数据子集，它是独立于之后使用的数据挖掘算法，而不会损失性能。样本选取的其他附加好处是去除嘈杂和冗余实例（清理），允许数据挖掘算法操作大型数据集（启用）和专注于数据的重要部分（聚焦）。

数据转换指转换结构和属性格式的过程，解决数据经过清洗和缩减后仍然存在的结构不当、不适合统计分析的问题。其中，归一化、数值化、离散化、聚合和分组是重要的数据转换方法。数据转换是关键的数据处理步骤，包括归一化、数值化和离散化。归一化调整数据到特定范围，如［-1.0，1.0］或［0.0，1.0］，常见方法有最小-最大归一化、z 分数归一化和十进制尺度归一化。数值化将分类变量转换为数值形式，如使用单热编码或嵌入网络。离散化将连续数据分成特定间隔的属性，如等宽分箱、等频分箱和基于熵的方法。聚合将多个数据集合并到一个，通常用于生成综合视图或处理来自不同来源的数据。

（四）数据存储

数据存储指存储从多个来源收集的大量数据。值得一提的是，存储系统高度影响数据资源化的可扩展性和性能。因此，这一步骤必须提供可靠的存储空间，并允许强大的数据分析访问。一般来说，提供大数据存储的系统围绕四个方面运行。

1. 存储模型

存储模型是任何依赖大数据的系统的支柱，因为它直接影响着数据的存储、管理和处理效率。在大数据架构中，存储系统通常采用基于块、基于文件或基于对象的存储模式。其中，基于块的存储模式在大数据领域尤为重要，而 Hadoop 分布式文件系统（HDFS）就是基于块的典型代表。HDFS 作为大数据存储的关键组成部分，被设计用于处理大规模数据集的存储需求。它采用了分布式存储的方式，将数据划分为固定大小的数据块，每个数据块通常大小为 64 MB 或 128 MB，然后将这些数据块分散存储在集群中的多台服务器上。基于文件的存储模式将数据组织成文件形式，并存储在文件系统中，适合处理以文件为单位的数据操作，如传统的文件存储系统。基于对象的存储模式将数据存储为对象，每个对象都有唯一的标识符，并可以包含数据、元数据和相关属性，适合云存储和分布式对象存储系统。总之，这三种存储模式具有高度的可扩展性和容错性，可以有效地处理大规模数据的存储和处理任务。

2. 数据库模型

传统数据库无法应对大数据挑战，尤其是对于存储和处理大量非结构化数据时更为明显。为解决这一难题，人们经常采用分布式存储和 NoSQL（Not Only SQL）数据库来应对。分布式 NoSQL 数据库根据其数据模型的不同可分为四大类：键值数据库、面向列数据库、面向图数据库和面向文档数据库。键值数据库以键值对的形式存储数据，适合于需要快速存取数据的场景，如 Redis 和 DynamoDB。面向列数据库则将数据按列存储，适合于需要快速进行数据分析和聚合操作的场景，如 Apache Cassandra 和 HBase。面向图数据库则专注于处理图形数据结构，适用于网络关系、社交网络等场景，如 Neo4j 和 Amazon Neptune。面向文档数据库则以文档形式存储数据，适合于存储和处理具有复杂结构的文档数据，如 MongoDB 和 Couchbase。这些分布式 NoSQL 数据库在处理大数据时具有良好的扩展性、灵活性和性能优势，能够满足不同类型和规模的数据存储和处理需求。

3. 存储基础设施

大数据系统的硬件存储基础设施是其支撑和保障，主要包括存储设备、存储网络基础设施和存储虚拟化等多个方面。第一，存储设备是大数据系统的核心组成部分，包括硬盘、固态硬盘（SSD）、磁带库等。这些设备提供了数据的物理存储空间，其性能、容量和可靠性直接影响着大数据系统的性能和可用性。第二，存储网络基础设施是连接存储设备和计算节点的关键环节，主要包括存储区域网络（SAN）、网络附加存储（NAS）等。这些网络设施提供了高速、可靠的数据传输通道，保障了数据的及时传输和存储。第三，存储虚拟化技术在大数据系统中也扮演着重要角色，通过将物理存储资源抽象成虚拟存储池，实现了对存储资源的灵活管理和分配，提高存储资源的利用率和灵活性。

4. 分布式处理基础设施

分布式处理基础设施通过将任务分配到多个相互连接的节点上，实现了数据和计算的分布式处理。在这样的系统中，用户将整个系统视为一个单一的单元，而不需要了解系统内部的具体细节。这种分布式系统的核心思想是将大型任务分解成多个小任务，然后并行地在多个节点上执行，从而提高了计算速度和效率。每个节点可以拥有自己的处理器、内存和存储资源，通过网络连接进行通信和协作。分布式处理基础设施通常包括分布式文件系统、资源管理器、通信框架等组件。分布式文件系统用于存储和管理数据，如 Hadoop 分布式文件系统（HDFS）。资源管理器负责管理节点上的资源，并调度任务到可用的计算资源上，如 Apache YARN。通信框架则提供了节点之间的通信和数据交换机制，如 Apache Spark 的 RDD（Resilient Distributed Datasets）。通过分布式处理基础设施，大规模的数据处理任务得以高效地完成，同时具备了容错性和可扩展性，能够应对不断增长的数据规模和计算需求。

实践案例：自动驾驶风口下的数据标注

二、数据资产化

实践案例：
农业物联网
数据资产化

数据资产化是数据价值实现的核心环节。数据与传统生产要素融合使数据得以赋能于战略导向、供应链管理、用户管理、营销管理、业务流程管理、人力资源管理和数字技术创新等领域，将可控、可量化、可变现的数据资源转化为具有实际价值的数据资产。数据资产化的目标是使数据能够赋能于不同场景，包括数据分析、决策制定、数据整合和资产评估等关键数据操作，遵循着“分析—决策—编排—评估”的逻辑顺序（见图 6-4）。

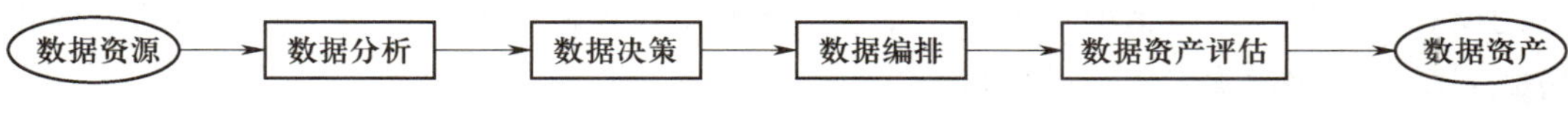

图 6-4　数据资产化过程图

（一）数据分析

在数据资源化后进行数据分析是数据资产化的第一步。数据分析是一种系统性的过程，涵盖理解数据、发现模式、提取见解并支持决策制定。该过程通常包括以下几个步骤：描述性分析、预测性分析和规范性分析。描述性分析侧重于理解过去发生的事情，预测性分析是对未来将会发生什么的理解，规范性分析是找到最佳的行动方案以获得最佳结果。

数据分析的目的是产生有价值的见解，在政府和企业中具有不同的应用场景。对于政府而言，数据分析必须要有多样化的数据来源、真实有效的数据信息、大体量的数据库支撑和逻辑清晰的数据关联。通过对全国具有代表性的省（市区）、市两级地方政府数据开放情况的调查结果显示，我国大多数省、市的地方政府数据开放平台建设已经初具规模，参与数据开放的部门数、开放数据集的数量、开放数据的数量、提供 API 应用的数量以及数据应用的数量都在稳步提升，特别是信息化程度较高的北京、上海、浙江、山东、福建、深圳、宁波、银川、武汉、成都等地，其开放数据的数量已经达到以亿为单位计算。从调查结果中可以看出，在全国范围内搭建基于地方政府开放数据的大数据资政平台的基础条件已经基本具备，需要平台建设者高质量地利用数据挖掘技术，在海量数据中发现关联，多角度进行聚类和分类，以多维度、多层次的方式展现数据，进一步分析信息，进而转化成资政材料，为决策者提供资政服务。

对于企业而言，数据分析的应用场景为数据驱动型管理与决策、品牌宣传及数字化营销、内容生成及产品设计。数据驱动型管理与决策是区别于传统的目标驱动或模型驱动型管理与决策的一种新范式。相对于传统的决策和服务模式，数据驱动型管理与服务更加重视以数据为中心的设计模式，强调数据的驱动作用，具有更高的敏捷性。品牌宣传和数字化营销通过数据分析提升的品牌宣传的解释能力和数字化营销的成功率。比较典型的成功实践是数据故事化，数据故事化是指一种通过生动、真实的数据来呈现战略信息的叙事方式，通过澄清或增强品牌、客户关系，使组织得以发展的业务策略。内容生成和产品设计师可以使用数据分析方法洞察用户，与他们建立情感连接，更好地理解用户对产品设计的需求。其中，数据新闻是现阶段数据故事的最成功的应用领域之一。Ojo 和 Bahareh 通过对 2013—2016 年的“全球编辑网络数据新闻奖”的 44 部获奖作品进行分析，发现数据分析的类型有 7 种：反驳声明、揭示意外后果、揭示个人感兴趣的信息、使对现象有更深入的了解、揭示系统中的异常、缺陷跟踪系统中的变化以及以越来越详细的程度揭示有关实体的信息。

针对不同的分析目的和应用场景，数据分析者需要采用有针对性的分析方法。

描述性分析通过可视化和描述性统计方法探索数据的特征、分布和关系，以发现潜在的模式、趋势和异常情况。比如，企业经常使用仪表板、记分卡和其他类型的可视化方式来深入了解过去发生过的事情。

预测性分析根据研究目标和数据特征，选择合适的统计方法或机器学习算法进行预测，例如回归分析、聚类、分类、关联规则挖掘等。比如，统计和预测模型帮助政府了解未来的可能性。预测模型显示了未来六个月的经济发展情况，考虑了各种条件（利率变化、产出变化、需求变化等）。

规范性分析涉及对模型结果的解释、趋势的评估以及对影响因素的理解。比如数据分析师通过模拟，将评估替代方案，并建议最佳的解决方案和方法，告知企业向特定客户群介绍新产品的最佳媒体。

（二）数据决策

基于数据分析，经验驱动向分析驱动的数据决策发生转变，推动决策者在面对商业机会时采用深度分析和历史数据学习，以评估不同选项和方案，并做出最佳决策。数据分析者在处理不确定商业机会时，依赖数据形成的洞察力，决定是否进行资源投入，这标志着决策模式的演进。数据决策的目标是基于对历史和当前数据深入分析和学习的基础上进行决策推断，与传统的模型驱动决策有根本区别。以投资组合管理为例，目标是管理使收益率最大化的证券投资组合。传统模型驱动决策首先确定决策变量，如每个证券的投资比率，然后建立分数式规划等决策模型。而数据驱动决策则利用数据挖掘和机器学习技术，直接从历史数据中推断出未来的投资策略。

在过去十年中，研究了各种数据决策方法，这些方法可以分为两类：可编程数据驱动决策和非可编程数据驱动决策。第一类可编程数据驱动决策通过两个主要步骤进行处理。步骤一涉及推导基于数据挖掘或统计学习的决策模型，以及可编程模型（也称为编程或优化模型），这些模型为决策提供支持，例如多目标决策模型和多层次决策模型。在推导决策模型时，结合数据分析非常重要，因为许多模型参数因隐藏的关系模式和随机因素的存在而难以确定。决策模型的目标函数、参数和约束条件通常不能从第一性原理建立。步骤二涉及开发解决方案算法，以找到制定良好决策模型的最优解。第二类方法，即非可编程数据驱动决策，适用于决策模型的推导在计算上不可行或代价高昂的情况。大规模、高度复杂的决策问题中的动态性和不确定性可能导致严重的模型不匹配或使可编程模型难以处理。为了解决这个问题，非可编程数据驱动决策探索了一种学习机制，从数据中发现规则和模式直接做出决策，从而使决策者能够在基于数据的证据基础上制定策略。

（三）数据编排

数据编排是数据决策后的关键步骤，用于维护数据的生命周期，进一步创造数据资源的价值。数据编排被定义为构建、捆绑和利用数据资源、形成数据资产组合的综合过程，目的是为客户创造价值和为公司自身创造竞争优势。数据编排过程涉及数据结构化、数据捆绑和数据利用三个子过程。这三个子过程是顺承关系，它们贯穿于数据编排过程中。

数据结构化是指积累和剥离数据资源以形成公司的数据资产，包括积累企业内部及外部环境的数据资源、剥离与企业发展无关的无用资源。数据结构化通过降低企业成本来创造数据资源的价值。例如，Netflix 公司通过积累大量用户观看行为数据和内容评分数据，建立了庞大的内部数据资产库；同时通过剥离与企业发展无关的无用资源，例如，废弃的推荐算法或不受欢迎的内容，来优化其数据结构。这种数据结构化过程降低了公司的成本，提高了数据资源的价值。

数据捆绑是指企业通过稳定、丰富和开拓数据资源组合构建新的能力，其目的是将个人的技术和能力转化为组织的资产和能力。数据捆绑通过资源的柔性配置创造数据资源的价值。数据捆绑分为两个阶段：促进解决数据分析相关问题的学习活动和参与数据分析的系统开发。数据分析的学习活动包括尝试不同的方法、反思领先的使用案例来内化数据分析的能力。在多学科知识支持下，企业组织数据分析师积极参与数据分析系统开发。例如，谷歌通过庞大的数据资源，构建强大的数据分析系统和智能算法。他们的数据捆绑过程包括不断学习和尝试新的数据分析方法，并将成功的案例内化为组织的能力和资产。此外，谷歌积极促进跨部门和跨界的信息共享和资源整合，让搜索引擎算法部门与广告技术部门进行合作，共享数据资源并开发新的广告投放策略。通过这种方式，提高内部生产性资源的利用效率，将数据分析能力转化为创新产品和服务，从而保持在竞争激烈的市场中的领先地位。

数据利用指通过动员、协调和部署来开发公司的能力。与前两个过程相比，数据利用的目的是巩固和深度开发数据资源的价值。数据利用包括两个阶段：交流优势、促进流程和系统的持续改进。在数据分析驱动的过程中，交流和共享愿景是发展所需能力配置的关键。良好沟通的商业利益减少策略采用的犹豫程度。数据分析系统需定期更新以适应变化，并确保数据集成和长期管理能力。已有的案例表明，从起步顺利过渡到稳定经营的公司通过建立数据分析管理部门和标准化数据利用流程，保持系统性能并提高灵活性，更加适应市场变化。一个很好的例子是亚马逊公司。亚马逊充分利用庞大的数据资源，通过与客户的交流和共享愿景，不断改进其产品和服务，这使得他们能够在竞争激烈的市场中保持领先地位。同时，他们建立了严格的数据管理流程，确保数据的准确性和完整性，从而保持了系统的稳定性和灵活性，适应了市场的快速变化。

（四）数据资产评估

1. 估值方法发展

数据流通是数据资产市场循环体系组成的中心环节，大范围、可持续、高效率的数据资产流通依赖于数据资产市场交易机制的建立，而公平、高效的数据资产估值体系则是核心支撑。为促进数据交易市场规范化发展，国内外相关标准化组织、财会领域组织、技术咨询服务企业均从多个视角开展积极探索研究。部分企业也在进行数据估值实践，试图基于传统资产估值方法演化出全新的数据资产价值评估方法体系。

狭义的数据价值是指数据的经济效益，广义的数据价值是在经济效益之外考虑数据的业务效益、成本计量等因素，本书聚焦于广义的数据价值。数据价值评估是指通过构建价值评估体系，计量数据的经济效益、业务效益、投入成本等活动。数据价值评估是数据资产管理的关键环节，是数据资产化的价值基线。

现有的数据资产评估方法是在无形资产估值和信息系统估值研究的基础上发展起来的，传统的估计策略仅仅关注各类有形资产，而组织资本、人力资本、软件、技术等等处在资产负债表之外的各类要素被忽略。对于数据资产认知的不同，数据资产的估值方式可以归为三类：无形资产估值方法集（包括成本法、收益法、市场法及其改进方法等）、数学建模方法集（因子分析法、层次分析法等）、机器学习方法集。

我国国内近年来涌现了大量的企业数据资产估值研究文献，其中多数可以归属于无形资产估值方法集，包括：① 市场法评估企业数据资产价值（Enterprise Data Assets Value，EDAV）的基本思路，即利用多维分析法，从技术、价值密度、容量等维度进行度量，评估同类企业的 EDAV。② 通过增加数据量与质量、数据分析能力等维度因素可对 EDAV 方法进行修正。③ 假设同类市场及其组合收益已知，应用 Shapley 值法和破产分配法对企业数据资产进行再估值。④ 融合成本法、收益法和市场法，对互联网平台企业的数据资产价值进行评估的方法。⑤ 从交易视角应用期权定价法对互联网金融企业的数据资产价值进行评估。

2. 基本估值模型

（1）成本法。数据资产价值评估的成本法指的是将重置该项数据资产所发生的成本作为评估这项数据资产价值的基础，并进行一定的调整后确定数据资产价值的评估方法。成本法适用于企业内部的自我评估或者第三方监管机构的评估，一般用于评估非交易性质的数据资产。

成本法所使用的计算模型为：

$$P = \sum_{i=1}^{n} C_i \times \delta$$

式中：P 是评估值，n 是数据集个数，C 是第 i 个数据集的重置成本，δ 是价值调整系数。一项数据资产可能包含多个数据集，需要对每个数据集进行重置成本的评估和价值调整再进行加总。数据集的重置成本可能包括数据采集成本、数据储存成本、数据处理成本、数据安全成本、权限控制成本和维护更新成本等。价值调整系数一般由数据专家通过对数据资产剩余经济寿命、数据质量和数据应用价值的评估来进行确定。

使用成本法评估数据资产相对客观且便于财务管理，但是部分数据资产为经营过程中的衍生物，这部分的数据资产成本不易区分；另外数据资产的价值受多方因素影响，比如时效性、准确性、完整性等，因此造成数据资产贬值价值无法量化；最后无法体现数据资产可以产生的收益，不符合数据资产能够增值的特征。

（2）收益法。数据资产价值评估的收益法指的是对此项数据资产可能产生的未来预期收益进行测算和折现，进而评估这项数据资产价值的评估方法。收益法适用于评估能够合理计量其未来收益、收益风险和受益期限的数据资产

收益法所使用的计算模型为：

$$P = \sum_{t=1}^{n} \frac{F_t}{(1 + r)^t}$$

式中：P 是评估值，n 是预计剩余收益期，F_t 是数据资产未来第 t 个收益期的预计收益额，r 是折现率。预计剩余收益期的确定需要考虑数据资产相关的法律有效期限、合同有效期限、自身经济寿命年限、更新时间、权利情况等方面，也需要综合考量相关行业的发展趋势和市场变化情况。预计收益额的估计可以采用直接收益预测、分成收益预测、超额收益预测和增量收益预测等方式。当目标数据资产和其他资产共同作用产生收益时，需要通过分析与之有关的预期变动、收益期限、成本费用、配套资产、现金流量、风险因素等来进行区分。

使用收益法评估数据资产能比较准确地反映数据资产的价值，体现数据的盈利能力，但是数据资产的应用场景不仅仅只有一个，各个应用场景的经济收益并不一致，并且数据资产存在时效性，对于数据资产的使用期限也难以确认。

（3）市场法。数据资产价值评估的市场法指的是在具有公开并活跃的交易市场的前提下，选取近期或往期成交的类似参照系价格作为参考，并调整有差异性、个性化的因素，从而得到估值的方法。使用市场法需要目标数据资产的可以参照物具有公开活跃的市场，同时交易相关的重要信息（如交易价格、交易日期）可以获得且具有可比性。

市场法所使用的计算模型为：

$$P = \sum_{i=1}^{n} (V_i \times X_{i1} \times X_{i2} \times X_{i3} \times X_{i4} \times X_{i5})$$

式中：P 是评估值，n 是数据集个数，V_i 是参照数据资产的价值，X_{i1} 是质量调整系数，X_{i2} 是供求调整系数，X_{i3} 是期日调整系数，X_{i4} 是容量调整系数，X_{i5} 是其他调整系数。参照数据资产的选取需要在交易市场、数量、价值影响因素、交易时间、交易类型等方面和目标数据资产之间一致或具有可比性，将参照数据资产经调整后的正常交易价格作为参照数据资产的价值。各项调整系数从不同方面考虑数据质量对数据资产价值的

影响，量化参照数据资产与目标数据资产间的差异，从而达到估计目标数据资产价值的目的。

市场法能够客观反映数据资产目前的市场情况，评估参数、指标直接从市场取得，相对真实、可靠。但是，评估可行性受可获得性影响，即市场上需要有可见的可比交易，对市场要求比较严格，但是数据资产要素市场是新兴市场，市场不够成熟，难以获取合适的可比参数。

3. 数据估值案例

假设某家数据运营服务商，将河南 BF 公司经营项目内部采集的农业物联网数据作为评估对象，将该项目下所内采、外购数据的已发生的历史成本进行追溯计算，再结合重置系数计算得出重置成本，最后加入合理利润率和利润调节系数，最终算出该项目下的内采、外购数据的资产价值。

基于数据为原始类数据、业务数据形成方法清晰、各个参数有测算依据，因此该评估选择成本法。根据中国资产评估协会《资产评估专家指引第 9 号——数据资产评估》给出的定义，使用成本法模型为

$$P = TC * (1+R) * U$$

式中：P 代表估值，TC 代表数据资产总成本，R 代表数据资产成本投资回报率，U 代表数据效用。

具体来说，各重要参数的来源、分析、比较与测算过程如下。关于成本重置系数：根据本次估值对象历史成本发生的年份，基于历年郑州地区的物价增长率（CPI）、人力成本增长率（职工平均工资增长率）进行测算，形成郑州地区 2012 年至 2022 年历年物价、人力重置系数。关于合理利润率的测算，考虑到使用成本法评估数据资产价值时，成本与价值对应性较差，一般会结合市场均值或企业本身历史盈利数据确定数据资产成本投资回报率 R，即合理利润率。

根据本次估值对象的数据形成路径，以年为单位，对每年数据获取、存储、管理各阶段的费用支出，包括软硬件、服务采购费用，研发投入的人工费用等进行独立核算，汇总每年小计、各年合计，形成总历史成本。本次估值对象最终核算的历史成本为 15 896 018.96 元。

三、数据商品化

数据商品化是将数据资产升级为可交易的数据商品的过程，使有需求的企业可以以公平合理的价格在数据市场上获取所需的数据资产。当数据可以以多种形式进行灵活交易时，数据资产就具备了商品的属性。数据商品化旨在实现数据的脱敏和封装，使其能够灵活地整合为各类数据商品。通过销售或购买数据商品，企业可以获得收益并丰富其数据池。这一过程涉及数据的打包、定价和交易等关键操作行为（见图 6-5）。

图 6-5　数据商品化过程

（一）数据打包

数据打包是指利用区块链、隐私计算等技术自发或通过数据信托机构将政府公开数据、企业内部数据、数据供应方提供数据、网页爬虫数据和合作伙伴数据进行处理，包括脱敏、清洗、分析、建模、可视化等步骤，形成可供出售的一系列的 API、数据包、数据定制服务以及数据产品等。

根据不同的交易产品类型，采取不同的数据打包方法。交易产品的类型主要有以下几种：API、数据包、云服务、解决方案、数据定制服务以及数据产品。数据包可以是原始数据，也可以是运用一定的技术手段处理之后的数据。云服务是基于互联网相关服务的增加、使用和交互，通常通过互联网来提供实时的、动态的资源。解决方案是指在特定的情景下，利用已有的数据，为需求方提供处理问题的方案，比如数据分析报告等。数据定制服务是指如果数据需求方在交易平台上没有找到自己所需要的数据，可以向交易平台提出自己的需求交易，平台对该需求进行确认，之后利用相应的技术有针对性地去采集数据，满足用户的需求。数据产品主要是对数据的应用，比如数据采集的系统、软件等。API、数据包、云服务以及数据定制服务为数据需求方提供的是数据，需求方获得数据后可以根据自己的需要对数据进行分析、处理，API 以在线的方式提供数据，数据包则以离线的方式提供数据，云服务提供实时、动态数据，保证了数据的时效性，数据定制满足数据需求方的个性化需求。解决方案和数据产品是对数据的增值，侧重对数据的应用，直接为需求方提供满足其需求分析结果或者数据产品。

目前，国内外在数据打包的产品类型上具有差异性。国外的大数据交易平台第三方数据交易平台居多，其产品类型多是 API 和数据包。国内提供的交易数据类型相对多样，在提供 API 和数据包的基础上还有数据处理结果，比如数据产品、数据定制服务云服务和解决方案等。多样化的产品类型一方面可以满足用户的特殊需求，另一方面也可以使数据尽可能地发挥其价值，但对技术也提出了更高的要求，比如数据挖掘、数据分析算法等。在对数据处理、加工、分析的过程中要注重数据的隐私安全，交易的数据产品的权利转移也需要有明确的规定。

（二）数据定价

1. 基于博弈论的定价方法

数据的共享性允许交易双方以博弈定价的方式促进成交量，这是目前应用最广泛的数据定价方法。现在，我国国内对基于博弈论的数据定价的探索主要依托于大数据交易平台，分为协商定价、可信第三方定价两类定价方式，如表 6-3 所示。

表 6-3 部分数据交易中心数据定价方式

序号	名　称	定价方法
1	贵阳大数据交易所	可信第三方定价：固定定价、自动计价、实时定价
2	上海数据交易中心	协商定价：拍卖定价、自由定价
3	武汉东湖大数据交易中心	可信第三方定价
4	长江大数据交易中心	协商定价：自由定价
5	浙江大数据交易中心	可信第三方定价：实时定价
6	华中大数据交易平台	协商定价：自由定价
7	钱塘大数据交易中心	可信第三方定价
8	中关村数海大数据交易平台	协商定价：自由定价

协商定价包括拍卖定价、基于反馈的定价和自由定价等。在交易双方对大数据价值评估存在分歧时，买卖双方可以通过上述多种方式直接协商，达成对数据产品价值的一致认可。具体而言，拍卖定价是指通过拍卖的方式确定商品或服务的价格，买方通过竞价来决定最终价格。反馈定价则是根据市场或用户反馈来调整价格，以更符合需求。而自由定价则由卖方自行决定，可根据成本、市场定位等因素灵活设定价格。这三种定价方式可在交易双方对大数据价值评估不一致时提供多样选择，以便达成价值的一致认可。

可信第三方定价涵盖固定定价、自动计价和实时定价等方式。当数据拥有者难以准确定价时，可以委托可信第三方进行交易。具体地，固定定价是指价格在交易前由第三方预先确定，不会随着市场或需求变化而调整。自动计价是根据预设的算法和数据指标，自动计算商品或服务的价格，适应市场变化。实时定价是根据当前市场状况、需求和供给等因素即时调整价格，以确保价格始终反映最新的市场动态。

2. 基于模型的定价方法

当企业计划将数据要素纳入生产环节中时，数据资产具有了隐含期权的特征。因而，可考虑将实物期权理论融入数据资产定价。考察大数据资产作为第五要素的本质特征，在遵循期权定价假设的基础上可以考虑采用传统期权定价模型（Black-Scholesmodel）的基础上引入新的大数据特征变量，用下述方法对大数据资产进行定价，命名为 Applied Data Asset Pricing model（以下简称“ADAP”）：

$$V=Se^{-\delta T}N(d_1)(1+K\beta_s)-Xe^{-r_fT}N(d_2)$$

式中用到的变量参数包括无风险利率、资产价格变动率、合约期、收入和成本现值、稀缺系数、影响程度、股息类支出率等。为了便于理解，这里以在国内某资产定价中的案例，具体介绍上述方法的应用。在我国国内某大数据平台的定价评估中，本书作者团队对上述方法进行了探索性实践，F 公司与该平台签署长期合作协议，基于某项数据资产及其衍生产品进行合作，平台在该项数据资产的期初投入为 30 万元，用于应用之前的清洗、治理、映射、编译等大数据处理、软件开发、接口联调、硬件部署等运营成本，并且该成本将跟随产品使用率的提升以每年 10%的速度递增。假设在该项目中第一年的数据资产及其衍生产品的收益为 60 万元，之后每年以 10%的速度递增，同时参照伦敦洲际交易所 2014—2020 年国际油价波动率和 16%的贴现率，数据资产系数为 1（稀缺性高），影响系数为 0.8，股息类支出率为 2.5%，大数据资产最终价格评估为 373 万元，比 NPV 方法下的评估高出了 207 万元，该评估结果最终为该平台的战略应用决策提供了准确和全面的支持。

3. 其他定价方法

数据资产分解估价法。数据资产分解估价法是协作生产大数据产品的各利益主体分配收益或者分摊成本的估价方法。在实践中，运用上述基本方法分别评估大数据资产整体及其各部分的价格，通常会存在各部分价格之和与数据整体价格不相等的情形。

基于信息熵定价。信息熵表示信息中排除冗余信息后的平均信息量，是与买家关注的某事件发生的概率相关的相对数量。信息越大，某事件发生的不确定性越小，正确估计它的概率越高。信息熵定价法充分考虑了数据资产的稀缺性，且相对于数据的内容和质量，更关注数据的有效数量和分布。

基于效用的定价方式。基于效用的定价常以数据本身的特征、质量以及客户感知价值为计价基础，兼顾了数据本身的价值和消费者需求。如贵阳数据交易所就将数据质量作为价格的决定性因素，数据质量包括数据品种时间跨度、数据深度、数据完整性、数据覆盖性和数据时效性 6 类。然而在实践中，由于数据效用的预先客观量化是十分困难的，此定价方法有待进一步的研究。

数据资产价值的多维度定价。由于数据要素的特殊性以及不同主体实践经验的复杂性和多元性，就数据要素价值的评估方法形成的研究呈现针对性较强、普适性较差的特征，需要同时解决标准化运作和确权问题、分场景定价问题等问题。

4. 数据定价案例

本书选取 5 家（陆金所、蚂蚁金服、财付通、百度金融、京东金融）发展较好、市场评价满意度较高的互联网金融企业进行研究，以评估其金融数据资产的市场价值。基于上述数据资产评估模型（ADAP），对选取的这 5 家企业的无风险利率、资产价格变动率、合约期、收入和成本现值、稀缺系数、影响程度、股息类支出率等多个方面进行评估分析，得到这 5 家企业交易数据资产所具有的价值，如图 6-6 所示。

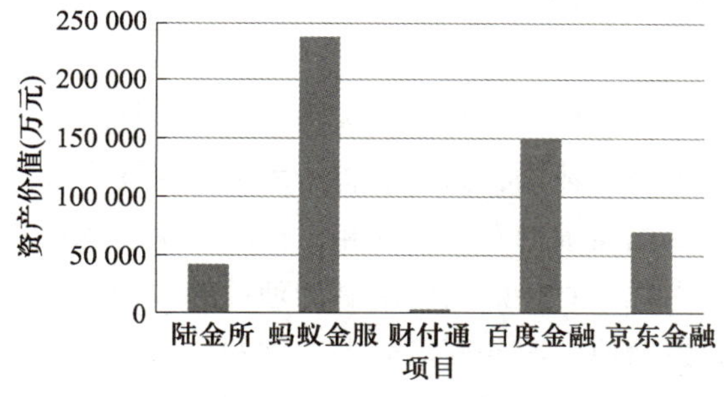

图 6-6 五家互联网金融企业数据资产价值计算结果

对这5家企业的数据资产进行分析同样能够得出结果，我国互联网金融企业所持有的数据资产与其标的数据资产以及其完整的生命周期之间存在正比例变化关系，而与其现行数据资产之间则呈现出一种反比例的变化关系。根据上述研究结论，提出以下具体建议：进一步重视互联网金融企业内部存储的数据资产，利用互联网金融企业现存的原始数据资产、标的数据现行数据及其完全生命周期之间的对应变化关系将现有的标的数据资产进行优化提升，提高互联网金融企业在生命周期内的资金收益并大幅提升其拥有数据的资产价值。

（三）数据交易

从我国各地数据交易机构的实践来看，目前形成了两种最主要的交易模式，也是发展数据交易机构的两种主流思路。一是数据撮合交易模式。这种模式有点像传统的商品集市，因而又被称为数据集市。在这种交易模式下，数据交易机构以交易粗加工的原始数据为主，不对数据进行任何预处理或深度的信息挖掘分析，仅经过收集和整合数据资源后便直接出售。很多交易所或交易中心在发展初期都是以这种交易模式为基本发展思路。二是数据增值服务模式。数据交易机构不是简单地将买方和卖方进行撮合，而是根据不同用户需求，围绕大数据基础资源进行清洗、分析、建模、可视化等操作，形成定制化的数据产品，然后再提供给需求方。从各地实践效果来看大部分数据交易机构经过多次探索之后，选择了提供数据增值服务的交易模式，而不是基础数据资源的直接交易。

实践案例：建设大数据交易平台

数据撮合交易模式存在两个主要问题：一是这类撮合式交易需要大量数据资源的获取，往往难以实现有效的个人信息保护。由于受隐私数据在黑市的高价格诱惑，以及现行的对个人隐私数据保护的法律法规不完善，针对用户信息的非法收集、窃取、利用和贩卖等行为比较猖獗。一些企业参与个人信息数据非法交易，导致很多数据集市逐渐沦为数据黑市。二是大数据本身具有非均质、价值密度低等特性，使得大部分数据需求方与供给方难以形成价格共识。对于客户来说，海量的“粗加工”数据对于商业决策或研究意义甚微。无论是政府还是企业需求，精准有效的数据可能仅占总数据量的百万甚至亿万分之一，而后期的提取及分析意味着大量时间和加工成本的投入。

相对而言，数据增值服务模式则有两个优势：一是数据增值服务机构代替客户从大数据中提取密度低且价值高的数据，为其节省了大量的时间和分析成本。对于大部分中小企业来说，能够满足数据需求的专业人才相对稀缺，深度挖掘和分析原始数据需要额外的人才或技术投资。因此，直接购买经定制处理后的数据产品可省去大笔开支，性价比比较高。二是提供数据增值的服务商需确保数据的合法性，降低了数据需求方的法律风险。在当前相关法律法规尚不完备的情况下，数据需求方通过与数据增值服务提供方签订合同或协议，由后者负责保障数据获取和处理的合法性，有效规避了困扰数据交易的数据隐私保护等问题，使数据交易市场得以有效运行。

四、数据资本化

数据资本化是将数据商品提升为数据资本的过程，类似于商品向货币转化的“惊险一跃”概念。数据资本化通过市场化手段对数据要素进行投入产出管理，使数据能够通过资本运营实现增值。在这一过程中，数据被视为一种可替代货币，用于投资和融资，但目前这一阶段仍处于初级探索阶段。当数据从商品世界中脱颖而出，稳固地占据一般等价物的地位时，数据商品就成为了数据资本。数据资本化的目标是实现数据的投资和融资，包括数据资本的运营和收益分配等关键操作（见图 6-7）。

实践案例：数据由商品跨入资本之路已打通

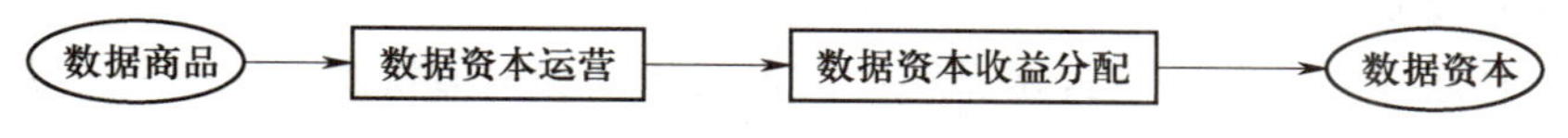

图 6-7 数据资本化过程

（一）数据资本运营

数据资本化的趋势将数据纳入了与股票、证券、基金、保险、期货、期权等金融工具相结合的范畴，创造了新的资本运营模式。在当今数字化时代，数据已经不再只是信息的简单堆积，而是一种可流通的资本形式，具有与传统金融工具相媲美的交易价值。这意味着数据不仅仅是企业或个人的信息资产，更是一种可以被交易、流通和投资的有形资本。目前，对我国数据资本总量进行估算后发现，2020 年我国数据资本形成额达 3 万亿元，数据资本存量达 13.28 万亿元，2011—2019 年我国数据资本每增长 1%，可带动 GDP 增长 0.19%。

数据资本运营的具体模式包括市场化租赁经营和参股控股等。市场化租赁经营意味着企业或个人将自身拥有的数据资源作为一种可租赁的资产，通过出租、授权等方式使其在市场上流通，从而实现数据价值的变现。参股控股则是指企业或个人通过投资、收购等方式获得数据资源的所有权或控制权，以参与到数据资本运营中，从而分享数据资本所带来的利益和增值。具体而言，企业通过数据许可的方式以订阅或许可的形式向其他企业或个人提供数据资源的使用权，从而持续性地获得收益。建立数据交换平台，使不同企业之间可以交换、共享数据资源，通过交换数据的方式获取其他企业的数据资源，实现双向的数据价值变现。与其他企业建立紧密的数据合作伙伴关系，通过共同投资、共享数据资源以及共同开发数据资产，实现共同分享数据资本所带来的利益和增值。参与建设数据生态系统，即通过投资、收购或合作与其他企业建立起相互关联的数据生态系统，共同参与到数据资本的运营中，形成良性循环的数据增值机制。2023 年 8 月，青岛市举办了全国首例数据资产作价入股签约仪式，其入股路径分为登记、评价、评估和入股四个环节。未来如果这一模式可以大规模复制，将成为数据价值全面升级的关键一步。

通过数据资本运营，实现生产要素优化配置和产业结构的动态重组。第一，通过对数据的深度挖掘和分析，企业可以更好地了解市场需求、产品趋势以及竞争对手动态，从而优化生产要素的配置，并灵活调整产业结构。第二，数据资本运营帮助企业优化供应链管理，实现供需匹配和库存优化，从而提高资源利用效率，促进产业结构的动态重组。第三，数据资本运用推动不同行业之间的跨界融合和合作共赢。通过数据的共享和交流，不同行业的企业可以共同利用数据资源实现生产要素的优化配置和产业结构的动态重组。例如，制造业与互联网、人工智能等新兴产业的合作，促进了产业结构的升级和创新。

（二）数据资本收益分配

对数据资本运用成果的分配既是数据资本运动过程的终点，又是下一次数据资本运动的起点，体现了数据资本在经济系统中的连续流动和增值机制。这种分配机制不仅在公司层面有效，也在整个经济系统中产生积极影响。例如，在公司层面，一家互联网公司通过有效运用数据资本，开发了一项新的人工智能技术，在市场上取得了巨大成功并获得了高额收益。公司决定将一部分收益用于股东的现金分红，这代表着当前数据资本运动的终点，同时也激励了投资者继续支持该公司并为下一阶段的研发和创新提供资金支持，形成了下一次数据资本运动的起点。在经济系统层面，通过股票市场上的分红，投资者可以获得回报，进而再次投入到其他高潜力的数据资本项目中，推动了整个数据资本市场的流动和活跃。总而言之，这种连续的资本流动和增值过程不仅促进了经济的发展，也体现了数据资本作为经济增长引擎的重要作用。

数据资本收益分配形式中，现金股利分配和财产股利分配是两种主要形式，各具特点与优势。第一，现金股利分配是指企业将利润以现金形式直接支付给股东的行为。这种形式为股东提供了即时的经济回报，使其能够在短期内享受到数据资本的收益，并在个人或投资方面进行更灵活的运用。通过现金股利分配，企业可以回报股东，提高其对公司的满意度，并吸引更多投资者。此外，现金股利分配也有助于提高公司的流动性和稳定性，使其更具吸引力。第二，财产股利分配则是以非现金形式向股东支付，通常是以公司资产或其他形式的非货币资产进行。这种形式的分配可以是以技术专利、知识产权或其他形式的实物资产进行。财产股利分配不仅为股东提供了长期的价值增长机会，还有助于巩固企业在行业内的竞争优势。通过向股东分配实物资产或知识产权，企业可以激励股东更加紧密地与企业合作，并共同分享企业的成长与发展。

第三节 数据价值化的动力、阻力及效应

一、数据价值化的动力

（一）技术因素

数据价值化过程的顺利推进，离不开数据采集与预处理技术、数据分析与挖掘技术，以及数据安全与隐私保护技术的协同发展与创新突破。这些技术共同塑造了数据价值化链条上的核心驱动力，促进数据资源的高效利用与价值释放，为经济社会的数字化转型注入强大动能。

数据价值化的首要驱动力源于数据采集与预处理技术的持续演进。随着物联网、云计算、移动互联网等新兴技术的广泛应用，数据采集的广度、深度和实时性均达到了前所未有的水平。各类传感器、智能设备、社交媒体平台等成为海量数据的重要来源，实现了对个体行为、企业运营、社会现象等多维度、多层次数据的实时捕捉。智能传感器、穿戴设备等技术的应用更提升了数据采集的精度、深度与广度，为数据价值化提供了全面、实时、精细的数据基础。大数据处理框架与分布式存储技术的出现，使得大规模数据、异构数据以及快速流动数据得以高效存储和整合，为后续的分析挖掘奠定了坚实基础。数据预处理技术的进步，如异常检测、缺失值填充、数据标准化等方法的精细化与自动化显著提升了数据质量，降低了噪声干扰，确保了数据价值的有效释放。此外，数据实时处理技术满足了对实时数据的低延迟、高性能处理与分析需求，即时提取有价值信息，而边缘计算技术通过在数据源头或边缘设备进行部分处理，减少数据传输延迟，保障数据实时性与安全性，尤其适用于物联网、车联网等场景的数据价值化。数据采集与预处理技术从数据获取、存储、处理到质量保障的全方位发展，不仅为数据价值化提供了丰富且高质量的数据资源，而且通过高效、精准的数据准备，确保数据能够被深度挖掘与充分利用。

数据分析与挖掘技术的创新是驱动数据价值化的核心动力。机器学习、深度学习等人工智能技术的应用，增强了从海量数据中提取信息与总结规律的能力。通过构建神经网络、决策树、聚类分析等模型，可对数据进行分类、回归、关联分析，异常检测和序列预测。例如，通过用户行为数据的深度分析，精准描绘用户画像，实现个性化推荐。利用设备运行数据的预测模型，提前预警设备故障，降低运维成本。同时，数据可视化技术的发展使复杂数据结果得以直观呈现，增强数据的可读性与沟通效率，现代可视化工具可以将多维数据转化为易于理解的图表、仪表盘，帮助用户快速识别数据信息、发现数据异常，使业务人员与决策者无须深厚技术背景即可直观理解数据、基于数据做出决策。自助式分析与自动化分析工具的兴起降低了数据分析的技术门槛，提供拖拽式界面、预置模型库、自动报表生成等功能，使非技术人员也能便捷地完成数据整理、分

析、报告制作等工作，大幅提升数据分析的普及率与效率。综上，数据分析与挖掘技术的创新通过深化数据理解、提升数据可视性、降低技术门槛等途径，全方位驱动了数据价值化，使数据真正成为指导决策、创造价值的关键要素。

数据安全与隐私保护技术的提升成为驱动数据价值化的重要因素。数据加密、访问控制、身份认证等技术的发展有效保障了数据在采集、传输、存储、使用过程中的安全性，降低了数据泄露、篡改、滥用的风险，增进了各参与方对数据共享与交换的信任，从而推动了数据在更大范围、更深层次的价值流通。差分隐私、同态加密、多方安全计算等前沿隐私保护技术的应用能够在保证数据分析效果的前提下，最大限度地保护个体隐私，消除了数据价值化过程中的伦理和法律障碍，为涉及敏感信息的数据应用开辟了新路径。数据安全与隐私保护技术的不断提升，既是对数据价值化的必要约束，也是实现可持续发展的有力保障，对于构建健康、有序的数据生态系统具有重要意义。

（二）组织因素

数据价值化的实现依赖于组织内部一系列关键因素的有力驱动，包括组织的战略定位与目标导向、有效的组织结构与协同机制，以及组织的人才储备与整体数字水平等多个维度。

组织因素对数据价值化的影响首先体现在其战略定位和目标导向上。企业对数据的战略定位直接影响其对数据价值化的重视程度与行动力度。越来越多的企业意识到数据不仅是业务运营的副产品，而是极具价值的战略资源，能够为企业带来竞争优势、创新机遇与商业价值。将数据价值化提升至战略层面，明确其在整体发展战略中的重要地位，是驱动数据价值化进程的重要起点。清晰的数据战略规划与目标设定为数据价值化指明了实施路径与衡量标准。企业需根据自身业务特点、市场环境、技术条件等因素，制定清晰的数据战略，明确核心目标，为数据价值化提供方向指引。例如，通过构建完善的数据管理体系，提升数据质量，确保数据资产的保值增值。通过搭建数据服务平台，开放数据接口，推动数据在企业内部及外部系统的流通与共享。通过深化数据分析应用，驱动业务模式创新、运营优化、客户关系管理等，实现数据驱动决策。这些目标的设定，不仅明确了数据价值化的具体任务，也为后续的资源配置、执行监控、价值评估提供了依据。

有效的组织结构与协同机制是推动数据价值化的关键因素之一。适应数据价值化需求的组织结构设计，有助于打破部门壁垒，促进数据在企业内部的高效流动与共享。在传统科层制组织中，数据往往被分割在各个业务部门，难以发挥整体价值。为此，企业需要构建扁平化、网络化、敏捷化的组织架构，减少管理层级，增强跨部门协作，使数据能够在需要的地方快速、准确地传递。例如，设立跨部门的数据项目团队，汇集业务、技术、数据分析等多领域专家，共同解决数据采集、清洗、分析、应用等环节的技术难题，加速数据价值化进程。此外，通过设立首席数据官（CDO）等高级职务，强化数据战略的顶层设计与执行监督，确保数据价值化工作的连贯性与一致性。完善的组织协同机制是推动数据价值化落地的关键纽带。企业需建立健全数据共享政策与流程，明确数据所有权、使用权、责任归属，消除数据流转障碍。例如，制定数据分类分级制度，按照数据敏感度、重要性进行分类，设定不同级别的访问权限，既保证数据的安全可控，又满足业务部门的数据需求。同时，建立数据申请、审批、反馈等线上流程，实现数据请求的快速响应与全程追踪，提升数据使用的便捷性与透明度。此外，定期举办数据研讨会、培训活动，增进员工对数据价值的认知，培养数据文化，形成全员参与、共建共享的数据氛围，进一步激发数据价值化的内生动力。

组织的人才储备和整体数字水平是实现数据价值化的硬实力支撑。数据价值化的实施需要具备数据科学、商业分析、信息技术能力的专业人才，负责数据的采集、清洗、分析、应用等工作，将原始数据转化为有价值的信息与决策依据。企业应加大数据相关人才的引进与培养力度，招聘具有数据思维的高级管理人员，在战略规划、业务决策中能够充分利用数据，推动数据驱动的管理模式。培养精通数据技术的数据工程师，搭建数据平台、开发数据工具，为数据价值化提供技术支持。培养擅长运用数据解决问题的数据分析师，通过深度分析数据，揭示业务规律，提出改进方案，实现数据价值的最大化。此外，通过内部培训、外部进修、实战锻炼等方式，不断提升员工的数据能力。组织整体的数字水平不仅包括硬件设施、软件工具的数字化发展程度，更涵盖了组织文化、业务流程、决策方式等方面的数字化应用程度。企业应持续推进数字化转型，将数据嵌入到业务流程的各个环节，实现数据与业务的深度融合。同时，营造良好的数据文化氛围，倡导数据思维方式，使员工敢于尝试、善于学习，不断提升组织的数据敏感度与数字化适应性。

（三）环境因素

数据价值化进程中，环境因素的作用尤为突出，政策法规与监管环境、市场机制与竞争态势两大关键维度共同决定了数据价值化的推进方式、影响范围与实际效果。

政策法规与监管环境是影响数据价值化进程的关键因素。在全球范围内，政府对数据的重视程度日益提升，通过制定一系列法律法规规范数据的采集、存储、使用和流转，如欧盟的《通用数据保护条例》、美国的《加利福尼亚消费者隐私法》以及我国的《个人信息保护法》等。这些法规不仅明确了数据主体的权利，强化了对个人数据的保护，也为企业合法合规地利用数据设定了规则边界，推动企业建立完善的数据管理体系，提升数据管理水平。同时，监管机构通过制定数据安全标准、实施数据质量检查、监督数据跨境流动等措施，增强企业数据管理能力和数据安全保障水平，要求企业在追求数据价值的同时，不断加强数据安全防护，确保数据处理的合规性与安全性，既鼓励创新，又防止数据滥用，为数据价值化的健康、有序发展提供了有力保障。

市场机制与竞争态势深刻影响着数据价值化的进程。市场机制通过价格信号、供求关系、竞争压力等手段，引导企业根据市场需求调整数据战略。当市场对数据相关产品需求增加时，企业为获取竞争优势会主动优化产品设计、提升服务质量、创新商业模式，实现数据价值的最大化。当市场对数据保护的需求增强时，企业也会顺应趋势，强化数据安全管理，提升数据透明度，赢得消费者的信任与青睐。在高度竞争的市场环境中，企业为应对同质化竞争压力，通过深入挖掘、精准分析自身及外部数据，洞察市场趋势、预测消费者需求、识别竞争优势，制定出更具针对性的产品策略、营销策略、供应链策略等，实现差异化竞争。市场机制通过价格机制、交易机制、产权机制等，推动数据作为一种商品在市场上自由流通，形成数据供求关系，催生数据交易市场。竞争态势则通过企业间的竞争合作，统一数据标准、提升数据质量、保障数据安全，促进数据市场的规范、有序运行。数据市场的形成与繁荣使得数据作为一种生产要素可以在更大范围内、更深层次上实现优化配置，为企业获取、利用数据提供了便利，极大地提升了数据价值化的效率与效果。

二、数据价值化的阻力

（一）数据质量与整合问题

数据质量与整合问题成为数据价值化进程的首要障碍。数据价值化的基础在于拥有高质量、高可用性的数据资源，然而发展过程中面临数据准确性、完整性、一致性、时效性等问题，严重影响数据质量和分析结果的价值。企业内部数据存储分散，缺乏有效集成与共享机制，导致数据资源无法充分发挥整体效益。跨行业、跨领域的数据融合难度大，标准各异、接口不一，限制了大数据的深度应用和价值释放。数据更新维护机制不健全，数据过时、未及时更新的现象普遍存在，降低了数据的时效性和价值。

数据的准确性问题是阻碍数据价值化的重要因素之一。数据可能因采集设备故障、人为录入错误、传输过程干扰等因素导致数据失真，影响数据质量和分析结果的价值。例如，在供应链管理中，如果库存数据不准确，可能会导致过度采购或缺货，增加运营成本或丧失销售机会。

数据的完整性问题同样是衡量数据质量的关键指标。数据缺失、更新滞后或覆盖不全面，将导致分析结果无法全面反映真实状况，使决策者在制定策略时面临信息盲点。例如，在公共卫生监测中，若流行病数据收集不完整，可能会影响病情流行趋势预测的准确性，延误防控措施的部署。

数据的一致性问题是影响数据价值化的另一大阻碍。由于数据标准不统一、数据更新同步机制不健全、数据清洗不彻底等问题，数据一致性往往难以保证，不仅会削弱数据分析结果的可信度，在涉及跨部门协作或跨系统集成的复杂场景中，还可能导致决策混乱。例如，在金融风险管理领域，客户在不同系统中的信用评级若出现差异，将使风险评估工作陷入困境；在零售业中，若线上线下销售数据无法准确匹配和融合，可能导致商品库存管理混乱，影响销售效率和客户体验。

数据的时效性问题也不可忽视。在众多应用场景下，如金融市场交易、实时广告推送、应急响应等，数据的价值与其生成时间密切相关，过时的数据可能失去其应用价值。由于数据采集、处理、分析的速度限制，以及数据传输延迟、系统响应滞后等因素，数据的时效性往往难以得到充分保障。特别是在大数据环境下，数据信息爆炸式增长，如何快速筛选、提取有价值的信息，及时做出反应是对数据处理能力的重大考验。若不能有效提升数据处理的时效性，可能错失商业机遇，导致决策失误，限制数据价值化的深度和广度。

数据整合问题同样制约着数据价值化的实现。在大数据时代，数据来源日益多元化，企业内部各业务部门、各类信息系统，合作伙伴、社交媒体等都成为数据的重要来源。然而，这些数据往往分散存储，格式各异、结构不一，难以直接进行有效整合与利用。数据整合不仅涉及技术层面的难题，如数据标准化、数据映射、数据转换等，还涉及组织层面的协调，如跨部门数据共享政策、数据所有权界定、数据安全与隐私保护等。例如，在智慧城市建设中，如果交通、能源、公共服务等领域的数据无法有效整合，将无法实现城市运行状态的全景监控与智能决策。若不能妥善解决这些问题，数据整合将成为数据价值化道路上的巨大障碍。

（二）数据价值评估问题

推进数据价值化进程的关键桎梏在于数据价值的评估存在短板，这一短板严重阻碍了数据资源的有效发掘、运用与转化，具体表现在缺乏统一的数据价值评估标准、数字价值评估方法的复杂性和不确定性以及对数据价值认知的不统一与管理机制的不完善三个方面。

缺乏统一的数据价值评估标准是制约数据价值化进程的首要障碍。传统的评估方法如成本法、收益法、市场法等在应用于数据资产时，因其特有性质如数据质量、应用领域、风险属性等往往需要进行针对性调整和优化。目前对于数据价值的量化评估尚无公认的行业标准，导致企业在面对大量数据时难以对其价值进行准确衡量。数据价值涵盖经济价值、社会价值、创新价值等多个维度，而现有的评估方法往往偏重某一方面，难以全面反映数据的全面价值属性。例如，一些评估模型仅关注数据带来的直接经济效益，如节省成本、增加收入等，却忽视了其对提升决策效率、驱动业务创新、塑造竞争优势等方面的长远影响、间接效益，这种片面的评估方式可能导致数据资源的误判与错配。

数据价值评估方法的复杂性和不确定性同样制约着数据价值化的顺利推进。数据价值并非固定不变，而是随着数据应用场景、市场环境、技术进步等因素动态变化。评估数据价值往往需要考虑诸多变量，如数据的时效性、稀缺性、关联性、合规性等，这些因素相互交织，使得评估过程变得复杂且充满不确定性。数据价值的实现还依赖于数据的加工、分析、应用等后续环节，而这些环节的效果难以在事前精确预测。因此，现有的评估工具和方法往往难以精准捕捉数据价值的全貌，使得企业在数据投资决策时面临较大风险。

企业内部对数据价值认知的不统一与管理机制的不完善致使数据价值评估体系的不

成熟。数据价值认知与传统资产价值认知存在显著差异，需要企业高层、业务部门等多方达成共识。企业中往往存在数据价值认知的“断层”，部分管理者对数据价值认识不足，导致数据资源未能得到应有的重视与投入。此外，缺乏有效的数据资产管理机制，也会影响数据价值的有效评估。若企业未能建立完善的数据管理系统，对数据的源头、流转、使用等情况缺乏清晰记录，将难以追溯数据价值的生成路径，影响数据价值的合理分配与评估。

（三）法律与伦理问题

随着数据价值化的深入，法律与伦理层面的挑战日益凸显，数据隐私保护问题愈发严峻。在数据采集、存储、使用、共享等环节，如何在挖掘数据价值的同时，切实保障个人隐私不受侵犯，防止数据泄露、滥用，已成为社会广泛关注的焦点。现有法律法规在应对新型数据侵权行为、界定数据主体权利、设定数据跨境流动规则等方面存在滞后，给企业合规运营带来压力。数据伦理问题逐渐显现，数据挖掘可能导致对个体行为、偏好、健康状况等敏感信息的过度解析和利用，引发算法歧视、数据剥削等伦理争议。

数据隐私保护的困境制约着数据价值化的发展。尽管各国政府相继推出法律法规来强化个人数据防护，但面对快速迭代的数字技术、新兴应用场景及海量数据的高速流通，现行法律法规存在诸多局限。法律法规更新速率滞后于技术革新，对于新型数据侵权行为，法律规范尚不完善。各国和地区对数据保护、跨境传输、用户隐私权等方面的立法存在差异，使得企业在跨地域开展数据业务时面临复杂问题。例如，欧盟的《通用数据保护条例》（GDPR）对数据主体权利、数据处理原则、跨境数据流动等设定了严格规定，而其他地区可能有不同的甚至冲突的标准，使得企业难以构建适应全球市场的统一数据策略，增加了数据价值化过程中的法律风险与成本。

数据伦理问题日益凸显，成为又一关键阻碍因素。数据挖掘技术凭借其精准性和深度，使得个体行为模式、偏好乃至健康状况等高度敏感信息出现在公众视野，一旦处理不当，极易导致隐私泄露、歧视性对待甚至数据剥削。例如，基于用户历史数据的个性化推荐可能导致价格歧视，如大数据杀熟。简历筛选算法可能存在招聘歧视，排斥特定性别、年龄、地域或种族的合格求职者，侵犯平等就业权。企业也可能因此错失优质人才，破坏人力资源市场的公平竞争。个性化广告推送基于用户历史行为与兴趣会导致信息环境过度窄化，用户长期接收高度定制内容，易陷入世界观、价值观固化的信息茧房，影响社会交流与个体认知发展。更深层伦理争议涉及数据的商品属性、价值分配等核心议题，关乎个体尊严、社会公平及数据经济的可持续发展。

数据所有权与权益分配模糊也是数据价值化的一大阻碍。现行法律体系对数据所有权的界定并不明确，尤其是对于用户生成数据、物联网数据等新型数据形态，往往存在权属争议。数据权益分配机制的缺失使得数据创造者、收集者、使用者之间的利益关系错综复杂，难以形成公平、可持续的数据价值链。用户虽然产生了大量具有商业价值的数据，但在现有模式下往往无法直接分享数据变现的收益，削弱用户参与数据生态建设的积极性，阻碍数据价值化的发展。

要充分释放数据的潜在价值，推动数据价值化进程的健康发展必须直面并解决数据质量与整合问题、数据价值评估体系不成熟的问题以及应对法律与伦理层面的挑战。

三、数据价值化的效应

（一）数据价值的发挥

数据价值化进程对数据价值的发挥的重要影响体现在政府数据价值的核心影响、企业数据管理与企业战略的匹配程度、数据支撑企业业务的数量与深度、数据覆盖领域的广泛性四个方面。

政府数据价值的核心影响在于推进政策决策的智慧化和提升数据监管能力。通过系统性地挖掘、整合与分析涵盖经济、社会、环境等领域的海量数据，政府能够精确捕捉发展趋势、揭示深层规律、识别关键关联，从而将决策过程从依赖直觉与历史经验的传统模式转向以数据为依据的新模式。这种转变确保了政策设计更加贴合现实需求、更具针对性，有助于及时察觉潜在问题、预测风险，实现早期干预与有效应对。借助大数据技术搭建的智能监管平台，政府能够实时监控市场活动、企业运营、公众意见等多元数据流，精准识别异常现象，迅速作出反应并采取相应措施，大大提高了监管的响应速度与震慑效果。运用大数据、人工智能等前沿数字技术，政府能够深度剖析社区治理、公共安全、应急响应等复杂社会治理问题，精准定位问题症结，提出精准化解决方案。例如，在城市交通管理场景中，通过分析交通流量、事故热点等数据，可优化信号灯调度、规划路网结构，有效缓解交通拥堵，提升出行体验。

企业数据管理与企业战略的匹配程度直接决定了数据价值化过程的有效性和影响力。当数据管理策略与企业战略紧密契合时，数据价值得以最大化地转化为企业竞争优势，这意味着数据管理的目标、架构、流程、技术和人员配置等均需围绕企业战略核心进行规划与部署。例如，如果企业战略侧重于数字化转型和创新驱动，数据管理应着重强化数据采集、清洗、整合与分析能力，以快速响应市场变化，驱动产品与服务创新。如果企业战略聚焦成本优化与风险管理，数据管理则应强调数据质量控制、合规性保障以及实时监控与预警功能，以实现精细化运营与风险防范。与战略适配的数据管理对于数据价值化的持续性至关重要，包括数据标准的制定与执行、数据权限的分配与监管、数据生命周期的管理以及数据文化的塑造等，能够确保数据在流动、使用、共享过程中保持一致、准确、安全，防止信息孤岛和数据冗余，提升数据资产的整体质量和可用性，从而有力支撑战略落地。企业数据管理与战略的高度匹配构建了战略导向、治理严谨的数据环境，为数据价值化提供了坚实基础，确保数据资源能够精准、高效地服务于企业战略目标。

数据支撑企业业务的数量与深度直接影响到数据价值化的广度和精度，是衡量数据价值化成效的关键指标。数据的丰富程度与分析的深入程度直接影响到企业对市场、客户、运营等各方面的理解深度与响应速度，进而决定数据价值化的实际效果。数据来源的广泛性（如内部业务系统、外部合作伙伴、公开数据源、用户行为追踪等）确保了企业能够捕捉到市场动态、客户需求、竞争态势等关键信息，使企业能够从宏观到微观，从整体到细节，全方位把握业务现状与发展趋势。深入的数据分析和应用能力能使企业从数据中提炼出高价值的信息资产，加快业务创新和增长。例如，通过人工智能、数据挖掘、机器学习等方法，企业能够发现隐藏在数据背后的复杂关系和发展趋势，预测未来可能的业务情境，制定精准决策。深度数据应用还体现在数据驱动的产品创新、个性化服务、智能运营等方面，通过实时、动态的数据反馈，企业能够快速调整策略，持续优化业务表现。数据对企业业务广泛且深入的支撑，不仅扩展了数据价值化的应用场景，提高了数据使用的广度，更提升了数据分析的精度和深度，使企业能够从数据中提炼出高价值信息，实现数据价值的切实转化。

数据覆盖领域的广泛性决定了数据价值化的潜在空间和应用边界，深度影响着数据价值化的综合效益。跨领域的数据融合有助于企业构建全面的业务视图，发现新的商业模式。例如，零售企业整合消费者购物、社交媒体、地理位置等多维度数据，构建全渠道、全时段、全场景的消费者行为模型，创新营销策略和体验设计。金融企业融合信贷、保险、理财等业务数据可打造一站式、个性化的金融服务平台，提升客户价值和市场份额。跨行业的数据共享与合作能催生跨界创新，开辟新的经济增长点。例如，医疗健康与保险行业通过数据交换可开发出精准定价、健康管理等创新产品。制造业与物流业通过物联网、区块链等技术实现供应链数据的透明化、智能化，提升整体效率和响应速度。广泛的数据覆盖领域，使企业能够在更广阔的视野下审视和重构业务，通过跨领域、跨行业的数据融合与创新不断拓展数据价值化的应用边界，发掘新的价值源泉，为企业赢得竞争优势。

（二）数据价值化的经济效应与效益

数据价值化的核心作用在于其对经济运行效率的显著提升、对既有经济活动的优化与新兴产业的催化以及构建竞争优势与重塑竞争格局。这一过程涵盖了微观的企业运营与宏观的政府治理，同时激发了创新商业模式与数字经济新业态，并重新塑造经济全球化背景下的国际竞争格局。

数据价值化的直接影响在于显著提升经济运行的效率。在微观层面，企业通过深度挖掘和有效利用数据资源，能够实现精细化管理与运营，显著降低成本，提高产出效益。例如，在供应链管理中，实时跟踪物流、库存、销售等数据，企业可精准预测需求，动态调整生产计划，减少库存积压，降低资金占用成本。在市场营销环节，通过对消费者行为数据的深度分析，精确描绘用户画像，实施精准营销，减少无效投放，提升营销投入产出比。此外，通过引入数据分析工具进行内部运营管理，如人力资源配置、设备维护预测等可实现资源的高效调度与使用，提升整体运营效率。在宏观经济层面，数据价值化助力政府实现科学决策与精准治理。政府通过对宏观经济数据、行业动态、市场反馈等信息的实时监测与深度分析能准确把握经济走势，及时调整财政政策与货币政策，保持经济平稳运行。通过对社会公共服务数据的整合与挖掘识别公共服务短板，优化资源配置，提升公共服务效能，间接促进经济社会的整体效率提升。数据价值化通过推动企业精细化运营与政府精准治理，从微观与宏观两个层面全方位提升经济运行效率，为经济增长注入强劲动力。

数据价值化另一重大影响在于优化现有经济活动并催生新兴产业。数据驱动的商业模式创新正深度重塑传统行业，如电商行业通过用户购买历史、浏览行为、社交媒体互动等数据实现个性化推荐与动态定价，提升销售额，优化库存管理。金融行业利用大数据进行信用评估、风险预警，推出定制化金融产品，提升金融服务效率与普惠性。制造业借助物联网数据进行设备状态监控、预测性维护，实现智能制造，提高生产效率与产品质量。同时，数据价值化催生了一系列全新的数字经济业态。云计算、大数据、人工智能等新兴技术的发展使得数据的采集、存储、处理与分析能力大幅提升，直接带动了大数据服务、人工智能解决方案、云计算基础设施建设等相关产业的崛起，不仅创造了大量就业机会，拉动经济增长，而且通过提供先进的工具与服务，推动其他行业数字化、网络化、智能化转型，进一步释放经济活力。数据价值化还引发了共享经济、平台经济等新经济模式的兴起。依托用户数据，平台型企业能够精准匹配供需，打破传统行业边界，实现资源的高效利用，如共享单车、在线短租、众包服务等，既满足了消费者多元化、个性化的需求，又激发了市场创新活力，拓宽了经济增长点。

数据价值化正在深刻影响着企业的竞争实力，重新塑造经济全球化背景下的国际竞争格局。丰富数据资源与强大数据处理能力能够在技术研发、生产制造、市场营销等多个维度构建竞争优势，推动产业升级，提升在全球价值链中的地位。例如，大型科技公司凭借海量用户数据与先进的算法模型，不仅在广告、电商等领域形成市场主导地位，更在自动驾驶、人工智能、生物科技等前沿领域引领创新潮流，对全球产业生态产生深远影响。数据价值化加速了全球经济一体化进程，同时也加剧了数字鸿沟问题的严重性。发达国家与大型科技公司往往在数据资源与处理能力上占据优势，而发展中国家与中小企业可能面临数据获取困难、技术能力不足等挑战，导致全球数字经济发展的不均衡。因此，要通过国际合作、技术转移、能力建设等方式缩小数字鸿沟，确保所有国家都能公平参与并受益于数据价值化进程。数据价值化不仅重塑各国与企业的竞争优势，引发国际规则重构，还在全球范围内引发新的合作与竞争态势，对全球经济竞争格局产生深远影响。

（三）数据价值化的社会效应与效益

数据价值化的应用与渗透正在广泛且深远地影响着公共服务、就业市场以及环境保护等领域，推动社会服务更加高效公平，劳动力市场结构转型升级，以及绿色低碳社会的构建，充分彰显其巨大的社会价值。

数据价值化的应用在公共服务领域产生了深远影响，显著提升了服务的效率与公平性。政府部门通过整合、挖掘公共数据实现对社会需求的精准把握和预测，进而优化资源配置，提高公共服务供给的针对性与及时性。例如，通过对医疗、教育、交通等领域的数据分析，可以精确了解各区域、群体的服务需求缺口，引导资源向需求迫切的地区和人群倾斜，确保公共资源使用的公平性和效益最大化。数据价值化驱动了公共服务模式的创新，催生出诸多便捷、高效的数字化服务。如“互联网+政务服务”模式，利用大数据技术简化办事流程，实现“一网通办”，大幅缩短了公众办理业务的时间成本，提升了公众满意度。数据驱动的智慧城市建设，如智能交通、智慧医疗、在线教育等，进一步打破时间空间限制，使得优质公共服务触手可及，提升了社会福祉的普惠性。数据价值化有助于提升社会治理能力，维护社会稳定。通过对各类社会数据的深度分析，政府能提前预警并有效应对各类社会风险，如犯罪率上升、公共卫生事件、社会舆情动向等，实现从被动应对到主动防控的转变，保障社会安全和谐。同时，基于数据的决策支持系统能够提升政策制定的科学性与透明度，增强公众对政府决策的信任度，促进社会公正。

数据价值化的深入推进，为社会创造了大量新的就业机会，推动了劳动力市场的结构转型。一方面，数据分析师、人工智能工程师、大数据工程师等新兴职业应运而生，这些专业技能岗位不仅为求职者提供了广阔的就业和发展空间，也促进了全社会的人力资本质量的提升。与大数据、数字经济相关的就业岗位在过去几年中呈现出爆发式增长态势，为缓解就业压力、优化就业结构作出了重要贡献。另一方面，数据价值化的广泛应用推动了各行业的数字化、智能化进程，催生出众多如电子商务、共享经济、智能制造等新产业、新模式，为社会创造了大量间接就业机会。新兴产业的发展不仅吸纳了大量劳动力，还通过创新驱动经济增长，提高了劳动生产率，为社会创造了更多财富。同时，由大数据发展带动的个性化营销、精准推荐等商业策略助力中小企业提升竞争力，拓宽市场，进一步带动就业增长。当然，机器人的普遍使用也同时带来人类很多工作岗位的丢失，引发新的社会问题。

数据价值化在环境保护领域发挥着不可忽视的作用，有力推动了社会的绿色低碳转型。通过对环境监测数据的深度分析可以精准识别污染源，评估环境质量变化趋势，为环保政策制定提供科学依据。例如，通过空气质量、水质、土壤污染等数据的实时监测与分析可以快速定位污染源头，及时采取治理措施，有效防止环境污染事件的发生。通过对能源消耗、碳排放等数据的精细化管理，能精准识别节能降耗潜力，优化生产流程，降低能耗强度。同时，智能电网、能源互联网等新型数字能源系统通过实时监测、智能调度实现能源供需的高效匹配，减少能源浪费，助力能源结构的清洁化、低碳化转型。通过对生态系统、物种分布等数据的深度挖掘，科研人员能更准确地掌握生态环境现状，预测未来变化趋势，为生态保护决策提供科学支撑。此外，借助遥感、物联网等技术收集的大量生态数据可以实现对自然保护区、国家公园、地质公园等重点区域的动态监管，有效防止非法破坏行为，保障生态安全。

第四节 数据价值化的未来展望

一、数据价值化内部过程优化

（一）价值化工具快速发展与价值化技术不断优化

1. 价值化工具快速发展

数据价值化工具的未来发展值得进一步关注。根据海比研究院的调查数据，我国数据价值化工具市场规模在2020年已经达到280亿元人民币，并且年复合增长率高达40.7%。市场预测显示，到2024年，数据价值化工具市场规模有望进一步扩大至千亿元。现阶段数据使用者对数据采集类、数据储存类、数据处理类的数据资产化工具需求较高，未来的重点领域是数据处理类和数据存储类工具。

此外，数据价值化工具将呈现智能化和一体化的发展特点，未来应把握其特点，发挥其对企业竞争优势的影响。通过融合数据模型管理、数据标准管理、数据质量管理、数据安全管理、元数据管理、数据入表管理以及与数据开发相关的各种工具和平台，一体化数据价值化工具提供了一种遵循标准化设计原则的数据模型构建与开发环境，实现了对数据质量控制的源头管理并能够对数据资产的开发过程进行全面监控，从而确保开发流程的顺畅和规范性的提高。通过AI技术赋能，显著提升了数据治理的质量和效率，从而促进了企业数据的标准化和规范化，为企业数字化转型提供了坚实的基础。例如，深圳数据交易所杭州数据要素服务工作站完成首单基于一站式企业数据资产入表平台案例。通过该平台，可以帮助企业实现数据资产的一站式入表过程和全生命周期的企业数据资产管理，助力企业数据在资产化和资本化上得到体现，为后续数据资产入表披露、数据资产交易上架、数据资产金融化奠定了基础。

2. 价值化技术不断优化

未来，随着科技的不断进步，数字技术不断地优化和演进，包括区块链、隐私计算、5G、物联网等技术，将使数据价值化过程更加高效。一方面，数字技术的硬件设施不断升级，如存储容量的增加、处理速度的提高，以及更高效的数据传输方式，使得数据的采集、存储和处理变得更加高效和可靠。另一方面，软件技术的发展也推动了数字技术的优化，例如智能算法的应用、机器学习和人工智能技术的发展，使得数据分析和挖掘变得更加深入和精确。

第一，需要进一步拓展区块链技术在增进数据价值实现过程中的透明性方面所固有的优势。区块链作为一种去中心化的分布式数据库，在提升大数据价值实现过程中的透明性方面具有天然优势，为解决当前数据价值化关键问题提供了可行性，支持数据的存储、处理、获取和共享。尽管区块链技术目前面临着存储需求限制、隐私与安全、可扩展性和互操作性等方面的挑战，但目前的主流区块链如比特币、以太坊和超级账本等仍无法完全满足数据治理的需求。因此，未来应该着重考虑设计轻量级、高度可扩展、具备良好互联通性的区块链系统，以满足数据治理的需求。同时，随着各类区块链系统的不断涌现，区块链系统的评价标准和评估规范也亟待解决。当然，量子技术在该领域有着更加优越的性能，未来可期。

第二，推动建设基于隐私计算技术的数据开放平台是至关重要的。这样的政务数据开放平台旨在为政府内外部数据需求方提供安全可信的隐私计算服务，从而推动政府数据智能生态体系的构建，实现数据价值的创新性重组。该平台遵循公共数据分级分类管理原则，采用“API+PPC”双通道输出模式，为政务数据的安全流通提供解决方案。然而，由于各地政府在数据开放方面的规章制度不一，以及对隐私计算技术的认知不足等问题，隐私计算技术在政务领域的广泛应用仍需要进一步探索和推动。

第三，利用5G、物联网等数据技术升级传统基础设施是至关重要的，因为基础设施数字化是实现数据价值的基础环节。为此，充分借鉴20世纪90年代美国“信息高速公路”计划的成功经验，加快数字信息技术基础设施建设步伐。这包括完善顶层设计和建设布局，出台数字化基建的专项规划和政策措施，推进5G、物联网、人工智能、大数据、工业互联网等新型基础设施的建设。同时，根据产业和居民需求，扩大覆盖面，并利用新一代信息技术对传统基础设施进行数字化升级改造。加快参与和推进工业互联网等前沿技术的国际标准制定，可以为数据的连接、传输、共享与高效应用提供保障，最大限度地发挥数据的价值创造作用。

（二）数据资产管理优化

1. 管理模式优化

为更好地应用和管理不同领域、学科和行业的数据资源。国内外学者着眼于优化管理流程，积极探索创新的数据管理模式，主要集中在如何更有效地管理和治理数据资源这两个方面。提出了多种创新模式和策略，包括“物联网+大数据”创新模式、数据挖掘技术与信息资源融合模式，以及基于区块链的创新生态系统数据治理策略等。数据管理模式的优化对于数据创新过程至关重要，采用创新的管理模式可以优化整个数据创新过程。

第三方服务机构在优化数据管理模式方面扮演着关键的角色。它们通过进行数据资产评估、整合与标准化、安全与隐私保护、质量评估与提升、应用开发、监控与分析、合规性与审计、共享与流通以及教育培训等一系列工作，推动了数据资产化的进程。然而，由于缺乏统一的行业标准，导致服务质量参差不齐，影响了数据管理模式的优化。因此，制定科学、合理、可行的第三方数据管理服务行业标准尤为紧迫。这不仅可以规范第三方服务市场，提高服务质量，还能促进数据管理模式的健康、可持续发展。有关管理部门应当加大力度，迅速制定并实施第三方数据管理服务行业标准，从而推动我国数据管理模式优化迈向更高水平。

2. 管理体系优化

对于持有数据资产的企业来说，将数据资产纳入资产管理体系将成为未来提升企业核心竞争力的关键举措。在这个过程中，企业将首先明确资产管理的目标，不仅注重长期保护数据资产的价值，还将重视其潜在的增值能力。未来，企业将努力确保数据资产的安全和稳定性，并通过有效地利用数据资产来创造更多的价值，从而在市场竞争中保持持续的优势。

未来，企业应建立健全的数据资产管理规章制度。这些规章制度将全面涵盖数据资产清查、财务核算、使用维护、保险理赔、处置等方面的规定，以确保数据资产在企业内部得到合理、有效的管理。此外，企业还需制定科学合理的决策机制和操作程序，以确保数据资产管理的合规性和效率。通过这些措施，企业将能够更好地管理和利用数据资产，从而实现更高水平的核心竞争力。

此外，企业还需设立专门的数据资产管理部门和相关职员，并建立专业的资产管理团队。这支团队将拥有丰富的数据资产管理经验和专业知识，能够规范管理职责并提升管理水平。在此基础上，企业还应建立完善的数据资产管理档案，包括数据资产档案和数据资产台账。这些档案和台账将详尽统计企业数据资产的数量、种类、价值及使用状态等信息，以便企业实时了解数据资产状况，并为决策提供有力支持。通过建立专业团队和完善档案管理，企业将更好地管理和利用数据资产，为未来的发展奠定坚实基础。

为了确保数据资产管理的有效性，未来企业应加强对数据资产的管理监督。这包括建立内部审计、风险管理和绩效评估机制，以防止数据资产管理中出现违规、失误或其他潜在风险。通过这些机制，企业可以及时发现和纠正数据资产管理中的问题，确保数据资产的安全、合规和高效利用。此外，内部审计和风险管理机制将帮助企业提前预见可能的风险，确保数据资产管理的稳健性，从而促进企业在数据资产方面的长期可持续发展。

3. 价值评估优化

公共数据资产登记和私有数据资产入表是推动数据资产管理、实现要素合理科学配置的有效手段。在公共数据资产方面，目前，"数据财政"逐步代替"土地财政"被寄予厚望，但简单地通过特许经营权出让等方式拍卖公共数据存在较大风险和政策不确定性，需要构建一套持续有效的公共数据资产化管理机制。公共数据资产化管理包括公共数据资产登记、计价评估和授权运营等环节，需要系统性推进。从公共数据计价评估看，如何理顺公共数据的价格形成机制至关重要。《中共中央、国务院关于构建数据基础制度　更好发挥数据要素作用的意见》（简称"数据二十条"）中对公共数据政府指导定价的实施细则尚在探讨之中。目前，对于公共数据政府指导定价的具体执行方式社会各方还未统一意见。政府指导定价可以涵盖多种形式，如政府直接设定价格、发布指导价格，包括但不限于最低保护价、最高限价以及价格区间调控等，或者是由政府授权的企业在指导原则下自主定价。不同的解读和应用方式将对公共数据市场及其价格机制产生显著的影响。在未来的发展中，需要在明确公共数据范围的基础上，对公共数据的有偿使用和无偿使用进行分类指导，并逐步建立起公共数据的价格形成机制。同时，虽然公共数据与普通商品和服务存在差异，具有其独特性和复杂性，但仍需探索普适的规律，将复杂问题标准化，以便制定出可行的政策方案。

在私有数据方面，企业将数据资产入表，可将过往费用化的数据相关投入资产化。一方面，扩展了企业资产的边界，让数据资产在资产负债表中体现，增厚企业无形资产。另一方面，基于数据增信、数据信托等方式变现数据价值，获得金融机构及资本市场的价值认可，企业获得资金支持。未来，数据资产根据商业模式分别进入存货或无形资产。目前准则下，符合计入存货的一般为数据模型，或者委托进行的数据采集，在对外交易时，会连同权属一起转移，其他类型的数据资产适用度不高。因为涉及的商业模式较为普遍，预计未来数据资源进入“无形资产”科目的情形较多，包括内部使用和对外提供服务等。数据资产成为无形资产的子类，有利于银行业金融机构大信贷产品创新力度，有所依据设计创新产品。

（三）数据交易行为优化

1. 数据权利归属优化

数据交易平台的交易规则具有多重作用。通过规范交易流程、操作及监管确保交易的合规和安全，同时实现交易的公正和高效运行。这些规则旨在维护交易的公平、透明和合法性，明确参与交易各方的权利和义务，促进市场的健康运行和可持续发展。目前，由于数据产权的缺位，国内数据交易规则程序缺乏统一标准，市场现行规则多由各交易平台自行拟定，不同平台之间存在较大差异。如，在数据定价方面，贵阳大数据交易所采用第三方自动定价模式，基于特定的数据质量评价指标和历史成交价格确定价格区间，为数据交易参与者提供明确的定价参考，深圳数据交易所则提出由卖方自主定价、买卖双方议价。

对于数据流通和收益分配制度，第一，应加快完善数据产权制度，通过有效界定数据要素市场各参与方的权利和义务边界，推动数据相关权利结构性分置与有序流通。在具体操作上，要建立全国数据资源的统一登记确权体系，分层分类推进各类数据权属的动态管理，提高数据交易效率。第二，在明确产权的基础上，完善数据收益分配制度，逐步探索形成面向数据资源化、资产化、资本化等不同层面，兼顾薪资分配、效益分配和股权分配等多种分配形式的分配机制。第三，要充分激发市场活力，加快落地“数据二十条”提出的数据资产入表，通过充分激励政府和企业积极参与数据交易，确保各方获得合理收益，促进数据资源的优化配置和有效利用。

2. 数据定价方式优化

当大数据作为商品进行交易时，定价问题成为大数据交易过程中的首要问题，大数据如何定价直接影响最终大数据交易平台及卖方的盈利，对大数据交易平台如何选择适当的盈利模式具有参考意义。

目前国内大数据交易平台的定价方式为协商定价、可信第三方定价两种，未来应尝试将国外的定价方式引入国内，进行本土化方式的探索，包括拍卖定价、实时定价等定价方法。拍卖定价法是在一个卖方和多个买方之间经过拍卖而确定价格的方法，属于需求导向定价。现在各大数据交易平台交易的数据至少都经过了脱敏等预处理，这样的数据无法使数据交易双方对所成交数据的最终使用价值进行准确的定价。在这种情况下，交易双方会倾向于通过拍卖方式对交易数据进行最终的定价。采用这种定价方式的大数据商品不能进行大范围复制式传播，或其数据指向性精准且范围较窄，只能将其所有权转移到一家或少数大数据买家手中，这样就保证了大数据卖家的利益。但实施这种办法的前提是必须保证有两个以上的买家竞争，必须有不断变动的价格以及公平、公正、公开的竞拍环境，否则竞拍就失去意义。当然，在数据买卖双方基于诚信采用不同的竞拍方式对数据进行拍卖时，不仅能够使数据买卖双方就价格问题达成一致，也能使所拍卖的数据实现商品价值最大化，并促进大数据交易的可持续发展。拍卖定价方式也存在一定的局限性，如果数据交易买方在拍卖前提前与其他买方进行协商，达成多人竞拍、分摊价格的约定，不仅不符合市场诚信，更会使拍卖定价方式失去效用。拍卖的核心理念是尽量以最高的价格成交，但数据产品在进行拍卖时，如何划定起拍价和增长浮动限制、如何保证竞拍过程公平公正也成为拍卖定价方式需要思考和解决的问题。

实时定价，交易数据的实时价格主要取决于数据的样本量和单一的数据指标项价值，而后通过交易系统自动定价，价格实时浮动。采用实时定价的数据商品价格受市场环境和市场供求关系的影响，当市场供需实时变化时，数据价值也实时波动。最重要的是，数据作为商品，其所包含的商品价值和使用价值会随着时间变化而增加或降低，将会直接影响交易数据的最终交易定价。若交易数据处于市场需求低、数据价值低的时段，数据交易价格较需求旺盛期低。

3. 数据盈利模式优化

当数据交易卖方决定将数据所有权一次性交易转移时，协议定价方式能够形成数据交易双方讨价还价的博弈，能够形成一个交易双方认同的交易价格，但在博弈过程中，数据买方可以不断试探到数据卖方的价格底线，这样对数据卖方最后的收益就会不利，数据卖方则可强调对数据所有权的完全转移来保证在博弈过程中的主导地位。大数据交易卖方在交易纯数据产品和决策方案时约定完全转移所有权，除按次计价（VIP 会员制）定价方式外，数据卖方可以任意选择上述定价方式，使用一次交易所有权模式。

数据交易双方约定只针对数据使用权进行交易，数据卖方始终保有对数据的所有权，能够反复对数据进行交易以获取更多的利益，尤其是在按次计价定价方式或 API 调用技术下，更多强调的是对数据的多次使用/调用。一次性交易数据所有权的盈利模式会给数据卖方带来直接的、一次性的收益，但保留所有权后对数据使用权的反复交易，会给企业带来长期的、多次的收益。因此，多次交易数据使用权盈利模式应该是目前数据卖方进行数据交易的首选。

二、数据价值化的外部环境塑造

（一）市场建设与法规明确

1. 数据要素市场建设

现阶段，我国数据要素市场的发展属于典型的政策引导型，以政策引导驱动数据要素市场的推进与发展，今后，我国数据要素市场政策体系仍需完善。一方面，我国数据要素市场虽然仍处于起步阶段，但从国家到地方相关的政策体系正在日渐完善。另一方面，总的来看，伴随我国数据要素市场实践的不断深入，逐步制定符合数据要素市场发展规律与发展需求的法律法规、政策指引、技术规范是大势所趋。日后，我国数据要素市场政策体系仍需从宏观层面明确数据要素市场发展的共识与方向，包括数据权属、数据管理、数据安全、隐私保护、数据要素市场化等；从微观层面厘清数据要素市场的具体发展路径与发展模式，包括基础规范、发展路径、交易模式等，从而有效引导我国数据要素市场的有序化和规范化发展。

特别是，我国的公共数据治理仍面临诸多挑战，包括底数不清、责任机制不健全、数据质量不高等问题，导致跨部门协同应用困难。未来，应将重点放在创新公共数据运营模式，健全管理机制，完善资源体系，探索资产化管理，促进共享与开放，以推动数据要素市场建设。另外，市场化配置已成为培育数据要素市场的重要手段，各地已展开实践，数据资产价值正逐步释放。例如，上海、北京等地设立数据交易所，广东支持深圳数据立法，贵州在探索数据资产评估等市场运营体系，促进数据资源开发与服务企业的发展。

2. 数据产权与交易规则明确

数据产权制度不仅能撑起个人隐私保护之伞，锻造国家总体安全之盾，打磨企业数据垄断之刃，也为构建数据要素市场秩序奠定法律基础。加快数据产权制度建设，成为数据要素市场培育发展的关键任务。

一是需要在数据分级分类的基础上明确数据资源持有者的范围，并依法保护他们的合法权益。在建立数据资源持有权、数据产品经营权、数据加工使用权以及数据收益权等分置运营架构的基础上，对数据的收集、存储和处理等各个环节中的各个主体的权利进行规定，以推动企业数据、公共数据和个人数据的分级分类授权使用。针对个人数据，必须重点保护个人的隐私权。对于企业数据，需避免权力滥用，平衡高效使用和有效限制。对于公共数据，应保护个人隐私信息和企业商业利益，提升公共服务水平，增加公共数据的经济价值。

二是原生数据持有权归属于个人，而衍生数据的使用权则归企业和政府等开发主体所有。个人数据的收益权应根据其持有权和处置权，结合数据要素的增值来确定收益，以体现个人作为数据原生来源的价值。企业数据的收益权取决于数据要素的使用权和经营权，重点在于建立科学合规的数据定价机制，体现数据要素市场的交易价值。公共数据的收益权通过数据公开和共享等形式实现。这些措施有助于明确数据资源的归属问题，促进数据资源的合理利用和价值最大化。

三是需要不断完善数据登记、信用评估和资产公证等制度和标准规范，以满足个人、企业和政府等不同主体的利益需求。通过数据登记解决当前数据流通交易权属不清的问题，通过资产公证方式明确各方权益，确保数据交易的合法合规，这是确权的基本前提。同时，研究并制定数据垄断和不正当竞争的规制措施，以确保数据要素市场的公平竞争和稳健运行。这些举措有助于保障各方的权益，促进数据经济的健康发展。

四是在数据产权制度建设方面鼓励各地积极探索并实践，特别是支持那些数据要素市场发展基础良好的地区，先行先试数据产权登记、价值评估、产权流转和产权交易等。同时，鼓励企业、科研机构、公证机构等充分发挥各自优势，提供专业化数据运营服务，促进数据产权制度在金融、能源等关键领域加速落地。通过不断摸索有效路径，为国家数据产权制度建设打下坚实基础。

五是强调培育数据要素市场，强化数据供给质量，特别是通过健全政策法规引导国企包括大型央企和互联网企业探索数据流通交易，保护中小企业的数据权益。针对公共数据，建立完善的授权运营规则，加速政策法规的制定，以促进实体经济发展。同时，在充分保护个人隐私和数据权益的前提下，引导开展个人数据授权使用，激发个人数据的潜在价值。构建多元化的数据要素市场生态系统，统筹推进数据交易市场发展，规范数据交易管理，推动数据交易场所和数据商功能的分离。

3. 数据跨境流动与国际规则接轨

跨境数据流动对全球数据价值链构建产生了重大影响，同时也带来了数据安全、隐私保护和平台垄断等挑战。这反映了跨境数据流动规则的不完善，促使数字贸易治理迫切需要变革。目前，各方对跨境数据流动的立场存在分歧，国际组织和区域贸易协定正积极推动达成共识，并建立系统化的跨境数据流动规则。全球数字贸易治理需要加强多边合作，制定新兴数字贸易规则，确立更广泛适用的数据标准，推动跨境数据流动背景下数字贸易治理体系的变革。

针对数据要素跨境流动的生产过程，数字贸易治理应在流通与交易层面建立规则。包括规范跨境数据流通的合规性、交易标准以及数据管理交换机制。跨境数据流动必须符合数字贸易协定和相关国家法律法规，涉及数据分级分类管理、数据反垄断保护、数据资产定价，以及数据交易安全与可控等重要问题，需要建立系统的治理体系进行规范。

在产业与技术层面，数字贸易治理应促进数字技术合作与知识共享，推动跨境数据流动背景下的贸易数字化转型和创新合作。该项工作可以通过推动国际合作项目、加强研究交流和专业人才培养来实现，从而促进不同国家和地区之间的数字技术交流，共同推动数字产业发展。同时，协商和制定相关规则可以减少跨境数据流动中的法律和政策障碍，为数字产业发展提供稳定的制度环境。另外，制定统一的数据格式和通信协议也是重要的，可以促进不同系统和平台之间的数据交换和共享，降低数据流动的技术壁垒，加速数字产业转型升级。

在市场层面，数字贸易治理应着重规范数字平台的发展，降低市场准入门槛，创新市场经销模式，减少跨境数字服务的限制，以促进数字贸易的健康发展。该项工作可以通过制定政策规定来实现，旨在规范跨境数据流动，从而为数字贸易创造良好的环境。另外，通过打造数字贸易的新业态和新模式，可以促进数据要素的价值释放和增值，推动数据资本在规范行业运营的基础上发挥更大的作用。

（二）数据伦理与安全合规体系建立

1. 数据伦理规范与教育

在当今时代，数据被誉为新的石油，但与此同时，数据的价值化也伴随着诸多伦理挑战。数据伦理规范的制定和教育至关重要，不仅是保障个人隐私和数据安全的关键，更是构建可持续数据价值化框架的基石。合理的数据伦理规范能够确保数据的合法获取、使用和共享，从而有效地提高数据的质量和可信度。这不仅为数据的价值化提供了坚实的基础，而且为相关企业和组织树立了良好的社会形象，增强了其在市场中的竞争力。因此，通过推动数据伦理教育，不断普及数据伦理意识和知识将成为促进数据价值化的关键策略之一。

数据伦理规范与教育的重要性体现在对数据价值化全过程的影响。在数据的收集阶段，合理的数据伦理规范能够确保数据的合法性和透明度，避免不当的数据采集行为，保护用户的隐私权益。在数据处理和分析阶段，严格的伦理规范能够规范数据处理流程，防止数据滥用和误解。同时，数据伦理教育也将培养出一批懂得尊重数据、遵守伦理的数据从业人员，为数据的准确性和可信度提供了保障。在数据共享和应用阶段，健全的数据伦理规范能够促进数据共享和合作，推动数据的跨界应用，从而实现数据的最大化利用和价值输出。

2. 数据安全防护体系

建立有效的数据安全防护体系对于保障个人隐私和组织数据资产至关重要。一个完善的数据安全防护体系包括多层次的防御措施，从技术、管理到人员培训等各个方面进行综合布局。技术层面的安全措施包括加密数据、访问控制、网络防火墙、入侵检测系统（IDS）和入侵防御系统（IPS）等，以确保数据在传输和存储过程中的安全性。管理层面的安全措施涵盖制定和执行数据安全策略、规范和流程，建立数据备份和恢复机制，进行定期的安全审计和风险评估等，以提升组织对数据安全的管理和控制能力。人员培训层面的安全措施重点在于培养员工的安全意识和行为规范，通过定期的安全培训和教育活动，加强员工对数据安全的重视和理解。

一个有效的数据安全防护体系需要综合考虑内部和外部威胁，并采取相应的防护措施。内部威胁可能源自员工的疏忽、错误或恶意行为，因此需要建立严格的访问控制和权限管理机制，确保员工只能访问其所需的数据和系统。外部威胁包括来自黑客、病毒、勒索软件等的攻击，对此，组织需要部署强大的安全设备和软件，及时更新防护措施，以及定期进行安全漏洞扫描和修复工作。此外，建立应急响应机制也是数据安全防护体系中的重要组成部分，可以快速响应安全事件并降低损失。

随着数字化和智能化程度的不断提升，数据安全防护体系也面临着新的挑战和需求。未来，数据安全防护体系需要更加注重跨平台、跨边界的安全防护，以应对云计算、物联网等新兴技术带来的安全挑战。同时，隐私保护和合规性也将成为数据安全防护体系的重要考量因素，组织需要遵守相关的法律法规和标准，保护用户的隐私权益。综合利用人工智能和大数据分析等技术手段，构建智能化的数据安全防护体系，提升数据安全的预警能力和应对能力是未来数据安全防护体系发展的重要方向。通过持续不断的技术创新和管理创新，构建一个全面、灵活、可持续的数据安全防护体系将成为保障数字化社会安全稳定发展的重要保障。

3. 数据合规审计与监管

随着数据成为数字经济时代的核心资源，保障数据的合规性和监管是确保数据价值化可持续发展的基础。数据合规审计通过审查数据收集、存储、处理和分享的过程确保数据处理行为符合法律法规和行业标准，进而保护个人隐私和数据安全。同时，数据监管机构在制定和实施数据保护政策、法规和标准方面发挥着重要作用，为数据的规范化和标准化提供了有力支持。未来，随着数据价值化进一步深化和扩展，数据合规审计和监管将不断演化和完善，以适应数字经济发展的需要，为数据的可持续发展和价值最大化提供有力保障。

在数字化时代，数据合规审计和监管的重要性不断凸显。数据合规审计通过对数据生命周期各个环节的监督和审查确保数据的合法性、准确性和完整性，从而为数据的合规使用和价值化提供了可靠保障。同时，数据监管机构在数据治理和风险管理方面起着关键作用，推动数据价值化与数据安全、隐私保护的有机结合。未来，随着技术的不断发展和社会对数据安全、隐私保护的需求不断增加，数据合规审计和监管将面临新的挑战和机遇。因此，需要加强跨部门、跨领域的合作，建立更加有效的数据合规审计和监管机制，以保障数据安全、维护公众利益，推动数字经济的健康发展。

三、数据价值化整体体系构建

（一）数据开放与流通

1. 我国政务数据开放平台概况

截至 2022 年 10 月，我国 208 个省、市的地方政府已上线数据开放平台，呈现逐年增长趋势。其中，广东、江苏、山东、浙江等省份政务数据开放平台整体上线程度较高，东南部地区向中西部、东北部地区延伸扩散。此外，北京、上海、广州、深圳、山东、贵阳等地积极推动数据交易所的发展，将有力推动政务数据资源的开放流通及开发利用。

某省大数据中心建设了国内首个省级一体化政务数据开放平台，如图 6-8 所示，为政务数据开放、流通与应用提供技术基础设施，推动数字经济发展。平台整体架构包括数据层、服务层、应用层、场景层，并提供以隐私计算技术为核心、“双通道”为输出模式的政务大数据流通解决方案。

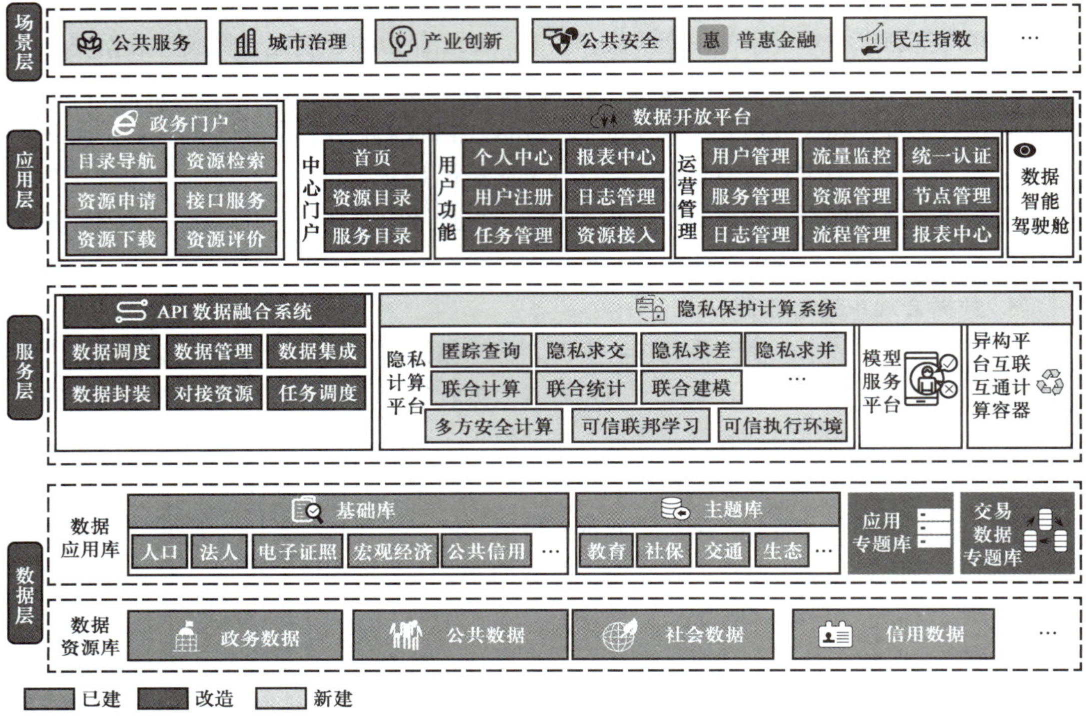

图 6-8 政务数据平台整体体系架构示例

数据层包括数据资源库和数据应用库，用于存储不同维度的数据。服务层承载了两个系统：API 数据融合系统和隐私保护计算系统。这两个系统以隐私计算为核心，形成了“双通道”输出模式，旨在保护数据隐私的同时实现数据融合。应用层从原始的政务门户升级为基于中心门户、用户功能和运营管理为一体的数据开放平台，提供更强大的功能和管理能力。场景层是多方数据应用的社会场景，也是数据价值的实现层，包括公共服务、城市治理、产业创新、公共安全、普惠金融、民生指数等领域。

2. 企业间数据流通平台

未来，随着大数据、人工智能技术的进一步发展，企业数据在企业市场竞争以及数据产业、数字经济发展中的作用将更加凸显。构建合理的企业数据流通体系促进数据社会正外部性的充分实现将是一项需要不断探索与完善的长期工作。这些数据流通平台不仅促进了企业内外部数据的整合和共享，还为企业带来了更多的商业机会和创新空间。通过这些平台，企业可以获取更多的数据资源，进行深度挖掘和分析，发现商业价值和市场机遇。同时，这些平台也为不同行业、不同领域的企业之间提供了合作和交流的平台，促进了产业链上下游的协同发展和创新合作。因此，企业间数据流通平台将成为数字经济时代企业发展的重要支撑，推动产业数字化转型和智能化升级。

构建企业间数据流通平台需要考虑多个关键因素，包括技术架构、安全保障、数据标准化以及合作机制等。第一，技术架构方面，平台应采用先进的云计算、大数据技术和分布式架构，确保数据的高效存储、传输和处理。同时，要建立统一的数据接入接口和标准化的数据格式，以便不同系统和应用可以无缝对接和交换数据。第二，安全保障是构建企业间数据流通平台的关键。平台需要采用多层次的安全措施，包括数据加密、访问控制、身份认证、安全审计等，确保数据在传输和存储过程中的安全性和完整性。第三，数据标准化是平台构建的重要基础。通过制定统一的数据标准和规范，可以提高数据的互操作性和可用性，降低数据集成的成本和复杂度，促进数据的共享和流通。第四，合作机制是平台持续发展的关键。建立开放、共享的合作机制，吸引更多的企业和组织加入平台，共同推动数据资源的共享和利用，实现多方共赢的局面。

（二）数据服务与应用

1. 数据服务商监管

数据要素已经逐渐成为市场经济配置的资源，数据服务商是数字经济未来的主要支撑。数据服务商作为新兴行业，有多种不同的名称——数据经纪人（Data Broker）、数据代理商、信息经纪人（Information Broker）、信息经销商（Data Agent）、信息产品公司、联合数据经纪人、数据提供者（Data Provider）、数据供应商（Data Supplier）、数据中介（Data Intemediaries）、数据中间商、数据集成商等。目前，对数据服务商的监管已是全球数字经济发展的热点问题。

借鉴国际经验，结合实际，对我国数据服务商的监管提出以下建议：① 无论从美国联邦贸易委员会（FTC）的报告对过往的研究，还是后续美国数据服务商模式的多年运行，尚无行业毁灭性的风险事件出现。整体而言，数据服务商的发展利大于弊，数字经济带来的是消费者良好的体验和数字经济的蓬勃发展。因此，数据服务商可以作为国内可借鉴的数字经济行业发展模式。② 对现有和未来出现的数据服务商要有一个基本的约束机制，正如美国联邦贸易委员会（FTC）的报告所言，要保证数据服务商的基本的透明性和消费者的选择权。③ 监管积极跟进、逐步施行。数据行业还在不断演变，需要在创新与合规、风险与成本之间寻求平衡。一些新兴的数据服务商不断出现，例如，特斯拉未来也可能成为数据服务商，将消费者行车记录仪的数据制作成产品和服务。④ 数据服务商涉及面广、业务复杂，可以进行细分，并尝试分级管理。⑤ 作为特殊的数据服务商，美国个人征信行业发展相对较成熟，许多监管、消费者权益保护和行业发展方面的经验可以参考。⑥ 可围绕成熟的消费者场景发展专业征信机构，进行消费者在商业交易中的资格认证服务。例如电信运营商可以联合成立专业征信机构等。⑦ 加大研发力度。中国作为全球最大、最活跃的消费者市场，对于消费者数据和数据服务商的研究需要加大力度，探索更多的研究方向，寻求多元化的行业发展方向。

2. 数据应用开发者激励

展望未来，激励数据应用开发者将成为推动数据科技进步和创新的关键力量。随着数据应用在各个行业和领域的普及和深入应用，可以预见以下发展趋势：

一是数据应用开发者将在智能化和自动化方面发挥重要作用。随着人工智能和机器学习技术的不断进步，数据应用开发者将利用大数据分析、模型训练等技术，打造智能化的数据应用，为用户提供更智能、个性化的体验和服务。二是数据伦理和隐私保护将成为开发者关注的重要议题。随着数据规模的不断扩大和数据应用的普及，开发者需要关注数据使用的合法性、隐私保护和数据伦理等问题，制订相应的规范和措施，确保数据应用的合规性和社会责任感。三是开发者将面临多样化的数据来源和应用场景。未来，数据将更加多样化和复杂化，来自传感器、物联网设备、社交媒体等多个渠道的数据将被整合和应用，开发者需要适应不同的数据类型和应用场景，拓展数据应用的边界和可能性。

3. 数据用户社区构建

建立数据用户社区将成为数据应用领域的主要推动力量。这一社区不仅仅是信息交流平台，更是创新和发展的关键。其目标是促进数据交流、知识分享和合作，推动数据应用的发展和创新。社区成员将可以分享经验、解决问题，并共同探讨数据应用的新趋势。通过举办各种活动，如网络研讨会、技术沙龙和行业论坛，以及建立在线社交平台和专业论坛，为数据用户提供交流互动的平台。此外，组织数据竞赛和开发者大赛等活动将激发数据用户的创新能力，推动数据技术和应用的不断进步。这样的社区将有助于建立更紧密的数据生态系统，促进数据应用的发展和应用场景的拓展。

（三）数据安全与监管

1. 数据安全机制建设

在大数据时代，信息安全问题备受关注，有效控制信息安全风险成为相关领域的重中之重。人为盗窃和恶意篡改是数据信息安全面临的主要挑战之一。尽管当前的大数据存储技术和管理技术不断发展，但根本的数据信息安全问题尚未得到有效解决，网络安全事件频繁发生，给数据安全机制建设敲响了警钟。

建立数据共享机制是构建数据安全机制的一种途径。在云平台建设中，用户对数据层的访问和后台安全层的辨识至关重要。云平台的容错性和自我修复能力是确保数据安全的关键因素。这些技术特性使得云平台能够有效地应对各种潜在的风险和攻击，从而保障数据的安全性和完整性。

构建数据防火墙是数据安全机制建设的另一种途径。相较于企业云平台，校园云平台在初始阶段较为薄弱，容易受到病毒和黑客攻击，从而引发数据安全问题。为此，学校和企业应根据实际情况加强软件和硬件防护，提升数据安全管理水平。防火墙在网络部署中扮演着关键角色，它不仅能有效划定网络边界、实现内外信息的通信，还能保障数据网络的安全性，防止外部网络对内部网络的侵袭。用户需要了解云平台下防火墙的功能，选择适用的防火墙软件，监控信息进出活动，及时发现并管理可疑行为，或者设置警报。当前的防火墙技术已具备较高的管理能力，管理员可以控制用户权限，对访问用户进行识别和监管。然而，防火墙也存在一定的局限性，虽然经过多年发展，但仍面临着潜在威胁，并可能限制用户的操作。因此，为了确保网络安全，使用防火墙是必要的，但同时也需要平衡好安全性和用户便利性之间的关系。

未来，企业在利用来自用户、员工、供应商等利益相关者的数据创造新价值的过程中需要注意到潜在的风险或消极影响，包括数据垄断、大数据杀熟、数据贩卖、数据泄露等各种数据安全问题。因此，企业亟须探索如何防范和化解可能的消极影响和风险。此外，企业还需要关注数据价值化行为规则的构建以及数据使用伦理等问题，意味着需要建立适当的规则和准则，确保数据的合法、合规和道德使用，可能涉及制定数据隐私政策、加强数据保护措施、实施数据访问控制等方面的工作。

2. 数据监管体系建设

数据监管是指监管机构、数据处理者和其他组织采用法规、政策、标准等工具对数据采集、加工、利用、交易、接入和共享等活动所产生的一系列负面影响进行的治理行动。数据监管需要一个系统性制度体系。数据监管目标是在确保安全的基础上促进数据要素的采集利用和开放共享，从而最大化释放数据要素价值，促进经济高质量增长，同时，保护利益相关者的合法权益，实现价值普惠和收益共享，使社会公共利益最大化。数据监管重点是在确保个人隐私和国家数据安全的基础上促进数据要素有序流通。数据监管需要建立有效的监管体制，包括政府监管机构体制、数据主体自我治理和多轨监管治理机制。数据监管需要完善的数据制度基础作为支撑，数据制度基础主要是科学的数据产权制度、完备的数据市场体系和现代的数字社会伦理（见图 6-9）。

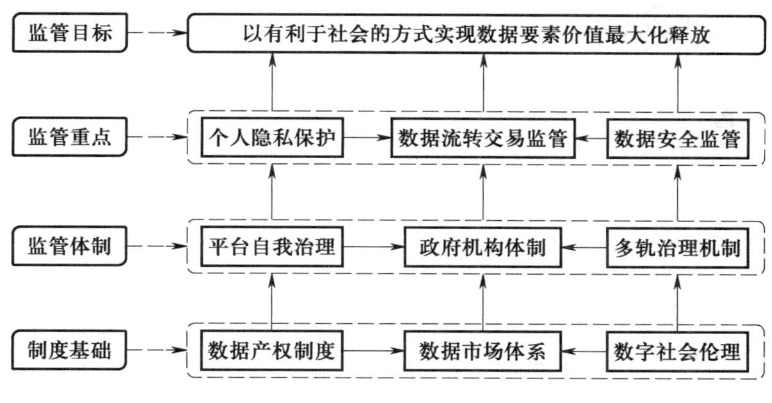

图 6-9 数据监管体系框架

数据监管是多主体治理活动的总和，旨在应对数据市场失灵及数据要素开发利用所引发的各种风险，根本目标是在确保安全、可靠的基础上实现数据要素价值的最大化释放和普惠共享。在监管政策实施过程中，需要建立多目标平衡理念，涉及网络数据安全、个人隐私保护、市场充分竞争和鼓励创新等多元目标。一是数据监管应保持数据安全和促进数据开发利用的平衡。数据流通需要在确保数据安全的基础上进行，因此需要建立坚实的数据安全监管体制，强化技术、组织和监管保障。但是，数据安全监管不能以牺牲数据要素最大化开发利用和阻碍数据驱动创新为代价。二是数据监管应兼顾鼓励竞争和促进发展。数据具有规模经济和范围经济特征，易导致少数大企业占据大量数据，成为市场支配地位的重要因素和实施垄断行为的新诱因。数据监管应防止数据垄断，促进数据市场自由竞争。然而，反垄断监管措施应避免产生抑制数据开发利用的负面激励，尤其是避免对企业提出过分的监管责任和义务要求，以免严重束缚数据行业的创新发展。

思考题

1. 数据价值化的概念是什么？请根据不同视角简述数据价值化的概念。

2. 与数据价值初现阶段和融合阶段相比，数据价值实现阶段具有什么特征？请谈谈个人的理解。

3. 在数据价值化的实现机理中，数据资源化分为哪几个环节？请结合实例谈谈企业如何实现数据资源化。

4. 数据价值化过程中会产生怎样的经济效应？请结合实例描述目前数据价值化过程产生的经济效应。

5. 在未来建设中，如何构建数据价值化整体体系？请结合实例谈谈如何建立政务数据价值化的整体体系架构。

即测即评

主要参考文献

[1] 朱秀梅，林晓玥，王天东，等．数据价值化：研究评述与展望［J］. 外国经济与管理，2023，45（12）：3-17.

[2] 潘家栋，肖文．新型生产要素：数据的生成条件及运行机制研究［J］. 浙江大学学报（人文社会科学版），2022，52（07）：5-15.

[3] 戴双兴．数据要素：主要特征、推动效应及发展路径［J］. 马克思主义与现实，2020，（06）：171-177.

[4] 王柏玲，朱芳阳，卢耿锋．新时期我国生产要素的动态构成、特征及经济效应［J］. 税务与经济，2020，（06）：12-19.

[5] 张昕蔚，蒋长流．数据的要素化过程及其与传统产业数字化的融合机制研究［J］. 上海经济研究，2021，（03）：60-69.

[6] 陈书晴，任昊翔，陶思佳，等．数据要素与多元市场主体融合机制研究［J］. 信息通信技术与政策，2022，（01）：2-10.

第七章

数字化治理

【课程导入】

数字政府建设：数据资源“一网共享”平台

根据广东省“数字政府”改革建设部署要求，以省政务大数据中心为依托，打造系统架构统一、省市分级建设管理、全省共建共享的政务大数据中心和技术体系，提高政府智慧化服务水平和群众办事满意度，推动政府职能转变和服务型政府建设。一是实现政务部门线下数据需求逐步向线上迁移，进一步压缩共享时长。二是实现指尖数据，构建移动端数据应用，支持数据资源随时查看、需求申请秒级审批。三是实现从数据汇聚、质检、入库到共享服务全流程自动化。四是盘活政务数据资产，深化数据开发应用，赋能政府智能决策。

广东省政务服务数据管理局作为建设方和管理方于2020年1月启动项目建设，数字广东网络建设有限公司作为广东省数字政府建设运营中心承担该项目的建设运营工作。为更好地服务数据使用和数据提供单位的业务人员，按照“以数据需求为驱动，以用户为中心”为设计目标，开发建设广东省数据资源一网共享平台，系统于2020年11月底上线运行，其主要特色摘选如下：

建设数据资源一网共享平台。主要包括业务平台、管理后台和移动端，建设共享交换、数据资源、服务目录、服务构建、服务总线五大数据支撑系统，以及电子证照、粤政图、高分遥感、数据普查等十多个应用支撑系统。按“省市两级部署，省市县三级管理”的模式布局。重点解决以下几大问题：一是统一维护数据资源，统一管理新增、变更、挂接数据资源目录。二是实时同步数源部门数据资源，使用共享交换的方式对接数源部门前置机数据。三是实现便捷共享，有需求的用数部门快速申请无条件共享数据。如有条件共享数据，需要按正常审核流程申请，平台全流程记录和处理，实施交付自动化。四是数据类型丰富，包含了库表、接口、电子证照、电子地图、视频，提供库表、接口、文件、证照等多种数据提供方式。五是实现统一把控和监管政务数据，使各政务部门能够便捷使用共享数据，避免重复申请、无法申请等问题，打破不同部门间数据壁垒。

构建数据共享交换体系。目前已构建“数据编目挂接体系”“数据共享交换体系”

“数据质量检测体系”“数据加密解密体系”“数据智能推荐体系”等十八大省市一体化体系架构，通过统一技术标准、规范管理制度、优化共享流程等多项举措，将各类数据资源、数据服务、数据应用依托省数据资源一网共享平台进行规范管理、高效共享，进一步推进大数据与政务服务的深度融合，打造一站式数据资源服务体验，加快促进跨部门协同应用。

搭建各类政务服务数据库。在统一技术标准的基础上，整合人口、法人、社会信用、空间地理和电子证照等基础数据资源，搭建了各类政务数据基础库、主题库和专题库，形成共用共享的政务大数据基础库资源池，为各级政务部门开展数据共享工作积累全面、鲜活的数据资产，实现条块业务系统互联互通。目前已完成由基础库、主题库和专题库组成的政务数据库框架设计和省、市两级部署，完成自然人、法人单位、空间地理、社会信用和电子证照五大基础库设计和建设，并在汇聚整合省级部门基础库的同时，建设了“数据中心运行”“政务服务效能”“市场监管”和“互联网+监管”等省级主题库，实现基础数据的目录挂接、数据汇聚、数据 ETL（抽取、转换、加载）、质量检测和数据纠错。

资料来源：《数字政府典型案例汇编（2022 年）》。

第一节 数字化治理的内涵与发展

一、数字化治理的内涵与背景

（一）数字化治理的内涵

关于数字化治理的概念，通常会追溯至 2008 年英国学者帕特里克·邓利维（Patrick Dunleavy）在其著作《数字时代的治理理论》中的贡献。数字化治理一般也叫数字治理。在该书中，邓利维对数字化治理进行了定义和解释：数字化治理指运用先进的信息和通信技术，以及管理科学的方法，来改善公共决策和提供公共服务的过程。邓利维强调了数字技术在治理过程中的关键作用，特别是信息共享、公众参与和决策支持方面。他认为，数字化治理可以促进政府与公众的互动和沟通，提高政府的透明度。同时，数字技术还可以提供数据驱动的决策支持工具，帮助政府进行准确的分析和预测，优化政策设计和执行过程。除此之外，邓利维提出了一系列关于数字化治理的理论和概念，其中最知名的是“治理网格”（Gridlock Government）理论。他认为，传统的行政机构往往存在着烦琐的程序和层级，导致决策被拖延、效率低下，而数字化治理可以打破这种僵化的结构，通过网络化的结构和技术工具，实现更加灵活、高效的决策和管理。

目前，数字化治理的概念尚未形成统一的认识。中国信通院指出，数字化治理包括但不限于多元治理、以“数字技术+治理”为典型特征的技管结合，以及数字化公共服务等。美国战略和国际问题研究中心（CSIS）将数字化治理定义为与数字的控制、存储和流动相关的原则、机制、规范、标准等。也就是说，数字是治理的核心，行为是治理的对象，标准是治理的落脚点。在信息时代，数字化治理是指运用信息技术和数字化手段管理和治理社会各个方面的活动。它是随着数字化和网络化快速发展而逐渐提出的一种治理理念。数字化治理强调应用数字技术和数据分析，通过信息化手段提高治理效率、优化决策过程，并实现社会管理的全面、精准和智能化。因为人类已经进入了数字经济时代，所以，理解数字化治理的概念和内涵一定要从社会的宏观视角着手，不能局限于电子政务、网络安全、数字化管理、智能决策等单一方面的内容，不能以偏概全地理解这一概念。治理主体首先是世界、国家层面，例如，涉及如何实现全球化数据共享、如何构建各个国家间网络安全治理联盟等。对于一个社会和国家而言，治理主体包括政府、行业、企事业单位及个人等。治理客体从国际上讲包括地球上的各个国家，以及整个宇宙。从国家层面主要包括政治、经济、文化、社会和生态五个方面，基本上涉及社会的方方面面。具体而言，数字化治理的内涵可以从数据驱动的决策、信息共享与协同、政府治理的创新与变革、数据隐私保护、数据确权与数据安全等多个方面进行阐述。一方面，数字化治理强调数据的重要性，通过收集、整理和分析大数据，提供决策者和管理者在制定政策和管理行为中的参考依据。数据驱动的决策可以更加客观、科学地分析和解决社会问题，优化资源配置，提高治理效果。同时，数字化治理倡导信息在政府、企业和公众之间的共享和协同，打破信息孤岛，促进各方的沟通和合作。通过信息共享和协同，可以提高决策的透明度和公正性，增强社会管理的合力，推进治理体系的协调和整合。另一方面，数字化治理对政府的角色和职能提出了新的要求和挑战。传统的行政管理模式难以适应信息时代的需求，需要政府进行创新和变革。数字化治理倡导政府更加开放、务实和高效的工作方式，提高公共服务的质量和效率，增强政府的公信力和治理能力。此外，在实施数字化治理的过程中，还需要解决一些挑战，例如数据隐私保护、数据确权与数据安全等问题。

综上，数字化治理是将治理理论与现代数字化技术融合的新型治理模式，往往与整体性治理、多元协同治理、生命周期理论、政策网络、网络化治理等理论相结合。然而，无论是作为一种新型的治理模式，还是作为一个复杂的过程，从整个历史演进的角度而言，数字化治理经历了从“数字化时代的治理”到“数字化治理时代”的过程。

（二）数字化治理的背景

1. 技术背景

技术进步在促进数字化治理产生和发展方面起到了至关重要的作用。信息技术的快速发展为数字化治理提供了技术基础和支持，促进了政府与公众之间的互动和参与。在过去几十年里，信息技术得到了快速的发展，如互联网、大数据、人工智能等。这些技术的快速发展使得数据的传输、存储和处理变得更加高效和便捷。特别是互联网的普及和移动通信技术的快速发展，为数字化治理提供了技术基础和支持。互联网的出现使人们能够迅速传递和共享信息，打破了地域限制，促进了全球范围内的信息交流与合作。互联网为数字化治理提供了强大的传输和连接能力，使政府能够更好地与公众沟通、获取反馈意见并实施在线服务。移动通信技术的快速发展则为数字化治理提供了更广泛和便捷的渠道。手机、智能设备的普及以及高速移动网络的建设，使得公众可随时利用移动设备与政府及各类组织部门互动、获取信息、参与决策和提供反馈。

同时，数字化能力的增强，包括数字化工具的普及和应用、数据的大规模生成和积累以及人工智能和大数据分析技术的应用都极大地增强了数字化治理的能力和效能。

（1）随着信息技术的发展，各种数字化工具——从个人计算机、智能手机到智能设备的普及，使公众能够更容易地参与数字化治理。例如，政府机构可以利用数字化工具建立电子政务平台，提供各种在线服务，如在线申请、在线缴费和在线投票等。这些数字化工具的普及和应用使公众与政府的互动更加便利、高效。

（2）随着信息技术广泛应用，大量数据被生成和积累。通过数字化工具和互联网的应用，个人、组织和政府机构间产生的数据数量成倍增长。这些数据包含了各种信息，如人口统计、城市规划、环境监测、经济统计等。政府及各类组织部门能够通过数据的采集、分析和共享，从中获取信息洞察，为决策提供更科学和准确的依据。

（3）随着人工智能和大数据分析技术的发展，数字化治理的能力得到了进一步增强。人工智能技术能够模拟和模仿人类的智能，通过学习和分析大数据，实现自动化的决策和预测。在数字化治理中，人工智能可以应用于数据分析、智能决策、自然语言处理等领域，提高治理效能和决策水平。大数据分析技术则能够从海量数据中获取有价值的信息和洞察，为各类机构及个人提供更全面和准确的数据支持。

可见，新一代信息通信技术的快速发展，如互联网、物联网和人工智能等新兴技术的广泛应用，已经深刻改变了人们的生活方式和社会运行机制。同时，技术与经济、社会各领域日趋深度融合，使得治理变得更加复杂和困难。传统的治理手段面临新的挑战和限制，无法满足日益增长的社会发展需求。当下，国家治理有必要借助先进的科技手段来提升治理能力和效率。

2. 社会背景

社会背景是数字化治理产生的重要动因之一。社会的快速变革、公众对效能和质量的要求、公民参与意识的觉醒、治理场景复杂多样化等因素共同推动了数字化治理的发展。

（1）当代社会面临着快速的变革和多元化的需求。随着全球化、信息化和科技创新不断推进，社会结构和生活方式发生了巨大的变化。人们的期望和需求变得更加多样化和复杂化，对政府的治理方式提出了新的要求。传统的集中式、行政化的治理方式已经不能满足人们的需求，社会对更加高效、透明、可参与的治理模式的追求逐渐成为共识。与此同时，人们对治理的参与度和透明度的要求也不断上升。数字化治理通过运用信息技术和数字化手段实现信息共享、民众参与、政策个性化等目标，能够更好地满足社会的多样化需求。

（2）随着信息时代的到来，公众对政府的服务质量和治理效能提出了更高的要求。传统的行政管理模式通常效率低下、烦琐且耗时，与现代快节奏的社会环境不符。人们渴望政府能够提供高效、质量稳定、便捷可靠的公共服务。数字化治理的兴起为政府提供了一种新的解决方案，可以通过信息和技术的应用，提高政府服务的效率和质量，为公众提供更好的服务体验。企业也是一样，都在用信息手段提升自身的治理水平和效能，包括个人，一般都会有自己的数字化治理方式和内容，如最简单的电子通讯录、文档管理等都属于数字化治理范畴。

（3）现代社会的治理场景变得越来越复杂和多样化，传统的治理模式难以应对这些挑战。社会问题越来越复杂，如环境污染、经济发展不平衡、社会不公等，这些问题需要政府和各界采取更加科学和灵活的措施来解决。尤其是政府，不仅需要关注经济发展，还需要解决社会公平、环境保护和公民权益等多个方面的需求。数字化治理可以借助信息技术精确地获取和分析各种数据，帮助政府了解社会的真实状况并采取相应的措施。此外，治理场景的多样化也要求政府和各类组织能够根据不同领域和层级的需求，灵活应对，制定针对性的政策和措施。数字化治理提供了面向不同场景的定制化解决方案，使得各类组织能够更好地应对不同领域、不同层级的治理挑战。

总之，数字化治理的产生是多个社会背景因素的综合结果。社会的快速变革、公众对效能和质量的要求、公民参与意识的觉醒、治理场景复杂多样化都为数字化治理提供了条件和动力。数字化治理的出现弥补了传统治理模式的不足，为更有效、高效的治理提供了新的机制和工具。

3. 政治经济背景

数字化治理的产生与政治经济背景密不可分。全球化的挑战与机遇、国际环境的变化、全球治理格局的演变等方面共同推动了数字化治理的发展。

（1）随着全球化的进程加速推进，国家间的联系和相互依赖性不断增强。各国面临着更加复杂和跨越国界的问题，需要与其他国家进行合作和协调来解决共同的挑战。全球化带来了一系列的跨国问题，如环境保护、气候变化、网络安全等。这些问题需要不同国家间的协调和合作来解决，要求政府启动更加广泛和全球化的治理机制，数字化是促进全球化治理的重要手段。

（2）国际环境的变化也对数字化治理的兴起起到了推动作用。全球范围内的数字化转型趋势推动了各国政府和各类组织在数字化治理方面的努力。许多国家都将数字化治理作为国家战略的重要组成部分，通过加强数字技术的研发和应用，提升国家治理水平和竞争力。同时，数字化治理的实施不仅仅是一个国家内部的问题，而是具有明显的外部性和跨国影响。一个国家的数字化治理解决方案对其他国家可能产生巨大的影响。因此，加强政策协同和全球合作的需求变得更加紧迫。

（3）数字化技术的快速发展改变了全球治理格局，特别是数字经济的快速发展要求数字化治理同步而行。数字全球化使得传统的国家主权和边界概念受到挑战，治理问题涉及跨国公司、数据隐私、知识产权保护、网络犯罪和恐怖主义等。然而，传统全球治理体系对数字经济的约束和规范相对不足，无法有效应对数字全球化所带来的这些挑战。而数字化治理的产生则满足了数字全球化时代对于跨国问题处理和解决的需要。数字化治理能够提供协调和合作的新途径，促进国际的信息共享、合作和协商，推动全球治理格局的演变，为全球治理提供了新的思路和平台。

总体而言，数字化治理的产生与政治经济之间存在一种相互影响的互动关系。政治经济环境对数字化治理起到塑造和推动作用。一方面，政治因素影响了数字化治理的发展方向、治理方式和治理力度。政府的政策导向、法律制度和政治体制等对数字化治理产生重要影响，政府的治理能力和承诺对数字化治理是否能够有效落地具有重要意义。另一方面，经济因素对数字化治理产生直接影响，数字经济的发展为数字化治理提供了坚实的经济基础和动力，同时，赋能产业朝着数字化、智能化方向转型升级，催生新的数字经济产业业态。经济的数字化转型需要政府制定相应政策和规划进行引导和推动。

二、数字化治理的发展概述

数字化治理涉及的范畴非常广泛，各行各业信息化过程实际上也是数字化治理的发展过程。从数字经济本身出发考虑，本节介绍宏观国家治理层面的政府治理的发展历程，以及微观工业企业数字化治理的发展历程，其他农业、服务业等数字化治理发展历程和治理主体内容有所不同但类似。国家与国家之间网络空间的国际治理也属于数字化治理的重要范畴，这里不做阐述。

（一）政府信息化与数字化治理

1.“数字政府”的发展概况

中国政府运用现代计算技术的发展过程可以根据重要政策节点划分为三个政策阶段。其他国家的发展过程也大同小异。

第一阶段，20 世纪 70 年代后期—2001 年。20 世纪 70 年代后期到 80 年代初，中国政府在电力、地震、气象、地质、人口等领域开始应用计算机辅助科学计算。这些主要是对计算能力的应用，还谈不上支持政府管理。80 年代中期，中央开始对经济、金融、铁道、电力等十多个关系国家经济命脉的国家级信息系统进行立项建设。1993 年启动的“三金工程”，即金卡、金关、金桥工程①，1999 年的“政府上网工程”是这个时期的经典政策。由于当时中央尚未正式启用电子政务的概念，因此人们称之为“政府信息化”阶段。

第二阶段，2002—2017 年。2002 年国家发布《国家信息化领导小组关于我国电子

① “金桥工程”是建立国家共用经济信息网。具体目标是建立一个覆盖全国并与国务院各部委专用网连接的国家共用经济信息网。“金关工程”是对国家外贸企业的信息系统实行联网，推广电子数据交换技术（EDI），实行无纸贸易的外贸信息管理工程。“金卡工程”是以推广使用“信息卡”和“现金卡”为目标的货币电子化工程。

政务建设指导意见》，2006 年发布《国家电子政务总体框架》，基本确定了之后十多年电子政务建设的总体范畴，因此，人们将这个阶段称为“电子政务”阶段。该阶段根据典型政策或现象又可以分为四个子阶段：第一个子阶段是从 2002 年到 2008 年左右。所谓“两网”“四库”“十二金”① 等著名电子政务工程就起始于这个阶段，大多是关系国民经济系统正常运行的重点行业管理信息化工程和政府内部基础设施建设，至今仍然是重要建设内容。第二个子阶段是从 2009 年到 2011 年，在政府自身建设和运营的电子政务系统之外，出现诸如政务微博、政务微信等一批可以承载政务信息服务的第三方平台，同时智慧城市、政府大数据、数据开放等概念也纷纷出现，各种技术创新风起云涌。尽管与传统电子政务有较大差别，这些创新通常也都被纳入电子政务的广义范畴之中。第三个子阶段是 2012 年到 2015 年。党的十八大之后，中央成立网络安全和信息化领导小组及其办公室，网络空间治理、大数据发展等都被提到国家高度。工信部和国家发展改革委在 2012 年先后发布《国家电子政务“十二五”规划》和《“十二五”国家政务信息化工程建设规划》。同时，一批由专业部委率先部署，之后逐步收拢为由国家发展改革委牵头的跨部门地方试点项目，比如“信息惠民”“（新型）智慧城市”等在全国铺开。第四个子阶段是从 2015 年到 2017 年。中央在这个时期提出“放管服”的改革思路。“放管服”与“互联网+”相互结合推出两个方向改革：一是围绕“优化服务”展开的“互联网+政务服务”。二是围绕“放管结合”展开的“互联网+监管”。同时期，国家发展改革委发布《“十三五”国家政务信息化工程建设规划》，提出“基本形成满足国家治理体系与治理能力现代化要求的政务信息化体系，构建形成大平台共享、大数据慧治、大系统共治的顶层架构，建成全国一体化的国家大数据中心”。

第三阶段，2018 年至今。尽管一些地方政府和学术界很早就开始使用“数字政府”，但是并未获得普遍采用。此次作为“数字中国”体系的有机组成部分，这个概念得到了强化，并从 2018 年开始在贵州、广东、浙江等地方治理中被迅速推广，地方规划相继出台。人们将这个阶段称为“数字政府”阶段。

2.“数字政府”的特征

党的十九届四中全会首次在中央文件层面正式提及“数字政府”概念，引起各界的广泛关注和高度重视。《中共中央关于坚持和完善中国特色社会主义制度　推进国家治理体系和治理能力现代化若干重大问题的决定》指出，“建立健全运用互联网、大数据、人工智能等技术手段进行行政管理的制度规则。推进“数字政府”建设，加强数据有序共享，依法保护个人信息。”这些方面在事实上共同构成了“数字政府”建设的基本范畴，反映了中央赋予“数字政府”以“系统性、整体性、协同性”的改革内涵。

---

① “两网”，即政务内网和政务外网。“四库”，即建立人口、法人单位、空间地理和自然资源、宏观经济四个基础数据库。“十二金”，即重点推进办公业务资源系统等 12 个业务系统。这 12 个业务系统又可以分为三类：第一类是对加强监管、提高效率和推进公共服务起到核心作用的办公业务资源系统、宏观经济管理系统建设；第二类是增强政府收入能力、保证公共支出合理性的金税、金关、金财、金融监管（含金卡）、金审五个业务系统建设；第三类是保障社会秩序、为国民经济和社会发展打下坚实基础的金盾、社会保障、金农、金水、金质五个业务系统建设。

“数字政府”就是政府为适应和推动经济社会数字化转型，对政府治理理念、职责边界、组织形态、履职方式以及治理手段等进行系统发展和变革的过程。那么，应该如何理解这一发展和变革过程的具体特征呢？围绕这一问题，相关研究做出了开创性工作。通过对其加以概括和提炼，技术-结构-职能可以作为理解“数字政府”特征要旨的三个维度：

（1）在技术层面，“数字政府”要求政府在履职方式和治理手段等方面充分利用信息技术变革潜力提升治理水平和治理能力，实现从流程范式到数据范式的技术应用逻辑转变。传统政府是在既定的组织业务流程下探索技术应用的可能性和效用，是以管理者为中心服务于组织目标。但“数字政府”建设以服务对象为中心，要求围绕数据生命周期进行价值挖掘，以数据的流动串联业务流程，进而更好地履行政府职能。

（2）在结构层面，“数字政府”要求政府组织形态从分立式结构向平台化结构转变，实现“政府即平台”模式。平台是数字化领域的趋势和主要组织模式，其特征在于数据资源的共享、复用以及依托标准化服务接口的开放、创新。“数字政府”建设在对内、对外两个方面依赖平台化转型：一方面，传统政府依据不同业务领域、类别划分的分立式结构往往重复建设信息系统，同时也阻碍了数据的集中共享。通过成立专门机构统筹大数据建设、管理，将有效降低建设成本、提升管理效率。另一方面，信息社会形态下多元共治的客观需要，以及政务数据沉淀价值的开发、再利用都要求政府与企业、社会等多方主体实现数据联通，平台化转型是兼顾数据安全与数据应用的必然选择。

（3）在职能层面，“数字政府”既要求有效回应经济社会数字化转型所引发的治理挑战，也要求通过制度变革促进数字化转型以及信息社会形态朝更高阶发展。这两个方面共同构成了“数字政府”的目标范畴。在具体内容上，这又可细化为“基于数据的治理”和“对数据治理”两个维度。前者将数据视为应对转型挑战、提高管理效率、增强治理能力的工具和方法，后者则将数据视为治理对象，涵盖数据标准、共享、安全、利用等相关问题治理规则和机制的建立。“数字政府”建设视野下的政府职能既是对传统政府职能的继承与革新，也是对新时代治理需求的回应与延伸。

“数字政府”的核心在于政府如何善用现代数字技术去实现良好政府职能，更好地达成政府施政的政策目标，为公民和社会创造更大的公共价值。其本质在于通过“数字政府”的转型，建立新的政府典范。“数字政府”代表的是政府典范或者公共服务典范的转移。具体而言，“数字政府”的基本特征主要体现在以下六个方面：

（1）从现有流程的数字化到设计的数字化。依据成功和持续转型的战略要求，设计政府的运作方法，重新思考、再造和简化政府的运作，实现有效的、可持续的和公民驱动的公共部门。在此过程中，充分考虑数字技术以及数据的潜力。

（2）从信息中心的政府到数据驱动的政府。政府认识到数据是战略性的资产和资源，是公共部门协同运作的基础动力。因此，政府充分运用数据预测公民和社会的需要以提供公共服务，了解政府运作的绩效并不断回应变革的需求。

（3）从封闭的政府运作过程到开放的政府。政府的运作本着透明、廉洁、责任和参与的原则进行。在开放政府下，开放政府数据，公民不仅可以了解政府的信息，实现充分的知情权，还可以通过协商、直接参与等途径，直接介入公共政策制定的过程，使得政府政策能够更好地回应民意，保障公民的权益。

（4）从政府中心到使用者和公民中心。政府要聚焦于使用者的需求和公民的期望，在公共政策的制定和公共服务的提供方面，应充分听取公民的意见，并依据他们的需求，用数字化的方式提供优质的服务，包括跨机关的整合服务、自制式服务、个性化服务和高附加值的服务。

（5）从政府作为公共服务的提供者到政府作为公共服务共同创造的平台。政府建设支持性的生态系统用以支持和赋能公务人员设计有效的公共政策，提供优质公共服务。这一生态系统能够促进政府与公民、企业、社会和其他组织之间的协作，激发他们的创造力，运用他们的智识和才能共同面对国家的挑战。

（6）从被动的政府到积极前瞻性政府。政府无论是在政策制定还是公共服务的提供上，能够提前预测和了解社会的变化和公民的需求，并对此作出快速的反应。政府要积极地开放数据、公开信息，而不是等到公民请求之后才提供信息。积极的政府同样要求政府部门积极解决问题，要有结果，而不是消极的、不疼不痒的回应。

总之，通过数字化的转型，“数字政府”不仅是可信赖的、可预测的政府，而且是具有开放性和透明性的政府，既是负责任的政府，也是能够有效运作和提供服务的政府，这正是“数字政府”的基本特征。在当代社会，公共部门的主要职责是为公民提供有效的公共服务，数字化的价值就在于通过数字化的过程，改善公共服务的质量。衡量政府数字化转型绩效的关键在于公共服务的数字化，是否实现了公共服务向以公民为中心的转变。

（二）工业企业信息化与数字化治理

1. 工业企业信息化发展历程

进入 20 世纪 90 年代以来，信息化浪潮一浪高过一浪，世界各国更加关注和重视未来的信息社会。发达国家借助掌握信息技术的优势，大力推进国家信息基础设施的建设，促进本国产业结构重组，从而增强了自身的国际竞争力。Internet 技术的兴起给企业业务流程、管理模式、组织机构的重组乃至整体的发展带来新的机会，并将导致产业结构及企业经营方式的变革，从中体现了国家和不同区域工业企业数字化治理水平。

工业企业信息化正是在信息时代的带动下，伴随着信息技术的形成与发展，由不断进步的信息技术在制造领域逐步深入应用而形成的独具特色的学科门类和软件产业。用现代信息技术，对信息资源的认识、开发和利用，不断提高制造企业的生产经营、管理、决策水平和效益，使企业能以信息经济和知识经济的思维方式在现代市场竞争环境中选择正确定位，确立竞争优势。工业企业信息化是工业制造领域的数字化治理，是信息技术应用在制造企业而形成的特定系统，与常规在非制造类企业及政府、金融等领域的数字化治理不同，存在着自身的特点。以中国制造业信息化为例，进入 20 世纪 90 年代，制造业信息化上升为国家战略，按照五年一个周期的国民经济发展计划进行，具体分为以下几个阶段：

1991—1995 年“八五”期间，大力普及计算机辅助设计（Computer Aided Design，CAD）系统。由于制造企业生产经营的特殊性，随着产品全生命周期各个制造环节的相应信息技术应用的不断深入，已形成了制造领域特定的或为主要应用领域的现代制造信息系统产品和产业。如专门用于工程类产品设计的各类 CAD 系统，在 CAD 系统使用的同时管理或者说治理产品设计相关的数据与知识。与制造设备关联的加工制造的计算机辅助制造（Computer Aided Manufacturing，CAM）系统，实际是用数据驱动的方式实施自动化制造。产品性能分析的 CAE（Computer Aided Engineering）系统是用数据定量化展示产品不同结构的物理性能。用于产品加工工艺的 CAPP（Computer Aided Process Planning）系统是充分利用以往经验数据进行新工艺设计的数据和知识管理方法。用于制造企业产品数据管理的 PDM（Product Data Management）系统是产品全生命周期数据管理系统，包括对设计及相关人员对数据处理的管理与控制。用于制造企业资源规划管理的 ERP 系统是对企业制造资源数据的全面管理，包括物流、资金流和能量流等数字资源。

1996—2000 年“九五”期间计算机集成制造系统（Computer Integrated Manufacturing System，CIMS）出现，部分大企业采用了 MRP Ⅱ（Manufacturing Resources Planning，ERP 的前身，第二代 MRP）、自动化生产线，做了管理信息化和底层自动化的尝试，物联网开始初步应用，有了工业现场数据的采集及应用。现代制造信息系统是一个制造技术与信息技术交叉的信息系统。目前制造企业也和政府部门一样在普遍使用 OA 系统，把企业办公数据按照流程管理起来，并且普遍应用基于工作流引擎的数据与模型驱动的数字化治理模式。

2001—2005 年“十五”期间制造业信息化技术全面铺开，现代集成制造系统（Contemporary Integrated Manufacturing System，CIMS）出现，特别是中小企业成了信息化生力军，企业开始自发地应用 ERP、CAD/CAM、电子商务等。制造业是工业化国家国民经济的支柱产业，制造产业链涉及的企业多、环节多，与海关、银行、税务等社会多个部门相关联。制造是个社会活动。一个产品由原材料到产品，再到销售和报废全生命周期常常有多个中间环节。整个过程所涉及的信息是海量的，企业在信息流各个环节中使用的信息系统也多种多样，但各环节的信息系统是相互关联而成体系的，系统的开放性和可集成性是现代制造信息系统的关键。数字化治理从单元应用到系统集成的阶段性跃迁发展，其间数据资源的流动创造了显著的价值。

2006—2010 年“十一五”期间，国家落实“工业化促进信息化，信息化带动工业化”政策，走新型工业化的路子。实施“两甩工程”，即由“八五”的甩图板到甩图纸，加上了甩账本，即全面的数字化，不再依赖传统的纸质工程、财务图纸和账本，企业数据化治理进入高级阶段。由于信息技术日新月异的发展，现代制造信息系统也处于不断变化和发展状态，原有系统不断更新换代，新的系统层出不穷。DRP（Distributed Resource Planning，分销资源计划）、SCM、CRM 等新概念、新系统不断出现。随着信息技术不断发展，以及信息系统对制造业的模式转变及竞争力提高等方面的作用不断增强，在这一段时间内现代制造信息系统的体系结构不断完善，信息系统进入全面发展的兴旺阶段。工业企业特别是较大规模的企业数字化治理已经达到了较高的水平，企业普遍设有 IT 部，有些企业设有 CIO（首席信息执行官）、CTO（首席技术执行官）、CSO（首席架构师）及 CDO（首席数据执行官）等。特别是互联网公司，由于业务需求，数字化治理能力和水平相对其他行业高出一筹。工业企业 IT 每年有固定的预算，国际上发达国家一般在销售额的 1%左右，国内普遍偏低一些。

由于 2008 年工信部成立，2011 年以后国家层面制造业信息化工作主要由工信部主抓，“十二五”“十三五”期间以信息化与工业化融合，即“两化融合”为牵引全面推进以制造业为核心的工业信息化。在此期间数字经济已经成为一个鲜明的经济特征，并且在逐步取代传统工业经济，成为人类新的经济阶段、新的经济形式。物联网、大数据和人工智能等新一代信息技术蓬勃发展，数字化治理在各行各业得到普遍重视，各地纷纷成立专门的大数据管理部门、集团公司等。该时间段的治理特征在本书其他章节有所论述，这里不再赘述。

2. 工业企业数字化治理选择

工业生产制造常常出现设备故障预警、异常实时告警、异常回溯、产品稳定性和生产效率优化等治理业务场景。随着智能制造、工业互联网等战略措施深入推进，工业企业积累了大量的数据，为不同业务场景下的数据分析提供高质量的数据接口，使得开展工业数据治理成为核心问题。

（1）工业数据态势与特点。工业数据可划分为操作技术数据和信息技术数据，前者是工业数据的主要部分，源自工业生产机器设备、自动化采集系统等，包含时序数据和非时序数据。时序数据包括温度、压力、流量等数据。非时序数据包括工业系统的日志数据以及生产调控的经验数据。信息技术数据主要包括企业资源计划（ERP）、制造执行系统（MES）等业务数据。其中 ERP 系统主要包括财务、客户关系、供应链管理等数据，MES 位于上层 ERP 层与底层控制层之间，主要包括生产调度、质量管理、人员管理等数据。

工业数据具有以下特点：① 隔离性。工业数据来自多道工序的多台设备，设备独立工作且工序间数据互不流通，形成一座座“数据孤岛”。② 多模态。工业数据来源多样，结构复杂。除工业生产中所采集的温度、压力、流量等时序数据之外，还包括检测火焰温度等的红外热成像视频数据。③ 强关联。工业数据中的关联主要包括：生产指标间的关联，如原料燃料流量、温度、压力的关联；生产过程的关联，如生产工序间的工艺参数关联关系；产品设计制造等环节之间的关联，如仿真过程与产品实际工况间的关联。④ 高通量。传感器所采集的时序数据具有设备多、测点多、频率高、吞吐量大、连续不间断的特点。数据带来巨大的存储成本，还存在衔接不连贯、标准不统一、数据不对齐、脏数据等质量问题，无法为数据分析提供有效接口。如何提升数据价值密度、提高数据挖掘效率是现阶段亟待解决的问题。

（2）工业企业数字化治理的关键方向。随着工业企业数字化转型不断推进，数据治理成为一个至关重要的领域。数据治理是一套关于如何有效地管理、维护和利用数据的策略和实践，旨在确保数据的质量、安全性、合规性和可用性。在工业企业数字化转型中，数据治理发挥着关键的作用，有助于实现更高效、智能和可持续的运营。

以下是工业企业转型中数字化治理的关键方向：

（1）打破数据孤岛，实现数据整合。工业企业中的数据孤岛现象严重阻碍了信息的流通与共享。为了实现数据的最大化利用，企业需要构建一个统一的数据平台，整合来自不同工序、设备的数据。这一平台应具备高效的数据接口，能够实时接收并处理各种数据源的信息。通过数据整合，企业可以全面了解生产流程的各个环节，及时发现并解决问题，优化生产效率和产品质量。此外，数据整合还有助于企业形成统一的数据视图，为决策层提供准确、全面的运营信息，从而做出更明智的决策。

（2）处理多模态数据，挖掘深层价值。工业数据的多模态特性要求企业具备处理多种数据类型的能力。除了常规的时序数据，还包括图像、视频等非结构化数据。为了充分挖掘这些数据的价值，企业需要采用先进的数据分析技术，如机器学习、深度学习等，对多模态数据进行综合处理和分析。通过这些技术，企业可以从图像和视频数据中提取出有价值的信息，如设备状态、生产环境等，进而优化生产流程和提高产品质量。同时，多模态数据的处理也有助于企业发现潜在的问题和风险，提升运营的稳健性。

（3）利用数据关联，优化生产流程。工业数据中的强关联特性为企业提供了优化生产流程的机会。通过分析生产指标间的关联、生产过程的关联以及产品设计制造等环节之间的关联，企业可以更加精确地控制生产过程，提高生产效率和产品质量。例如，通过监测原料燃料流量、温度、压力等生产指标的关联变化，企业可以及时调整生产参数，确保生产过程的稳定性和高效性。同时，利用数据关联分析，企业还可以发现生产流程中的瓶颈和问题，及时进行改进和优化。

（4）应对高通量数据，高效存储与分析。面对高通量的工业数据，企业需要构建高效的数据存储和分析系统。这一系统应具备高可扩展性、高性能和高可靠性等特点，以应对数据量的快速增长和数据质量的挑战。通过采用分布式存储技术、大数据处理框架和云计算等技术手段，企业可以实现对高通量数据的快速存储、查询和分析。同时，为了解决数据质量问题，如衔接不连贯、标准不统一等，企业需要建立严格的数据治理流程和质量控制机制，确保数据的准确性和一致性。通过这些措施，企业可以更有效地利用高通量数据，提升数据价值密度和挖掘效率。

总之，工业企业数字化转型中的数据治理是确保数字化过程的关键成功要素，有助于提高数据的质量、安全性和合规性，从而为企业带来更多的竞争优势和创新机会，进而实现数据的资产化和资本化。因此，工业企业应该制定并实施全面的数据治理策略，以支持数字化转型的可持续发展。

三、数字化治理存在的突出问题

数字化治理在推动政策制定和管理行为的科学化、精细化和智能化方面起到了至关重要的作用。然而，在实际数字化治理过程中也暴露出一些问题。

（一）数据垄断问题愈发凸显

在数字经济时代，数据被公认为是一种宝贵的资源，能够为公司和其他组织带来巨大的商业价值和竞争优势。然而，随着一些大型科技公司的崛起，数据垄断现象也逐渐显现出来。其中，科技巨头的数据垄断、社交媒体平台的数据垄断，以及电子商务领域的数据垄断等问题都引发了人们的担忧。

1. 科技巨头的数据垄断

一些大型科技公司以其庞大的用户基础和多元化的服务垄断了大量的用户数据。这些公司在其平台上收集了用户的个人信息、兴趣爱好、社交互动等大量数据，并进行数据挖掘和分析，从而为广告定向、精准营销等商业模式提供了强有力的支持。

（1）科技巨头通过掌握大量用户数据实现了广告垄断。作为全球最大的在线广告平台，某些科技巨头通过收集用户搜索数据、兴趣偏好和社交互动等信息，为广告主提供高度定向的广告服务，同时利用其庞大的电商平台收集购物行为数据，为广告商提供准确的广告投放机会。这些科技巨头在广告市场上的垄断地位使其他竞争对手难以进入市场，导致广告市场缺乏竞争性定价和服务创新，同时也限制了广告主和消费者的选择权。

（2）科技巨头通过数据垄断实现了市场的集中化。这些公司凭借其巨大的用户基础和数据资源，具备在市场上成为主导者的能力。通过投资技术、人才和基础设施，不断巩固和扩大公司在特定领域的位置。例如，科技巨头 A 在搜索引擎领域的垄断地位使其成为在线搜索的主要入口，科技巨头 B 在社交媒体领域的垄断地位使其成为人们社交活动的关键平台。这种集中化带来了市场份额的不平衡，减少了创新和竞争的机会，限制了新兴企业和创业公司的发展。

我国大型科技公司的数据垄断问题在当前数字化时代的背景下也愈发凸显。这些公司通过庞大的用户基础和丰富的数据资源形成了在市场上的强大竞争优势，并在商业模式上实现了数据垄断。大型科技公司 A 通过其电商平台构建了庞大的交易生态系统，汇聚了各类企业和消费者，形成了全面的数据闭环。大型科技公司 B 借助社交平台的广泛用户群体，实现了社交、支付等多元化业务的协同和互补，构建了数据密集型的平台模式。大型科技公司 C 则通过搜索引擎和广告平台等建立了广泛的广告网络，提供高度定向的广告投放服务。这些公司将用户数据作为核心资产，通过数据紧密连接的商业生态系统，形成了良性循环并巩固了自身垄断地位。

2. 社交媒体平台的数据垄断

社交媒体平台的普及和用户规模的不断扩大，也引发了数据垄断的问题。例如，某科技巨头旗下的社交媒体平台拥有庞大的用户群体和社交关系网络，积累了大量的用户行为数据和社交数据。数据的垄断使得社交媒体平台在数据驱动的广告行业中具有较高的垄断地位。

（1）社交媒体平台通过用户注册和使用平台时的授权，收集大量用户的个人信息、社交关系、兴趣爱好等数据。这些平台运用复杂的算法和数据分析技术，将用户的数据进行整合分析，形成用户画像和兴趣偏好，从而提供个性化的内容推荐和广告定向投放。通过个性化的服务，这些平台能够吸引用户，提高用户黏性和平台活跃度。

（2）社交媒体平台凭借庞大的用户规模、精准的用户数据和高度互联性成为了广告主和品牌商倾向的广告投放平台。这些社交媒体平台通过收集用户的兴趣和社交互动等数据为广告主提供了高度定制化和精准定向的广告服务，并利用用户社交关系的网络效应，通过朋友推荐、点赞和评论等方式扩大了广告的传播范围和影响力。这种精准的广告投放模式让广告主能够更有效地吸引目标受众，并提高广告投放的效果。社交媒体平台通过数据垄断实现了较大的市场份额和竞争优势。通过拥有大量的用户数据和用户黏性吸引了大量的广告主和品牌商投放广告。这使得这些平台在广告市场上具有较高的议价能力，并获得了丰厚的广告收入。同时，平台通过不断改进和创新，提供更好的用户体验和个性化服务，进一步巩固了用户和广告主对平台的依赖和忠诚度。

3. 电子商务领域的数据垄断

电子商务市场的增长和规模扩大也造成了数据垄断的趋势。一些电商平台集中了大量的商家和消费者数据，并通过数据分析和推荐算法实现了个性化的商品推荐和定向广告，从而进一步加强了其在市场中的垄断地位。具体来看，大型电商平台通过收集用户的个人信息、购物历史、浏览习惯等海量数据，洞察消费者的需求和偏好，实现个性化的推荐和定制服务。电商平台通过高度智能化和复杂的算法技术，将用户数据转化为商业价值，并为用户提供个性化的购物体验、精准的推荐和优惠定制。这种精准的购物推荐和个性化服务吸引了大量的用户，提高了用户的忠诚度和平台的黏性。不仅如此，电商平台还通过出色的用户体验、广泛的产品种类和快速的配送服务吸引了越来越多的消费者加入。大量的用户规模进一步加强了平台的数据垄断地位，形成了所谓的“数据网络效应”，使得用户更倾向于购买来自这些平台的产品和服务，同时也提高了新进入市场的竞争对手的准入门槛。这种垄断现象使得大型电商平台能够主导市场，并在供应链、渠道和定价等方面对市场进行塑造。

（二）数据标准体系和数据确权缺乏整体设计

当前，数据标准体系和数据确权情况仍旧存在一些问题，缺乏整体设计。数据标准体系是指一套规范和准则，用于指导数据的收集、处理、存储和共享等方面的行为。数据确权是指个人和组织对于自身数据所享有的权益和控制权。数据标准体系是保障数据合规和数据安全的基础，也是数据的跨界流动与应用的前提。

1. 数据标准体系的制定和推行缺乏统一的机构和统筹规划

以我国为例，数据标准体系涉及多个部门和行业，包括信息技术、通信、工业和交通等。各个部门和行业在制定数据标准时往往没有协同合作，导致标准之间存在冲突和不一致。此外，数据标准体系的推行也缺乏统一的机构和权威机构，导致执行和监管的不连贯性，使得数据标准体系的有效性和可行性受到一定的影响。

2. 数据标准体系在技术规范、隐私保护和数据安全等方面还存在一些不足

在技术规范方面，我国的数据标准体系缺乏针对先进技术和新兴应用的规范，如人工智能、区块链和大数据等。这使得部分行业的数据应用无法充分发挥其潜力，可能面临技术风险和隐私泄露的风险。在隐私保护方面，当前的数据标准体系还需要进一步加强对个人信息的保护，制定更加明确和严格的法律法规。在数据安全方面，数据标准体系需要加强对用户数据的安全保护和防护措施，避免数据被滥用、泄露或窃取。此外，数据标准体系在国际合作与互操作性方面也存在一些挑战。随着数字经济和数据跨境流动的发展，数据标准体系需要与国际标准和规范相衔接，以促进数据的跨界流动和共享。然而，当前我国的数据标准体系与国际标准之间存在差距，缺乏互操作性和相容性。这使得中国企业在国际市场上可能面临标准壁垒的限制，以及在数据跨境流动和合规方面的困难。

3. 数据确权方面虽然已有初步的进展，但依然任重道远

数字经济的蓬勃发展催生了对数据权利保护的迫切需求，为此各国纷纷加强数据保护措施以适应大数据时代的挑战。在欧美等发达国家，信息化建设和大数据的发展促进了数据确权的相关政策法规的制定和普及，推动了数据确权功能的构建和信息化服务的发展。美国作为一个信息化程度高的国家，已出台很多关于数据确权的法律文件。从最早的20世纪70年代的《隐私法》开始，到2018年的《加州数据保护法案》，美国的数据确权法律文件已经覆盖了各个方面。2018年，欧盟《通用数据保护条例》正式实施。该条例是欧洲联盟制定的一项关于个人数据保护的法规，旨在确保数据主体的权利得到尊重，并规范处理个人数据的流程。该条例通过管理、控制和报告处理个人数据流程，旨在全面改善数据的处理方式，从而加大个人数据的保护力度。在亚洲地区，数据确权方面的政策和法规相对欠缺。日本、韩国、中国在数据安全管理和保障方面走在了前列，同时也呼吁加强国际合作，共同维护数据确权，确保数据可信、可用、安全、便利地流动。

近年来，我国加快数字经济的发展，利用大数据推进各领域应用，推动了数据确权议题加速发展。当前，我国在数据确权方面已经开展了有益的实践，并取得了阶段性的成果。已经成立了多家大数据交易所，场内交易已初步建立了数据确权制度，从而保障了数据交易的正当性。政策和法规方面，已出台《中华人民共和国反不正当竞争法》《中华人民共和国数据安全法》《中华人民共和国个人信息保护法》《中共中央国务院关于构建数据基础制度 更好发挥数据要素作用的意见》（以下简称《意见》）等相关文件，旨在规范数据处理活动、保障数据安全、促进数据开发利用，以及保护个人、组织的合法权益。其中，《意见》提出六大方面共计20条构建数据基础制度体系的政策举措，又称“数据二十条”。“数据二十条”围绕数据产权、流通交易、收益分配、安全治理四个重点构建四大制度，并提出建立数据资源持有权、数据加工使用权和数据产品经营权“三权分置”的数据产权制度框架，构建中国特色数据产权制度体系。总体而言，目前中央和地方政府已相继出台多项文件，从多个角度、多个渠道推进数据确权的完善和支持，响应了“十四五”规划和党的二十大报告中对发展数字经济，提高数据要素对经济发展的重要作用，建设高水平、高质量市场经济的重要论述。这表明我国政府在政策理念上明确支持更加完善和精确的数据确权制度（王申和许恒，2023）。但是在当前的法律体系中，关于数据确权的法律法规相对不够完善和明确。尽管我国制定了《中华人民共和国个人信息保护法》等相关法规，但在数据所有权、使用权和控制权等方面仍然存在一定的模糊性和争议。此外，对于企业和机构的数据确权也需要进一步明确，以鼓励数据的创造和合理利用。

（三）隐私保护、数据安全等数据共享顽疾严重

当前，数据的隐私保护、数据安全和数据共享方面存在一些严重的问题，可以称之为数据共享的顽疾。随着互联网快速发展，个人信息泄露的事件频频发生，隐私保护法律的完善迫在眉睫。为了解决这个问题，我国政府于 2016 年通过了《中华人民共和国网络安全法》。该法明确规定了个人信息的收集、存储、处理和使用等行为的条件和限制，以及对违法行为的惩罚措施。然而，随着大数据技术快速发展，个人信息被广泛收集和应用，给隐私保护带来了新的挑战。我国政府也在积极应对这一挑战，出台了《中华人民共和国个人信息保护法》。该法明确了个人信息的定义、处理原则、权利和义务、个人信息的国际传输等方面的规定以及相关监管和执法机构的职责。这是我国历史上第一部专门规定个人信息保护的立法，填补了我国隐私保护法律的空白，标志着我国隐私保护进入了一个新的阶段。

尽管我国制定了《中华人民共和国个人信息保护法》等相关法律法规，但在实际应用中，隐私保护方面仍存在一些问题。

1. 数据的隐私条款不规范

许多网站和应用程序的隐私条款过长、语言晦涩、权限过大，让用户无法理解和掌握自己的个人信息被如何采集和使用。用户在使用这些平台时只能选择接受全部条款，否则将无法使用相应服务。这种模糊的隐私条款让用户在信息共享和隐私保护之间处于被动地位，无法有效保护自己的个人信息。

2. 数据泄露风险仍然存在

我国曾多次发生个人信息泄露事件，导致大量个人信息被泄露到互联网上。这些泄露事件可能源于黑客攻击、数据库漏洞或内部员工的不当行为，容易导致个人隐私受到侵犯，甚至引发身份盗窃、网络钓鱼和诈骗等风险。此外，隐私保护意识薄弱，有待加强。在我国，个人隐私还没有得到足够的重视和保护。一些人可能对隐私保护问题缺乏足够的认识，而且对于一些应用程序和平台获取个人信息的权限常常选择默认接受，而不加以仔细考虑。隐私保护意识缺乏，使得个人隐私更容易受到侵犯。

3. 缺乏有效的数据安全防护措施

数据共享涉及多个参与者，包括数据提供者、数据平台和数据接收者。然而，这些

参与者在保护数据安全的技术和措施方面存在不足。一些组织可能没有充分了解数据安全的重要性，或者缺乏投入足够的资源来保护数据安全。此外，一些组织缺乏专业的数据安全团队和专业知识，导致数据安全风险增加。同时，缺乏有效的数据安全标准和认证机制也是一个较为突出的问题。当前，我国缺乏普遍被接受的、具有严格标准的数据安全认证机制，使得数据共享中的安全标准参差不齐。在实际的数据共享过程中，缺乏明确的安全标准和规范，使得数据被共享的过程可能存在风险。不同机构和企业的数据安全标准不一致，导致数据在共享时易受攻击和数据泄露。

4. 尚缺乏明确的数据共享政策和法律法规

在中国，尽管有相关的法律法规保护个人信息的隐私，但目前仍缺乏完善和明确的数据共享政策和法律法规。缺乏明确的政策和法规使得数据共享的规范和管理变得困难，存在法律风险和不确定性。此外，由于缺乏权责清晰的法规，数据提供者和接收者之间的合作常常缺乏明确的法律约束，从而影响了数据共享的可靠性和安全性。

第二节　数字化治理模型、体系与状况

一、数字化治理模型和体系

（一）数据治理模型

在很多情境下，数字化治理与数据治理有共通性。数据治理模型可以帮助组织厘清复杂、模糊的概念及关系，指导组织开展高效的数据治理工作。当前关于数据治理模型的研究主要集中在数据治理成熟度模型、数据治理有效性评价、面向大数据背景下的数据治理模型和针对具体应用层面的数据治理模型研究这些方面。

例如，中国人民大学信息资源学院的童楠楠和朝乐门（2017）详细介绍了由卡内基·梅隆大学软件工程研究所在 2014 年提出的数据管理成熟度（Data Management Maturity，DMM）模型，分析了数据管理成熟度模型的逻辑架构、要素构成和应用实践。基于这一理论视角，结合大数据背景下的时代特点，研究了数据管理的理念变革，进而提出大数据时代下改进数据管理的主要策略。这一研究为探索构建结合我国国情的数据治理成熟度模型具有重要的借鉴意义，为大数据时代的数据治理成熟度评估提供了有益参考。

大数据时代背景下的数据治理，必须解决大数据价值密度低、隐私保护难等新问题，如何通过数据治理产生数据红利、提升组织竞争力便成了大数据治理的目的所在。为此，赛宝认证中心提出了大数据治理模型，并将其理解为人与组织、策略和能力的三维架构。其中，人与组织是数据治理的主体，涉及利益相关者、治理委员会、管理委员会和内部员工等。策略是组织实现其使命、愿景和治理目标，建构数据规则，明确权利与职责的有效手段，是数据治理的工具。能力则反映了组织进行数据治理所具备的条件和所处的水平，是实现有效数据治理的保障。

从应用层面入手，必须结合社会现实问题，例如，针对城镇信息化的数据治理问题，从政策环境、专业人才、相关业务、系统平台等多个维度出发，构建城镇信息化中的数据治理模型。该模型以高效的数据治理为目标，制定数据治理计划，包括目标、职责等具体策略。一般要设立专项组织架构，包括成立治理委员会等，要有人员和具体负责的组织保障。还要通过数据管理系统的建设，为海量异构数据的整合集成、关联共享和挖掘分析提供平台，构建城镇数据治理能力。

（二）数据治理体系

数据治理体系框架是指为了实现数据治理的总体战略和目标，将数据治理领域所蕴含的基本概念，包括如原则、组织架构、过程和规则等，利用概念间关系组织起来的一种逻辑结构。简单地说，数据治理体系框架是指数据治理要素组成及要素之间关系的一种结构。

目前，较为认可的数据治理框架主要包括：国际数据管理协会（Data Management，DAMA）数据治理框架、国际数据治理研究所（Data Governance Institute，DGI）数据治理框架、IBM 公司数据治理框架、企业数据管理（Enterprise Data Management，EDM）模型、5 层框架模型、决策域模型等。这些框架为机构的数据治理工作提供了不同的价值视角和关注维度，其中 DAMA 数据治理框架和 DGI 数据治理框架最具影响力。

1. DAMA 数据治理框架

DAMA 认为数据治理是数据管理的组成部分，是数据管理的核心功能。DAMA 框架包括两个子框架：功能子框架和环境要素子框架。功能子框架总结了数据管理的十个功能，并将数据治理置于核心位置（见图 7-1）。环境要素子框架提出了数据管理的七个环境要素（见图 7-2）。并最终建立起十个功能和七个环境要素之间的对应关系。DAMA 框架中数据治理的核心工作就是解决数据管理的十个功能与七个环境要素之间的匹配问题。

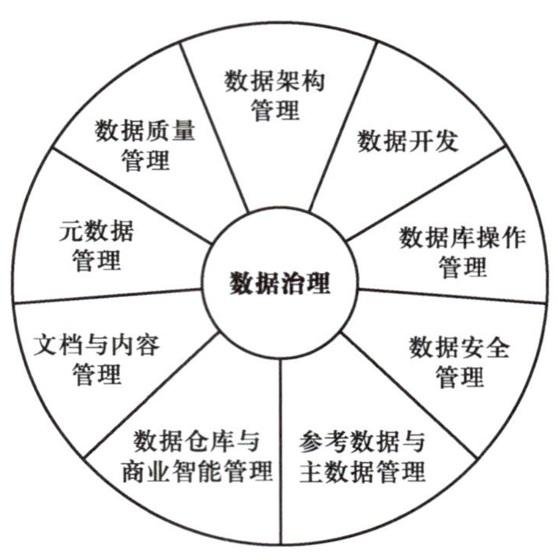

图 7-1 DAMA 功能子框架①

① 包冬梅，范颖捷，李鸣．高校图书馆数据治理及其框架［J］．图书情报工作，2015，59（18）：134-141.

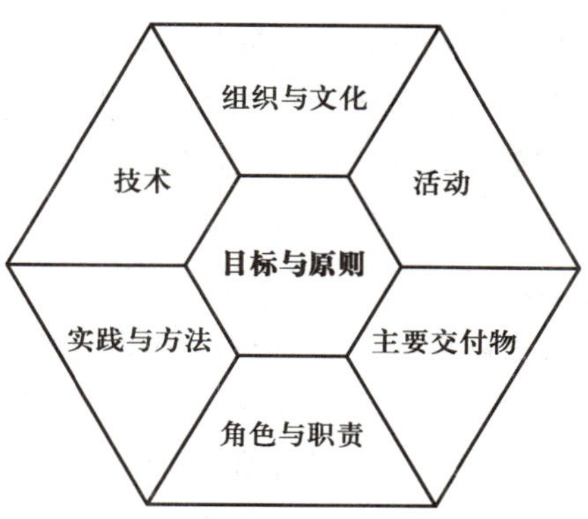

图 7-2 DAMA 环境要素子框架①

2. DGI 数据治理框架

DGI 从组织、规则、过程三个层面，提炼出数据治理的十个基本组件，并在此基础上提出了 DGI 数据治理框架（简称 DGI 框架）。该框架既包含从管理角度提出的促成因素，如目标、数据利益相关者和组织结构等，也包含项目管理的相关内容，如数据治理生命周期。DGI 框架以一种非常直观的方式展示了十个基本组件间的逻辑关系，以访问路径的形式，形成了一个从方法到实施的自成一体的完整系统，见图 7-3。组件按职能划分为三组：人员与组织结构、规则与协同工作规范和过程。

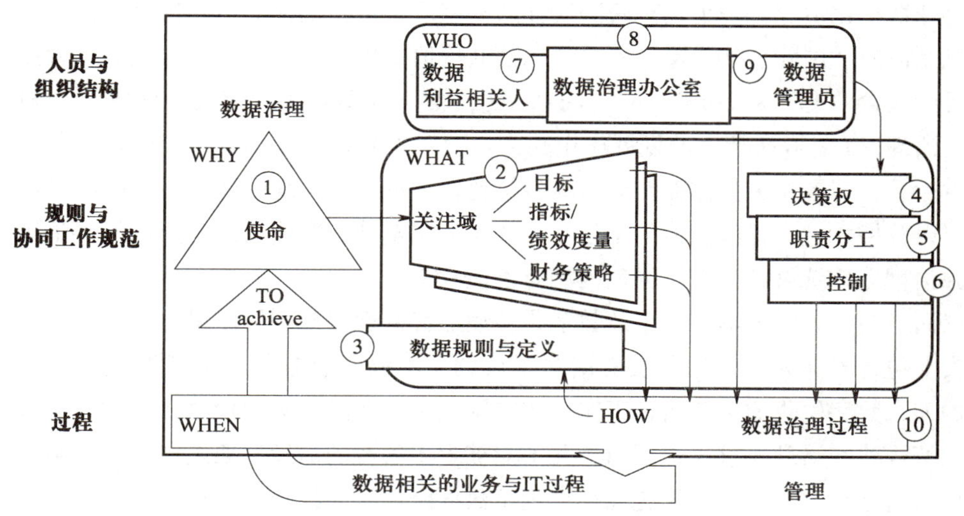

图 7-3 DGI 数据治理框架

从范围上讲，目前对数据治理框架的研究领域包括通用框架，政府、企业、高校等不同行业，以及特定领域的治理框架，适用领域各不相同。从整体看，着眼数据治理框架的终端应用。因数据治理应用广泛分布于科学数据、企业数据、政府数据等不同业务

① 包冬梅，范颖捷，李鸣．高校图书馆数据治理及其框架［J］．图书情报工作，2015，59（18）：134-141.

情境选择，各自治理要素存在较大差别，不同数据治理框架侧重点各不相同。政府数据治理框架一般着眼组织融合视角，结合政府数据治理过程中面临的主要问题与需求，谋求标准化与协同性。科学数据管理框架追求数据治理的通用性、功能性和推广性，如DAMA 数据治理框架侧重于功能，DGI 数据治理框架侧重于构建路径。

总的来看，不同的数据治理模型均为数据治理工作提供了有益的参考，但很显然，由于行业特点、内部需求、发展阶段等众多因素，很难出现一个能够广泛适配的数据治理框架。因此，对于数据治理研究而言，关键在于从整体上去把握数据治理的核心要素，进而在具体环境中进行合理配置。从这个角度看，系统梳理数据治理的核心要素，将有助于更好地指导数据治理的研究与实践。基于治理目标、治理主体、治理客体、治理内容、治理过程、治理手段涵盖数据治理前端、中端、后端全流程的六个维度，搭建一种新的数据治理框架，从整体上把握数据治理的研究进展，探索建立数据治理机制的有效方式，进而更好地指导数据治理开展是当今普遍认同的一个研究思路。

二、国家与政府层面数字化治理

（一）全球数字化治理的概念、机制与挑战

1. 全球数字化治理的概念

全球数字化治理是一个具有跨国属性的数字议题，是围绕如何建构全球治理体系和治理机制以应对国际公共风险、释放全球公共价值的理论研究与政策实践。尽管数字化治理可能包含“基于数字的治理”（将数字技术作为工具以提升传统治理效能）和“对数字的治理”（将数字技术的发展应用视为治理对象）两个方面，但全球数字化治理更多侧重后者，即各相关主体如何对全球数字化转型进程中涌现的诸多治理问题做出有效回应，以管控风险、释放价值。正是在此意义上，全球数字化治理与全球气候治理、全球能源治理等传统议题具有了类似内涵与价值意义。

然而，与传统议题不同，全球数字化转型的普遍性和深刻性使得全球数字化治理概念事实上包含着极为复杂且异质的诸多子议题，不同子议题之间既相互关联，又有差别。例如，数字税收的全球治理事实上与跨国数字平台的全球治理紧密关联，但税收领域的独特规律和治理要求决定了前者并不能被置于后者的治理框架之中。与此类似，算法模型跨境流动的全球治理议题往往被置于数据跨境流动的全球治理框架之下，但即使机器学习算法是基于大数据的训练学习而形成，算法“黑箱”、算法歧视等问题也并不能在数据治理框架下得到合理解决。正因为如此，全球数字化治理才体现了远比传统全球治理议题更为模糊的内涵与复杂的规律，这也给试图建构整体性全球数字化治理体系和治理机制的探索提出了新的挑战。

2. 全球数字化治理机制

全球数字化治理机制是互联网治理机制的延伸和再发展。在互联网治理机制的研究中，以技术社群代表的互联网名称与数字地址分配的国际机构（ICANN）为例，其以技

术为中心提出“传统互联网治理机制图”。全球互联网合作与治理机制小组则提出《互联网治理生态系统》。国际关系学者约瑟夫·奈提出互联网治理的“机制复合体”理论，强调互联网的治理机制不是单一的，而是由一套松散的规范和机构共同组成的。勒文森和史密斯借用生物与环境学中的“生态系统”概念，提出“互联网治理生态系统”理论，认为互联网治理机制是一个复杂、动态、多维度的知识传递系统，各种力量和文化交融其中。美国法学教授劳伦斯·索罗姆提出互联网治理“混合模式”。国内学者李艳则提出时间轴、分层轴和特定节点叠加的网络空间治理机制分析框架。对于全球数字化治理的分析可以从其治理机制入手，主要包括治理主体（谁治理）、治理议题（治理什么）、治理机构（在哪儿治理）和治理规则约束力（治理效果）等。纵观互联网技术发展带来的互联网治理、网络空间治理和全球数字化治理的演进脉络，三种治理并非阶段性的线性发展，而是三种治理进程并行推进。全球数字化治理是互联网治理和网络空间治理的延伸，探析全球数字化治理可以通过对互联网治理、网络空间治理和全球数字化治理的治理机制进行比较来实现。

3. 全球数字化治理面临的共性挑战

在全球数字化治理不同议题的演化进程中，大致可观察到具有共性的四类治理挑战：固化的结构性障碍、差异化的国别性特征、分散化的治理权威以及不确定的改革收益。

（1）固化的结构性障碍是指在数字化转型的长期进程中被沿袭进而固化的技术方案、行为理念、组织形式、制度安排、权力关系等结构性因素，它们往往成为维系现状的保守性力量，并在产生治理风险的同时阻碍变革的发生。

（2）差异化的国别性特征是指在技术和商业力量推动的全球数字化进程中不同国家多样性的文化、制度因素将日益凸显其差异性，并反过来阻碍互联互通的发展与深化。

（3）分散化的治理权威是指全球数字化治理场域下，并不存在唯一或确定的治理权威，技术社群、主权国家、商业平台、国际组织等利益相关方都以不同方式影响着全球数字化治理体系的演化，而这也使得全球数字化治理共识的达成困难重重。

（4）不确定的改革收益是指即使利益相关方都认识到了全球数字化治理改革的重要性，但数字化转型进程的内生不确定性使得任何改革方案可能带来的收益，以及此种收益在不同利益相关方之间的分配仍然存在极大不确定性，而这也会反过来阻碍治理共识的达成。

（二）全球主要国家数字化治理模式及其主要特点

在数字化治理领域，全球尚未形成统一的国际规则和各国相互协调的治理体系，各国从维护自身利益出发，选择了不同的数字化治理模式，全球数字化治理呈现碎片化、分裂化的特点。

1. 美国数字化治理模式：以“数字自由主义”之名，行“数字霸权主义”之实

美国数字经济发展水平全球领先，是全球数字经济发展的领头羊。在全球经济治理中，美国一直强调美式的自由开放，在数字经济领域也不例外，一直希望主导构建一套“自由主义”的全球数字化治理规则，推动全球数字市场自由开放，在维护其数字经济先发优势的同时，推动美国数字企业更多占领别国市场，掌控国际市场的更多份额。美国数字化治理的核心是数字市场的自由开放，强调数据自由流动，反对各种形式的贸易壁垒，在数据跨境流动、数据存储本地化、源代码开放、市场准入、数字内容审查、数字知识产权、政府数据开放等关键议题上有鲜明主张。从美国关切的议题能够看出美国数字化治理的基本立场，这些议题共同构成美式数字化治理规则体系，总体呈现“数字自由主义”的基本特点。

同时，美国不遗余力推动这些美式规则标准上升成为全球公认的规则标准，以维护美国企业在全球的经济利益，为美国企业开辟他国市场铺路架桥。美国综合运用各类国际机制，甚至使用政治、法律等各种长臂管辖手段，推行 CBPR、USMCA 数字条款等美式规则，对 TikTok、微信、华为等数字应用产品及企业进行打压，出台“清洁网络计划”等，呈现较强的进攻性，表现出鲜明的“数字霸权主义”。

2. 欧盟数字化治理模式：注重个人隐私保护和欧盟数字单一市场建设

欧盟在数字化治理方面较为强调统一市场建设，通过个人数据隐私保护、征收数字税等方式，形成抗衡美国数字进攻的制度壁垒，并意图通过建立单一市场做大欧盟数字市场规模，提升欧盟数字经济发展水平。通过一系列数字经济发展战略，欧盟力图与中美争夺全球市场份额、“技术主权”和国际规则制定权，力争成为除中美外的全球“数字化第三极”，甚至成为全球数字经济和数字化治理的领导者。

（1）颁布《通用数据保护条例》（GDPR）。不同于美式数字化治理的市场自由优先，欧盟数字化治理强调人权保护优先。欧盟总体上也认同跨境数据流动、数字服务市场开放等议题，但在规则制定中，会将个人隐私权保护置于优先地位。2016 年欧盟通过的《通用数据保护条例》（GDPR）于 2018 年 5 月正式生效，这被认为是最严格的个人数据隐私保护条例。欧盟奉行个人隐私保护优先，其主导的 GDPR 主要采取“国家认证”方式，即其他国家只有达到欧盟认证的隐私保护标准，方能允许其使用欧盟数据并放松数据跨境流动。因此，GDPR 事实上扮演了基于个人隐私保护的贸易壁垒角色。

（2）推进数字单一市场建设。欧盟为提升与中美等在数字经济领域的竞争能力，积极推进数字单一市场建设。单一数字市场以数字商品和服务的准入、安全网络环境和数字经济增长为三大支柱，致力于打破欧盟各成员国间“数字制度围墙”，破除限制数字商品和服务自由流动的制度障碍，打破行政和法律壁垒，推动数据在欧盟内部自由流通，推进欧盟大市场的整合，促进欧盟数字经济的发展。同时利用自身的市场规模优势，培育有竞争力的欧洲数字巨头企业。

（3）提议征收数字服务税。欧洲联盟委员会于 2018 年 3 月率先提出“数字税”草案。2019 年 3 月，由于各方分歧较大，欧盟不得不宣布暂停在欧盟范围内推行数字税。

在欧盟“数字税”难产的情况下，法国出台了数字税征收方案，这引发美国的强烈反对。未来美欧在该领域的分歧和冲突可能长期持续，并可能引发数字经济国际税收规则的重构。

3. 以中国为代表的新兴经济体和发展中国家数字化治理模式：总体呈现防御倾向

各新兴经济体和发展中国家国情不同，数字化治理也呈现不同特点，在数字安全保障能力、数字经济发展能力和数字规则制定能力等方面，普遍与发达国家存在较大差距，大多没有形成完善的数字化治理体系。

出于保护本国市场、维护数字安全的考虑，这些国家在国际数字化治理方面整体呈现出保护主义、保守主义的倾向，主要表现在以下方面：数据跨境流动方面，新兴经济体和发展中国家普遍对数据跨境流动存在限制措施。数据本地化方面，大多数新兴经济体与发展中国家希望通过数据本地化实现数据价值的本地化，把数字资源和要素留在国内，以带动本土数字经济发展。个人隐私保护方面，在“棱镜门”事件的刺激下和欧盟 GDPR 的带动下，很多发展中国家也十分强调个人隐私保护，纷纷建立或修改有关个人数据隐私保护法律法规。公开源代码方面，巴西、印度尼西亚等国家要求外国公司向政府部门或公共部门提供数字服务时，必须公开源代码。数字税方面，受欧盟数字服务税影响，印度、印度尼西亚、土耳其、泰国、马来西亚等国正在实施或准备实施相关数字税，数字税也成为发展中国家保护本国市场、本土中小数字企业的一种方式。总的来看，各国在数字空间主权问题上的主张和实践均折射其当下的核心利益诉求，由此在全球数字化治理体系中呈现出明显的有利于规则主导国的“非中性”特征。

实践案例：“棱镜门”事件

中国对数据安全的考虑主要从国家核心利益层面出发，是在总体国家安全观框架下进行的。“没有网络安全，就没有国家安全”，国家安全逐渐统合了网络安全和数据安全概念。这种安全诉求最终体现在对数据相关技术的自主可控要求上，自然表现出一种防御型数字化治理政策倾向。但我国作为数字经济大国、数据大国，如何整体上从被动防御转为积极主动应对，成为中国维护“数字主权”、构建数字化治理发展战略的现实选择。

（三）全球数字化治理最新发展动向

1. 美国极力推动美式模板成为全球数字规则

为维护数字经济和数字化治理的领先优势，美国极力推动美式模板成为全球数字规则，推动他国接受美国自由主义的数字化治理方式，主要采取以下六种手段：一是在 WTO、TISA 等抛出能够反映美国数字化治理立场的“美国议案”。二是利用 APEC、OECD、G8、G20 等国际合作机制阐明自己的数字化治理主张。三是在双边自贸谈判中加入数字相关议题。四是推动与其他经济体在数字化治理规则方面的对接，如美国与欧盟曾经开展的“安全港”“隐私盾”合作、美国与英国达成的数据跨境获取协议、美国与澳大利亚在数据领域的执法互助协议等。五是通过区域协定加入数字相关规则。美国在 TPP、TTIP 谈判中，就提出了较高标准的数字规则。美国在退出 TPP 后，相关数字规则基本均被日本主导的 CPTPP 继承下来。美国与墨西哥、加拿大完成了北美自贸区升级谈判，并最终达成了 USMCA。六是由美国企业推动相关国际规则。长期以来，美国一些大型数字企业，如微软、谷歌、亚马逊等，都利用自己的技术优势和全球影响力积极参与并不断推动数字化治理的相关国际规则和标准的制定。拜登政府上台后，对全球数字规则高度关注，围绕美式数字规则向全球推广预计将成为其重要的施政方向。拜登政府有可能在《美墨加协定》数字规则的基础上，在美英数据协议中创造更高标准的数字规则体系，并将其作为推广的重要范本。

2. 欧盟积极推动 GDPR 成为全球数字化治理新范本

GDPR 是全球最高标准的个人数据隐私保护规则，是欧式数字化治理模式最突出的代表性规则。其出台对全球数字化治理造成较大影响，使很多国家开始以 GDPR 为参照，衡量本国的个人数据隐私保护问题，甚至效仿 GDPR 构建本国个人数据隐私保护体系。同时，欧盟也努力向其他国家推介 GDPR 的数字化治理方式，将其他国家或企业纳入 GDPR 的白名单认定中，在各类双/多边经贸谈判中迫使他国接受 GDPR 相关规则主张，意图影响和主导全球数字化治理规则制定。欧盟也在利用各种双/多边合作机制推动 GDPR 相关规则上升成为国际规则。欧委会在修订后的《第 108 号公约》中特别新增了国际合作条款，强调通过充分性认定机制，积极推进与相关国家的数据流动双边协议，构建欧盟的数据跨境流动“同盟圈”。在欧盟与日本的谈判中，欧盟就努力将相关数字规则写入协定，日本现已成为欧盟 GDPR 充分认定的白名单国家，欧日数据自由流通圈初步形成。此外，即便美欧废除了《隐私盾协议》，但拜登政府也为重新开展数字规则谈判留下了余地，为日后 GDPR 与美国主导的 CBPR 对接和融合留有接口。

3. 发展中国家“数字鸿沟”问题依然严峻

当前，全球“数字鸿沟”依然存在，一些发展中国家和不发达国家连最基本的互联网、电信、数字基础设施都不健全，与全球形成“数字隔离”，成为全球数字化大潮中的“数字孤岛”。这类“孤岛”国家在数字化治理方面的主张与发达国家及其他发展中国家也是不同的，可主要分为两种情形：一种是在数字经济领域已具有一定实力，正在快速追赶的发展中国家，如中国、印度、土耳其、印度尼西亚、巴西、阿根廷、尼日利亚等国，这些发展中国家致力于打破全球数字化治理的“发展障碍”，追求公平的发展权，并在公平发展权的基础上追求国际合作权。另一种是数字经济实力较为薄弱、数字基础设施十分落后的发展中国家和不发达国家，如绝大多数的非洲国家和中东国家，对数字经济的依赖度很低，数字化治理还未引起其关注和重视，自身并未形成数字经济发展战略，在全球数字化治理中很少发声，也没有鲜明立场。“技术障碍”不但变成“发展障碍”，而且成为“治理障碍”。

4. 大国围绕数字规则竞争与博弈日趋激烈

数字经济是当前和未来全球经济的前沿领域，也是各国竞争和博弈的焦点领域，是各国必争的战略制高点。因此，全球数字化治理之争必然会超出数字经济本身的范畴，而与国际政治、地缘格局、意识形态等问题密切交织在一起。若赋予其超出经济层面的政治色彩，数字化治理博弈也容易成为大国博弈中的一种工具和手段。如在中美博弈中，数字化治理就成为美国全方位打压中国的手段之一。美国利用数字技术的不对称优势进行威胁，远远超出了经济范畴。美国数字化治理还与意识形态捆绑在一起，美国要求他国市场开放，要求美国数字服务企业特别是数字社交媒体企业无障碍进入他国市场。正是因为这些超出经济层面的政治和意识形态因素的存在，全球数字化治理愈加复杂化，数字领域的大国竞争和博弈也更加激烈。

（四）我国数字化治理的全新挑战

1. 我国在国际数字化治理规则制定中难以形成话语权

目前我国尚未形成数字化治理架构，缺乏明确的战略目标，研究大多将重点放在以货物流动为基础的跨境电商领域。我国与美、欧、日等发达经济体施行的全面数字化治理还存在一定差距，对数字化治理的理解和探究有待加强。尤其是在跨境数据流动方面有被“数字同盟圈”边缘化的风险。美欧虽然在数据跨境流动方面存在差异，但是从欧盟最近的 RTAs（区域贸易协定）来看，在数据跨境流动方面，欧盟有逐渐向美国靠拢的趋势，也主张数据跨境流动。除美国和欧盟外，另一世界贸易大国日本在数据跨境流动方面也与美国相同，三大经济体的趋同很有可能吸引更多的发达国家加入其形成的“利益共同圈”。而我国作为一个发展中国家，由于发展阶段的限制，在发展数字贸易的过程中，更多关注的是货物的跨境电商领域，尤其是重视数字贸易过程中的国家安全和产业安全及保护问题，在数据跨境流动和数据本地化方面与美、欧、日等发达经济体存在差异。因此，很有可能被三大经济体的“利益共同圈”排斥在外，导致在国际数字化治理规则制定中难以形成话语权。

2. 国际数字贸易壁垒带来的风险挑战

随着数字贸易对全球贸易影响逐渐扩大，为在数字经济领域取得全球竞争优势，一些国家以隐私保护和国家安全为由相继采取一些措施和设置相关壁垒，严重阻碍数字自由贸易增长，对我国数字化治理提出了新的挑战。2020 年 6 月 29 日，印度政府宣布封禁下架包括 TikTok 等在内的 59 款（此后增加至 224 款）中国 App，根据印度《信息技术法案》第 69A 条“禁止访问规则”予以封禁。美国更是采取设置限制外商直接投资的贸易壁垒的手段，这种做法逐步从美国向其他发达国家甚至向发展中国家蔓延，如印度、俄罗斯都有比较严格的外商直接投资限制，欧盟也开始对数字领域的外商投资加强限制。

3. 数字化治理中网络安全技术的挑战

无论是“美式模板”还是“欧式模板”都对个人数据和隐私提出了严格保护要求。借助其先进的通信、网络技术，美国政府不但对国民的网络通信进行监听，还通过各种手段对其他国家的网络进行监视，以便获取更多情报，同时以隐私保护为由禁止其他国家的一些企业在美国运营。特朗普政府时期推动实施的“清洁网络计划”，明确禁止“威胁隐私”的运营商、应用商店、应用程序、云系统在美国使用。我国的网络安全技术目前还处于逐步完善阶段，对网络参与者隐私的保护做得还不够到位，对网络犯罪的打击力度也有待进一步加强，如层出不穷的个人信息泄露事件和利用网络进行金融犯罪的事件等。因此，在数字化时代，加强数据传输、网络安全是维护个人、企业和国家利益的需要。

三、社会层面的多元数字化治理

数字技术正以前所未有的规模和速度发展，服务与赋能社会的发展与治理。依托数字技术和平台面向百姓提供个性化服务、开展精细化治理，既包含了以每人每户为中心的个性化数字化空间治理，也包含了覆盖每分每秒的全天候数字化时序治理，更包含了虚实融合的多维度数字化活动治理，这些都深刻改变着传统的社会治理。数字化条件下，社会治理的数字化转型已成必然趋势。如何把握数字化治理演进逻辑，以数字化治理推进我国基层社会治理创新实践，切实提升基层数字化治理的能力与水平是摆在人们面前的一个重要课题。

（一）充分认识多元数字化治理生态建设的重要意义

（1）多元数字化治理生态是以促进发展和监管规范为准则，由一系列法律法规、政策规定、制度规则、标准规范等组成的相互衔接配套的规则体系。通过有效的数字化治理，释放数字生产力潜能，防范数字化风险，是数字中国健康可持续发展的重要保障。

（2）多元数字化治理生态是推动数字化创新发展的基础保障。发展是硬道理，是解决一切问题的基础和关键。当前，数字经济成为重组全球要素资源、重塑全球经济结构、改变全球竞争格局的关键力量。如何顺应数字经济平台化、生态化发展趋势，为平台企业持续创新、引领发展、创造就业提供稳定的政策环境，解决市场垄断、无序竞争等不平衡、不充分问题，营造公平有序的竞争环境？如何在确保安全的前提下，为技术创新发展预留空间，为经济社会全方位数字化转型筑牢基础？如何对技术发展趋利避害，弥合数字鸿沟，让亿万人民共享数字化发展成果。这些成为重大的时代命题。这就要求国家或社会必须建立公平、规范的数字化治理生态，优化数字化发展环境，完善治理规则，破除新技术、新业态瓶颈，为数字化发展注入强劲动力。

（3）多元数字化治理生态是防范数字化风险的必然要求。每一次重大技术突破在推动社会进步的同时也带来风险挑战，冲击着传统价值观念。当前，互联网成为意识形态斗争的主阵地、主战场、最前沿，安全漏洞、勒索病毒、数据泄露、个人数据过度采集、网络诈骗等安全威胁日益突出，新技术、新应用快速发展带来信息茧房、算法歧视、伦理道德等新的安全隐患，筑牢底线、规范发展的重要性和紧迫性更加凸显。这就要求社会必须建设公平规范的数字化治理生态，强化风险意识和底线思维，构建治理体系，防范数字化风险，以安全合规促进高质量发展，维护网络意识形态安全、网络安全、国家安全。

（4）多元数字化治理生态构建是治理体系和治理能力现代化的核心内容。数字化治理是数字时代国家治理的新内容、新领域。数字技术创新活跃、交叉融合、广泛渗透，带来安全可靠、透明公开、隐私保护、公平公正、责任分担等安全与伦理问题，数字化治理与现实社会治理深度融合，衍生出不同维度的价值判断与合理性诉求，治理对象动态多变、问题错综复杂、治理目标多元，以及人类活动需求的多样性、数字技术的不确定性决定了数字化治理的复杂性。这就要求人们必须建设公平规范的数字化治理生态，推进治理方式变革，坚持系统性谋划、综合性治理、体系化推进，形成与数字生产力发展相适应的制度规则体系（见图 7-4）。

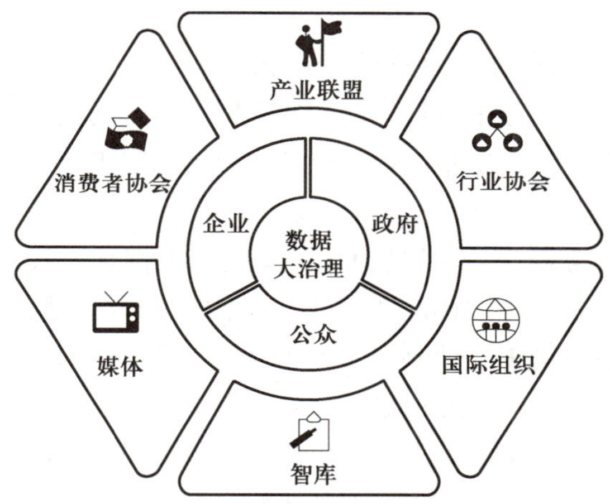

图 7-4　多元数字化治理生态框架

（二）统筹平衡数字化治理生态建设的主要关系

当前，我国数字化建设步入发展与规范并重的新阶段。建设公平规范的数字化治理生态要统筹把握好以下几方面的关系。

一是发展和安全。网络安全和信息化是一体之两翼、驱动之双轮。坚守安全底线的发展才是更高质量、更可持续、更为科学的发展。源于科技自立自强的安全才是更为根本的安全。要守住安全底线，以安全保发展、以发展促安全，推动安全与发展协调一致、齐头并进。

二是效率和公平。要找准效率提升与公平正义的平衡点，构建公平竞争秩序，提高资源配置效率，解决垄断、无序竞争等利益分配失衡问题，处理好各类市场主体利益关系，做大数字经济蛋糕的同时分好蛋糕，确保数字化成果惠及全体人民。

三是活力和秩序。要注重平衡活力与秩序的关系，坚持包容审慎原则，既鼓励创新，在充满不确定性领域留足试错和创新空间，又对发展中存在的问题及时纠偏，做到在发展中规范，以规范促发展。

四是技术和伦理。要坚守正确的价值导向、伦理准则，坚持以人为本、科技向善，满足人民对美好生活的向往，让人民群众有更多获得感、幸福感和安全感。

五是国内和国际。要积极参与全球数字化治理改革，以国内成熟的数字化治理规则为国际治理贡献中国智慧，从双多边数字化治理合作中为构建新发展格局营造有利的制度环境。

六是整体和重点。数字化治理生态建设是一项复杂的系统工程，要善于运用系统观念和系统方法整体推进、统筹兼顾，注重数字化治理各要素、各环节的整体性、系统性和协同性，避免出现“头痛医头、脚痛医脚”的现象。又要坚持两点论和重点论的统一，善于抓住制度规则的重点内容、关键要素、薄弱环节，集中精力解决主要矛盾，以点带面推动整体发展。

（三）全面落实数字化治理生态建设的重点任务

加强数字化治理生态建设要厚植创新创造土壤，构建规范有序的环境，坚持发展和规范两手抓、两手都要硬，营造适应数字化发展的治理环境。

1. 完善法律法规体系

实践证明，法治是互联网治理的基本方式。进入新时代，我国紧紧把握互联网发展规律，着力建立网络权益保障法律制度、健全数字经济法治规则、划定网络安全法律红线、完善网络生态治理规范，先后制定出台了《中华人民共和国网络安全法》《中华人民共和国电子商务法》《中华人民共和国数据安全法》《中华人民共和国个人信息保护法》等基础性、综合性、全局性法律，为网络强国建设提供坚实的制度保障。与此同时，我国数字领域立法统筹不够有力，部分法律法规存在条文交叉重叠问题，缺乏体系化和系统性设计，有的执法依据不足，给依法履职带来困扰。

加强立法统筹协调，研究制定数字领域立法规划，及时按程序调整不适应数字化发展的法律制度。要从全局角度整体把握，兼顾促进发展和防范风险，做好立法统筹，构建与数字化发展相适应的法律法规体系。要顺应技术快速发展的趋势，健全技术治理规则，及时制定、修订相关立法，探索研究新技术应用的专门性立法，开展技术算法规制、标准制定、安全评估审查和伦理论证等工作。要健全平台经济法律制度规范，完善反垄断配套法规规则，加强法律制度的可操作性和可预期性。要落实网络安全、数据安全、个人信息保护等法律法规，建立健全数据分级分类保护、数据安全评估认证、个人信息合规审计等安全制度，提升网络安全保障能力和数据安全管理水平。

2. 构建技术标准体系

近年来，我国加大信息安全标准制度修订力度，推动新兴技术领域标准化工作，聚焦产业数字化应用场景，规范数据流通交易，标准化在数字中国建设中的基础性、引领性作用逐步显现。技术迭代及新应用不断涌现，相关标准供给数量与质量落后于技术应用实践，也使许多标准过时较快，造成需求缺口与相对过剩并存的状态。构建技术标准体系，编制数字化标准工作指南，加快制定修订各行业数字化转型、产业交叉融合发展等应用标准。要紧跟国内外数字技术最新发展趋势，加强标准顶层设计，围绕数字中国建设整体布局，分析标准需求，查找标准短板，编制数字化标准工作指南，明确体系构成，突出关键领域，建立健全标准化协同工作机制，推动形成统一协调、衔接配套、务实有效的技术标准体系。要制定关键技术标准，在人工智能、量子信息等领域，开展标准化研究，在大数据、区块链等应用前景广阔的技术领域，同步部署技术研发、标准研制与产业推广。要研制应用标准，推动信息基础设施、平台经济、数字政府、数字社会等领域标准化建设，推行跨行业、跨领域产业融合标准，以标准赋能传统产业转型升级，引领产业变革与新产品、新业态发展。要健全网络和数据安全标准，制定数据资源产权、交易流通、跨境传输、安全保护等标准规范，以及人工智能、无人驾驶等技术安全标准，提升技术领域安全风险管理水平。要主动参与数字领域国际标准制定，深化标准化合作，前瞻布局标准必要专利，积极贡献中国技术方案。

3. 提升治理水平

党的十八大以来，在习近平总书记关于网络强国的重要思想指引下，我国网络综合治理体系日益完善，《关于加快建立网络综合治理体系的意见》《关于加强网络文明建设的意见》相继出台，推动网络治理由事后管理向过程治理，多头管理向协同治理转变。当前，互联网平台反垄断监管规则逐步细化，垄断和不正当竞争行为依法查处，推动市场竞争秩序不断优化。同时也要看到，平台企业拥有技术和数据优势，具有创新速度快、用户规模大、业态模式复杂等特点，政府传统监管方式跟不上技术创新速度，容易导致制度规则滞后、缺失和监管失灵。平台存在内容安全、市场垄断、不正当竞争、算法歧视、隐私侵犯、数据安全等多重风险相互交织的复杂情况，面向综合性治理目标，平衡发展、安全、效率、公平等原则具有很大难度。亟待在提升监管效能的同时构建适应技术快速发展的多元共治协同治理模式。

健全网络综合治理体系，提升全方位、多维度综合治理能力，构建科学、高效、有序的管网治网格局。要发挥网络综合治理体系建设在管网治网中的牵头抓总作用，完善涵盖领导管理、正能量传播、内容管控、社会协同、网络法治、技术治网等各方面的网络综合治理体系，推动形成良好网络生态。要优化监管方式，落实常态化监管，完善预防性监管措施，稳定市场预期，提升综合监管效能，通过信用监管、智慧监管等手段，提高事中事后监管的精准化、科学化水平。要健全协同治理机制，压实平台主体责任，明晰企业合规边界，推进行业自律，建立完善政府、企业、行业组织和社会公众等多元参与、协同高效、共治共赢的数字化治理模式。

4. 净化网络空间

近年来，我国持续开展“清朗”“净网”系列专项行动，整治“饭圈”乱象、网络水军、流量造假、网络谣言、未成年人网络环境、网络“黑公关”、网络淫秽色情等突出问题，积极回应人民群众关心关切的问题，网络文明建设日益深入人心，网络生态明显优化。同时也要看到，一些错误思潮、低俗文化、落后观念等在网上时有传播，道德失范现象时有发生，网络谣言、网络诈骗、网络暴力等违法违规问题仍然突出，亟待加强网络生态治理，净化网络空间环境，提升网民文化素养。

深入开展网络生态治理工作，推进“清朗”“净网”系列专项行动，创新推进网络文明建设。要深入开展网络生态治理，持续推进“清朗”“净网”专项行动，集中整治群众反映强烈的网络生态乱象，严防违法违规信息生产传播，维护广大网民特别是未成年人合法权益，持续净化网络空间。要创新推进网络文明建设，加强社会主义核心价值观网上宣传教育，推进群众性精神文明创建活动向网上延伸，用积极健康、向上向善的网络文化滋养人心、滋养社会，营造文明办网、文明用网、文明上网、文明兴网的良好氛围。

四、行业与企业数字化治理

行业与企业数字化治理是当今企业转型升级必须面临且需要解决的问题。通过数字化手段实现各项业务的自动化与智能化，有效提高企业运作与决策的效率、精确度和可靠性。同时，数字化管理还可以提高企业对于变革的适应性，构筑一个数字化生态系统，让企业更加灵活应变，实现产业链的高效协同发展。影响营商环境的数字化治理问题可分为两类：一是数字技术创造的数字化生态环境下企业所遇到的问题和风险，例如数字霸权、数字垄断、数字鸿沟、技术短板等。二是企业在数字技术运用的过程中所产生的风险，例如商业数据泄露、信息污染、网络黑客入侵、平台生态系统问题等。从营商环境的范围来看，数字化治理涵盖企业发展的微观环境，政府、社会、市场等多元治理主体协同发展的中观环境，以及全球治理的宏观环境。

（一）数字化治理的必要性

1. 是改善企业微观营商环境的基础

数字资源是促进实体经济发展的基础工程。加强数字化治理有利于强化企业的技术运用能力，提升企业生产经营效率，优化企业的内部环境。当前，5G、人工智能、物联网、大数据、云计算、区块链等数字技术加速迭代，全球产业链的数字化程度升级迅速。完善数字化发展的法律法规和监管机制，不仅能够有效避免数字资源垄断问题，解决数字霸权、数字鸿沟带来的不公平竞争和市场秩序的混乱，引导企业依法合规经营，促进企业间形成良性竞争态势，激发产业链、价值链、供应链的优化升级，而且能够激励和促进企业技术创新，充分赋能企业发展，促进社会再生产各环节的有机衔接，加快推动内外贸一体化，畅通国内国际双循环。

2. 是优化企业中观营商环境的支撑

加强数字化治理，有利于发挥政府、市场、企业以及社会团体等多元营商主体的积极性，形成共同发展的合力。政府通过政策创新，为企业创造公平、健康的发展环境和供给优质的人才资源。企业数字化治理能力的加强将推动企业技术创新、组织架构改革、人才激励机制的优化，促进供应链升级，进而提升整个市场的总体竞争力。市场通过整合数字化产业、数字文化和人才发展资源维护市场秩序，搭建公开、公正、公平的企业竞争平台，形成优质的投资和竞争环境。

3. 是构建企业宏观营商环境的保障

当前，跨国性的数字贸易网络正在形成，在人工智能等新技术的驱动下，数据安全“爆雷”事件层出不穷，数字化攻击、智能化对抗成为国际市场竞争的新形态，提升数字安全治理能力已成为经济社会有序发展的底层逻辑。加强数字化治理有利于构建企业发展的安全保障，优化企业健康发展的技术环境，提升数字基础设施建设水平，是应对错综复杂的国际市场竞争、保护企业信息安全、降低企业经营成本、增强市场主体获得感的重要战略。

（二）行业与企业的数字化治理方向

行业与企业数字化生态系统是一个有机的整体，由数字技术、消费者、战略伙伴、合规要求和员工等因素构成。通过这些因素的互动作用和协作，企业可以快速响应市场需求，为客户提供更好的产品和服务。数字化生态系统使企业能够适应变革并获得长期的竞争优势。

行业与企业数字化生态系统的核心是数字技术，包括数据分析、人工智能、物联网、云计算等。这些技术为企业提供了各种工具和应用，实现在数据分析、人员协作、供应链管理、客户关系管理等方面的自动化和智能化。例如，通过机器学习分析客户的行为和偏好，企业可以更好地了解客户需求，优化产品设计和交付方式，提供更加个性化的服务。数字化生态系统另一个关键的成分是消费者。在数字化时代，消费者和企业的互动方式和消费体验发生了巨大的变化。通过数字化渠道，消费者可以方便快捷地与企业沟通和交流，提出反馈和建议。而企业也可以通过数字化工具更好地了解消费者需求和偏好，提供更好的用户体验。就像淘宝依赖数字化技术建立了一个庞大的数字生态系统，连接着众多消费者、卖家和物流运营商，为广大消费者提供了无数个优质的购物体验。

在构筑企业数字化生态系统的过程中符合合规要求也是至关重要的。早期数字化生态系统建设中，缺乏有效的安全措施已经导致了许多数据泄露事件。如今，随着行业标准的制定和技术的发展，合规性已经成为数字化生态系统建设的一个不可或缺的组成部分。企业可以采用各种安全策略和技术，例如数据加密、认证和监测，以确保数字化生态系统的安全和稳定性。

数字化生态系统的另一个关键组成部分是员工。在数字化时代，企业员工也需要具备新的技能和掌握数字化工具，以融入数字化生态系统中，发挥最大的作用。企业可以提供员工培训和学习机会，推动员工更加精通数字化工具的运用，提高数字素养，以便更好地参与到数字化生态系统中来。

数字化生态系统的建立，可以有效地整合企业资源，提高企业效率与创新能力，同时使企业更加灵活应变。越来越多的企业已经认识到数字化生态系统的重要性，并正在积极行动。数字化管理成为了企业转型升级过程中不可或缺的一部分，而数字化生态系统则是数字化管理的核心体现。只有在数字化生态系统的带动下，企业才能实现可持续的发展和创新。

第三节 数字化治理的主要内容

数据在生命周期中经历了从生产到消亡的过程。在这个过程中，数据的价值会随着时间的推移而发生着持续的变化。在数据生命周期的不同阶段，数据的价值体现也会因数据的采集粒度、时效性、存储方式、整合状况、可视化程度、分析深度以及与应用衔接的程度而有所不同。因此，为了建立高效的数据管理体系和实现数据的最大化价值，数字化治理需要结合数据生命周期的各个阶段特点，采取不同的管理和控制手段，基于数据生命周期思考数字化治理问题具有较好的系统性、全面性和科学性。总体来看，数据生命周期大致可简化为数据处理（数据产生、数据存储、数据传输），数据应用和数据销毁几个重要阶段（见图 7-5）。

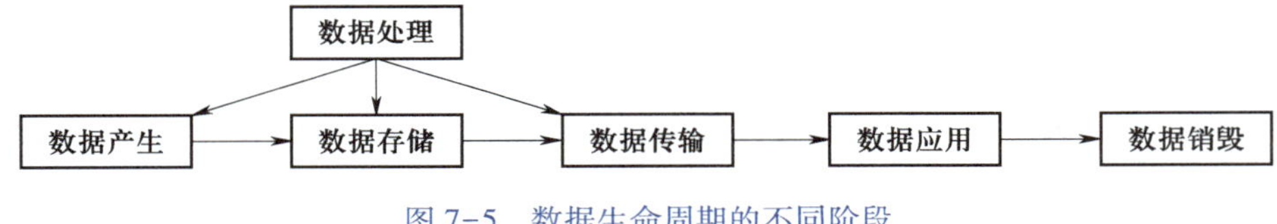

图 7-5 数据生命周期的不同阶段

数据产生主要是指通过各种渠道生成数据阶段，数据存储是指数据存储的形式、位置等，数据传输是指数据流动过程及形式，数据处理是指对数据进行加工和处理的过程，包括生成可用的数据、信息和知识等，上述前三个阶段常规都需要对数据进行处理。数据应用是指数据被用户使用阶段，数据销毁是指数据失去保存价值而被删除阶段。数据生命周期的每个阶段都存在潜在的治理风险和挑战，例如数据产生阶段的筛选、收集、保真等，数据传输阶段的安全、快捷、不失真等，数据应用阶段的垄断、确权、隐私保护和共享等方面。在数字化时代，随着数据迅猛增长和广泛应用，这些问题变得尤为重要，需要采取相应的数字化治理措施和手段来解决。数字化治理的内容十分宽泛，也是当今全球研究的热点问题，没有公认的成熟理论框架。本书选取数据溯源、数据垄断、数据确权、数据隐私保护和数据销毁几个方面进行阐述。

一、数据溯源

随着数字化技术迅猛发展，溯源技术作为保障数据质量的关键手段在数字化治理中扮演着重要角色。本节主要探讨数据溯源的方法工具，溯源技术在数据质量保障方面的作用，以及它与数字化治理的密切关系，为实现高效、精准的数字化治理提供理论参考和实践指导。

（一）数据溯源的定义与方法工具

数据溯源是数据管理和治理领域中至关重要的概念，旨在追踪数据的全生命周期，以提高数据的可信度、合规性和安全性。数据溯源（Data Lineage）是指对数据进行全生命周期的跟踪和记录，以确保对数据的源头、流向、变化和使用过程有清晰的了解。这包括了数据的采集、传输、转换、存储、使用和删除等各个环节。数据溯源的目的是提高数据管理和数据治理的效果，确保数据的质量、合规性、安全性，并增强对数据资产的可追溯性和透明度。

目前，数据溯源的方法和工具包括数据流程建模与管理、元数据管理与数据血统分析等。

1. 数据流程建模与管理

（1）数据流程建模。数据流程建模本质上是一种将数据在组织内的流动和处理过程进行抽象和可视化的方法。通常涉及创建图形表示，如数据流程图，以展示数据从一个步骤或系统流向另一个步骤或系统的路径。建模过程强调理解数据的流动、转换和存储。主要方法和工具有：① 数据流程图。使用图形符号表示数据在系统中的流动路径，包括数据源、处理、存储和目标。② 流程建模工具。使用专门的流程建模工具（如BPMN、UML）来创建和维护数据流程模型。

（2）数据流程管理。数据流程管理涉及监控、执行和优化数据流程，以确保其按照组织的目标和要求进行运作。包括对数据流程的实时监控、错误处理、性能调优等方面的活动。主要方法和工具包括：① 实时监控工具。使用工具来实时监控数据流程，捕获关键指标，如数据流速、错误率等。② 错误处理机制。设计和实施错误检测和处理机制，确保在数据流程中发生错误时能够及时进行处理。③ 性能优化工具。分析数据流程的性能，并采取措施进行优化，以提高整体效率。

2. 元数据管理与数据血统分析

（1）元数据管理。元数据是描述数据的数据，包括数据的定义、结构、关系、来源、用途等信息。元数据管理是指对这些元数据进行收集、存储、维护和使用的过程。有效的元数据管理有助于组织更好地理解其数据资产，提高数据可发现性、可理解性和可信度。主要方法和工具包括：① 元数据存储库。使用集中存储和管理元数据的数据库或存储库，以便组织能够轻松访问和共享元数据。② 元数据标准和规范。制定和遵循元数据的标准和规范，确保元数据的一致性和可比性。③ 元数据采集工具。使用工具自动或半自动地收集和更新元数据，以降低管理成本和提高准确性。

（2）数据血统分析。数据血统分析是对数据从其创建到使用的全过程进行跟踪和记录的过程。数据血统提供了数据的源头、流向、变换和使用的完整视图，有助于理解数据的可靠性、合规性和质量。主要方法和工具包括：① 数据血统图。利用图形表示，展示数据从源头到目标的路径和变换过程，提供直观的数据流程图。② 血统跟踪工具。使用工具实现对数据血统的实时跟踪和分析，帮助用户迅速定位数据质量问题的根本原因。③ 元数据关联。将数据血统与元数据进行关联，以深化对数据流动和处理的理解，并拓展血统分析的深度。

（二）溯源技术对数据质量的提升

1. 数据准确性与真实性

溯源技术通过记录物品或信息的全过程，确保了数据的来源可追溯、信息准确无误。这意味着数据不会受到人为错误或虚假信息的影响，从而提高了数据的真实性和准确性。

2. 确保数据的完整性和完备性

溯源技术能够全程监控数据的流转和处理过程，避免了数据在传输、存储等环节发生丢失或遗漏，保证了数据的完整性和完备性，使得数据不会出现缺失或破碎的情况。

3. 提高数据的时效性和实时性

溯源技术能够实时记录数据的产生、变动和流转情况，保证数据的时效性。通过及时更新数据确保数据的实时性，使得决策和应对突发情况更加准确和及时。

4. 增强数据的可信度和可审查性

溯源技术提供了详尽的数据追溯信息，使得数据的可信度和可审查性得到了极大提升。利用溯源技术可以追溯数据的来源、处理过程等关键信息，从而确保数据的可信度，也使得数据能够被审查和验证。

5. 降低数据错误率和风险

通过溯源技术可以避免人为因素引入的错误，减少了数据的错误率。同时，也可以快速定位数据异常，降低了因数据错误导致的风险。

6. 促进数据共享和合作

溯源技术可以提供可信的数据来源和处理信息，提高了数据的可信度和共享价值，从而促进了数据的共享和合作。

总的来说，溯源技术在数据质量方面的提升为数据驱动的决策和应用提供了可靠的基础，也为各行业的数字化转型和治理提供了重要的支持。

（三）溯源技术在数字化治理中的作用

1. 数据来源明晰化

数据来源明晰化是数字化治理中溯源技术发挥重要作用的方面之一。通过溯源技术能够追踪数据的来源和流向，确保数据的来源清晰可查，为决策提供了准确的依据。

在许多行业和领域，特别是在供应链管理、食品安全、医疗健康等关键领域，确保数据来源的准确性和可追溯性至关重要。举例来说，在食品安全领域，利用溯源技术可以实现对食品生产、流通、销售等全过程的监控和追溯。通过对食品的生产批次、生产地点等信息进行记录和追踪，消费者可以通过扫描产品的条形码或查询相应信息，清晰地了解食品的生产来源和流向，确保了食品安全的来源可查。

另外，在供应链管理中，溯源技术可以对产品的生产、运输、储存等环节进行全程追溯。通过对每个关键节点的数据进行记录和监控，企业可以清晰地了解产品的来源，从而保证产品的质量和安全。这样一来，不论是在原材料采购、生产制造还是在产品配送过程中，都能够准确追溯到数据的来源，为决策提供了可靠的依据。

2. 风险防控与危机应对

数字化治理中，风险防控与危机应对是至关重要的环节。溯源技术在此方面发挥了重要作用。通过溯源技术，可以快速定位问题源头，迅速应对突发事件，从而降低了风险和损失。

以环境保护为例，企业可以利用传感器网络监测工业排放情况，并将监测数据记录在区块链上，形成可信的数据链。一旦发现某企业的排放超标，监管部门可以通过溯源技术快速追溯到问题源头，并采取相应的措施。这样可以避免因环境污染导致的风险，保护环境质量。

另外，在食品安全领域，如果出现食品安全问题，利用溯源技术可以快速追溯到问题批次的食品，从而迅速采取下架或召回措施，避免了食品安全事件的扩大，保障了公众的健康和安全。

3. 提升决策精度与效果

溯源技术为数字化治理提供了高质量的数据基础，保障了决策的准确性和时效性，从而提升了治理效果。在金融领域，通过引入区块链技术对所有交易进行链式记录，可以保证交易数据的安全性和可审查性。监管部门可以随时通过溯源技术查询到具体的交易信息，保证了金融交易数据的可审查性。这样一来，可以有效地防止金融欺诈等不法行为，保障了金融市场的健康发展。

总的来说，溯源技术在数据来源明晰化、风险防控与危机应对、提升决策精度与效果等方面为数字化治理提供了有力支持。它为数字化治理提供了可靠的数据基础，保障了决策的准确性和实效性，降低了风险和损失。

（四）溯源技术在数字化治理中的应用

1. 智慧城市交通管理

在智慧城市建设中，数字化治理发挥了巨大的作用。通过溯源技术，可以实现对交通流量、车辆位置等数据的实时监控和记录。例如，某城市引入了智能交通管理系统，利用摄像头、传感器等设备采集交通数据，并通过区块链技术进行安全存储和管理。当出现交通拥堵或事故时，系统能够快速定位问题区域，指导交通管理人员及时采取措施，提升了交通管理的精准度和效率。

2. 医疗卫生数字化管理

数字化治理在医疗卫生领域也得到了广泛应用。通过溯源技术，可以实现对患者病历、医疗器械使用情况等数据的全程监控和追溯。例如，一家医院建立了电子病历管理系统，记录了患者的就诊历史、用药情况等信息。同时，医疗器械也通过 RFID 技术进行了标识和追溯，保证了医疗过程的安全和质量。

3. 环境保护与资源管理

在环境保护领域，数字化治理可以通过溯源技术对污染源进行实时监测和追溯。例如，一家环保公司利用传感器网络对工业排放进行监测，将监测数据记录在区块链上，形成可信的数据链。当发现某个企业的排放超标时，监管部门可以通过溯源技术快速追溯到问题源头，采取相应的措施，保障了环境的质量和安全。

4. 教育数字化管理

在教育领域，数字化治理可以通过溯源技术实现对学生学习情况、教学资源利用等数据的监控和追溯。例如，一所学校引入了教学管理平台，记录了每位学生的课堂表现、作业完成情况等数据。同时，教学资源也进行了数字化管理，可以追溯到资源的来源和使用情况，保证了教育质量的可控性和透明度。

5. 金融领域的交易监管

在金融领域，数字化治理可以通过溯源技术实现对交易数据的全程监控和追溯。例如，一家银行引入了区块链技术，对所有交易进行了链式记录。每一笔交易都会生成一个不可篡改的交易记录。当监管部门需要进行交易审查时，可以通过区块链查询到具体的交易信息，保证了金融交易数据的安全性和可审查性。

这些案例展示了溯源技术在数字化治理中的实际应用，为各个领域的数字化转型提供了有力支持，也为未来的数字化治理发展指明了方向。溯源技术作为数据质量保障的关键手段为数字化治理提供了可靠的数据基础，也为数字化治理的高效实施提供了有力支持。因此，在未来的发展中，需要充分发挥溯源技术的作用解决相应的挑战，推动数字化治理不断取得新的突破。

二、数据垄断

（一）数据垄断的内涵

实践案例：“亚马逊数据垄断”遭欧盟调查

数据垄断是指某个企业或组织在某个行业或市场上通过掌握大量的数据，并通过技术手段使该数据不易被其他企业或组织获取和利用，从而形成垄断优势，对市场产生巨大影响力，对市场的价格、生产、销售等方面产生控制。这种垄断大大限制了市场中的竞争，影响了市场公平和健康的运行。具体来说，数据垄断包括以下四个方面：一是数据获取。数据垄断公司利用其市场份额、技术、资源等优势，收集大量的数据，并加工分析这些数据，从而提高对市场、消费者和竞争对手的了解程度和控制力。二是数据储存。数据垄断公司掌握了大量的数据存储技术和设施，使其他竞争对手很难获取、存储和利用这些数据。三是数据处理。数据垄断公司拥有先进的数据处理技术，可以从这些大量的数据中提取出有用的信息，为公司制定战略和发展计划提供指导。四是数据应用。数据垄断公司利用其数据垄断优势，在市场、销售、广告等方面获取更高的收益，并使其他竞争对手难以进入市场和与其竞争。

此外，关于数据垄断的内涵，也可从以下四个角度进行解读：第一，以占有和数据的可共享性为视角，从字面上看数据垄断是指对数据的独占。此观点认为企业在收集和使用数据的过程中不具有排他性，不妨碍其他企业对该数据的收集和使用，没有独占数据，不构成数据上的垄断。此观点以数据的共享性作为抗辩理由。第二，基于大数据的市场结构特征，将大数据垄断界定为排除市场竞争的一种市场力，认为数据虽然具有非竞争性，但是以大数据为驱动的企业具有双边市场特征和网络效应，对新企业的进入产生壁垒作用。随后，在位企业可以利用大数据实施杠杆行为，将垄断力传导到其他相关市场，并由此损害消费者的利益，同时破坏了市场的有序竞争，因此应该受到法律规制。第三，从数据流动角度出发，数据垄断指的是切断数据的流通和使用，不与其他企业共享数据。在不共享数据的基础上，也要满足垄断协议或者滥用市场支配地位的条件，才会构成违法。第四，从个人信息的角度来看，数据垄断可以理解为控制个人数据，企业在获取个人相关信息后，应该及时履行告知义务并取得个人的授权，否则会构成数据垄断（徐阳，2020）。

（二）数据垄断具体表现

数据垄断是基于数据的占有和使用而形成的垄断，可以理解为重要数据被控制在少数企业或其他市场主体手中，并被不合理分配与使用以致影响市场公平竞争的现象。数据垄断的形式主要有以下几种①：

1. 使用数据和算法达成并巩固垄断协议

相比于传统领域的垄断协议，具有数据优势的经营者可以更容易地使用数据资源采用新型方式实现并巩固垄断协议。

（1）利用数据和算法实现合谋。数据的广泛收集和使用提高了市场的透明度，经营者可以通过算法来监视、预测、分析和跟踪竞争对手当前和未来的价格和行为，从而为实施协同行为创造了条件。因此，大数据与算法、人工智能的结合，使各相关方无须签订名义上的垄断协议即可实现合谋。

（2）利用数据和算法监督执行垄断协议。企业可以利用数据和算法执行垄断协议或默示合谋，并通过实时数据分析监视各个企业对合谋协议的执行情况，监督并惩罚那些背离协议的企业，以维护合谋的稳定性。这将提升垄断协议或默示合谋的稳定性。

（3）利用数据和算法实施动态垄断协议。经营者可以彼此分享定价算法，通过程序依据市场数据实时调整价格，实现固定价格的效果，形成实质上的动态垄断协议。

---

① 兰闳喻．数据垄断及其治理［J］．上饶师范学院学报，2022，42（5）：59-66；刘志成，李清彬．把握当前数据垄断特征 优化数据垄断监管［J］．中国发展观察，2019（8）：45-48.

2. 基于数据优势滥用市场支配地位

数字经济时代，经营者会根据自身掌握大量数据的优势进行市场行为，如果妨碍市场竞争和社会福利，就会被认定为垄断行为。这种行为的典型表现包括：

（1）拒绝竞争对手获取数据资源。尽管数据的非排他性与用户多归属特征本身会弱化数据的集中程度，但在拥有市场支配地位的情况下，经营者可能采取限制措施阻碍竞争对手获取数据，这可能构成滥用市场支配地位行为。这种行为的典型做法是要求用户或第三方签订排他性条款，从而阻拦竞争者获得数据。例如，谷歌要求第三方网站与其签订搜索广告的排他协议来防止竞争对手获取相关数据资源。在数据市场上具有市场支配地位的经营者，即使对其他用户开放数据，但如果专门限制向特定竞争对手提供数据，也可能被认为是滥用市场支配地位行为。

（2）基于数据画像实施差别待遇。在市场中占据支配地位的经营者可能通过收集、分析数据来为用户精准画像，不仅创造更多便利的服务，也为精准区分客户群体提供了条件，从而更易采取歧视定价方法，将消费者剩余转化为生产者剩余，最大化自身利润。其典型做法是基于用户购买习惯、价格敏感程度等数据信息，精准评估用户对某种产品或服务的支付意愿，进而为不同群体设定不同价格以获得超额利润。例如，电信运营商基于数据信息分析结果，对新老用户、电话办理和营业厅办理等采取差别待遇，为不敏感于价格的用户和时间敏感的用户提供更少、价格偏高的套餐选项。此外，这些经营者在资费下调时也未必会提供套餐价格变动更新提醒。这种通过数据画像实施差别待遇的做法，即使在市场支配地位下合法操作，也可能对消费者和市场造成负面影响。

（3）基于数据占有优势的搭售行为。在数据相关市场中，拥有支配地位的经营者可能通过搭售行为来增强在其他市场上的竞争优势，这种行为可能被认为是滥用市场支配地位的做法，在《中华人民共和国反垄断法》中被禁止。经营者基于自身数据占有优势，可能将数据与数据分析服务捆绑出售，以此来增加在数据服务市场上的竞争优势。虽然在某些情况下这种行为可能提高效率，但也可能排挤竞争对手，减少竞争，并被认为是滥用市场支配地位。这种行为可能限制消费者的选项，使其不得不在竞争对手之外选择服务，这有可能最终导致不公正竞争，并对市场和消费者造成负面影响。

3. 经营者集中引致排斥竞争的数据集中

实践案例：可口可乐收购汇源果汁

经营者集中是垄断行为的一种表现。根据《中华人民共和国反垄断法》，针对数据垄断而言，垄断行为主要表现为占有数据资源的经营者集中导致数据更加集中，损害数据市场的竞争性。占有大量数据资源的经营者，通过经营者集中（合并、控股或签订协议）使占有的数据资源更加完整，催生出数据寡头，形成市场支配地位。同时，基于数据资源的特性，由此提升的数据集中度通常会产生明显的规模经济和范围经济，进一步扩大经营者的竞争优势。这种经营者集中有利于发挥数据整合优势、提升产品和服务供给效率，但过于集中并封闭运行，可能阻碍竞争对手获取相关市场的数据，从而阻碍市场竞争。因此，评估经营者集中是否属于垄断行为，就要考虑对竞争对手或新加入者获取数据的影响。

（三）数据垄断相关立法与认定

1. 数据垄断相关立法

《中华人民共和国反垄断法》是中国针对垄断行为的基本法律法规，对于数据垄断行为也有所限制和规范。该法规定的垄断行为包括：经营者达成垄断协议、经营者滥用市场支配地位以及具有或者可能具有排除、限制竞争效果的经营者集中。其中，算法共谋、“大数据杀熟”、极端集中式并购等涉及数据的限制、排除竞争的行为已经被明确列入《中华人民共和国反垄断法》规制范围。具体来看，一是禁止垄断协议。企业之间禁止达成或执行垄断协议。如果企业之间达成了价格联合、限量联合、分配市场等协议，即达成了等同于垄断行为的效果，就会被认定为垄断行为。二是禁止滥用市场支配地位。企业禁止滥用市场地位，限制价格、限制生产、限制技术、排挤竞争对手、拒绝合理交易等行为都将被认定为滥用市场支配地位。三是禁止垄断集中。企业之间，包括并购、收购、兼并等垄断集中行为需要在事先提交并获得反垄断机构的同意，否则视为违法。

《中华人民共和国网络安全法》是针对网络信息安全的基本法律法规，对数据垄断问题进行了管控。一是用户个人信息保护。网络运营者收集、使用、存储、传输个人信息必须经过用户同意，不得泄露或者滥用个人信息。对于侵害用户个人信息安全的企业，网络安全监管机构有权采取查封、扣押等措施，要求停止侵害行为。二是网络运营者的安全保障义务。网络运营者必须采取技术措施加强信息管理和保障，防范网络安全风险，确保网络运行的安全。网络运营者不应该收集不必要的信息，不应该侵害个人隐私，严格对外披露。三是网络安全监管机构的行政执法权。对于涉及数据垄断的企业，网络安全监管机构有权依照法律法规规定采取行政强制措施，查封、扣押、停业整顿等处罚措施要求企业停止垄断行为。四是加强数据使用审查。国家保障网络信息安全，数据使用需要经过审查和授权。网络安全监管机构也具有审查数据使用的权力。

《中华人民共和国电子商务法》是针对我国电子商务领域的基本法律法规，同样对于数据垄断问题进行了一定的管控。一是禁止滥用市场支配地位。电商企业应当遵守公平竞争的原则，禁止滥用自身的市场支配地位，执行不合理的价格限制、生产限制、技术限制以及排挤竞争对手等行为。这些行为均被认定为滥用市场支配地位的表现。二是垄断协议的限制。禁止企业之间达成或执行垄断协议。如果企业之间达成了价格联合、限量联合、分配市场等协议，就会被认定为垄断行为。三是限制不当交易。电商企业之间不得进行捆绑销售、限制交易、锁定用户等不当交易。四是公开透明要求。电商企业需要保障信息公开透明，对相关数据进行记录、备份、安全保护等措施，向公众公开产品信息、交易信息、评价信息等。

2. 数据垄断认定

数据垄断的认定标准主要有以下七个方面：

（1）市场份额。市场份额是公司垄断行为的重要考量因素。如果一个企业占据过大的市场份额，很可能卡住其他竞争者，导致对手难以进入市场。据此，国家监管部门将市场份额作为判断数据垄断行为的标准之一。在实践中，如果企业控制的市场份额超过 50%，则该企业就可能被认定为垄断企业。根据美国的反垄断案例，当一个企业掌握的市场份额超过 40%时，就可能滥用其市场支配地位。

（2）垄断协议。在企业之间达成的垄断协议，也是数据垄断认定标准之一。这些协议可能包括竞争者之间的固定价格、限制采购数、限制市场份额、地域分割等合同内容。因此，为了避免被认定为垄断行为，企业必须妥善管理合同并保证合同在任何情况下都符合反垄断法和其他相关法律法规。

（3）支配地位滥用。如果企业在各个市场，特别是在相对小的市场中形成了某种程度的支配地位，并且企业本身或企业之间拥有明显的控制力，就容易夺取竞争对手的市场份额，进而影响公共利益。这种行为不仅影响市场价格，而且阻止其他企业的进入，限制了市场的竞争性。因此，国家监管部门对这些垄断数据及其滥用进行限制和规范。

（4）不当交易。企业之间的不当交易，包括锁定用户、捆绑销售、限制交易等做法，如果影响了市场的公平竞争，就可能被认定为数据垄断的行为。比如违反反垄断法的不当合同条款，针对消费者和其他市场运营者，对公共利益造成损害等诸多行为都有可能被认为是不当交易。

（5）知识产权的滥用。企业通过拥有知识产权力量限制竞争或排挤竞争对手形成数据垄断。例如，专利的滥用，将知识产权作为一种垄断武器在市场中寻求竞争优势。国际上已经发生过许多在欧美等地区不同知识品行业中的垄断现象。在各个市场领域中，垄断现象均在相关领域内的企业中得到彰显。因此，如何在不抑制知识产权创新的同时有效避免滥用知识产权导致的数据垄断是一个亟待解决的问题。

（6）市场壁垒。市场上存在一定的壁垒，难以打破大企业的垄断地位，比如政策限制等。这种情况下，即使数据供需双方之间存在公平的交易价格也可能是垄断行为。在此种情况下，具体案例需要结合市场的结构性因素综合判断。例如，特定技能、技术或专利的掌握。如果大企业借由自己的品牌以及市场地位阻碍其他企业的进入，就会导致数据垄断行为。

（7）数据交易偏离市场公平价格。数据交易偏离市场公平价格是指交易双方之间的交易价格存在不公平的情况，如合同条款不公正、价格不合理、销售配额限制等，这些做法可能导致数据市场的垄断。例如，一些企业在签订合同时，会在合同中加上不公正的条款，用以限制消费者和其他供应商的自由选择权。现实中，有些企业迫使消费者签署长期和独家使用合同，从而最大程度地压制市场竞争，形成垄断。

（四）数据垄断规制

1. 以数据垄断为主的数据伦理问题

数据垄断使得寡头企业一家独大，掌握对用户数据的控制权，易加剧算法滥用、隐私泄露、用户歧视等其他数据伦理问题的产生（孟小峰，2020）。

（1）数据垄断会导致算法滥用。互联网巨头可以通过收集、处理和使用大量的用户数据，建立不断完善的机器学习和人工智能算法，从而提高服务质量和用户满意度。然而，这种算法的设计和使用却存在有利于垄断公司的因素。例如，在搜索结果中优先显示自己的产品和服务，或者买通广告客户使其优先展示在搜索结果中，这会导致市场失衡和公平竞争缺乏。这种算法滥用不仅会对市场竞争造成影响，还会让用户感到失望和沮丧，最终导致用户流失。

（2）数据垄断会导致隐私泄露。互联网巨头可以通过数据收集和分析，建立用户的行为和习惯的个人档案。这些档案包括了用户的个人信息、敏感信息和隐私信息，如个人联系方式、家庭住址、银行账户信息等。而这些数据泄露的风险是巨大的，如果黑客或其他不良组织获得用户数据，将会造成不可逆的损失。另外，互联网巨头也可能将数据分享给第三方，以获取更多的收益。这种共享数据的行为不仅会侵犯用户隐私，还可能导致用户的个人信息被滥用。

（3）数据垄断会导致用户歧视。互联网巨头可以通过收集和分析用户数据，建立用户的个人档案，这就可能导致他们得到有偏见的服务和产品推荐。例如，一个富裕的用户可能得到昂贵产品的推荐，而一个低收入用户则可能被推荐更廉价或低质量的产品。这种歧视行为不仅会对市场公平竞争造成压力，还会对用户心理造成负面影响，让他们感觉受到不公平对待。

因此，数据垄断的危害是多方面的，涉及算法滥用、隐私泄露、用户歧视等伦理问题。为了维护市场公平竞争和保护用户隐私权，政府和监管机构需要加强监管和规范，制定更严格的数据保护和使用规则。同时，用户也需要关注他们的隐私权和信息安全，避免不必要的数据收集和共享。

2. 数据垄断规制措施

数据垄断不仅有可能导致市场失衡和公平竞争缺乏，还会对用户隐私、安全和权益造成直接的影响。因此，应该采取多项措施对数据垄断问题进行治理。

（1）加强监管和调查。为了防止数据垄断，政府或监管机构可以加强对互联网公司的监管，同时也可以对其进行调查和审计。通过建立全面的监管机制，政府可以更好地规范数据的收集、处理和使用。此外，政府还可以设立专门的调查机构，调查互联网公司是否存在数据垄断行为。例如，美国联邦贸易委员会曾对 Google 进行调查，以确定其是否存在滥用搜索垄断地位的行为。

（2）加强反垄断法的实施和执行。反垄断法是遏制垄断行为的一种方式。政府可以通过修改或制定相关法律来加强反垄断法的实施和执行，以限制互联网公司垄断数据的能力。例如，当垄断行为被发现时，政府可以对其实施罚款或监管措施。此外，监管机构还可以对垄断公司所掌控的市场进行分析和监测，以确保公平竞争。

（3）促进数据流通。互联网公司通常会垄断特定领域的数据，阻碍其他企业或研究机构对这些数据的利用。因此，促进数据的流通和共享是有效应对数据垄断的一种方式。政府可以通过制定相关政策鼓励数据的流通和合作，促进数据与技术的共享。例如，欧盟推出了数据共享和开放数据计划，以便更多的实体可以利用数据。

（4）建立公共数据库。为了缓解数据垄断带来的影响，政府可以建立公共数据库，使那些无法获取特定数据的企业或机构能够更好地进行研究和开发。政府可以通过支持和资助研究机构，收集并存储公共数据。建立公共数据库可以促进数据的共享和合作，而更多的数据交流可能带来更多的新想法、新技术和新创新。例如，在道路交通数据、医疗健康数据、社交媒体数据、能源数据等领域可以通过开放数据平台促进更多公司在相应领域开展业务，最终促进市场的公平竞争。

（5）加强数据保护和隐私保护。数据垄断不仅会对市场竞争带来负面影响，还会对用户的隐私、安全和权益造成损害。因此，加强数据保护和隐私保护是应对数据垄断的重要措施。政府可以通过制定相关的隐私和数据保护法律和规定，规范互联网公司的数据收集和利用行为。同时，监管机构还可以对互联网公司进行随机的检查，以确保其在合规方面执行得当。

（6）鼓励竞争。竞争是防止数据垄断的最有效方法之一。政府可以通过降低市场准入门槛、加强市场监管和调查来鼓励竞争。此外，政府可以鼓励互联网公司在服务、产品和技术方面进行不断创新，推动市场的竞争和发展。

三、数据确权

（一）数据确权内涵

随着数字化时代的到来，数据成为人类社会发展的新纪元，其在经济、科技、政治和文化领域的影响力和作用不断增强。然而，随着数据海量增长，数据的确权问题日益凸显。数据确权在保护个人隐私、促进数据流通、提高数据价值等方面具有重要的意义，而实现数据确权也是数字化社会发展的必然趋势。数据确权的核心目标是解决数据权利的归属问题。这需要清晰确定数据权利的主体、内容以及权利划分的边界，即哪些数据权利主体能够在何种程度上享有数据所附着的相关权利。数据权利主体可以涉及不同层次的国家、企业和个人，而数据权利内容则包含数据原始所有权的保护以及数据利用者所作出的劳动和创造的价值等内容。

目前，对于数据确权内涵的探讨主要集中在法律界和产业界。数据确权就是确定数据的权利人，即数据的所有权、占有权、使用权、收益权等所属者。在进行数据确权时，法律和理论要承认数据享有财产权，以指导具体的数据收集、使用、交易等活动。北京软件和信息服务交易所在北京大数据交易服务平台上线的同时，从数据交易的角度提出了数据确权的概念，即数据确权是指为明确数据交易双方责、权、利等方面的相互关系，保护各自的合法权益，在数据权利人、权利性、数据来源、取得时间、使用期限、数据用途、数据量、数据格式、数据粒度、数据行业性质和数据交易方式等方面给出的权属确认指引，以引导交易相关方科学、统一、安全地完成数据交易。刘新宇（2019）提出数据权利应由数据财产权、人身权和经营权构成，涉及的权利可分为以数据主权为代表的“公权力”和以数据权利为核心的“私权利”。然而，不管是法律界还是产业界，学者们大都将数据权利视为法律概念，主要探讨数据资产权利的法定归属方。但是，简单的法定权属划分不利于多方权利人能力和价值的持续创造。在考虑法定权利归属方的同时，还需要细致区分数据资产生命周期中所涉及的权利内容，并考虑经济权利的归属，以更好地应对数据确权过程中所出现的问题。贾小爱和潘雯铃（2023）认为，在研究数据权属问题时，首先需要区分产权和所有权这两个概念。产权是一个更广泛的概念，包括财产的所有权、占有权、支配权、安全权、知情同意权等一系列权利，而所有权是指某人对财产的占有、使用、收益和处分的权利。产权是一组包含多种权利的综合体，可以在交易中进行分解，但所有者对所有权的行使则可能受到某些限制，尤其是在产权被分解之后。因此，在考虑数据权属问题时，应当充分考虑产权和所有权之间的关系。

总体而言，数据确权主要包括以下三个方面：一是数据权利属性，即给予数据何种权利保护。二是数据权利主体，即谁应该享有数据上附着的利益。三是数据权利内容，即明确数据主体享有哪些具体的权能。同时，数据确权为保护数据安全和营造健康产业发展环境提供了基础，但由于数据的无形性质、交易机制变化和权利规定模糊等问题，数据确权的推进同样面临多重困难。

实践案例：全国首例微信数据权益认定案件

（二）数据确权的原因与重要性

随着互联网、大数据、云计算和物联网等技术不断普及，数据确权变得越来越重要。数据确权是在数字化时代中保护数据安全和合法使用的必要措施。

1. 提高数据的安全性

数据的安全性一直是人们所关注的问题，而数据确权可以提高数据的安全性。对数据进行确权之后，只有获得授权的人员才能访问和使用特定的数据，从而避免未获授权人员获取和利用数据。因此，提高数据的安全性可以说是数据确权的首要目的和重要性之一。在网络化社会中，个人信息越来越容易被盗用和泄露。不少企业、政府甚至个人都有过数据泄露的经历。数据确权可以保证数据的隐私性和安全性，数据管理者可以限制数据的使用和共享，防止数据被未获授权的第三方窃取。通过确权后的数据可以配合各项保护措施最大限度地保障数据的机密性和隐私性，从而对数据所有人的权益产生积极作用。数据确权可以使数据管理者对自己持有的数据掌控得更加充分，未授权的数据使用行为也将被规避和限制。基于授权管理的方式实现数据的保护和控制，不仅可以提高组织的数据安全性，还可以保护个人和企业的利益不受损失。在数据管理的过程中，一旦出现数据的滥用和不当使用就可能对企业、政府和个人造成损失。例如，企业的财务数据、医疗和金融机构的数据，数据泄露或错误可能造成非常大的经济和法律损失。

2. 规范数据的使用

倘若缺乏数据财产权规则，数据则变成了无主物或公共物，任何人都无法享有独占的使用权，这导致数据被过度使用，引发了数据资源的“公地悲剧”。该理论最早由哈丁在 1968 年提出，描述了人们对公共资源的过度利用，却无意承担维护使用价值的成本，最终导致资源逐渐枯竭的现象。在数据资源这个“公地”上，没有明确的数据产权制度，将导致数据被不法人员非法收集、使用和交易，威胁到人民的财产安全，公地悲剧问题严重。因此，通过确权来规范使用方式和数据的范围，数据使用者可以获得特定研究场景下的使用权，只有在该场景下才能使用数据，从而规避因不当使用引起的争议和纠纷，保证数据合法性的同时，也避免了公地悲剧的发生。此外，若不对数据确权，数据市场将遵循“丛林法则”，数据的控制者事实上成为唯一的所有权人。他们可以通过技术手段控制数据，向市场主体收取高额使用费，并随意拒绝其他竞争者使用数据，这将导致数据流通和利用的不足。

3. 促进数据共享与交换

数据确权可以促进数据的共享和流通。在很多情况下，共享数据是十分必要的。例如，政府机构和学术研究团体需要使用大量数据进行专业研究和分析。企业可以通过共享数据促进业务合作和创新发展。因此，数据确权可以规范和保护数据使用的范围和方式，从而除去数据交换的不确定性，有助于促进数据交换和共享。例如，不同单位和个人，在生产和使用数据的过程中存在着不同的利益关系及知识产权等方面的约束，使得数据共享难以实现。而数据确权则可以通过明确数据的使用及开放权限等方式，增加数据分发的透明度，促进数据主体间的信息共享和交流，从而降低数据共享的成本，实现良性循环的信息生产，优化资源的利用，提高社会效益。

4. 明确数据管理责任

数据确权对于数据管理的重要性不言而喻。在快速数字化和数字化浪潮的影响下，数据的维护、管理已经成为一个极为重要的话题。数据确权可以明确数据管理责任，划分数据使用方、使用范围、使用时间、使用目的等规则，使得数据管理者更好地了解自己的角色和职责，从而规避在数据管理过程中犯下任何不当行为。在现代社会中，一些组织和个人通过不当的方式获取他人的数据并进行相应的分析，这种行为既涉嫌违法，也会对数据最初的拥有者造成巨大的损失。通过数据确权，数据管理的责任得到分配，数据管理员可以实时审查数据使用情况，及时发现数据的异常使用情况和不当使用情况，防止数据的不当使用及滥用行为。

5. 实现数据价值化

数据是当代数字化经济和社会的重要资产。数据确权可以为大数据和智能化应用提供保障，为数据的交易提供价值。首先，数据确权可以明确数据的产权归属，防止数据被他人非法使用和抄袭。其次，数据确权可以维护数据的完整性和可靠性，防止数据被篡改、损坏或者是数据丢失等情况。因此，数据确权不仅可以帮助用户维护其自身权益，还可以保障数据在通信、交易等环节的安全性和可靠性，提供对数据的保护和管理。同时，非结构化数据以及各种难以获益的数据可以获取到更多合规化、规范化的保障，这就使得数据不再具有负库存特性，进而数据的交易也可以在银行、证券、电子商务等领域进行。非结构化数据是信息系统中难以分类的数据类型，包括文字、图像、音频、视频等多种形式。由于难以获益和使用，非结构化数据一直被视为负库存，占用着存储空间却没有实际价值。但是随着数据确权保护的加强，非结构化数据也可以得到更多的规范和保障，并最终得到使用，为数据及技术的发展创造更多的价值。

（三）数据确权的困境

数据确权是数据产业健康发展、个人隐私保护、知识产权维护、数据交易和流通等方面的重要保障。然而，数据确权也面临着多重困境。

1. 数据确权基础概念不清晰

随着数据不断发展和应用，数据的内涵和外延变得越来越广泛和复杂，这给数据确权带来了很大的挑战。一方面，数据权属应包含哪些基本权利尚缺乏统一的参考体系。数据权属主要包括数据的所有权、使用权、转移权、修改权、公开权等。然而，针对数据权属的细节问题却存在许多争议，例如数据如何拥有知识产权、数据所有者享有哪些权利等。这也使得数据的确权难以明确，需要综合考虑数据本身的特征和不同数据类型、所有者和使用者所在的行业和领域对数据权属的需求，但缺乏明确的参考体系，会对确权造成一定的阻碍。另一方面，数据所有者的判定标准不尽相同。多数情况下，数据的所有权属于数据生产者或者首先创造、使用和控制数据的人。然而，在现实情况中，数据所有权的归属并不总是清晰明确，尤其在运营商、网络平台等数据积累和掌控巨额数据的机构、组织中，数据的所有权属于谁也没有明确规定。法律上，还没有形成明确可行的标准确定数据所有者的身份。可见，在实际操作中，很难对数据权的内涵和外延做出明确的规定和划分，造成了数据确权的法律定位不清、责权不明的问题。因此，在数据产权纠纷的处理过程中，实际上仍然存在很多缺乏依据和标准的判决和处理结果。

2. 数据自身特性所带来的挑战

随着互联网技术不断发展，数据产生和应用的规模和重要性也越来越明显，而数据自身特性，即种类多样、数量巨大和价值密度低已成为数据确权最大的挑战之一。首先，数据自身的种类多样性是数据确权的一大困境。如今，数据已经成为生产和社会生活中不可或缺的一部分，并且种类繁多，包括但不限于自然环境数据、个人数据、企业数据、公共数据等，不同类型的数据需要运用不同的确权基础，而这需要依据不同领域的需求和标准，进行确权规则的制定和调整。数据确权应该为不同类型的数据提供不同性质的法律和实际的支撑。但是，现实场景下，数据确权还没有达成清晰明确的共识，对于不同类型的数据，确权规则和标准的制定和协调比较困难，这不仅影响了数据确权过程的顺利进行，在确权后的数据使用和交易方面，也会出现一些纠纷和难以解决的问题。其次，数据具有数量庞大的特性。海量的数据给数据挖掘、分析和使用带来了困难，使得数据确权过程更加复杂，因为这需要从海量数据中发掘有用的数据元素。同时，面对数千万甚至数亿条数据，很难准确评估其本身的价值，无法确定哪些数据能够用作生产要素，哪些数据需要保护，哪些数据是无用的。因此，缺乏标准化的规则将无法对海量数据进行自动化管理和整理，阻碍了数据确权的具体开展。数据的价值密度较低也给数据确权带来一定难度。数据的价值通常需要经过加工处理后才能体现出来，但绝大多数数据都没有达到这个要求。换句话说，大多数原始数据不是生产要素，只有经过处理后的数据才具有价值。对于数据确权而言，需要保证数据具有价值和意义。然而，数据价值的低密度性削弱了对大规模数据进行确权的必要性。

3. 数据主体多元性及权利冲突复杂性

数据确权的困境还包括数据主体多元性、数据权利冲突的复杂性。数据主体多元性是指数据的持有人可以是个人、企业、政府机构、组织等，不同主体对数据的持有和使用方式差异较大，而数据确权必须确保数据产权的合法性，制定和规范不同主体在数据运用过程中的行为规范和使用权利，这使得数据确权变得十分困难。数据权利冲突的复杂性则是指在数据产权交易、保护和归属的过程中，可能出现的数据主体、数据使用类型、数据使用方向以及数据使用时期等方面的相互制约和冲突关系，这会增加数据确权过程的复杂性，并增加确权的难度和成本。数据产业链条涵盖的环节复杂，参与主体众多，每个主体在链条中扮演着不同的角色。这些主体包括个人、企业、政府以及数据提供者、数据采集者、数据挖掘者、数据分析者和数据使用者等。基于不同的地位和立场，这些主体都有不同的利益诉求。当这些利益诉求同时出现时，就会产生利益矛盾和冲突。可见，不同的数据主体对于数据的运用和权利的诉求存在着不同的需求和利益。例如，在医疗数据领域，患者拥有对个人医疗数据的保护权，但是医院、科研机构等数据利益主体也需要对大量的医疗数据加以利用。因此，在数据确权的实践中，如何平衡不同数据主体之间的权益，如何兼顾数据利用的商业价值和隐私保护的需求，都是必须解决的问题。

（四）数据确权困境的化解方法

1. 界定数据权的法律属性、明晰责权

解决数据确权方面法律定位不清、责权不明的问题是一个复杂而具有挑战性的任务。

（1）立法和制定数据确权标准。制定明确的数据确权法律法规是解决问题的首要步骤。这些法律法规应该明确数据确权的定义、范围、流程、程序和相关的权利和义务。同时，根据不同的数据类型和应用场景，制定相应的数据确权标准。这些标准可以包括数据采集、存储、传输、处理和共享方面的要求。标准的制定需要考虑安全性、隐私保护、数据安全等方面，以确保数据在确权过程中得到妥善处理。

（2）设立责权机构。建立专门的机构或组织负责数据确权的监管。这个机构可以是一个独立的数据保护和隐私机构，负责制定数据确权措施、监督实施和处罚违规行为。此机构应具备良好的独立性，不受其他政府机构或私人组织的影响，并能够自主进行决策和执行任务。同时，机构的成员应具备专业的技术能力和独立思考的能力，以便做出公正的裁决，从而确保公平和公正的数据确权流程。

（3）确立数据确权流程、提供数据确权工具。确立清晰的数据确权流程是解决责权不明问题的关键步骤。流程应该包括数据主体的申请、数据所有者的确认、数据确权的审核和审批等环节。同时，流程应该规定数据提供者的责任和义务，以及相应的违规处理措施。此外，为确保数据确权的顺利进行，可以开发和提供相应的数据确权工具。这些工具可以是在线平台、应用程序或其他技术手段，用于数据主体提交申请、查询数据使用情况和维护数据确权的权益。数据确权工具应该易于使用和操作，并具备安全保障措施，以防止数据泄露和被滥用。

2. 明确数据及数据权利谱系

数据种类千差万别，每种数据都有其独特的性质和用途，因而确权方式也需因数据类型而异。因此有必要清晰梳理数据谱系，为具体的数据权利配置分类奠定基础。

（1）明确数据谱系。针对数据种类多样的情况，首先需要对数据进行明确的分类和组织。确立数据谱系，建立数据分类体系，将数据按照不同的类型、属性和价值进行分类和整理。这可以帮助理清数据的层级结构和关系，为数据确权提供清晰的依据。

（2）明确数据权利谱系。确定数据的权利和所有权归属是确保数据确权的基础。通过明确的数据权利谱系将数据的使用、访问和共享等权利与数据所有者建立清晰的关联，有助于减少责权不明的问题。事实上，可以通过许可证、合同或协议等形式来确切规定数据的权益分配。这有助于减少数据使用中的纠纷和争议，确保数据的合法使用和保护。同时，相关的许可证、合同或协议也为数据所有者和使用方建立了互信和合作的基础，维护了数据生态系统的稳定和可持续发展。

（3）数据价值识别。对于价值密度低的数据，应进行数据价值识别和评估。评估数据的重要性、独特性和潜在的商业价值。根据数据的价值程度，对不同价值的数据给予不同的确权策略和保护措施，有助于优化资源分配和风险管理，使数据的价值最大化，同时保护数据不受未经授权的使用和滥用。

3. 优化数据确权机制和数据纠纷解决机制

在整个数据确权过程中，重要的是要保持透明、公正和平衡的原则。权益冲突的解决需要综合考虑不同的权益相关方的需求，并努力实现最佳的权益平衡。

（1）建立多方参与的数据确权机制。通过建立多方（包括政府、企业、社会组织和个人等）参与的数据确权机制，确保不同主体的权益得到平衡和保护。在这个机制中，政府的角色是制定数据确权的法律法规并监督执行，即需确保数据的合法性、公平性和透明度，并建立一套可行的数据确权标准和程序。企业作为数据的收集和使用主体，需要遵守政府制定的数据确权规定，明确向个人说明数据收集的目的和方式，并获得明确的同意。同时，企业要对所收集的数据进行安全保护和妥善处理，预防数据泄露和被滥用。社会组织可以在数据确权中担任监督和中介的角色，可以参与监督企业的数据收集和使用行为，提供独立的评估和建议，以保障个人的权益。社会组织还可以组织教育和宣传活动，提高公众对数据确权的认识和参与度。个人作为数据主体，享有对自己数据的所有权和控制权。个人可以选择是否提供数据，并有权了解自己数据的具体使用情况。同时，个人也可以行使维权和申诉的权利，要求企业和政府对数据的不当使用进行追责。

（2）建立数据纠纷解决机制。建立数据纠纷解决机制，包括公正的仲裁和司法机构，为数据主体提供维权渠道，解决数据确权过程中的纠纷和冲突问题。这些机构应具备专业的知识和经验，能够独立地处理各种与数据确权相关的纠纷。为了加强纠纷解决机构的专业性和公正性，需建立相关的法律法规和准则，明确机构的行为原则和权利义务，同时保障机构的独立性和中立性。此外，应鼓励和支持数据主体在纠纷解决过程中寻求独立的法律咨询和代理，例如律师或其他专业人士，为他们提供法律支持和代表权益。通过建立一个完善的数据纠纷解决机制，为数据主体提供合理和有效的维权渠道，解决数据确权过程中可能出现的争议和冲突，将有助于建立公信力和可靠的数据生态系统，促进数据的确权和合法使用。

四、数据隐私保护

（一）数据隐私与数据隐私保护

了解什么是数据隐私和数据隐私保护，是开展数据隐私保护的前提。

1. 数据隐私的定义、类型与特征

对于什么是数据隐私，目前学界没有形成统一的认识，出现了如下几种代表性的定义：① 数据隐私是数据拥有者不愿意被他人披露的敏感数据，包括数据本身以及这些数据所表现出的相关特性。② 数据隐私是数据中包含的可能泄露组织或个人秘密信息的部分。③ 数据隐私是个人、组织机构等实体不愿意被外部知道的信息，如个人的行为模式、位置信息、兴趣爱好、健康状况及公司的财务状况等。④ 数据隐私是个人希望得到保护、不愿公开被他人知晓的敏感数据，以及经过数据处理后，识别出的用户不愿被他人知晓的隐私内容。可见，敏感数据和数字行为都是数据隐私的重要组成部分。

数据隐私可依据不同分类标准分为多种类型。从隐私所有者角度出发，数据隐私可分为个人隐私和共同隐私。根据数据来源不同，数据隐私可分为监视带来的隐私、披露带来的隐私、歧视带来的隐私。根据数据对象所处时空，数据隐私可分为位置数据隐私、签到数据隐私、轨迹隐私。根据用户隐私的保护需求，数据隐私可分为身份隐私、属性隐私、社交关系隐私、位置与轨迹隐私等。

数据隐私特征主要包括：① 数据隐私权的主体一般是自然人。② 具有推断性，可以推断个人某方面的特质，如购买偏好、出行习惯等。③ 具有范围不可辨、权限不可控、泄露后果不可知的特点。④ 具有隐私主体多元化、全生命周期、隐私保护粒度化和多重评价指标的特点。⑤ 具有边界难以鉴定的特征。正因为数据隐私存在上述特征，对数据隐私边界的厘清以及对数据隐私权利的界定和保护才显得更为复杂和棘手。

2. 数据隐私保护的定义、类型与目的

数据隐私保护是在将隐私泄露风险最小化的同时使数据的可用性最大化。在云计算中，数据隐私保护是指采取相应的措施防止个人信息被跟踪、暴露以及存储在云中的敏感信息被泄露，涉及对云中数据的共享、搜索、计算、完整性验证、删除等各种操作以及数据自上传到销毁的整个生命周期。

根据隐私保护对象不同，数据隐私保护可分为面向用户的隐私保护和面向数据的隐私保护。前者从用户角度出发为其提供隐私信息保护，在用户访问数据的隐私信息或者对隐私信息进行增、删、改等行为时提供技术上的保护。后者基于数据库管理系统对信息的使用对数据信息进行保护，即将一些隐私保护技术应用于相关敏感数据中，防止用户隐私泄露等问题。根据保护策略，数据隐私保护可分为面向数据的隐私保护和面向上下文的隐私保护。前者又分为数据融合隐私保护和数据查询隐私保护，后者又分为身份隐私、位置隐私、时间隐私和路由隐私（时空隐私）等。

保护数据隐私安全的基本需求包括数据的机密性、完整性、可用性、查询隐私保护、可控性、可审查性、真实性、完备性八个方面。数据隐私保护的基本目的是保护敏感数据不被泄露，具体目的包括：① 保护数据隐私的同时要保证数据的有用性。② 保护用户的隐私不被窃取、篡改和公开。③ 实现数据可用性和隐私性之间的良好平衡。

（二）数据隐私泄露

数据隐私泄露是数据隐私保护的诱因。数据隐私泄露的原因、表现和危害等主题引起了学者们的广泛关注。数据隐私泄露的原因主要包括五方面：① 用户数据逐渐成为企业的核心资产，成为企业竞相追逐的目标。为获取巨大的商业价值，企业可能滥用个人数据以牟利，将隐私信息非法出售。或采取不当措施追踪、收集甚至窃取用户个人数据以牟取不正当利益。② 日益增多的个人数据、数字行为和数据外包存储等增大了数据隐私的泄露风险。③ 大数据包含大量个人信息甚至个人敏感信息，使隐私泄露变得更加容易。大数据技术如数据挖掘使得隐私泄露范围广、数量大、传播快。④ 用户个人信息安全意识淡薄或技能不高，容易造成隐私无意识外泄。个人不当的网络行为也可能造成数据隐私泄露。⑤ 用户与服务方信息不对称、缺乏个人数据使用的“知情同意”、社交媒体助推用户隐私过度自我披露都会造成数据隐私泄露和被跟踪的风险。

数据隐私泄露可能出现在数据生命周期的每个阶段。这体现在以下五个方面：① 在数据收集过程中，如果个人数据被不可信的第三方收集，则个人隐私很有可能被泄露或卖给恶意攻击者。② 在数据集成融合与存储过程中，可能存在不可信外包服务攻击、无加密索引、记录连接攻击等。③ 在数据分析过程中，可能存在频繁模式支持度攻击、分类与聚类攻击、特征攻击等。④ 在数据解释过程中，可能存在前景知识攻击、通过数据溯源图挖掘元数据之间的依赖关系等。⑤ 在数据交互过程中，可能出现窃听者盗取用户的通信数据、攻击者通过恶意软件突破保护或观察用户的请求从而非法访问或间接获得用户的数据信息、攻击者发起内部攻击获得用户留在服务器上的数据信息等情形。

数据隐私泄露的危害主要包括：① 可能造成数据的滥用和扩散，侵犯个人隐私权。② 可能造成个人信息被非法收集和反复传播，损害公民的知情权和信息自决权。③ 侵犯实体生活，造成经济损失、个人的生命安全以及国家基础设施安全威胁。④ 给个人生活造成极大困扰，激化社会矛盾，损害公共利益等。

（三）数据隐私保护技术与方法

在数据生命周期管理过程中，如何采用技术确保隐私不泄露，在最小化隐私泄露风险的同时保证数据的可用性成为众多学者关注的问题。根据防止隐私泄露的不同实现方式，数据隐私保护技术与方法主要包括如下三类。

1. 基于数据失真的隐私保护技术与方法

基于数据失真的技术即数据扰动技术，是通过扰动原始数据实现隐私保护，使扰动后的数据同时满足两个条件：攻击者通过发布后的失真数据不能重构出真实的原始数据、失真后的数据仍然保持某些性质不变。其中，差分隐私是应用最广泛的数据隐私保护技术，与差分隐私相关的数据隐私保护方法尤其受人重视。差分隐私是一种通过添加噪声使原始数据失真的隐私保护技术，在数据集中添加或删除某一个记录之后并不会影响查询处理的结果，且所加入的噪声大小与数据集大小无关，对于大型数据集仅需添加少量噪声即可达到很好的隐私保护效果。目前与差分隐私相关的隐私保护方法主要包括：① 基于 MapReduce 模型引入差分隐私保护的决策树生成算法 DP-MR。② 基于非交互的差分隐私保护模型的社交网络图扰动方法 DP-noisy、基于 Skyline 计算的个性化差分隐私保护算法。③ 基于自适应 W-事件差分隐私（Re-ADP）的实时流式数据隐私保护算法。④ 面向查询的四叉树差分隐私混合分解算法和面向挖掘的差分隐私四叉树密度聚类算法。⑤ 基于二分关联图的群组差分隐私保护方法。⑥ 基于差分隐私的位置数据隐私保护 LQ-Trie-DPK 算法、联邦学习数据隐私保护方法、时空数据实时安全发布方案 E-RescueDP 等。这些方法在保证数据可用性的基础上实现了对数据隐私的保护。

2. 基于数据加密的隐私保护技术与方法

基于数据加密的技术是通过加密的方式对数据进行隐私保护，对原始数据施以加密操作，从而达到隐藏敏感信息的目的。常见的实现方式分为对称加密和非对称加密，对称加密如序列加密算法、AES、3DES 算法等，非对称加密如 RSA 算法、椭圆曲线（ECC）密码算法等，典型应用技术为安全多方计算和同态加密。当前关注重点是云平台中的数据隐私保护。

云平台中的数据隐私保护方法主要包括：① 在云存储方面，采用位拆分与位合并的高性能数据隐私保护方法 BSBC、基于数据分割与分级加密的云存储数据隐私保护机制。② 在云计算方面，采用基于随机数的动态数据隐私密码机制或基于改进概率公钥加密的隐私保护方法。③ 在云数据安全方面，采用无链接性的细粒度跨云访问控制机制 PCAC、面向高级数据查询的可搜索加密方案 GPSE、面向字符串模式匹配处理的安全外包计算技术 SOPM 等。此外，其他相关方法如基于双重加密的区块链交易数据隐私保护方法、基于移动节点的数据隐私保护算法、基于同态加密的社会化推荐方法等，都可以在不泄露原始数据的前提下实现隐私保护的目的。

3. 基于数据匿名的隐私保护技术与方法

基于数据匿名的隐私保护技术主要是通过数据匿名化实现，在权衡隐私泄露风险和数据精度基础上，对敏感数据和可能泄露的敏感信息进行有选择地发布，从而达到降低隐私泄露风险的目的。k-匿名、l-多样性和 t-接近是典型的数据匿名化技术代表。其中，关于 k-匿名的数据隐私保护方法的研究备受关注。

k-匿名通过修改准标识符的值，使匿名数据集中的任何个体与至少 $k-1$ 个其他个体无法区分。目前发布数据时关于 k-匿名的隐私保护方法包括：① 基于非敏感信息分析的轨迹数据隐私保护发布算法（TP-NSA），以实现轨迹数据集 k-匿名。② 基于属性分类加权的 k-匿名数据隐私保护算法 ACW。③ 采用（Alpha. k）方法改进的基于有损分解的数据隐私保护方法 Alpha+。④ 根据敏感属性的敏感等级对等价类中不同敏感属性的敏感值实施的个性化（p，a，k）-匿名隐私保护算法。⑤ 基于 k-匿名扩展的、抵御具有知识背景攻击的隐私保护模型 X-km-匿名。⑥ 基于距离聚类的（d，a，k）-匿名算法，以防止数据发布后的共享数据因属性之间的依赖关系而泄露个体身份。⑦ 采取从顶至下的局部重编码算法可防御相似性攻击并保护具有敏感属性值的类别和级别的数据发布的隐私保护算法模型（A，B，k）-匿名等。这些方法满足了用户在数据发布时的隐私保护和数据可用性的多层次需求，在避免数据隐私泄露的同时保证了数据的真实性、高效性。

五、数据销毁

（一）数据销毁的内涵与意义

对不再需要的个人数据和敏感信息，如果未经安全和可靠的方式销毁，可能造成严重的安全风险和隐私泄露。因此，数据销毁已经成为数据安全管理中不可或缺的一环。

1. 数据销毁的内涵

数据销毁是指通过物理或逻辑手段对存储在硬盘、磁盘、磁带等存储介质上的数据进行分析、删除或破坏，使其永久无法恢复的过程。数据销毁包括以下环节：

（1）数据鉴别。对数据进行识别和分类，确定哪些数据需要销毁，哪些数据可以保留。

（2）数据备份。对需要销毁的数据进行完整备份，以便后续的销毁操作。

（3）数据销毁。通过物理或逻辑手段对数据进行删除或破坏，使其无法恢复。

（4）数据验证。对已经销毁的数据进行验证，确保数据已经彻底删除或破坏。

2. 数据销毁的意义

（1）保障信息安全。对于一些敏感、隐私或重要的数据，如果未经过合理的销毁，可能被不法分子利用，给企业带来严重的安全风险。例如，竞争对手可能通过窃取企业的敏感数据来制定有针对性的竞争策略，给企业造成损失。

（2）保护个人隐私。如果个人信息未经过合理的处理和销毁，可能被不法分子利用，给个人带来严重的隐私泄露风险。例如，黑客可能通过窃取个人的敏感信息来进行身份盗用、诈骗等犯罪活动。

（3）满足法律法规要求。许多国家和地区都有相关的法律法规要求企业对其数据进行合理的处理和销毁。例如，《中华人民共和国网络安全法》第 42 条规定："网络运营者应当采取技术措施和其他必要措施，确保其收集的个人信息安全，防止信息泄露、毁损、丢失。在发生或者可能发生个人信息泄露、毁损、丢失的情况时，应当立即采取补救措施，按照规定及时告知用户并向有关主管部门报告。"

（4）提高企业声誉。如果一家企业在信息安全管理方面表现出色，可以大大提高其声誉和形象。反之，如果一家企业在信息安全管理方面存在漏洞，可能导致其声誉受损。因此，通过进行数据销毁，可以向外界展示企业在信息安全管理方面的专业性和责任心，从而提高企业的声誉和形象。

（5）节约存储空间。随着数据不断增加，存储空间也会逐渐耗尽。对于一些不再需要的数据，如果能够进行合理的处理和销毁，可以大大节约存储空间，提高存储效率。

（二）数据销毁的潜在风险分析

在数据销毁阶段，存在许多潜在风险。这些风险可能导致敏感数据泄露、违反法律法规、丧失信任和损坏声誉等问题。

1. 不完全销毁风险

数据销毁的首要目标是确保数据无法被恢复。然而，如果数据销毁过程存在不完全销毁的风险，那么敏感数据可能被恢复、泄露或被不正当使用。不完全销毁可能是由于设备故障、人为疏忽、错误的销毁程序等原因导致的。

2. 销毁方法选择不当的风险

不同的数据销毁方法具有不同的安全性，有些方法可能不能完全销毁数据。例如，简单删除文件、格式化硬盘或使用低级别的擦除软件可能并不足以防止敏感数据的恢复。因此，应使用可靠的数据销毁工具和技术，如高级擦除算法、物理破坏设备等。

3. 销毁过程中的数据泄露风险

在数据销毁过程中，数据可能在传输、存储或处理过程中发生泄露。这可能是由于传输通道不安全、存储介质损坏、未经授权的访问等原因引起的。为了防止数据泄露，应该采取必要的措施，如加密数据、使用安全的传输通道、限制访问权限等。

4. 外部攻击风险

恶意攻击者可能通过网络攻击、社会工程等方式对数据销毁过程进行攻击，以获取敏感信息或者破坏数据。为了预防外部攻击，应该采取适当的网络安全措施，如防火墙、入侵检测系统、加密等。

5. 内部威胁风险

内部人员可能滥用其权限和访问权，获取或篡改敏感数据。这可能是有意的或无意的行为，包括员工失误、内鬼行为等。为了防止内部威胁，应该建立严格的权限管理机制，对员工进行培训和监控，并采取其他必要措施，如审计日志等。

6. 法律和合规风险

在数据销毁过程中，组织需要遵守相关的法律和合规要求。如果不遵守这些规定，组织可能面临法律风险、罚款或声誉损失等。为了遵守法律和合规要求，组织应该了解适用的法律法规，并采取相应的措施，如合规审查、报告等。

7. 不透明的供应链风险

在数据销毁过程中，可能使用第三方服务提供商完成数据销毁任务。然而，如果供应链不透明或不可信，就会增加数据泄露的风险。为了降低这个风险，应该仔细选择第三方服务提供商，并与其签订保密协议和合同。

8. 不完整的文档和记录风险

数据销毁过程中，应该记录和存档相关的文档和记录，包括数据销毁策略、销毁方法、销毁日期和证明等。如果这些文档和记录不完整或丢失，可能导致法律和合规风险，以及无法验证数据销毁的有效性。

9. 不合规的审计和评估风险

数据销毁过程应该进行定期的审计和评估，以确保合规和有效性。如果没有进行合规的审计和评估，可能忽视潜在的问题或风险。为了降低这个风险，组织应该制定明确的审计计划，并委派专门的团队来执行审计和评估任务。

10. 数据自动备份和恢复风险

在数据销毁过程中，如果自动备份和恢复机制没有正确配置或管理，可能导致敏感数据重新恢复或不完全销毁的问题。因此，应该确保备份和恢复机制与数据销毁策略相匹配，并进行适当的配置和监控。

（三）数据销毁的治理方法和步骤

数据销毁阶段的数字化治理是确保数据销毁过程高效、安全和合规的关键。数据销毁作为数据生命周期中非常重要的一环，涉及数据安全和隐私保护。在这个阶段，数据授权期已过或不再需要使用的数据需要被彻底销毁，以避免数据泄露和不当使用的风险。

1. 制定数据销毁政策和流程

首先，应该制定明确的数据销毁策略，明确数据销毁的目标、范围和方法等。具体包括：① 确定数据销毁的条件和标准，如数据授权期满、不再需要使用等。② 确定数据销毁的方式和方法，如物理销毁、逻辑销毁等。③ 制定数据销毁的时间表和频率，如定期销毁或实时销毁等。④ 设定数据销毁的责任人和权限，确保数据销毁的可追溯性和透明性。

2. 确定数据分类和标记

在数据销毁前，需要对数据进行识别和分类。根据数据敏感性和价值，将数据划分为不同的类别，如个人身份信息、财务信息等。这将有助于确保敏感数据得到适当的销毁和保护，减少误处理的风险。一般来说，敏感性更高的数据需要更严格的销毁措施。

3. 选择适当的数据销毁方法

根据数据分类和标记，选择适当的数据销毁方法。具体包括物理销毁（如磁盘破碎、碾压等）、逻辑销毁（如数据擦除、格式化等）或加密销毁，以确保选择的方法能够根据需求完全销毁数据并符合合规要求。

4. 实施自动化工具和技术

利用数字化工具和技术来实施数据销毁过程，包括数据销毁软件、加密工具、自动化脚本等。自动化能够提高数据销毁的效率和准确性，并降低人为错误的风险。

5. 建立审计和监控机制

引入审计和监控机制，对数据销毁过程进行实时监测和记录，包括实施日志记录、审计日志分析、异常检测等。通过监控和审计，及时发现任何潜在的问题或违规行为，并采取适当的纠正措施。

6. 加强访问控制和权限管理

确保只有授权人员才能访问和执行数据销毁操作。建立严格的访问控制和权限管理机制，限制对数据销毁系统和工具的访问，例如强化身份验证和授权机制等。

7. 建立数据销毁记录和报告

记录和报告数据销毁过程的详细信息。这包括数据销毁日期、方法、执行人员、证明文件等。这些记录和报告可以用于验证数据销毁的有效性，并满足法律、合规和审计要求。

8. 进行定期的风险评估和改进

定期进行风险评估，识别潜在的数据销毁风险，并采取相应的改进措施，具体包括更新数据销毁策略、改进技术工具、加强培训和增强意识等。

9. 建立数据销毁合规监管和培训

合规监管的重要性不可忽视，以确保数据销毁过程符合法律和行业标准。因此，应确保组织了解和遵守适用的法律和合规要求，例如可以与合规部门合作、参与合规培训和教育活动、设立数据安全监督和检查机制等。

思考题

1. 什么是数字化治理？其产生背景包括哪些方面？现有的数字化治理体系存在哪些不足？

2. 请简述国际数据管理协会（DAMA）数据治理框架和国际数据治理研究所（DGI）数据治理框架的特点。

3. 数据垄断对竞争和创新带来哪些挑战？如何防止少数大型企业垄断数据市场，避免创新的壁垒和消费者的利益受损？

4. 数据溯源和隐私保护之间是否存在矛盾？数据销毁作为保护个人隐私的重要手段，应如何制定合理的数据销毁策略，以满足数据安全的需求？同时，该如何平衡有效利用数据和保护个人隐私的需求？

5. 在数字化治理过程中，人工智能和大数据等新技术的应用如何进行监管和规范？相关的伦理标准和道德原则是否得到充分考虑？是否存在滥用技术和数据的风险？

6. 数字化治理涉及多个部门、行业和国家的合作与协调。请结合案例谈谈如何打破信息孤岛，加强各方之间的合作，实现数字化治理的整体效益。

即测即评

主要参考文献

[1] 王申，许恒．构建数据基础制度进程中的数据确权问题研究［J］．理论探索，2023（2）：120-128.

[2] 童楠楠，朝乐门．大数据时代下数据管理理念的变革：从结果派到过程派［J］．情报理论与实践，2017，40（2）：60-65.

[3] 徐阳．数据垄断的内涵、挑战及对策［J］．法制博览，2020（29）：187-188.

[4] 孟小峰．破解数据垄断的几种治理模式研究［J］．人民论坛，2020（27）：58-61.

[5] 刘新宇．大数据时代数据权属分析及其体系构建［J］．上海大学学报（社会科学版），2019，36（6）：13-25.

[6] 贾小爱，潘雯铃．经济所有权视角下的数据资产确权［J］．统计学报，2023，4（2）：73-82.

附录：

关键术语释义

附录：关键术语释义

郑重声明

读者意见反馈

为收集对教材的意见建议，进一步完善教材编写并做好服务工作，读者可将对本教材的意见建议通过如下渠道反馈至我社。

咨询电话　400-810-0598

反馈邮箱　fuyn@hep.com.cn

通信地址　北京市朝阳区惠新东街4号富盛大厦1座　高等教育出版社总编辑办公室

邮政编码　100029

防伪查询说明

用户购书后刮开封底防伪涂层，使用手机微信等软件扫描二维码，会跳转至防伪查询网页，获得所购图书详细信息。

防伪客服电话　（010）58582300